主　编　张　侃
副主编　高志峰

福建山地珍稀文献丛刊

·湖头卷

下册

厦门大学出版社
XIAMEN UNIVERSITY PRESS
国家一级出版社
全国百佳图书出版单位

目録

下冊

影印部份

竹山村鄭氏文書

錄文部份

樸祖傳序詩讚

至誼堂實紀

湖頭金石拓片

竹山村鄭氏文書

竹山村鄭氏文書

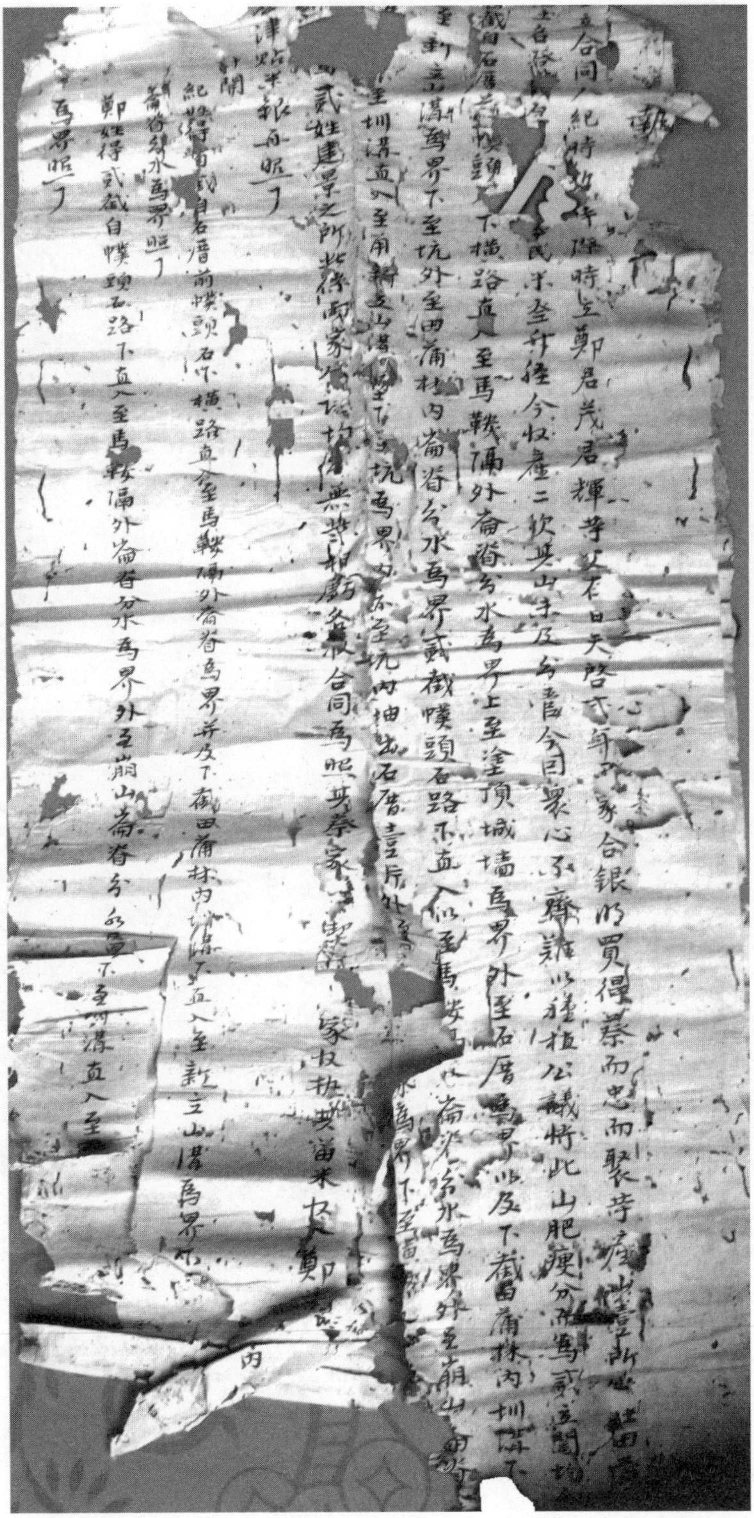

立合同人紀時哲、時[illegible]、時坚、鄭君茂、君輝等，今有[illegible]日天啓弍年[illegible]家合銀仍買得蔡而忠而聚等產山壹所，坐[illegible]
土名[illegible]，[illegible]民米叁升徃，今収產二欵，其山并及分晝，今因衆心不齊，難以種植，公議將此山肥瘦分爲貳，立闔均分
截自石磨[illegible]頭[illegible]下橫路直入至馬鞍隔外崙脊分水爲界，上至塗頂城墻爲界，外至石磨[illegible]界，以及下截田蒲林內圳[illegible]下
至新立山[illegible]溝爲界，下至坑外至田蒲林內崙脊分水爲界；貳截[illegible]頭石路下直入[illegible]至馬鞍[illegible]崙脊分水爲界，下至[illegible]
至圳溝直入至角[illegible]新立山[illegible]下[illegible]坑爲界，[illegible]至坑內抽出石磨壹片，外至[illegible]
貳姓建界之所，悉係兩家[illegible]，並無某相虧，各執合同爲照。其蔡家[illegible]家收，其苗米[illegible]鄭[illegible]
津貼米銀爲照了
計開
紀姓得[illegible]截自石磨前嶫頭石下橫路直入至馬鞍隔外崙脊爲界，并及下截田蒲林內圳[illegible]下直入至新立山[illegible]爲界[illegible]
崙脊分水爲界照了
鄭姓得貳截自嶫頭石路下直入至馬鞍隔外崙脊分水爲界，外至崩山崙脊分[illegible]下至[illegible]溝直入至[illegible]
爲界照了
内

一、崇禎十年二月紀時哲等產山合同（一六三七）

二、乾隆七年一月鄭隆于等租佃祀田合約（一七四二）

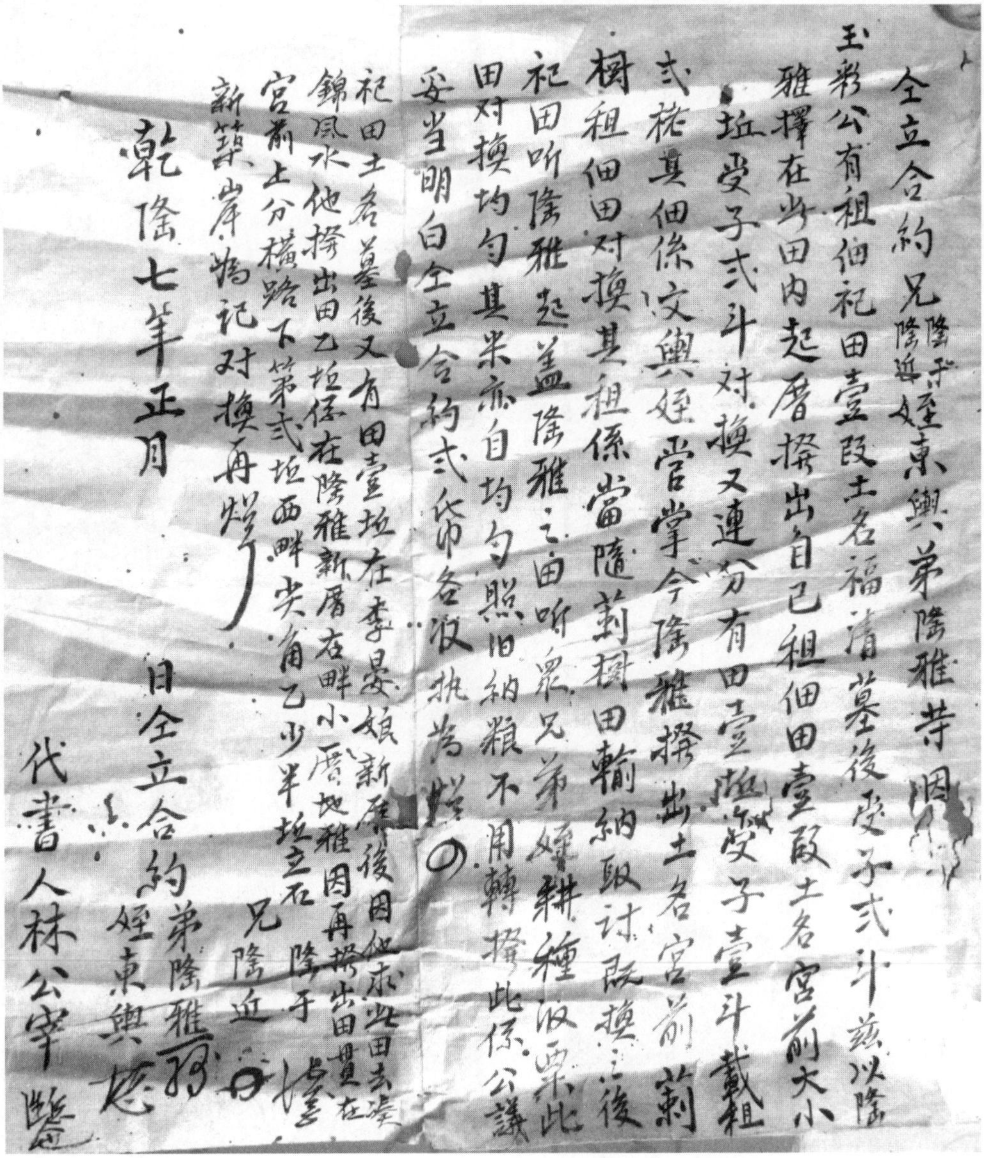
仝立合約兄隆于、隆逅，姪東興，弟隆雅等，因
玉彩公有租佃祀田壹段，土名福清墓後，受子弍斗，茲以隆
雅擇在此田内起厝，撥出自己租佃田壹段，土名宮前大小
坵，受子弍斗對換。又連分有田壹坵，受子壹斗，載租
弍秤，其佃係文興、姪營掌，今隆雅撥出土名宮前荊
樹租佃田對換，其租係當隨荊樹田輸納取討。既換之後，
祀田听隆雅起蓋，隆雅之田听眾兄弟姪耕種收粟。此
田對換均匀，其米亦自均匀照旧納糧，不用轉撥。此係公議
妥当，明白仝立合約弍紙，各收執為照。
祀田土名墓後，又有田壹坵在李晏娘新厝後，因伊亦此田去蓋
錦凤水，他撥出田乙坵，係在隆雅新厝右畔小厝地，雅因再撥出田貫在
宮前土分橫路下第弍坵西畔尖角乙少半坵，立石
新築岸爲記，對換再照。

乾隆七年正月　日仝立合約兄隆于
隆逅
弟隆雅
姪東興
代書人林公宰

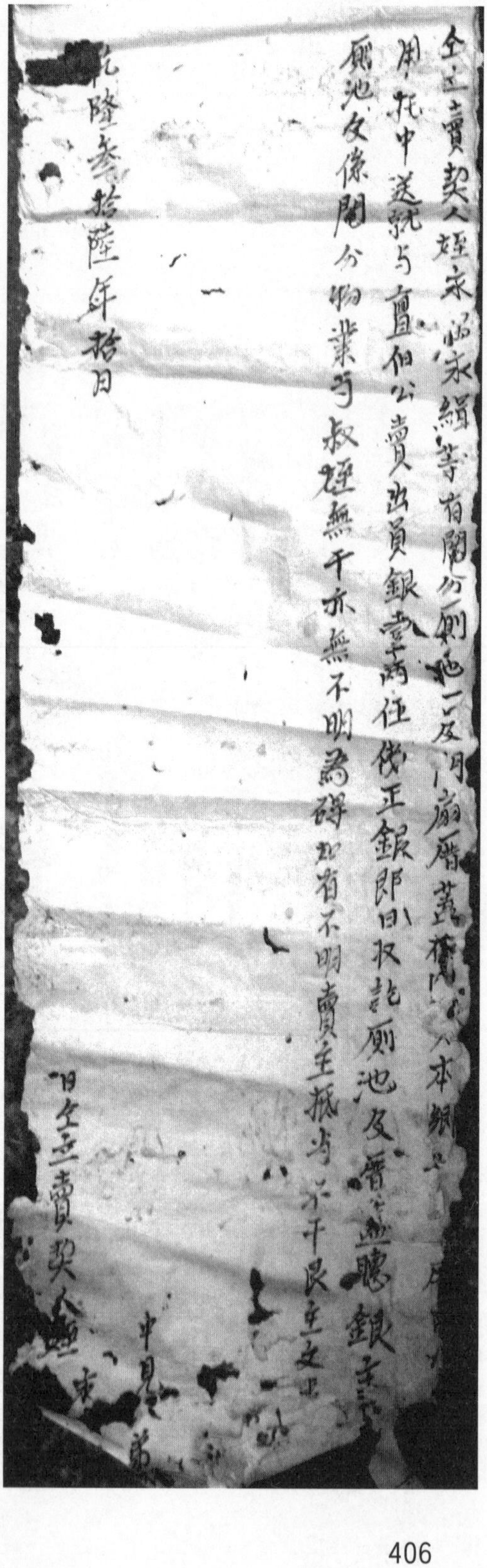
仝立賣契人姪永紹、永緝等有閹分廁池一口及門扇厝蓋在內[illegible]本銀[illegible]
用，托中送就与堂伯公賣出價銀壹兩伍錢正，銀即日收訖，廁池及厝蓋聽銀主[illegible]
廁池文係閹分物業，与叔姪無干，亦無不明為碍，如有不明，賣主抵当，不干銀主之事。
乾隆叁拾陸年拾月　日仝立賣契人姪永[illegible]
中見人弟[illegible]

三-一、乾隆三十六年十月鄭永偶等廁池及厝蓋賣契（一七七一）

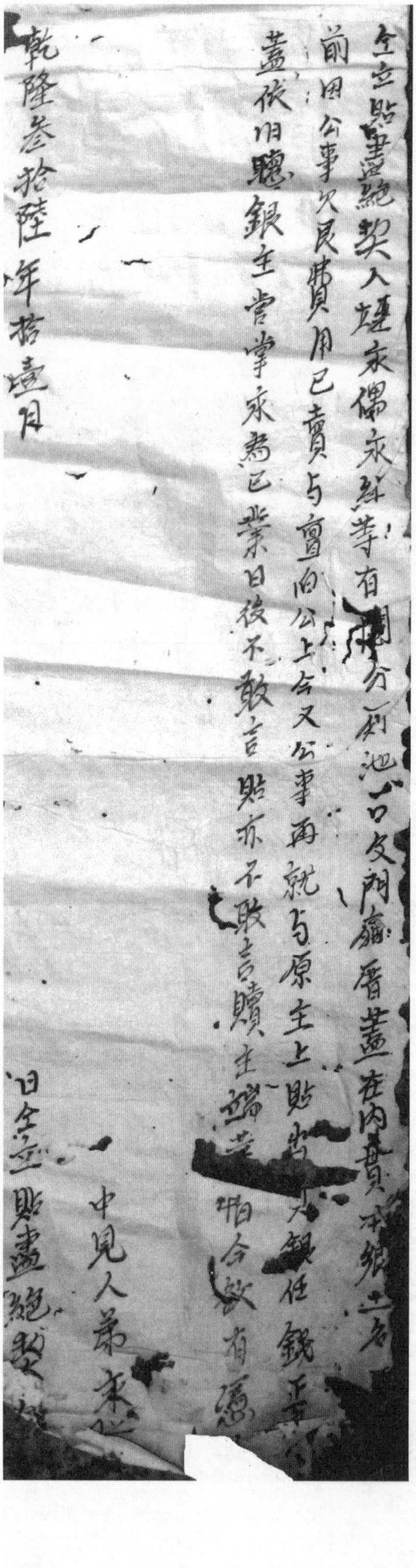
仝立貼盡絕契人姪永偶、永紹等有閹分廁池一口及門扇厝蓋在內[illegible]本銀[illegible]
前因公事欠銀費用，已賣与堂伯公上，今又公事再就与原主上貼出價銀任錢正[illegible]
蓋依旧聽銀主管掌，永為己業，日後不敢言貼，亦不敢言贖生端[illegible]，今欲有憑[illegible]
乾隆叁拾陸年拾壹月　日仝立貼盡絕契[illegible]
中見人弟永[illegible]

三-二、乾隆三十六年十一月鄭永偶等廁池及厝蓋貼盡絕契（一七七一）

四-一、乾隆三十九年八月鄭志雍等祖厝貼盡契（一七七四）

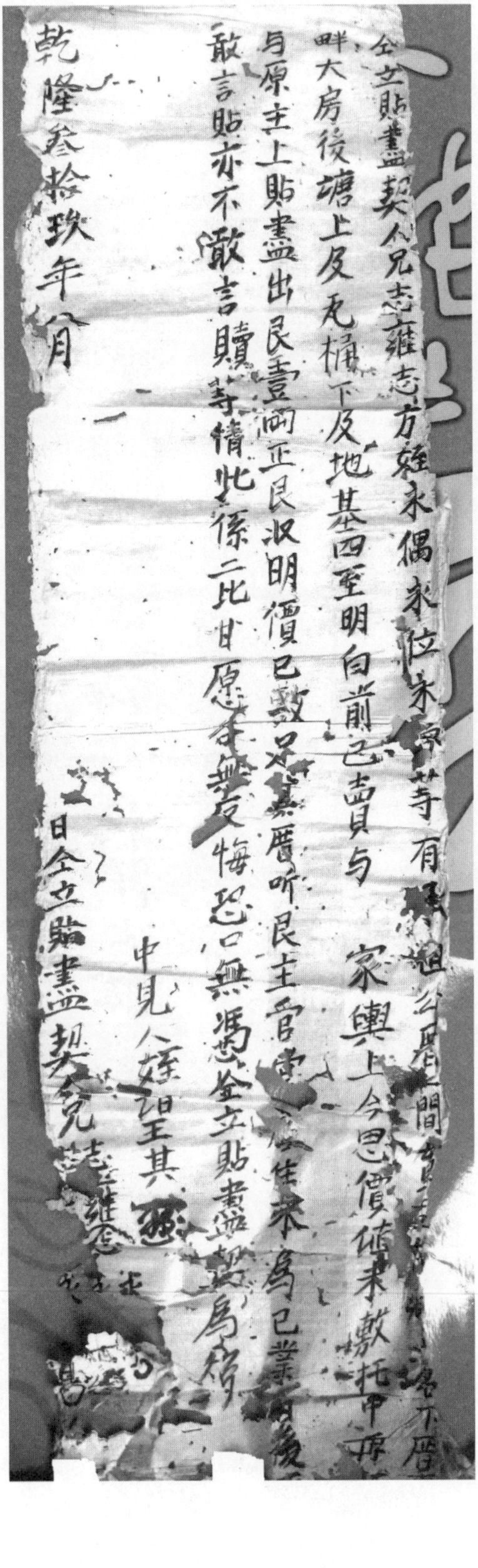
仝立貼盡契人兄志雍志方姪永偶永位永[illegible]等有承祖公厝一間[illegible]下厝
畔大房後塘上及瓦桶下及地基四至明白前已盡賣與 家興上今思價値未敷托中再
與原主上貼盡出艮壹兩正艮收明價已數足其厝听艮主管業[illegible]住來為己業日後[illegible]
敢言貼亦不敢言贖等情此係二比甘愿各無反悔恐口無憑仝立貼盡契為炤
中見人姪望其
乾隆叁拾玖年八月 日仝立貼盡契人兄志雍 [illegible]

四-二、道光二十七年十一月鄭廷七祖厝賣契（一八四七）

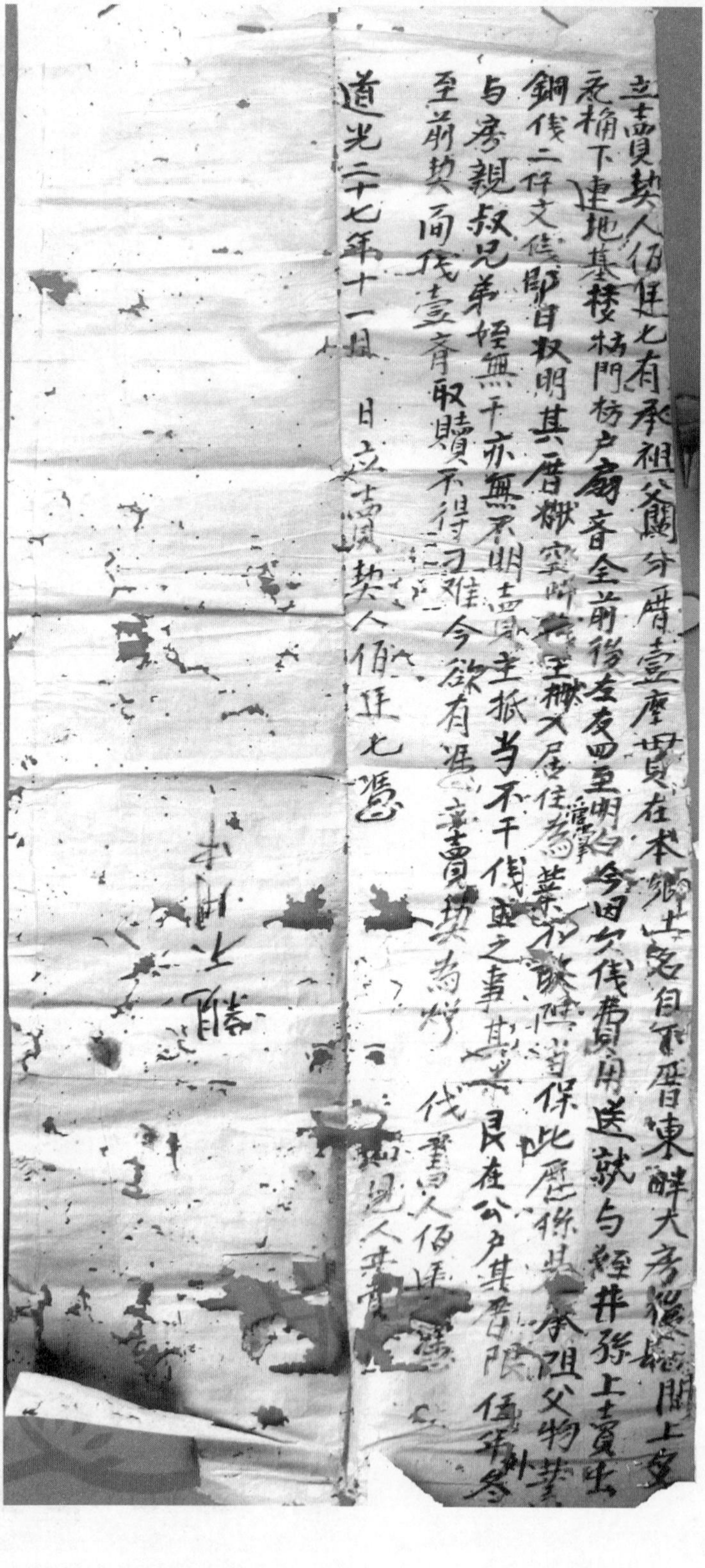
立賣契人鄭廷七有承祖父鬮分厝壹座，坐在本鄉土名自家厝東畔大房後[illegible]間上至
充桶下連地基樓枋門枋戶扇，音全前後左右四至明白。今因乏錢費用，送就與經井孫上賣出
銅錢二仟文，錢即日收明。其厝[illegible]居住爲業，不敢[illegible]。保此厝係是承祖父物業，
與房親叔兄弟姪無干，亦無不明重張典當不干錢主之事。其[illegible]良在公戶，其厝限伍年外，冬
至前契面錢壹齊取贖，不得刁難。今欲有憑，立賣契爲照。 代書人鄭[illegible]
道光二十七年十一月 日立賣契人鄭廷七（押） 知見人[illegible]

五-一、乾隆五十一年十一月鄭永訓祖厝典契（一七八六）

立典契人姪永訓有承父下祖厝內畔過水厝乙間上至瓦桷下至地基合因乏銀[illegible]
延請与叔上 齊叔上典出銅錢叁仟文錢即收明厝聽叔居住不敢阻当保此厝係自
物業与他人無干亦無重典不明為碍如有不明典主抵当[illegible]千錢至[illegible]今欲有憑
立典契為炤
乾隆五十一年十一月 日立典契人姪永訓 書
知見男廷諒 書

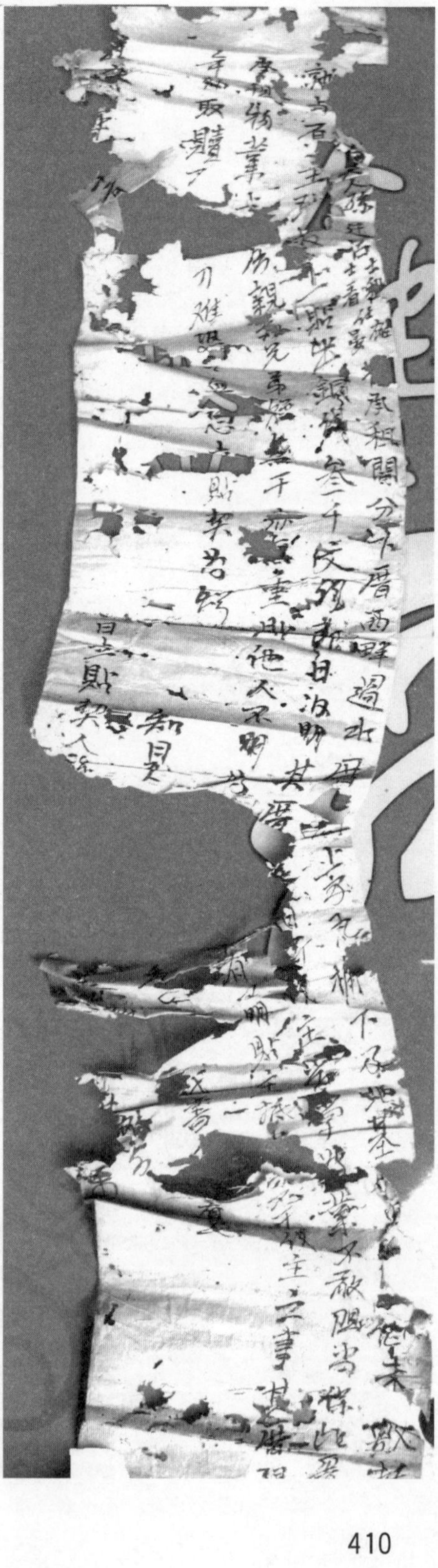

五-二、道光鄭廷召等祖厝賣契

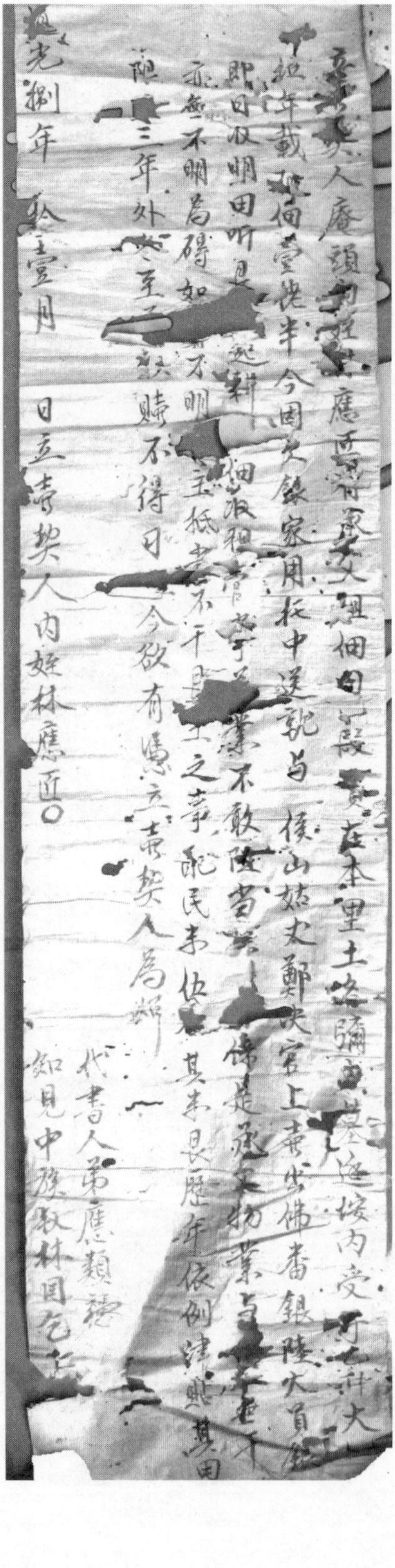

五-三、道光八年十一月林應匠租佃田賣契（一八二八）

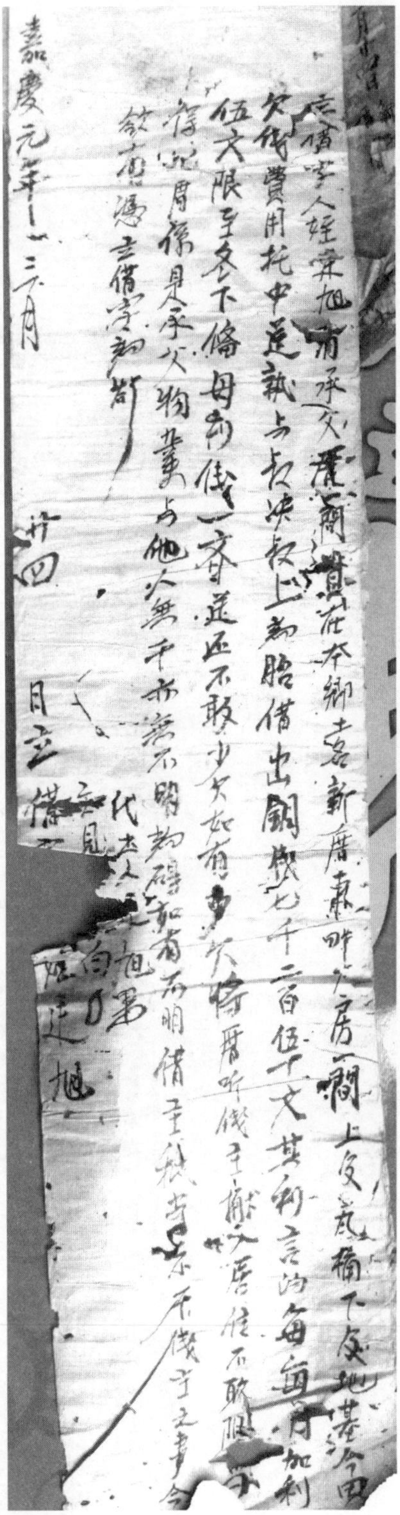

六-一、嘉慶元年三月鄭廷旭厝間借字（一七九六）

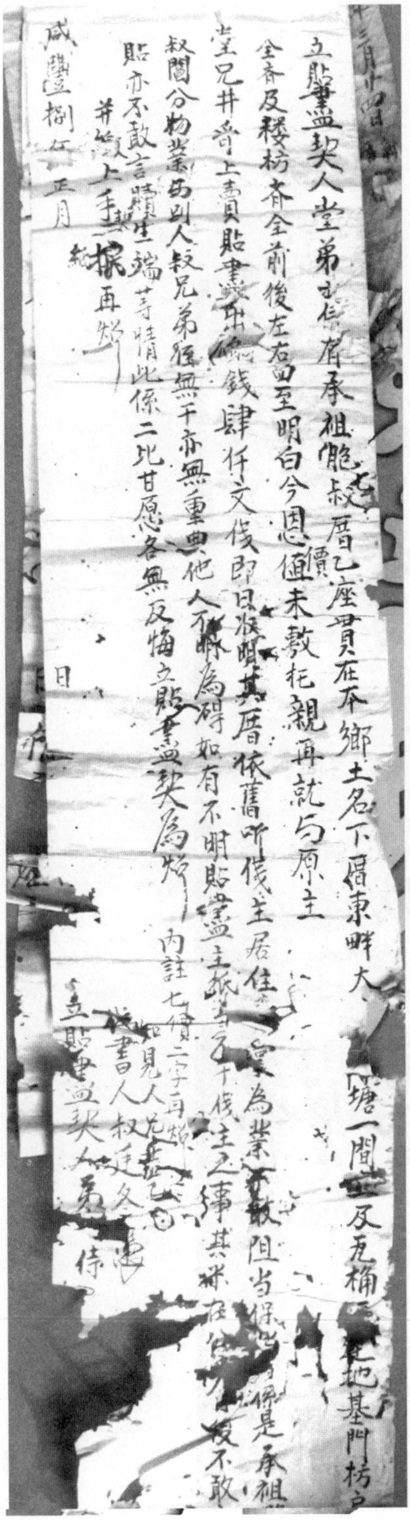

六-二、咸豐八年一月鄭士侍厝間貼盡契（一八五八）

七-一、嘉慶八年三月鄭廷郁祖厝借字（一八〇三）

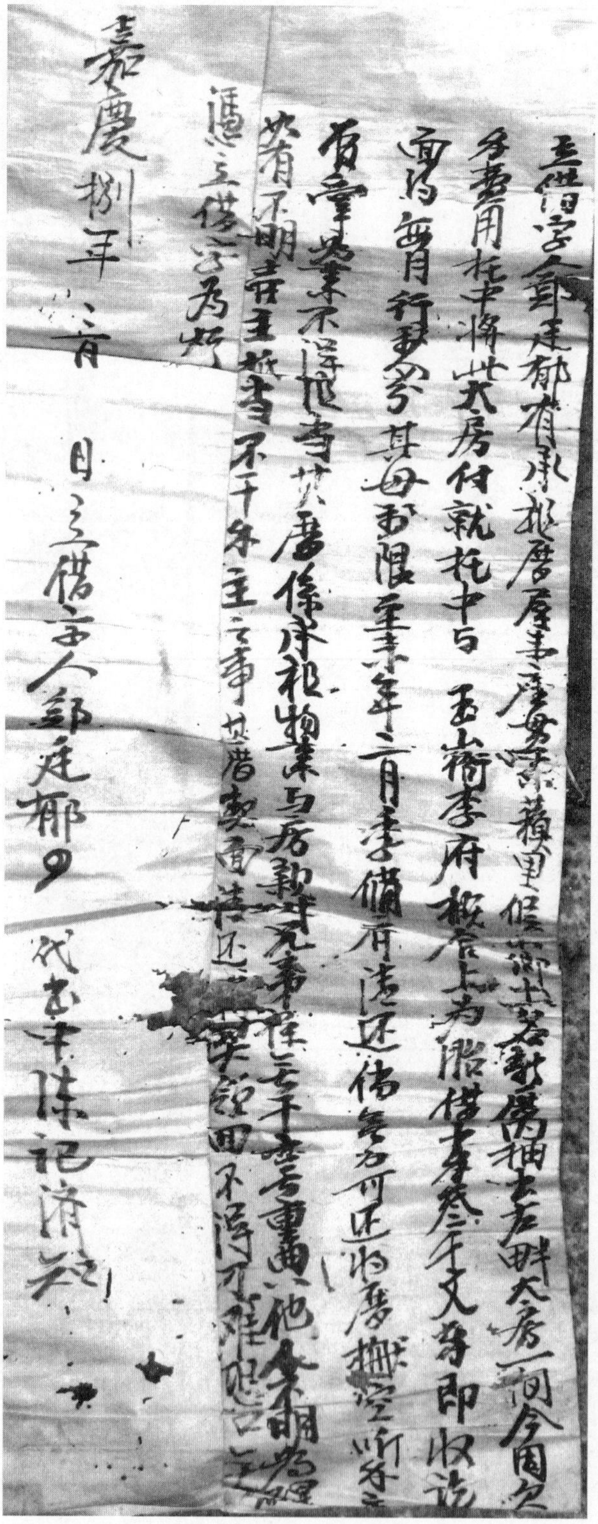

立借字人鄭廷郁，有承祖厝屋[illegible]，[illegible]里[illegible]，[illegible]大房一間，今因
乏[illegible]用，托中將此大房付就托中向　玉山[illegible]李府[illegible]上為[illegible]借去錢[illegible]千文，其錢即收訖
面，約每月行息[illegible]，其錢限至本年三月本利備辦清還，倘無錢可還，將厝[illegible]
[illegible]不得阻[illegible]。其厝係承祖物業，與房親叔兄弟侄無干，並無重典他人，來歷不明為[illegible]，
如有不明，借主[illegible]，不干錢主之事。其借[illegible]還，[illegible]不得[illegible]。
憑立借字為炤。

嘉慶捌年三月　日立借字人鄭廷郁（押）

代書中人陳記清（押）

七-二、道光二十四年七月李榮世厝間繳賣契（一八四四）

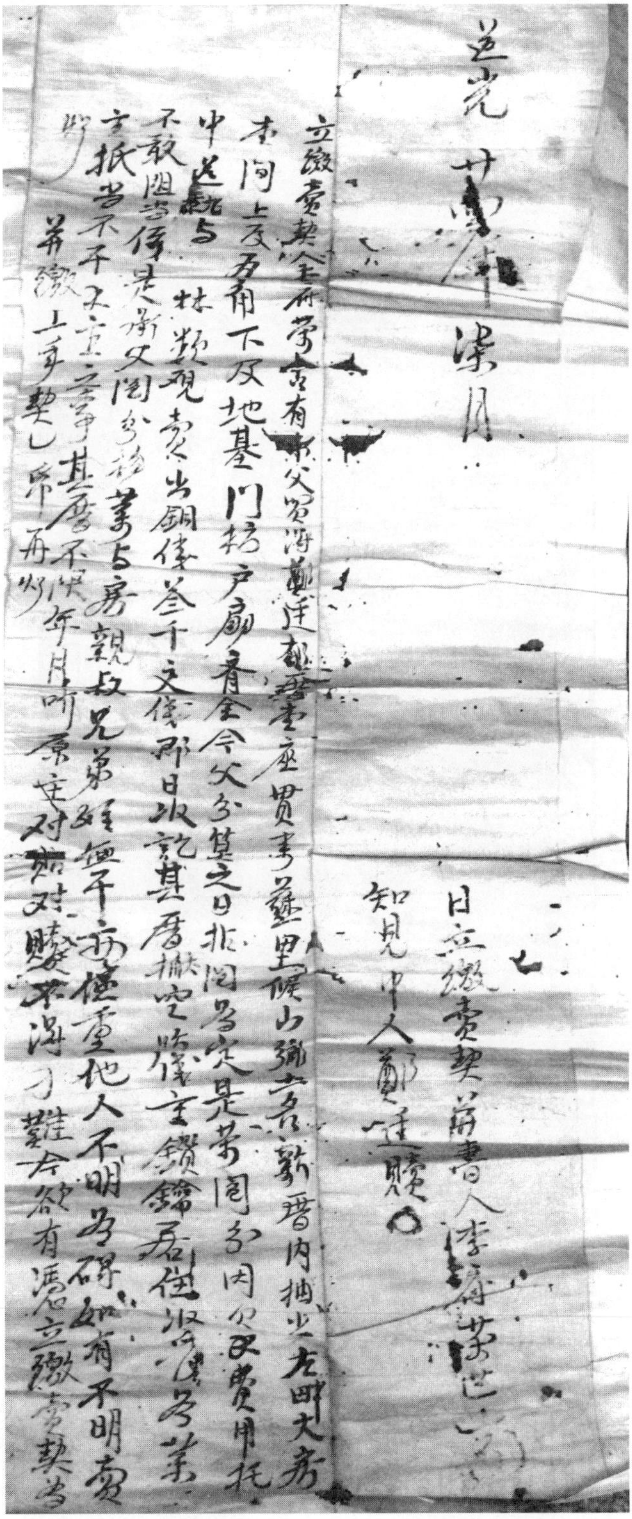

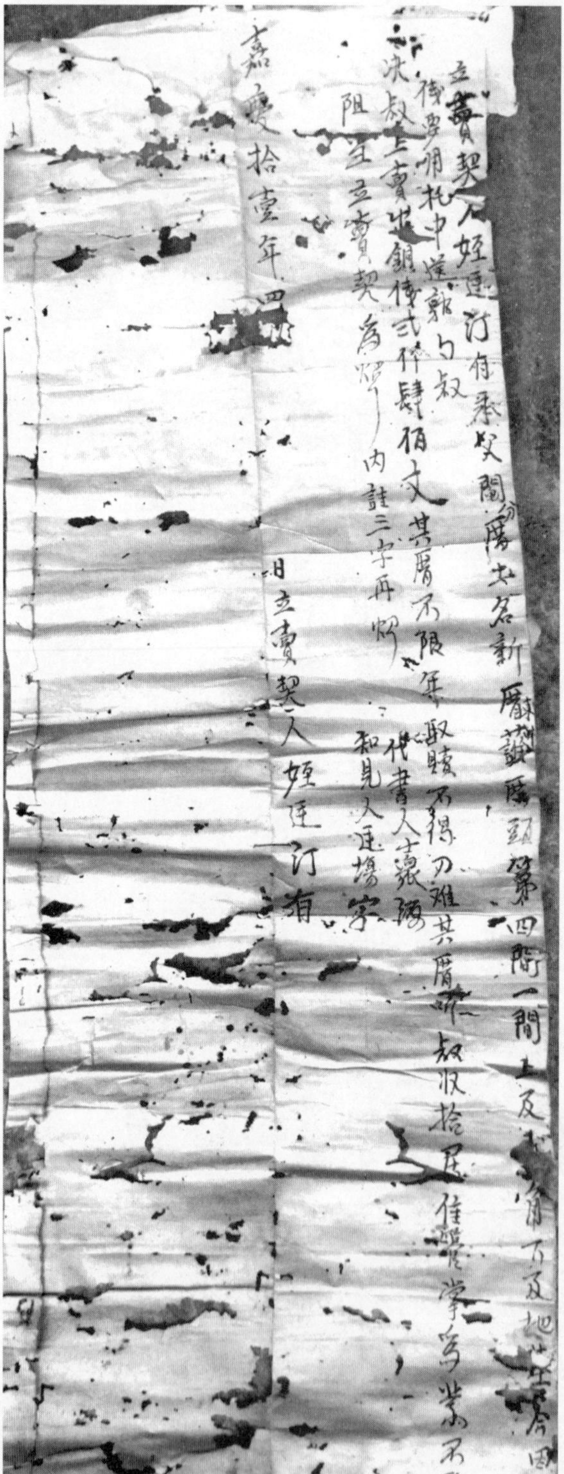

立賣契人姪廷汀有承父鬮分屠夫名新厝蘇[illegible]厝頭第四間一間上及[illegible]角下及地基厝回欠
錢要用托中送就与叔
決叔上賣出銀價弍仟肆佰文其厝不限年取贖不得刁難其厝听叔收拾居住掌管為業不敢
阻今立賣契為照　内註三字再照
代書人[illegible]
知見人廷[illegible]字
嘉慶拾壹年四月　日立賣契人姪廷汀[illegible]

八-一、嘉慶十一年四月鄭廷汀厝間賣契（一八〇六）

八-二、嘉慶十七年九月鄭廷汀厝間貼契（一八一二）

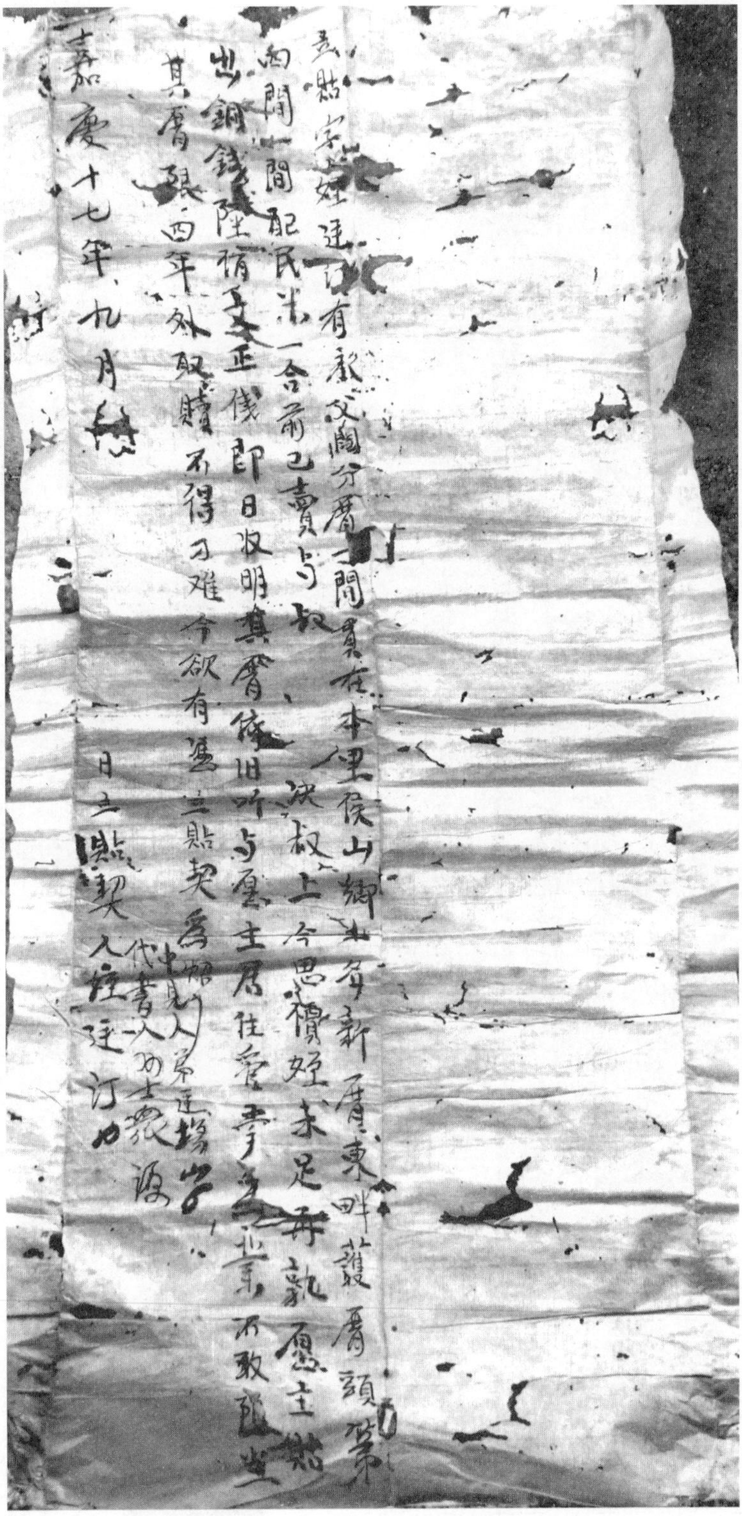
立貼字姪廷汀有承父鬮分厝一間貫在本里侯山鄉土名新厝東畔護厝頭第
西間一間配民米一合前已賣與叔決叔上今思續姪未足再就厝主貼
出銅錢陸佰文正其錢即日收明其厝依旧听与厝主居住管業不敢阻当
其厝限四年外取贖不得刁難今欲有憑立貼契為照
中見人弟廷[illegible]
代書人[illegible]
嘉慶十七年九月　日立貼契人姪廷汀

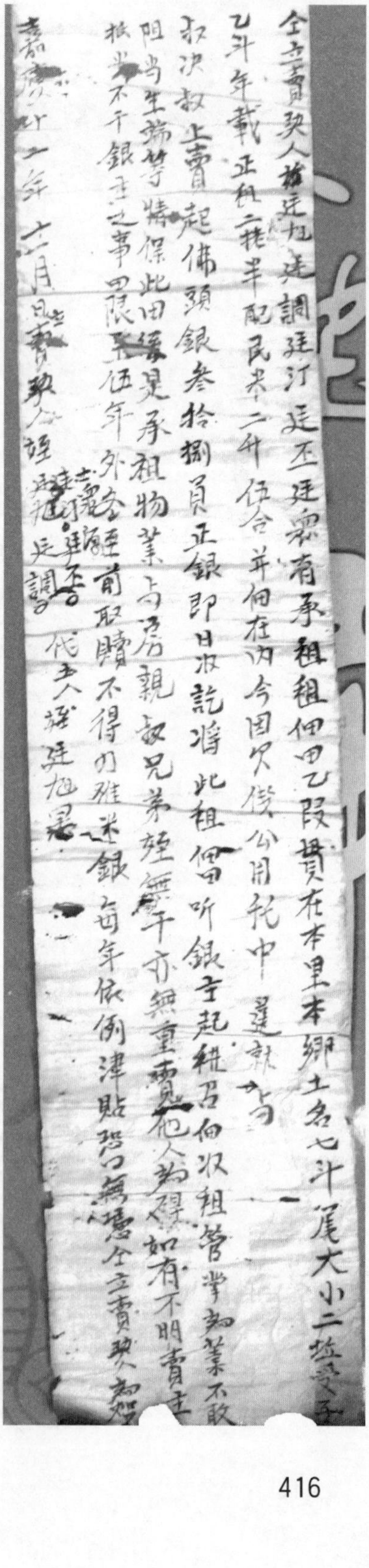

仝立賣契人鄭廷旭廷調廷汀廷丕廷泉有承祖佃田乙段貫在本里本鄉土名七斗尾大小二坵受子
乙斗年載正租二秤半配民米二升伍合并佃在內今因欠銀公用託中送就与
叔次叔上賣起佃頭銀叁拾捌員正銀即日收訖將此租佃听銀主起耕召佃收租管掌為業不敢
阻当生端等情保此田係是承祖物業与房親叔兄弟姪無干亦無重賣他人為礙如有不明賣主
抵当不干銀主之事日限至伍年外备銀前取贖不得刁難迷銀每年依例津貼恐口無憑仝立賣契為照
嘉慶拾壹年十一月　日仝立賣契人鄭廷旭　廷調　廷汀　廷丕　廷泉　代書人

九-一、嘉慶十一年十一月鄭廷旭等租佃田賣契（一八〇六）

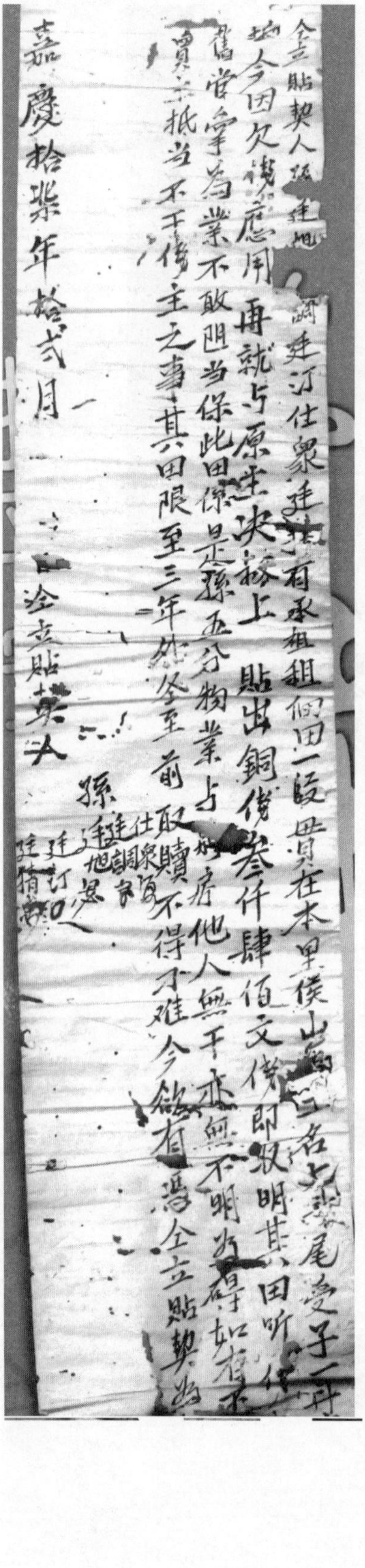

仝立貼契人孫廷旭廷調廷汀仕泉廷丕有承祖租佃田一段貫在本里侯山鄉土名七斗尾受子一斗
坵今因欠錢應用再就与原主決叔上貼出銅錢叁仟肆佰文錢即收明其田听任
舊管掌為業不敢阻当保此田係是孫五分物業与房他人無干亦無不明為礙如有不
明賣主抵当不干價主之事其田限至三年然冬至前取贖不得刁難今欲有憑仝立貼契為照
嘉慶拾柒年拾弍月　日仝立貼契人　孫廷旭　廷調　仕泉　廷汀　廷丕

九-二、嘉慶十七年十二月鄭廷旭等租佃田貼契（一八一二）

十一、嘉慶十四年十一月紀允戴等租佃田賣契（一八〇九）

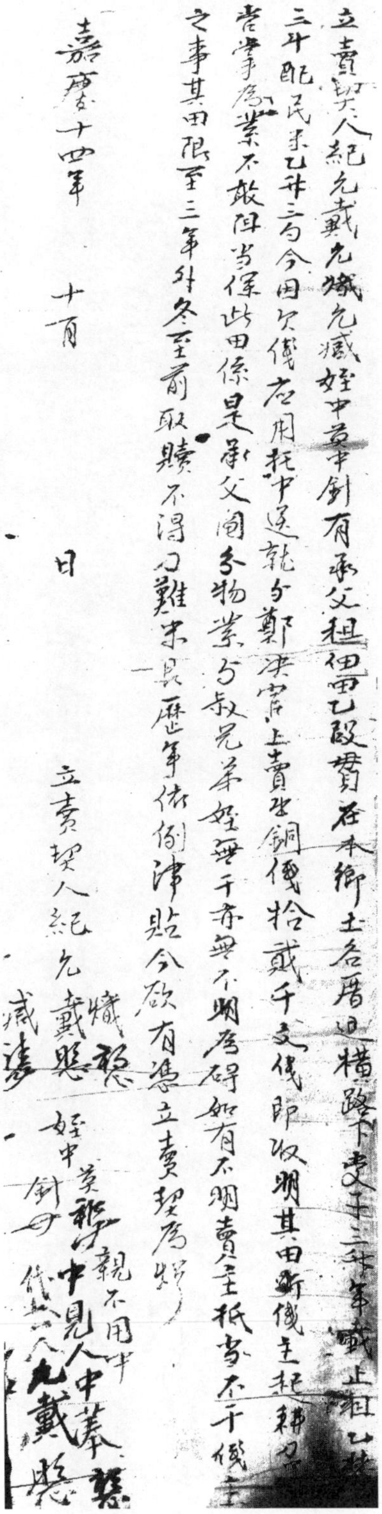

立賣契人紀允戴、允熾、允藏、姪中英、中釗，有承父祖佃田乙段，坐落本鄉土名厝边橫路下，受子三斗，年載上租[illegible]三斗，配民米乙升三合。今因欠錢應用，托中送就與鄭洪官上賣出銅錢拾貳千文，錢即收明。其田聽錢主起耕[illegible]管業為業，不敢阻當。保此田係是承父阄分物業，與叔兄弟姪無干，亦無不明為碍。如有不明，賣主抵當，不干錢主之事。其田限至三年外冬至前取贖，不得刁難。未贖，長歷年依例津貼。今欲有憑，立賣契為照。

嘉慶十四年 十一月 日

立賣契人紀允戴（押）、允熾（押）、允藏（押）

姪中英（押）、中釗（押）

親不用中

中見人中華（押）

代筆人允戴（押）

十二、同治十一年十一月紀志營公田约字（一八七二）

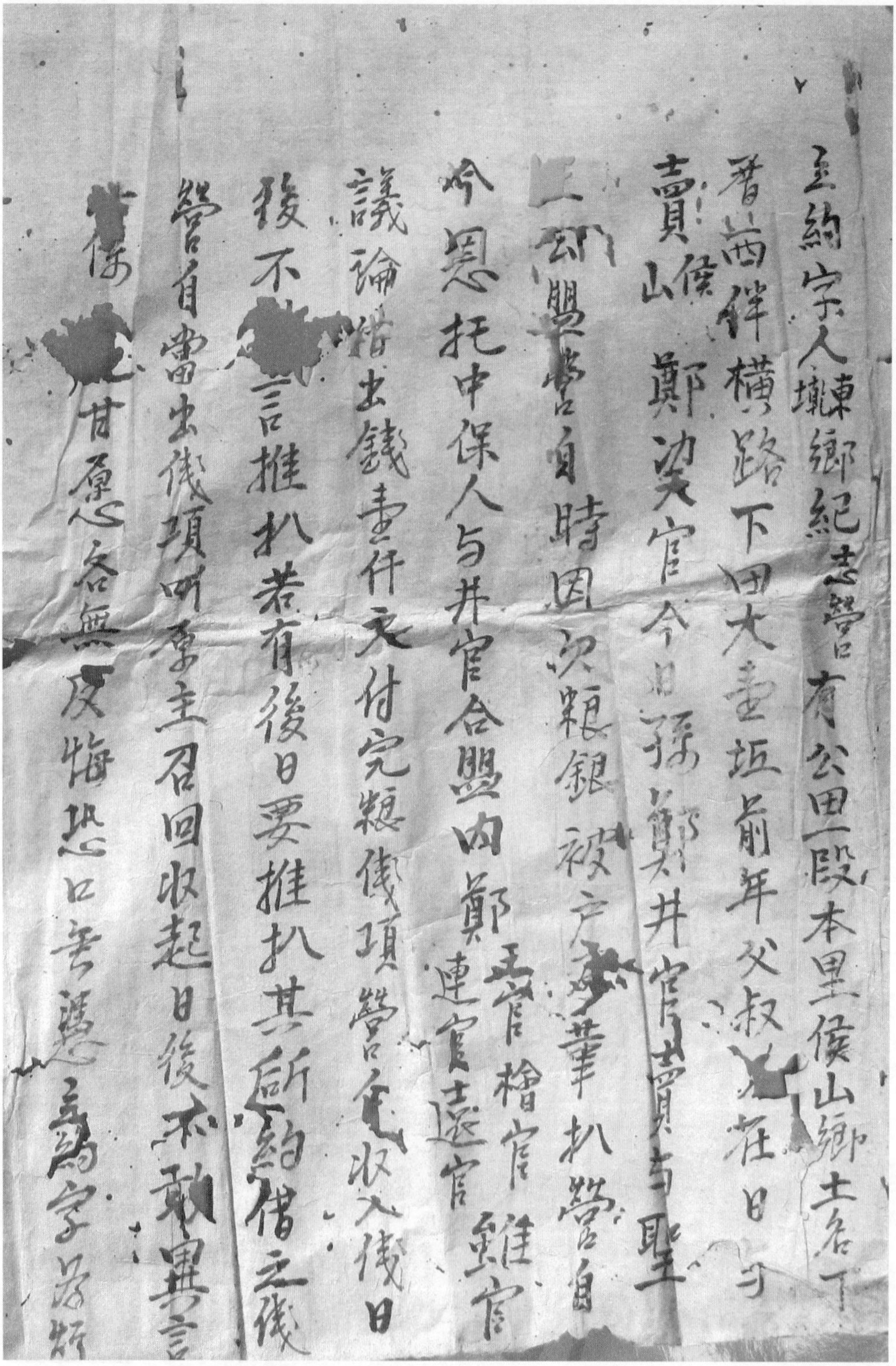

立約字人壠東鄉紀志營有公田一段，本里侯山鄉土名下
暑尚坪橫路下田大壹坵，前年父叔在日，与
壹貫侯山鄭次美官，今日孫鄭井官、吉官与聖
王公盟營自時因次粮銀被户䇿筆扒營自
今恩托中保人与井官合盟内鄭王官、檜官、雖官、連官、遠官
議論，備出錢壹仟文，付完粮錢項，營自收入，錢日
後不敢推扒，若有後日要推扒，其所約借之錢
營自當出錢項，叫業主召回收起，日後不敢異言
係甘愿，各無反悔，恐口無憑，立約字爲炤

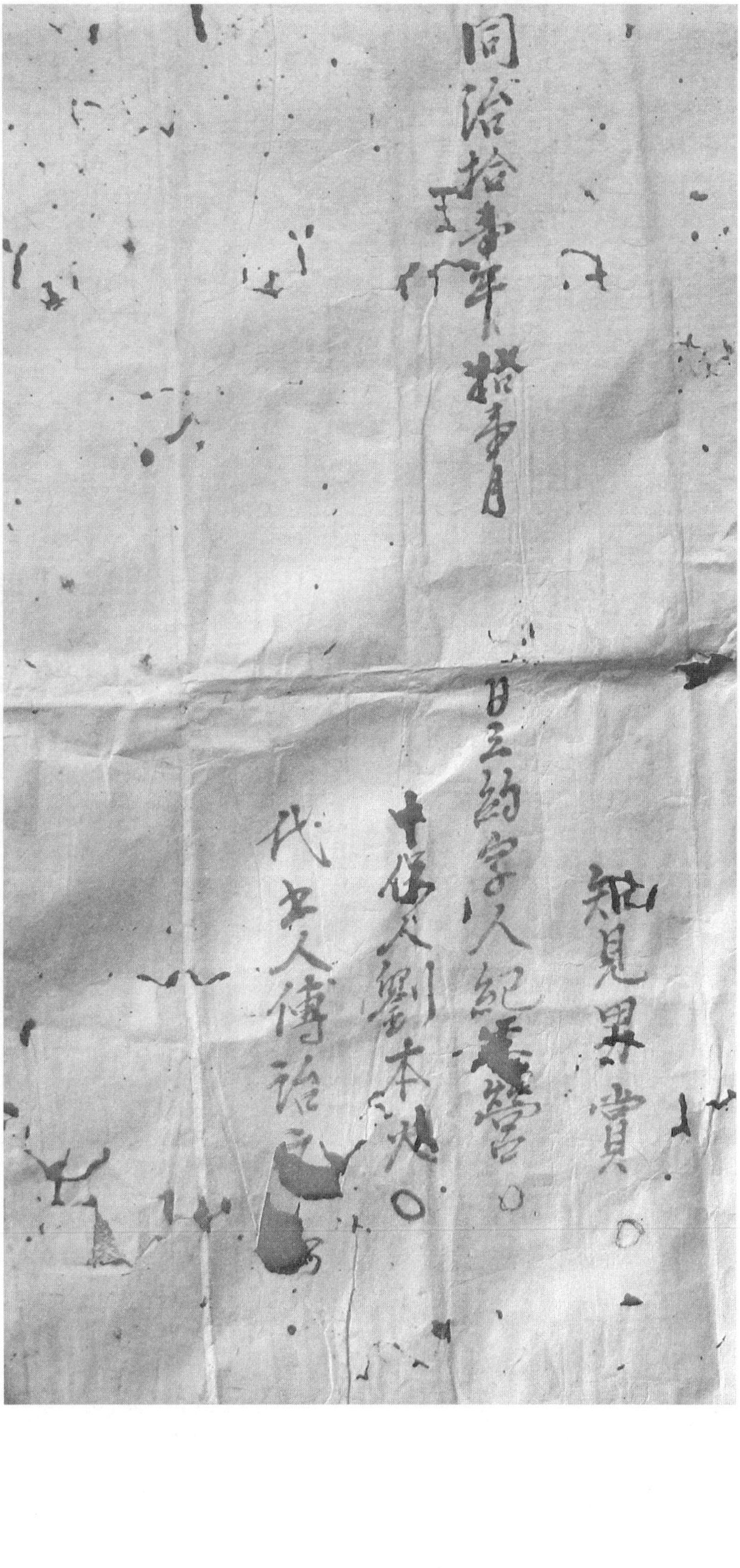
知見男□賞○
同治拾貳年拾貳月　日立約字人紀□營○
中保人劉本□○
代書人傅□[illegible]

十一、嘉慶十四年十二月鄭永寧廁池厝賣盡契（一八〇九）

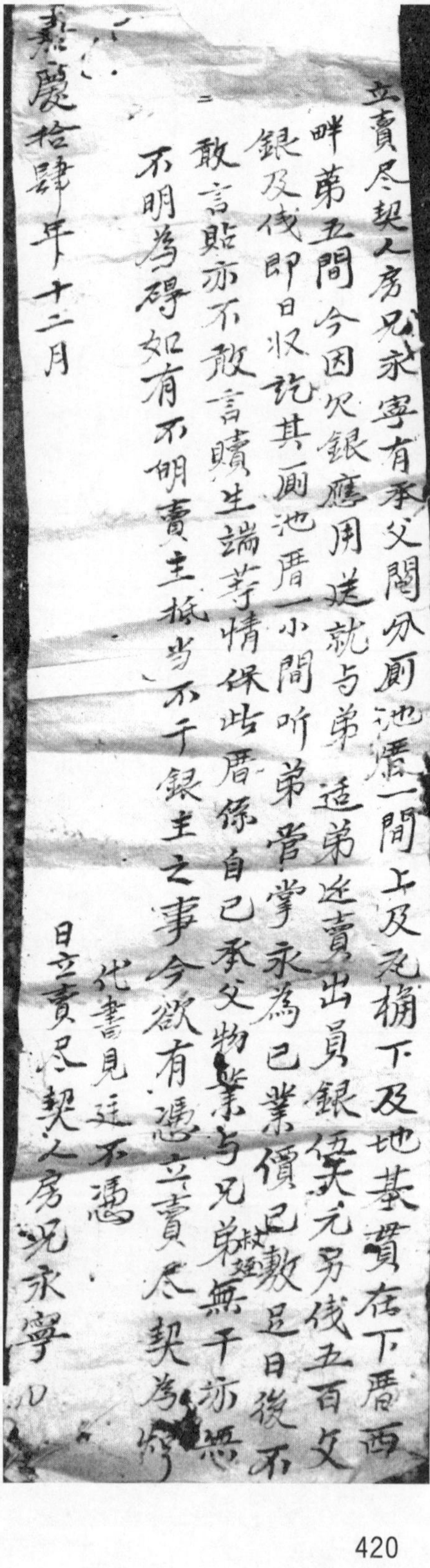
立賣尽契人房兄永寧有承父閹分廁池厝一間，上及瓦桷，下及地基，貫在下厝西
畔第五間。今因欠銀應用，送就与弟廷弟邊賣出員銀伍大元，另钱五百文，
銀及钱即日收訖。其廁池厝一小間听弟管掌，永為己業。價已敷足，日後不
敢言貼，亦不敢言贖生端等情。保此厝係自己承父物業，与兄弟叔姪無干，亦無
不明為碍。如有不明，賣主抵当，不干銀主之事。今欲有憑，立賣尽契為照。
代書見廷丕憑
嘉慶拾肆年十二月　日立賣尽契人房兄永寧

十二-一、嘉慶十五年八月鄭永茲等厝賣契（一八一〇）

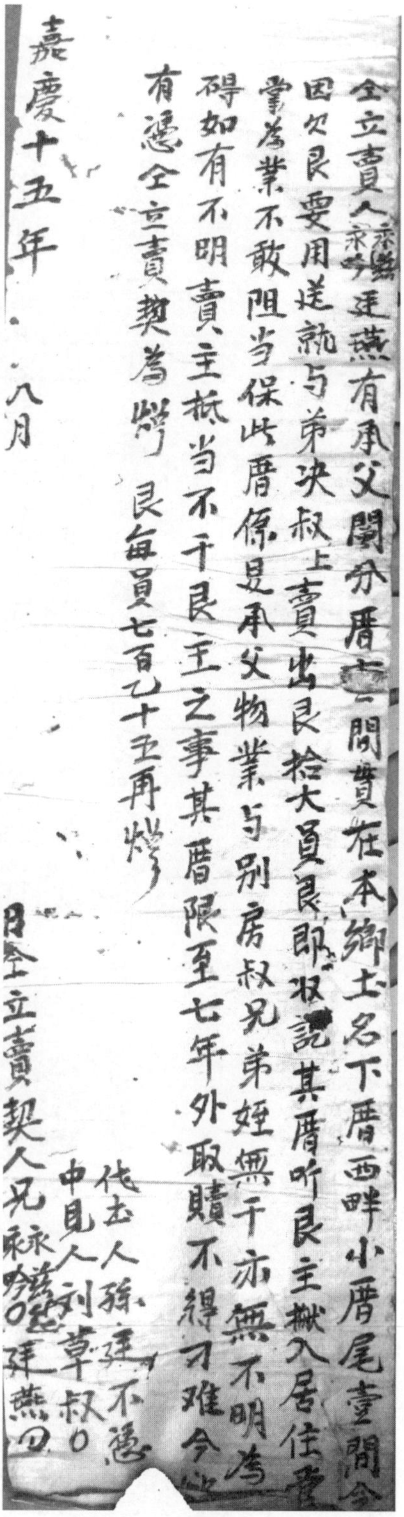

仝立賣人永鏘建燕有承父鬮分厝壹間貫在本鄉土名下厝西畔小厝尾壹間今因欠艮要用送就与弟決叔上賣出艮拾大員艮即收訖其厝听艮主掀入居住管掌為業不敢阻当保此厝係是承父物業与別房叔兄弟姪無干亦無不明為碍如有不明賣主抵当不干艮主之事其厝限至七年外取贖不得刁难今恐有憑仝立賣契為照　艮每員七百乙十五再照

嘉慶十五年　八月　日仝立賣契人兄永茲、永鏘、建燕

代书人孫廷

中見人刘草叔

十二-二、嘉慶十八年七月鄭永茲等祖厝貼盡絕契（一八一三）

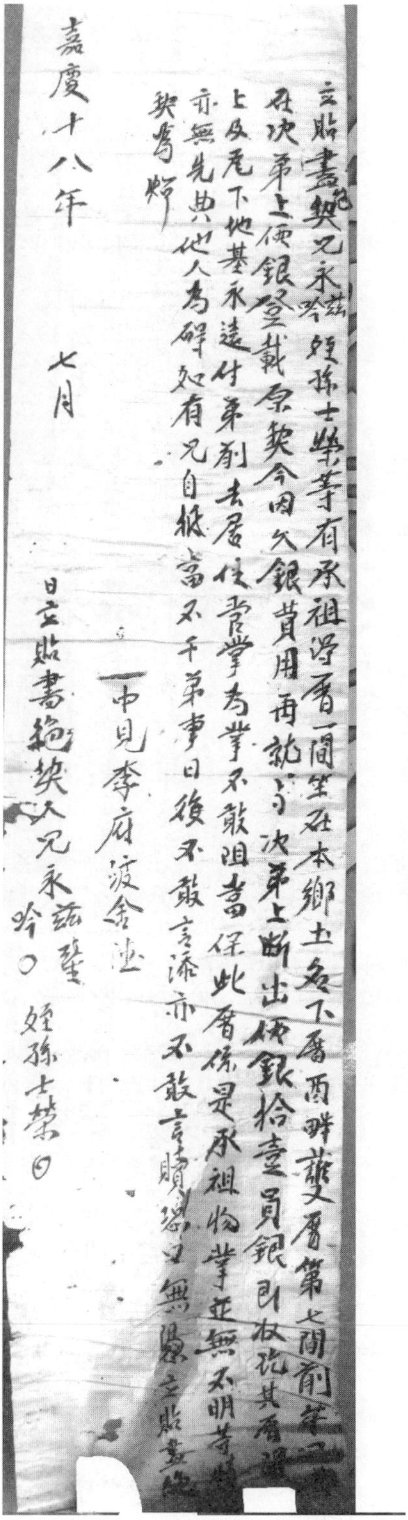

立貼盡絕契兄永茲、永吟，姪孫士槃等有承祖厝一間坐在本鄉土名下厝西畔護厝第七間前年已將在決弟上便銀叁載原契今因欠銀費用再就与次弟上斷出佛銀拾壹員銀即收訖其厝上及瓦下地基永遠付弟前去居住管掌為業不敢阻當保此厝係是承祖物業並無不明等情亦無先典他人為碍如有兄自抵當不干弟事日後不敢言添亦不敢言贖恐口無憑立貼盡絕契為照

嘉慶十八年　七月　日立貼書絕契人兄永茲、永吟，姪孫士槃

中見李府波舍

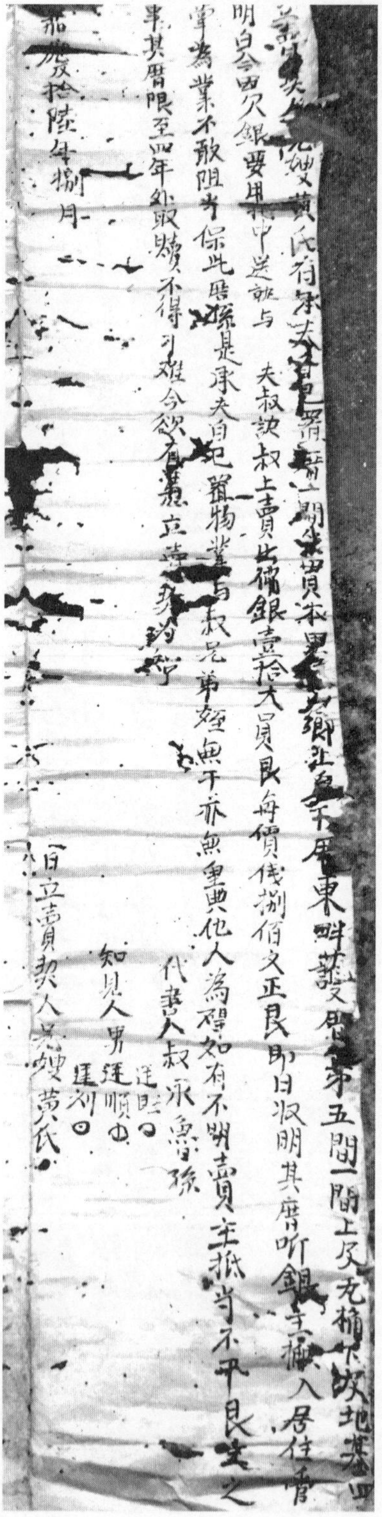

立賣契人兄嫂黃氏有承夫自置厝乙間坐貫本里[illegible]下厝東畔護厝第五間一間上及瓦桷下毀地基四
至明白今因欠銀要用托中送就與 夫叔訣叔上賣出佛銀壹拾大員良每價錢捌佰文正良即日收明其厝听銀主搬入居住管
掌為業不敢阻當保此厝係是承夫自己置物業與叔兄弟姪無干亦無重典他人為碍如有不明賣主抵當不干銀主之
事其厝限至四年外取贖不得刁難今欲有憑立賣契為炤

代書人叔承魯孫
知見人男廷順 廷旺 廷炯
嘉慶拾陸年捌月 日立賣契人兄嫂黃氏

十三-一、嘉慶十六年八月黃氏厝間賣契（一八一一）

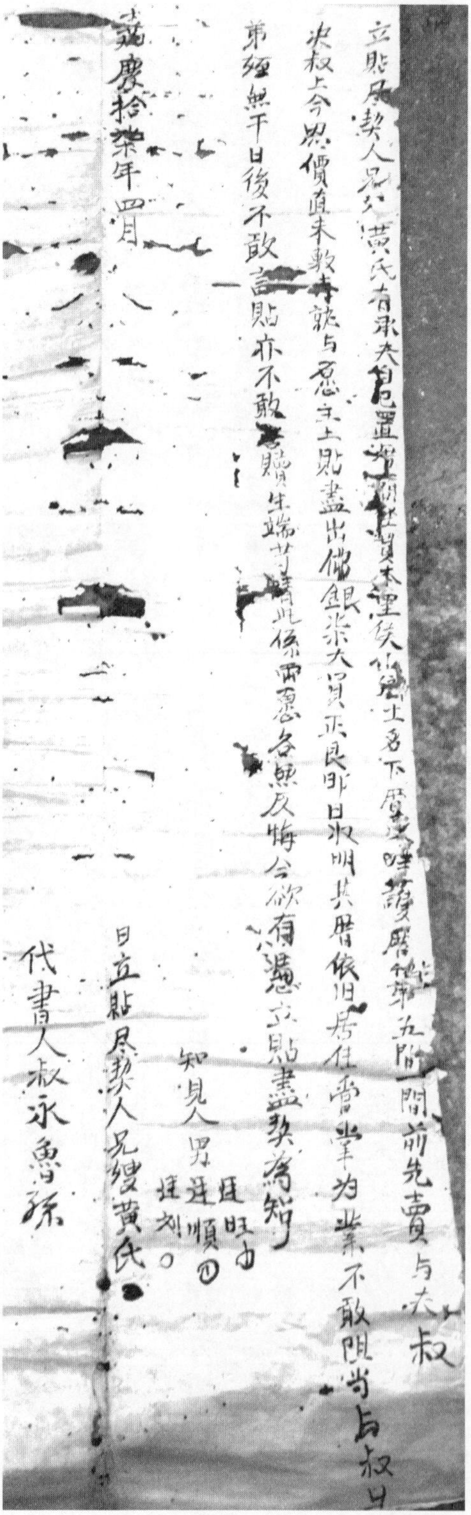

立貼盡契人兄嫂黃氏有承夫自己置過[illegible]坐貫本里[illegible]土名下厝東畔護厝第五間一間前先賣與夫叔
訣叔上今因價值未敷再就與原主上貼盡出佛銀柒大員正良即日收明其厝依旧居住管掌為業不敢阻當與叔兄
弟姪無干日後不敢言貼亦不敢言贖生端等情此係兩愿各無反悔今欲有憑立貼盡契為炤

知見人男廷旺 廷順 廷炯
嘉慶拾柒年四月 日立貼盡契人兄嫂黃氏
代書人叔承魯孫

十三-二、嘉慶十七年四月黃氏厝間貼盡契（一八一二）

十四-一、嘉慶十七年李志澤民田賣契（一八一二）

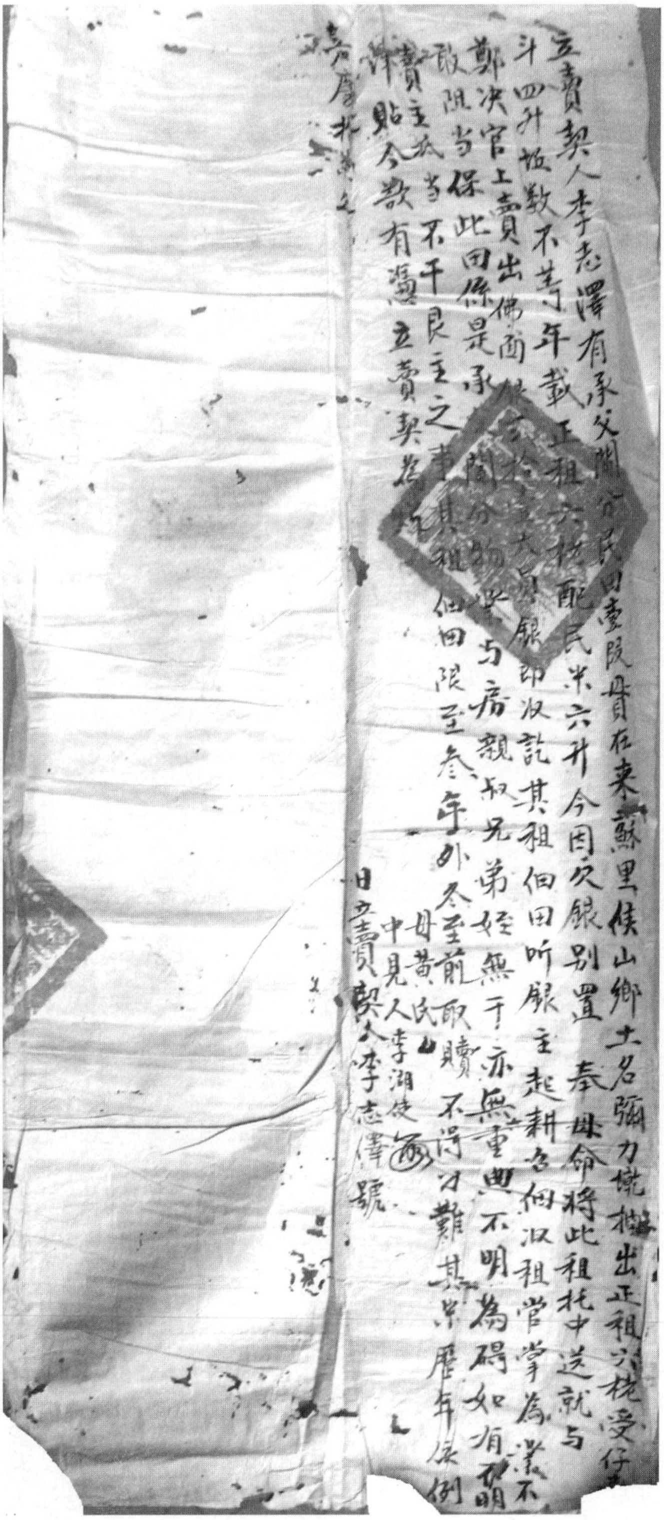

立賣契人李志澤有承父鬮分民田壹段，坐貫在東蘇里侯山鄉，土名彌力坑[illegible]，出正租六桃受仔[illegible]
斗四升，坵數不等，年載正租六桃，配民米六升。今因欠銀別置，奉母命將此租托中送就與
鄭決官上賣出佛面[illegible]拾[illegible]大員，銀即收訖。其租佃田听銀主起耕召佃收租管掌為業，不
敢阻當。保此田係是承[illegible]鬮分物業，與房親叔兄弟姪無干，亦無重典不明為碍。如有[illegible]
賣主抵当，不干銀主之事。其租佃田限至叁年外冬至前取贖，不得刁難。其粮歷年依例
津貼。今欲有憑，立賣契為照。
嘉慶拾柒[illegible]日
母黃氏
中見人李湖使
立賣契人李志澤號

十四-二、嘉慶十八年九月李志澤民田貼盡絕並推批（一八一三）

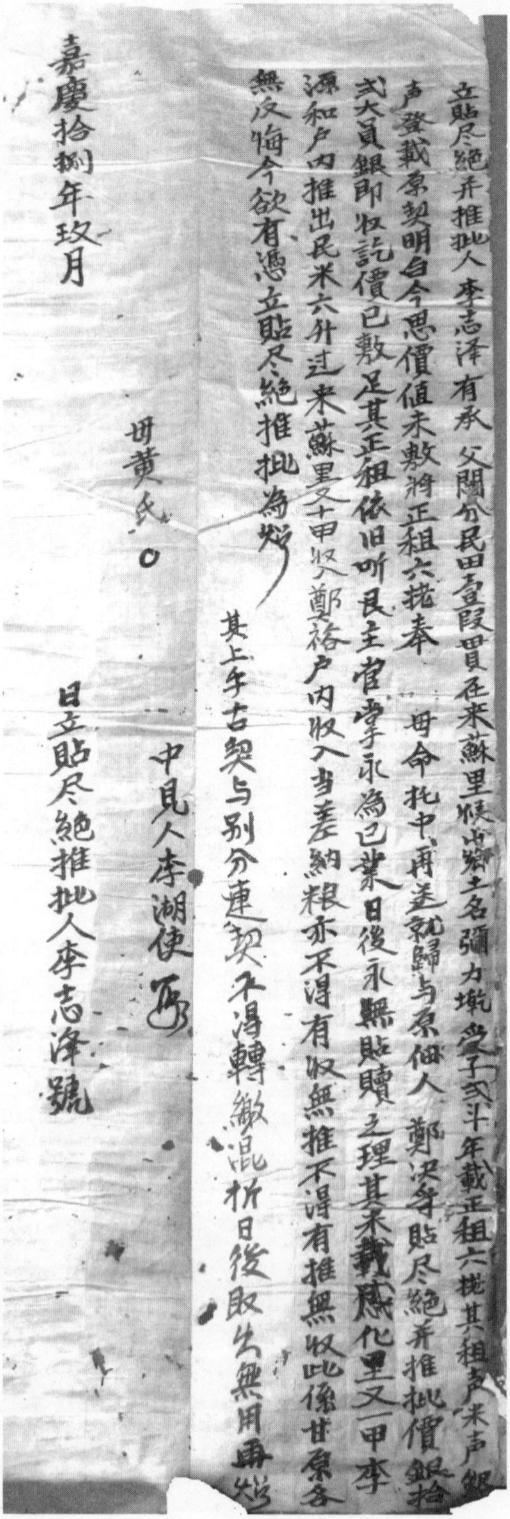

立貼盡絕并推批人李志澤有承父鬮分民田壹段買在來蘇里候山鄉土名彌力墘受子弍斗年載正租六挑其租户米声户銀
声發截原契明白今思價值未敷將正租六挑奉　母命托中再差就歸与原佃人鄭泫身貼盡絕并推批價銀拾
弍大員銀即收訖價已敷足其正租依旧听民主官掌永為己業日後永無貼贖之理其米載歸化里又一甲李
源和户内推出民米六升过來蘇里又十甲收入鄭裕户内收入当差納粮亦不得有收無推不得有推無收此係甘愿各
無反悔今欲有憑立貼盡絕推批為炤
其上手古契与別分連契不得轉繳混析日後取出無用再炤
中見人李湖使（押）
母黃氏 〇
嘉慶拾捌年玖月　日立貼盡絕推批人李志澤號

十四-三、嘉慶二十年十月感化里一甲李源和推米册（一八一五）

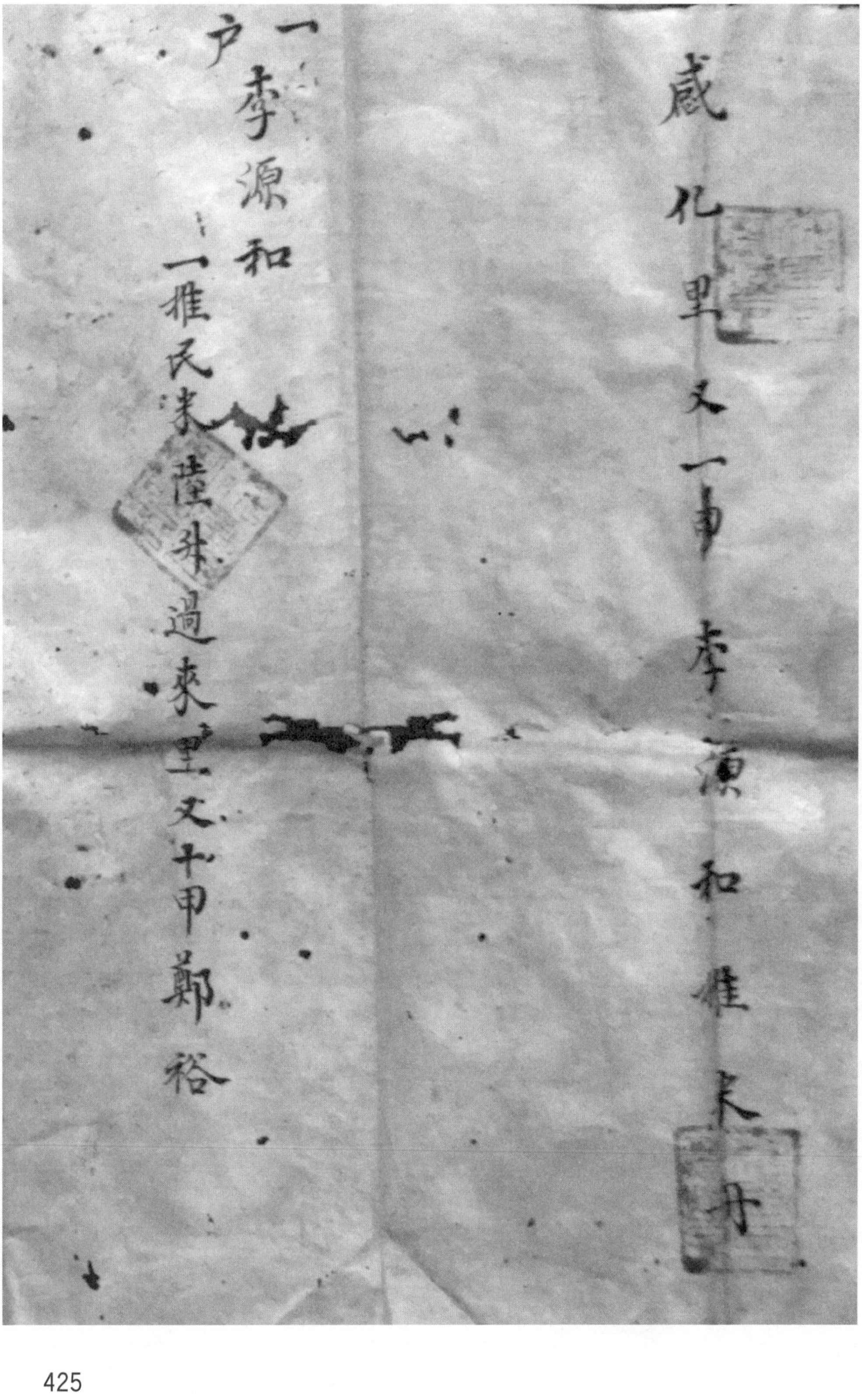
感化里又一甲李源和推米册

一户李源和

一推民米陸升過來里又十甲鄭裕

嘉慶貳拾年拾月

自化户達

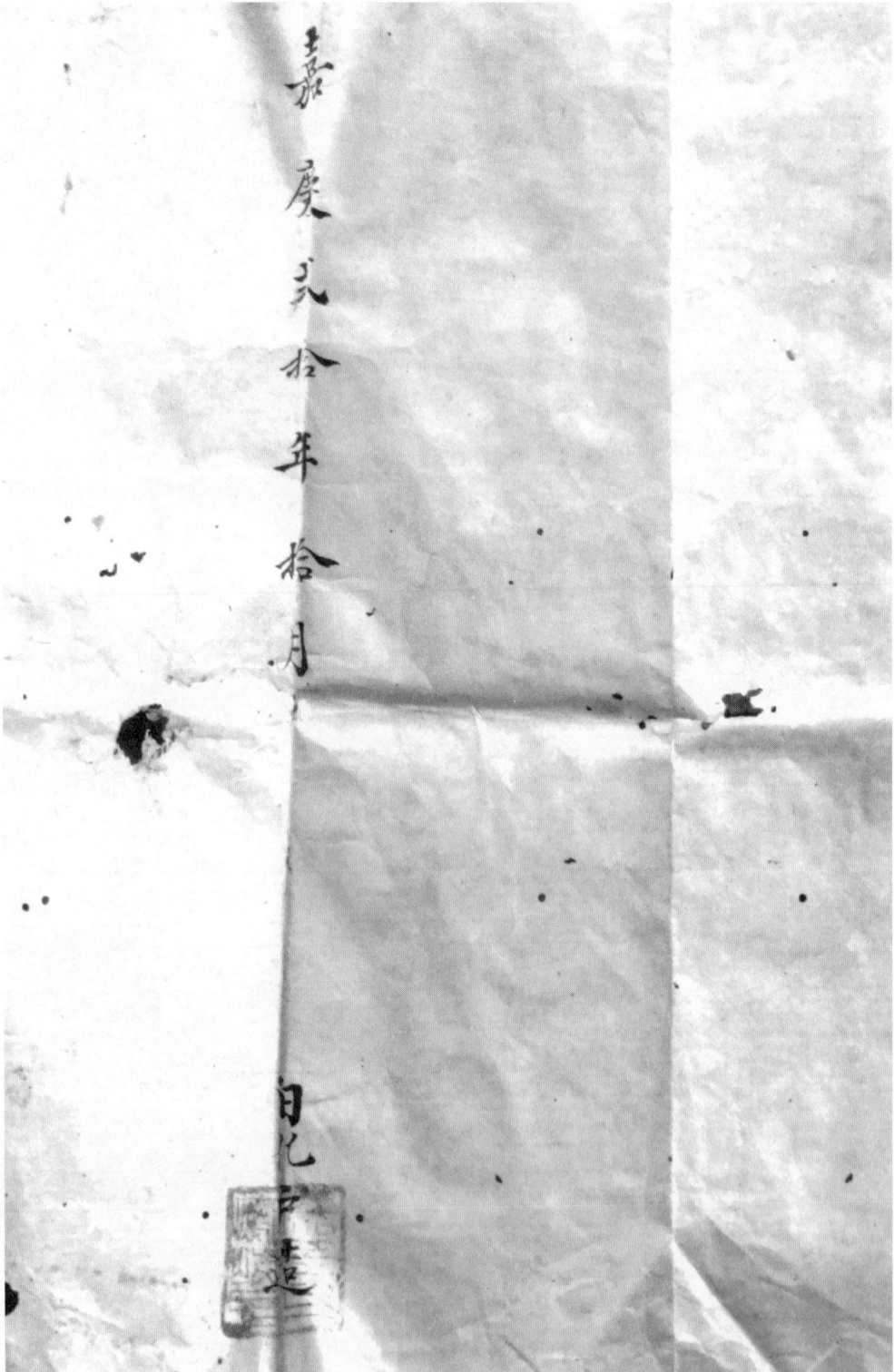

十四-四、嘉慶二十年十月來蘇里十甲鄭裕新收額征米册（一八一五）

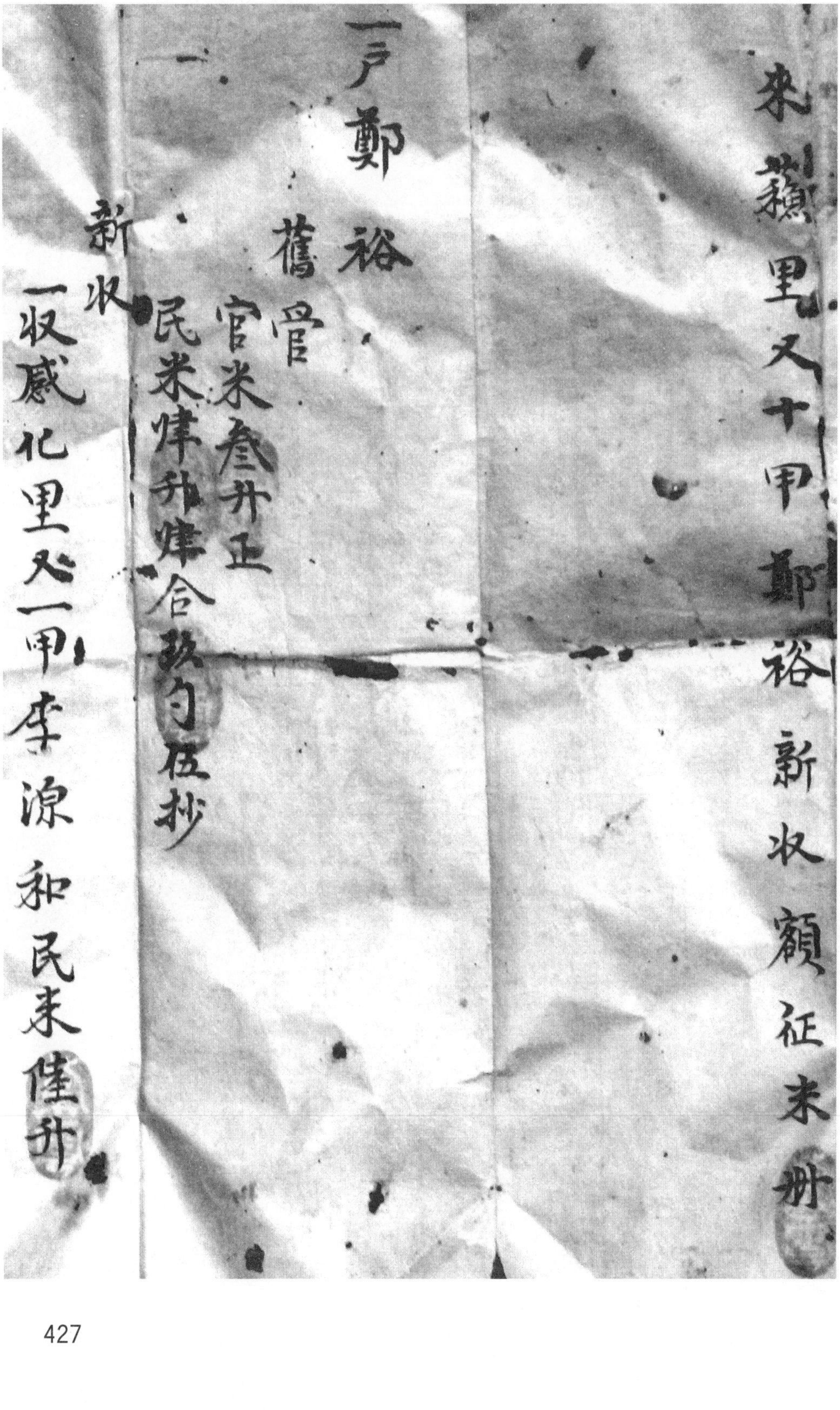
來蘇里乂十甲鄭裕新收額征米册

一戶鄭裕

舊管

官米叁升正

民米肆升肆合玖勺伍抄

新收

一收感化里乂一甲李涼和民米陸升

開除　無

實在

官米叁升正

民米壹斗零肆合玖勺伍抄

征銀貳錢零叁厘

嘉慶弍拾年拾月　　日户造册

十四-五、嘉慶二十年十一月李志澤民田貼盡契並推批（一八一五）

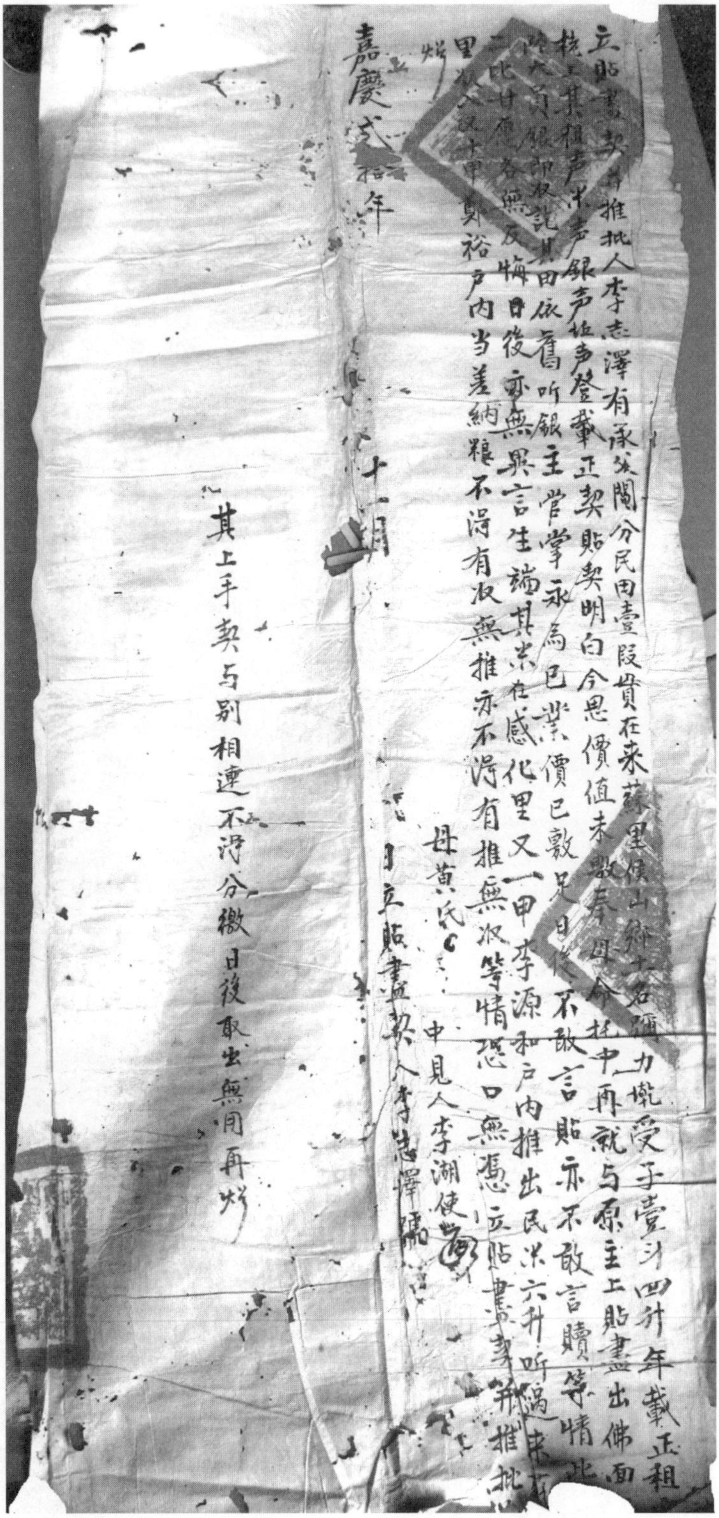

十五-一、嘉慶二十五年二月李序茅等租佃田賣契（一八二〇）

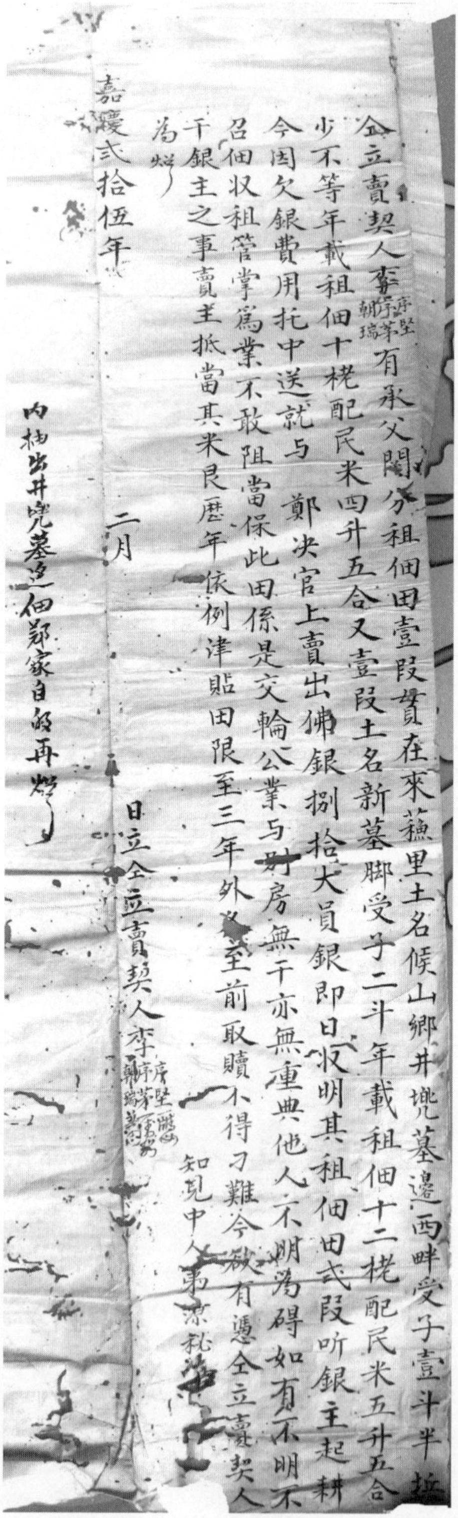

仝立賣契人李序堅、序茅、朝瑞有承父閹分祖佃田壹段坐貫在來蘓里土名候山鄉井兜墓邊西畔受子壹斗半拉少不等年載祖佃十秡配民米四升五合又壹段土名新墓脚受子二斗年載租佃十二秡配民米五升五合今因欠銀費用托中送就与鄭決官上賣出佛銀捌拾大員銀即日收明其租佃田弍段听銀主起耕召佃收祖管掌爲業不敢阻當保此田係是交輪公業与房無干亦無重典他人不明爲碍如有不明不干銀主之事賣主抵當其米艮歷年依例津貼田限至三年外至前取贖不得刁難今欲有憑仝立賣契人爲照

嘉慶弍拾伍年　二月　日立仝立賣契人李序堅、序茅、朝瑞

知見中人弟涼秋

內抽出井兜墓邊一佃鄭家自的再照

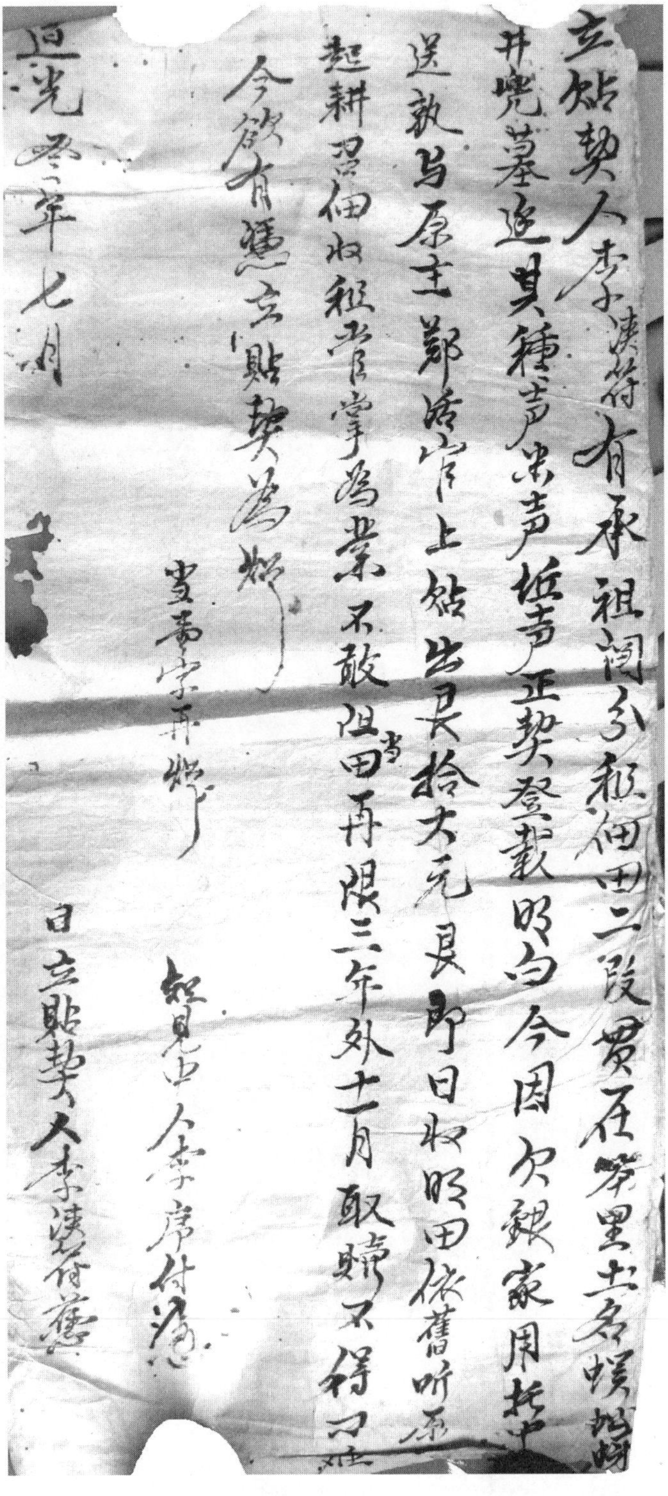

立帖契人李浹符有承祖閹分租佃田二段，貫在茶里土名蜈蚣崎井兜墓邊，其種壹戶，米壹戶，坵壹戶，正契登載明白。今因欠銀家用，托中送就與原主鄭治官上帖出員拾大元，其艮即日收明。田依舊聽原起耕，召佃收租，照常掌為業，不敢阻当。田再限三年外十一月取贖，不得刁難。今欲有憑，立貼契為炤。

[illegible]当字再炤

知見中人李序付

道光叁年七月　日立貼契人李浹符

十五-二、道光三年七月李浹符租佃田貼契（一八二三）

十五-三、道光五年十一月李浹符租佃田再貼契（一八二五）

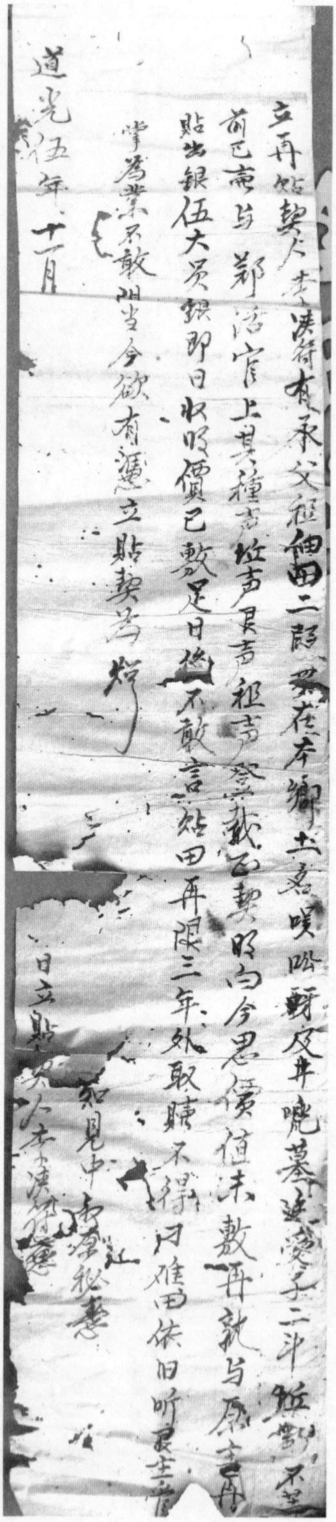

立再貼契人李浹符，有承父祖佃田二段，坐在本鄉土名唉吆對及井晚墓邊，受子二斗，無載，不
前已兩次與鄭活官上其種苗，並声其苗祖苗，登載正契明白。今思價值未敷，再就與原主再
貼出銀伍大員，銀即日收明，價已敷足。日後不敢言貼。田再限三年外取贖，不得阻，往田依旧听原主
掌為業，不敢阻当。今欲有憑，立貼契為炤。
日立貼契人李浹符
知見中
道光伍年十一月

十五-四、道光六年三月李浹符租佃田貼盡絕契（一八二六）

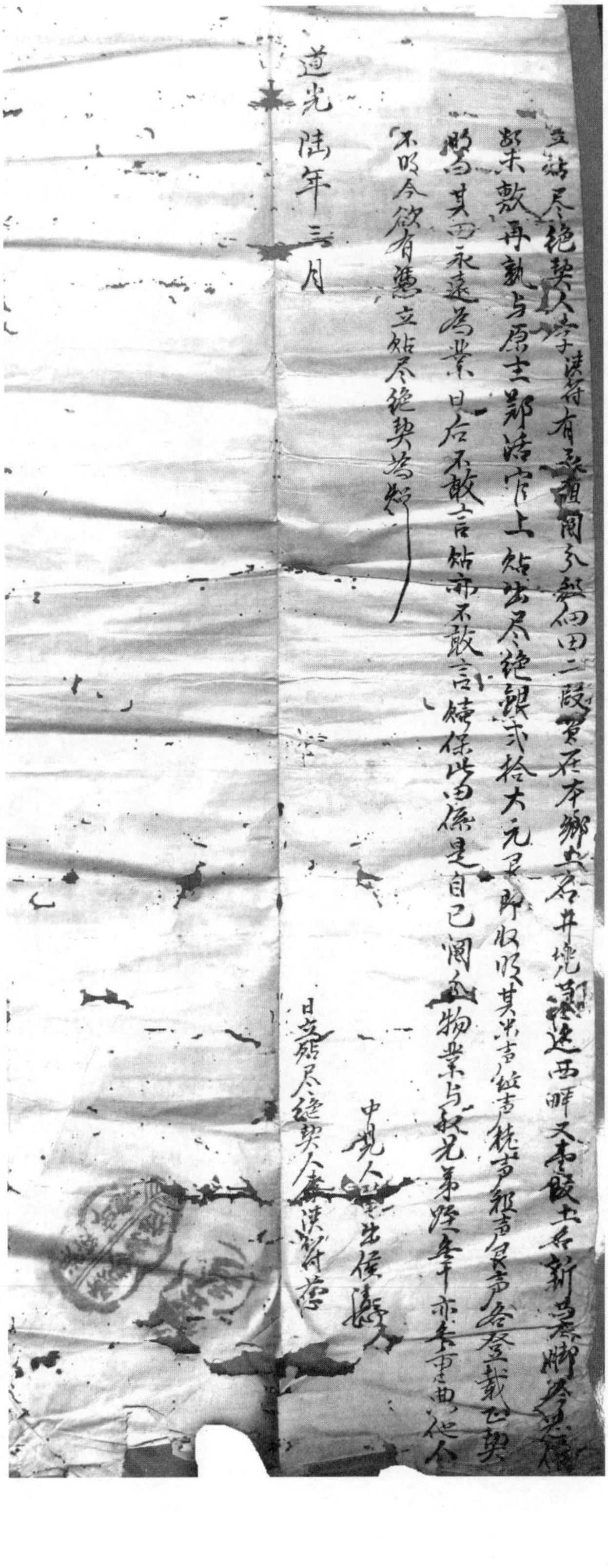
立貼尽絕契人李浹符有承祖閹分租佃田二段，實在本鄉土名井塊[illegible]邊西畔，又壹段土名新[illegible]
鄭樂敷再執，与原主鄭浩官上貼出尽絕銀弍拾大元足，即收明。其米壹紙壹戶，糧壹戶，租壹戶，各登載正契，
照為其田永遠為業，日后不敢言貼，亦不敢言贖。保此田係是自己閹分物業，与叔兄弟姪無干，亦未曾重典他人
不明。今欲有憑，立貼尽絕契為炤。
中見人[illegible]
道光陸年三月　日立貼尽絕契人李浹符

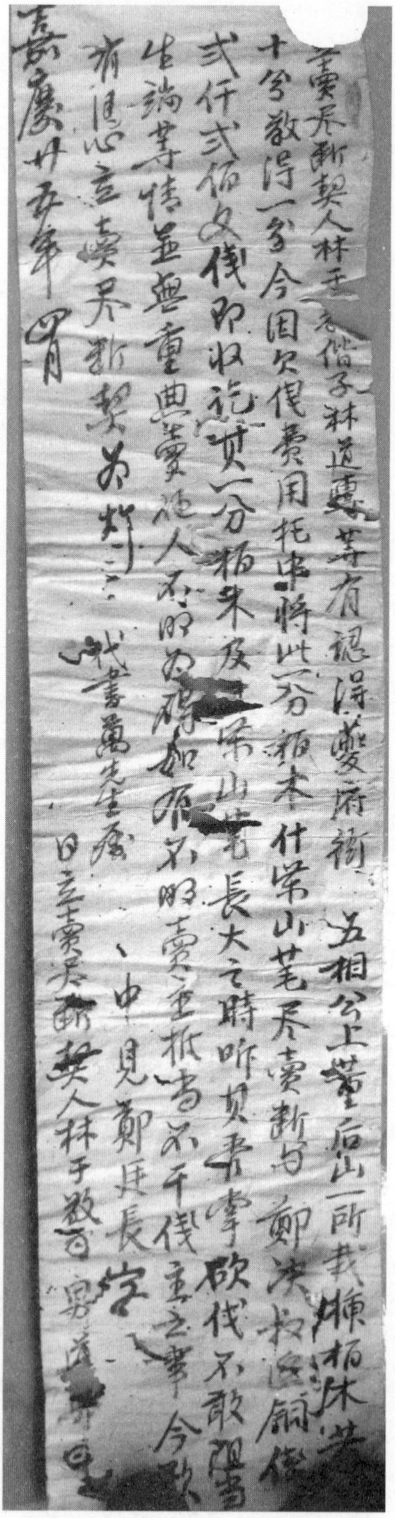

十六-一、嘉慶二十五年四月林于敬等柏木什葉山苲賣盡斷契（一八二〇）

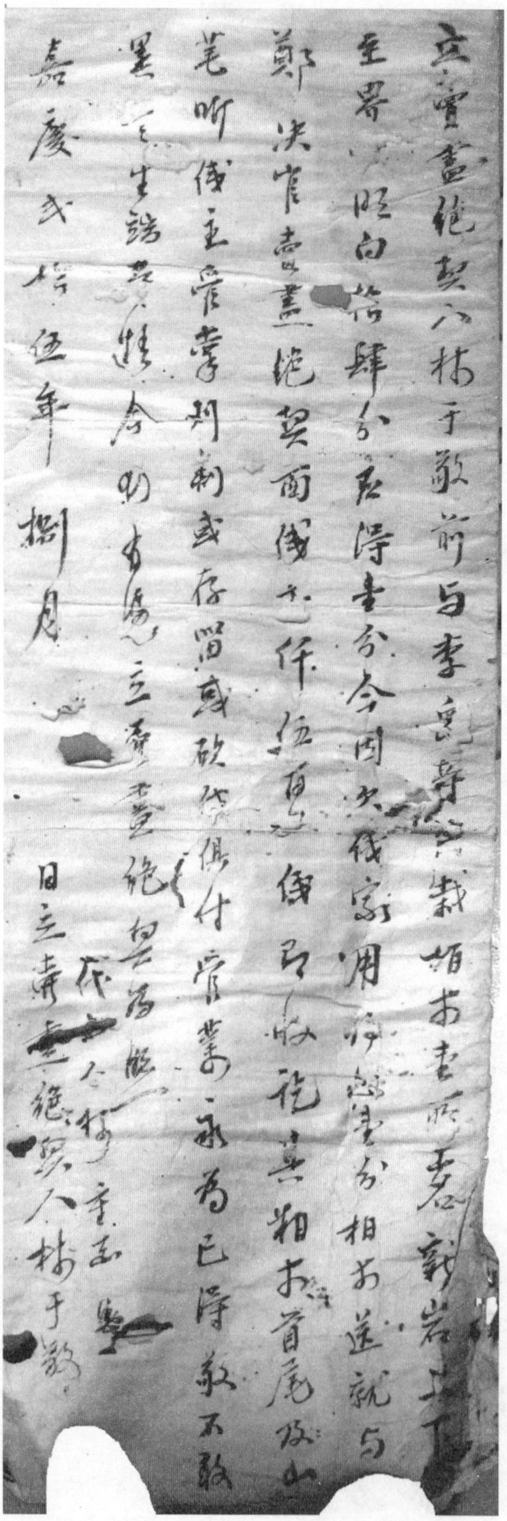

十六-二、嘉慶二十五年八月林于敬柏木賣盡絕契（一八二〇）

十六-三、道光九年十一月洪門王氏租田賣契（一八二九）

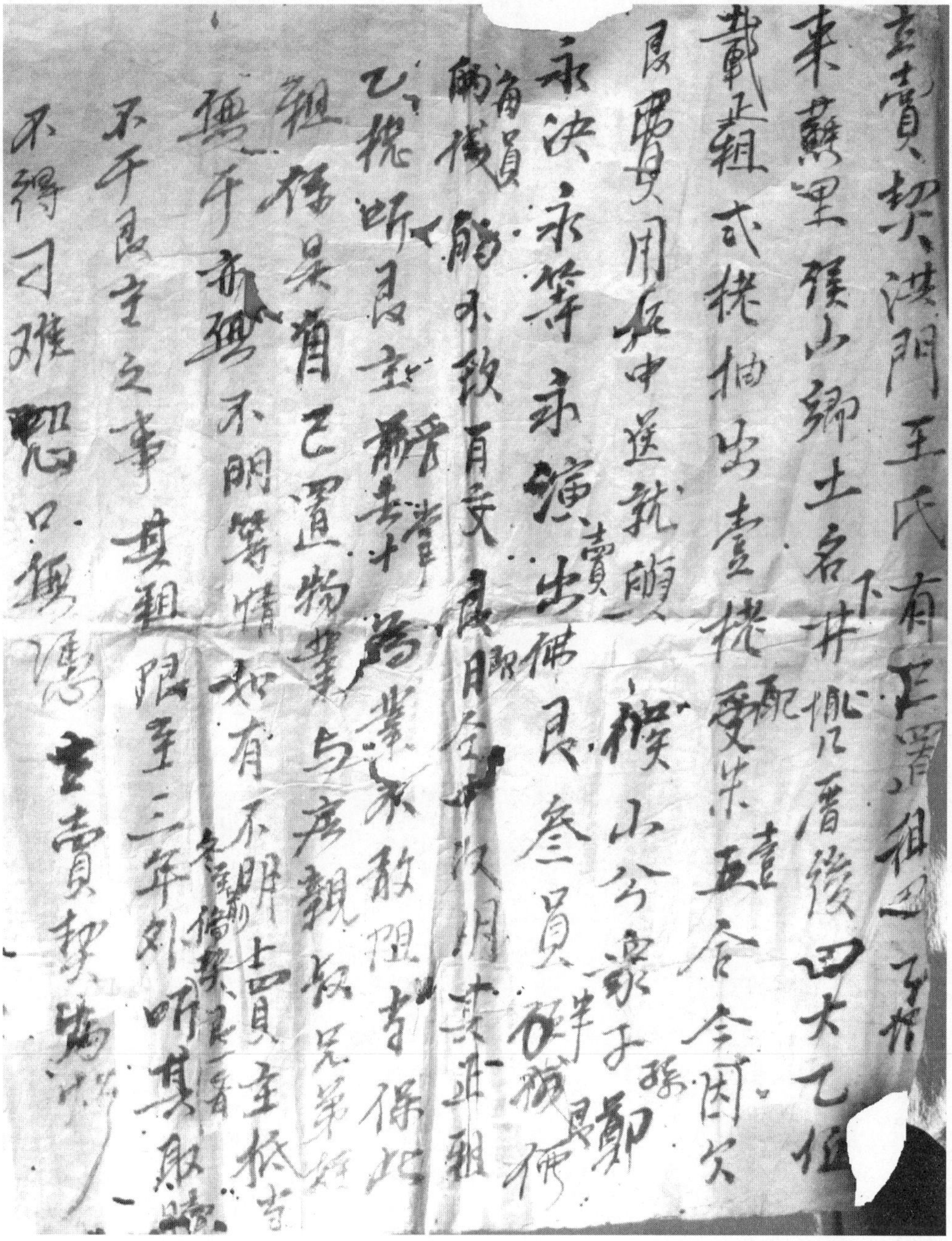
立賣契人洪門王氏有正置祖田一處坐於
本蘇里張山鄉土名下井側几層段四大丘
載正租弍桃，抽出壹桃，[配]受米[壹]五合。今因欠
艮費用，托中送就[賣]與樸山公衆子[孫]鄭
永決、永等、永演出佛艮叁員半[illegible]良便
兩[角員]議，兩不致有受，艮[即]日全收用。其正租
乙桃斷與主[illegible]去[管]耕為業，永不敢阻吉，保此
租係是自己遺置物業，與房親叔兄弟姪
無干，亦無不明等情。如有不明，[illegible]賣主抵當，
不干良主之事。其租限至三年外，听其取贖，
不得刁難。恐口無憑，立賣契為照。

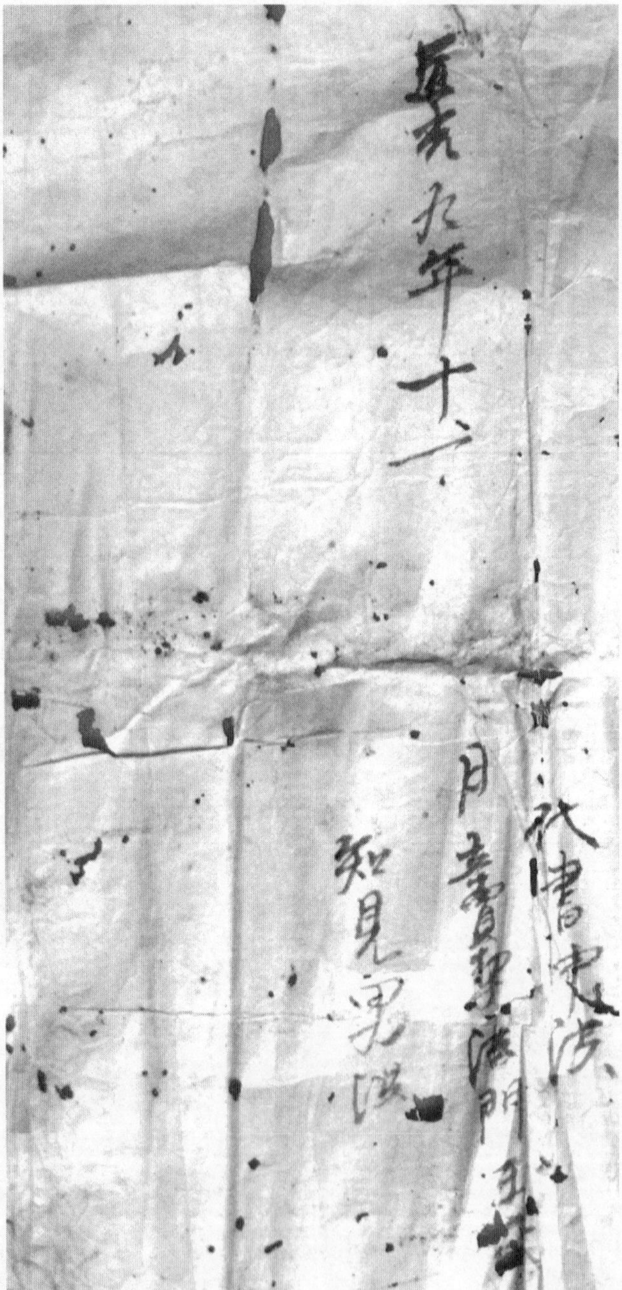

道光九年十二月
賣契濟明 押
代書史洪
知見男滋

十六-四、道光九年洪門王氏租田賣契（一八二九）

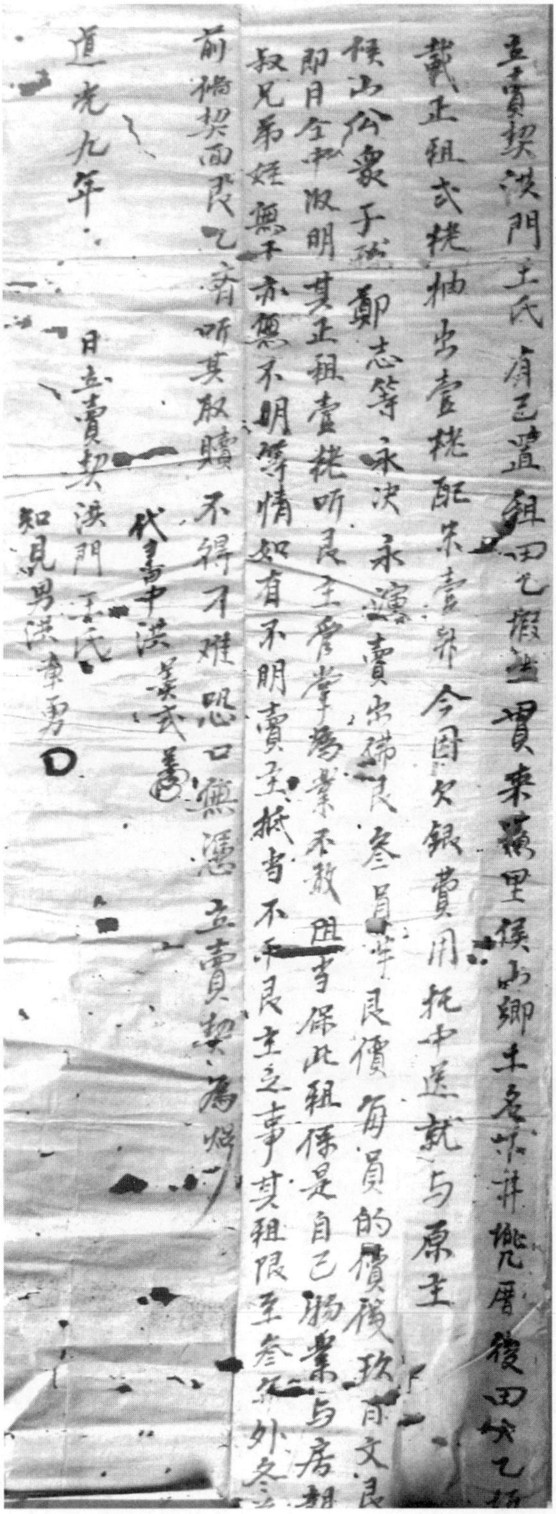

十六-五、道光十二年一月鄭廷泡產山貼盡山契（一八三二）

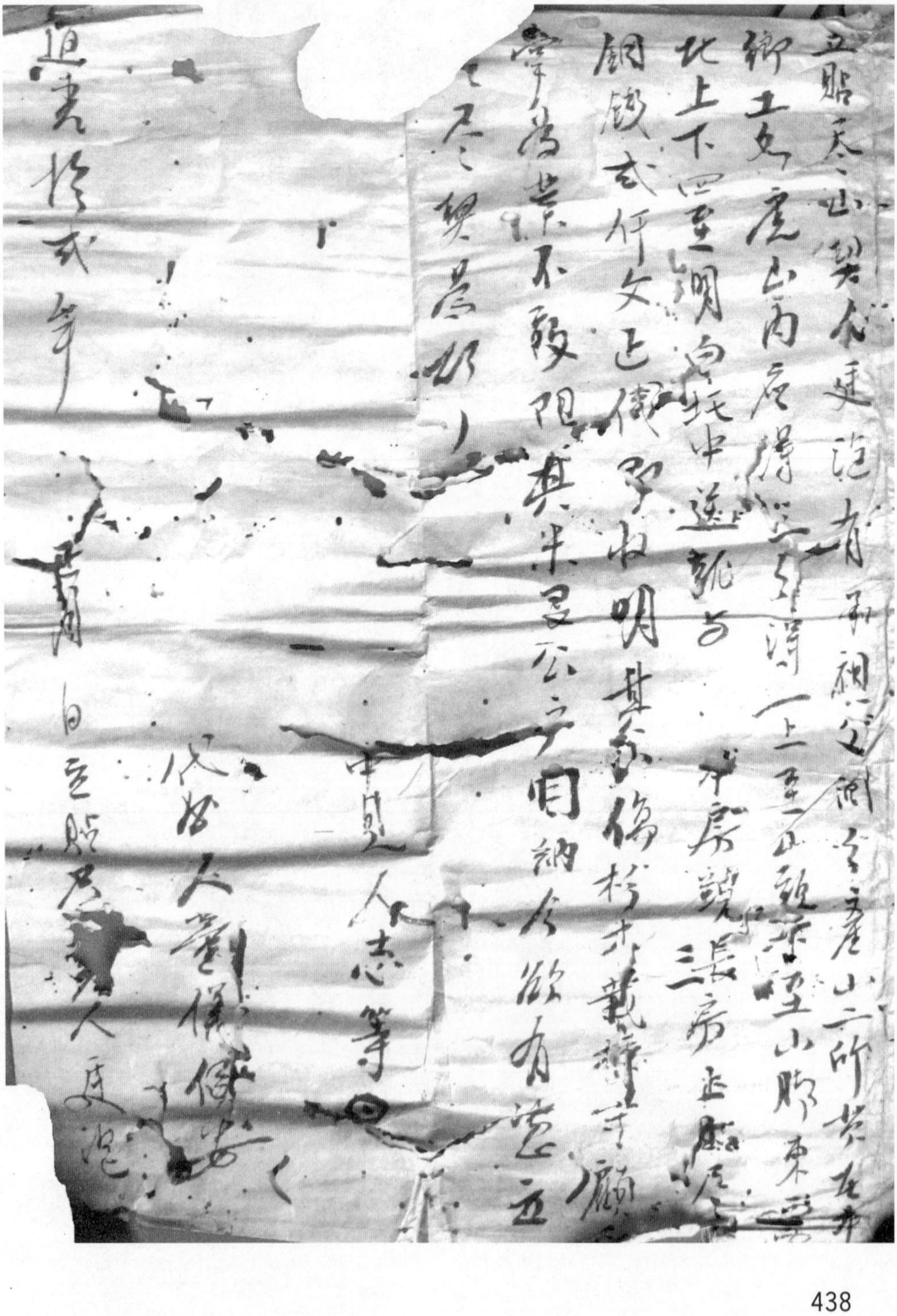

十六-六、民國六年五月鄭尔蚶等祖父田借為胎字（一九一七）

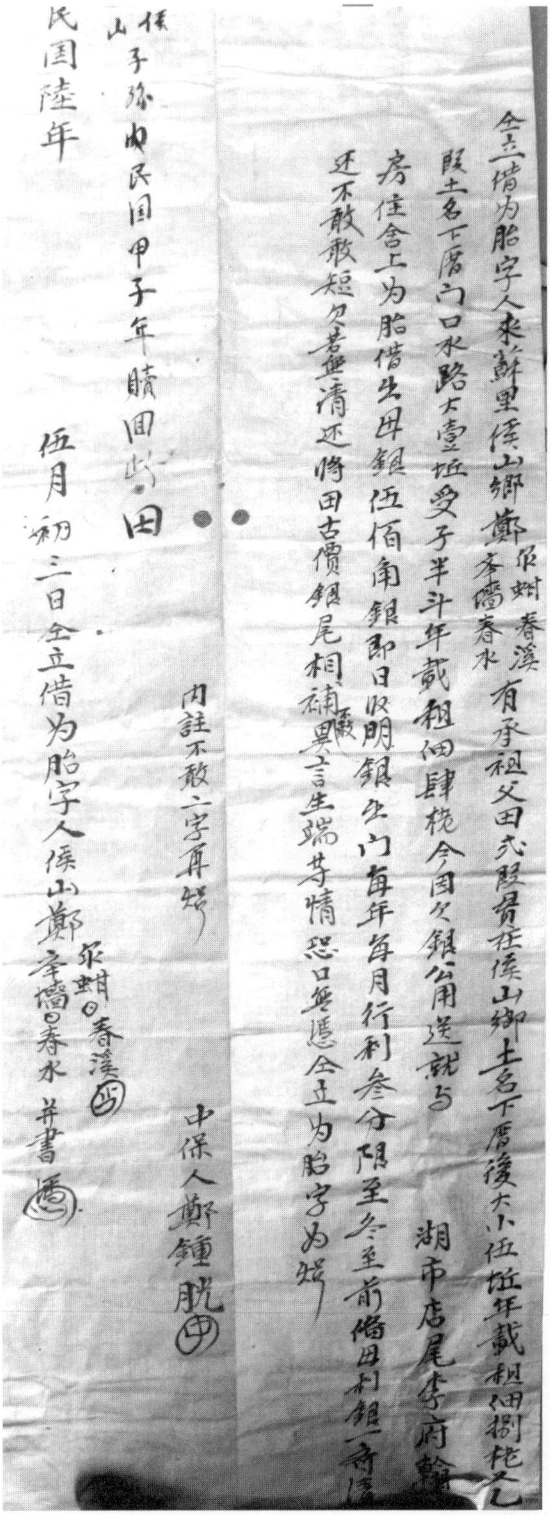
仝立借為胎字人来蘇里傒山鄉鄭尔蚶 春溪 孝墻 春水 有承祖父田弍段貢在傒山鄉土名下厝後大小伍坵年載租佃捌秤又乙
段土名下厝门口水路大壹坵受子半斗年載租佃肆秤今因欠銀公用送就与 湖市店尾李府輪
房住舍上为胎借出母銀伍佰角銀即日收明銀出门每年每月行利叁分限至冬至前備母利銀一并清
还不敢短少者無清还將田古價銀尾相補不敢異言生端等情恐口無憑仝立为胎字为照
内註不敢二字再照
中保人鄭鍾胱（押）
民国陸年 伍月初三日仝立借為胎字人傒山鄭尔蚶 春溪 孝墻 春水 并書
傒山子孫由民国甲子年贖回此田

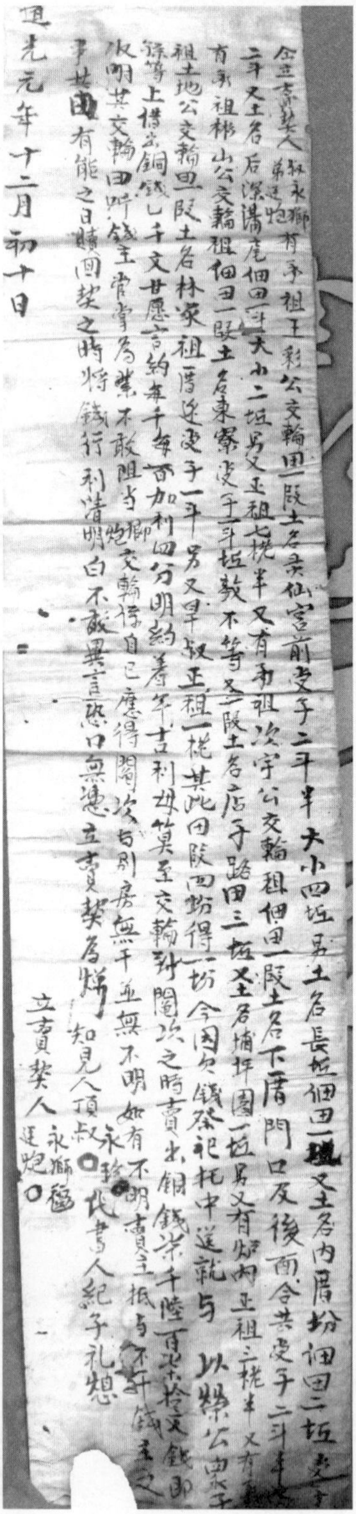

十七-一、道光元年十二月鄭永獅等交輪田賣契（一八二一）

立賣契人鄭永獅有承祖王彩公交輪田一段土名仙宮前受于二斗半大小四坵五土名長坵佃田一坵
其業炮年文又土名后溪溝尾佃田一斗大小二坵為又玉祖七坵半又有南祖次宇公交輪租佃田一段土名下厝門口及後面令其受于二斗半又有
有承祖桃山公交輪祖佃田一段土名東寮受于斗坵敖不等名坵土名埔坪圍佃田一坵又有姑相玉祖三桃半又有
祖地公支輪田一段土名林寀祖厝後受于一斗另又里祖王祖一樵其此田段回坵得一坊今因欠錢茶祀托中送賣与
錄等上槽品銅錢二千文廿愿言約每年百加利四分明約著牟吉利毋算至交輸對閣次之時賣家銅錢菜祀千陸百六拾文錢即
永以明其交輸田畔錢全肯肯為業不敢阻專自已應得閣次另別房無干並無不明如有不明還玉抵肯不干銀主之事
此田有能之日賣回貸之時特錢行利清明白不敢異言恐口無憑立賣契為炤
知見人項叔
立賣契人紀子礼想

代書人紀子礼想

道光元年十二月初十日

十七-二、道光十一年十月鄭永珍等交輪租佃田盡契（一八三一）

立盡契人叔永珍姪廷炮等有交輪祖佃田貫在本里本鄉一段祖佃田土名井傀受于弍斗大小弍坵弍段祖佃田土名總央墓坵文
租佃田土名臺仙宮受子弍斗大小四坵弍段佃田土名長坵工段佃田土名內眉柺受于弍斗大小四坵弍段祖佃田土名林穀祖眉连洋于弍坵
乙坵工祖佃田寀殷士君下眉後溝受于一斗大小五坵三弍段佃田土名下眉門口大小弍坵內柺叄坵半大祖佃田一段土名東苳坵所年辦賣在洋中洋祖利
會斗地數不等又祖佃田一段主名老丁路东叄坵及姑平園祖佃田一段土名大茶坵所年辦福穩公家等四分得叄分以柴公受
然分飛得一分令恩併拄未舉軌中再就与原主土君出銅錢弍仟文代即日收起炮等軌分閣次所其玉辦耕召佃收祖管業
永右已業得一分令恩偹作永舉祖上槽祀田所佃陸十州係主收當係已敢召業之不飛他姓祖陷六州係玉收當係
悔想口不異覽合言盡契為炤

日仝立盡契叔永珍
姪廷炮

道光拾壹年拾月

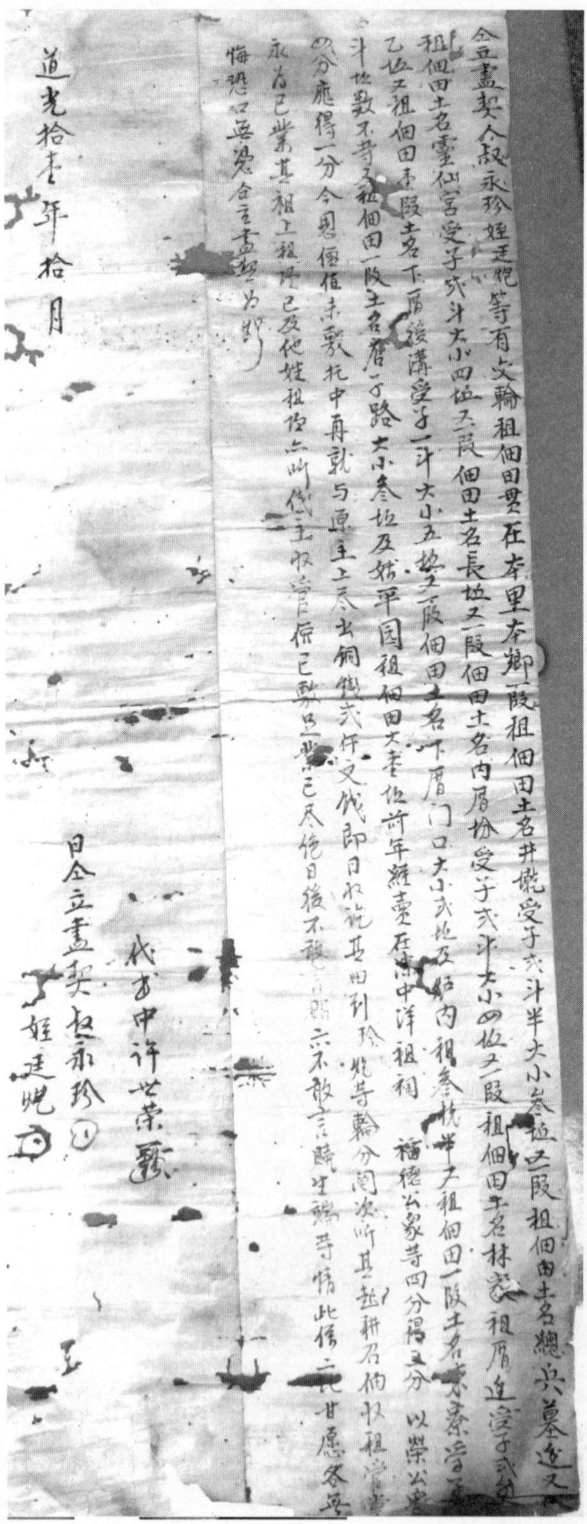

十七-三、道光十五年二月鄭士昶等交輪田及租佃田卖契（一八三五）

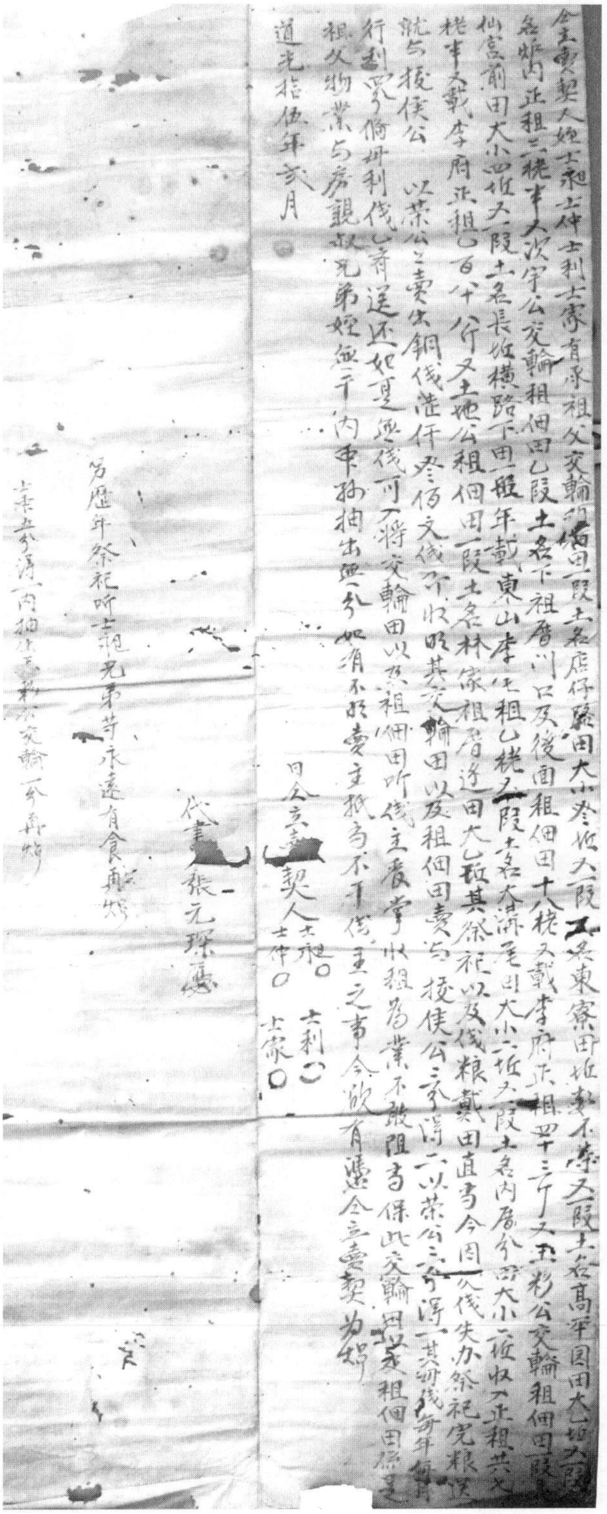

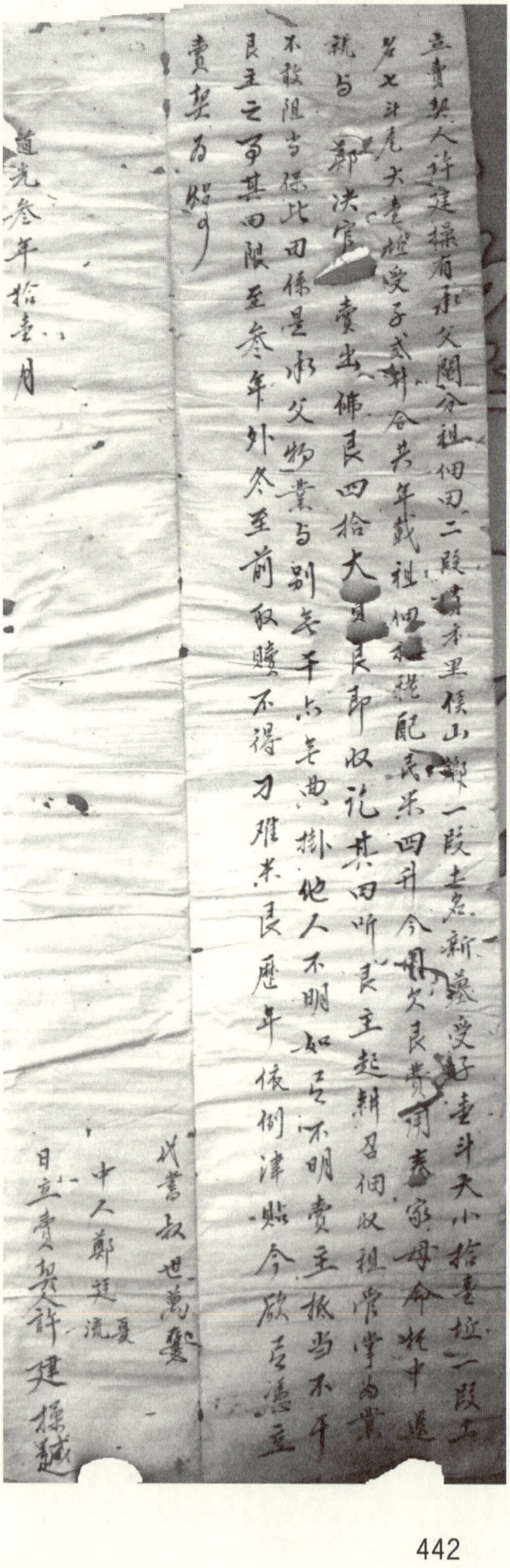

立賣契人許建操有承父鬮分租佃田二段，坐本里後山鄉，一段土名新墓埕，受子壹斗大小拾壹坵；一段土名七斗尾大壹坵，受子貳斗，合共年載租佃穀[illegible]配民米四升。今因欠銀費用，秉家母命，托中送就與鄭洪官賣出佛銀四拾大員，其銀即收訖，其田聽銀主起耕召佃收租，管掌為業，不敢阻當。保此田係是承父物業，與別房兄弟無干，亦無典掛他人，不明如有不明，賣主抵當，不干銀主之事。其田限至叁年外冬至前取贖，不得刁難，米銀歷年依例津貼。今欲有憑，立賣契為照。

道光叁年拾壹月　日立賣契人許建操

中人鄭廷流

代書叔世萬

十八-一、道光三年十一月許建操租佃田賣契（一八二三）

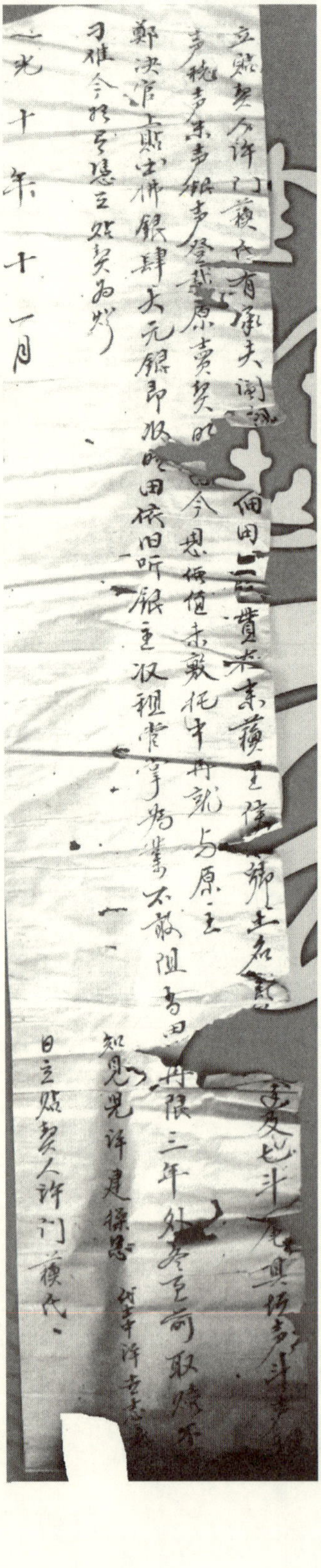

立貼契人許門蘇氏，有承夫鬮分佃田二段，貫本里後山鄉，土名[illegible]，受子七斗，一段土名七斗尾，其坵[illegible]，一段[illegible]先年已登載原賣契明。今思價值未敷，托中再就與原主鄭洪官貼出佛銀肆大元，銀即收訖，田依舊聽銀主收租管掌為業，不敢阻當。其田限三年外冬至前取贖，不得刁難。今欲有憑，立貼契為照。

道光十年十一月　日立貼契人許門蘇氏

知見男許建操

代書中許[illegible]

十八-二、道光十年十一月許門蘇氏租佃田貼契（一八三〇）

十九-一、道光三年十一月鄭仕苟等民租佃田賣契（一八二三）

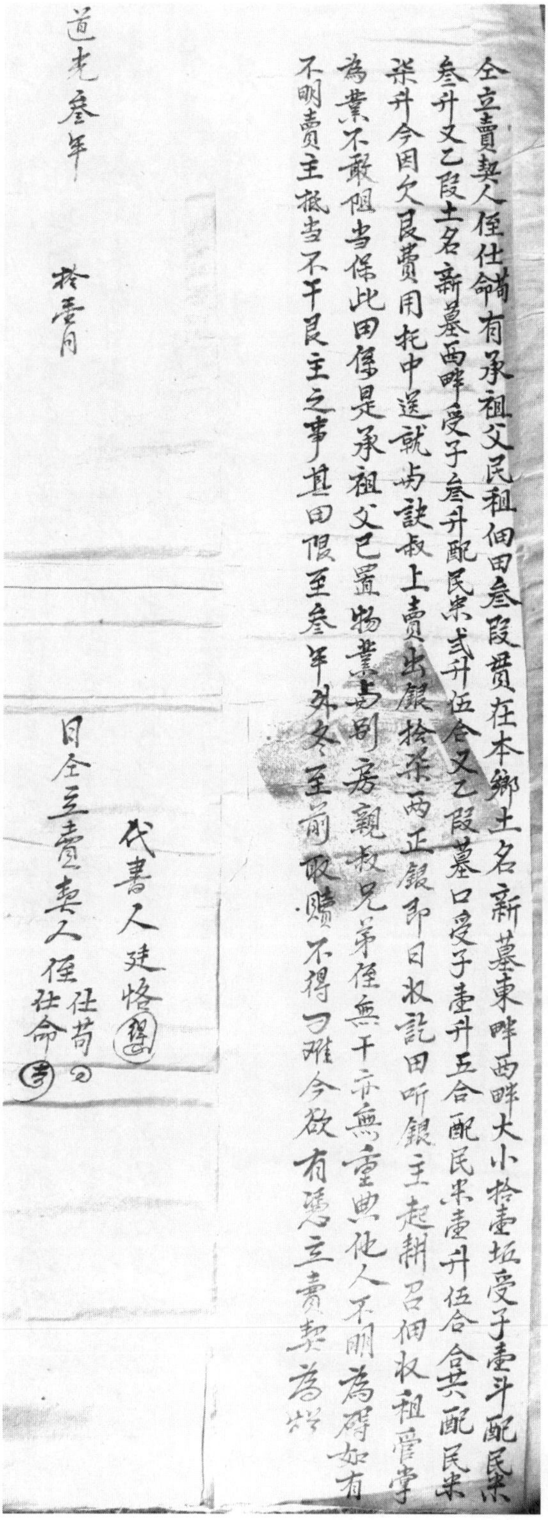

仝立賣契人侄仕苟命有承祖父民租佃田叁段貫在本鄉土名新墓東畔西畔大小拾壹坵受子壹斗配民米叁升又乙段土名新墓西畔受子叁升配民米弍升伍合又乙段墓口受子壹升五合配民米壹升伍合合共配民米柒升今因欠艮費用托中送就与訖叔上賣出艮拾柒两正艮即日收訖田听艮主起耕召佃收租管掌為業不敢阻当保此田係是承祖父已置物業与别房親叔兄弟侄無干亦無重典他人不明為碍如有不明賣主抵当不干艮主之事其田限至叁年外冬至前取贖不得刁難今欲有憑立賣契為炤

道光叁年　拾壹月　日仝立賣契人侄仕苟　仕命（押）

代書人建恪（押）

十九-二、光緒十九年三月鄭仕命等民租佃田貼盡斷契（一八九三）

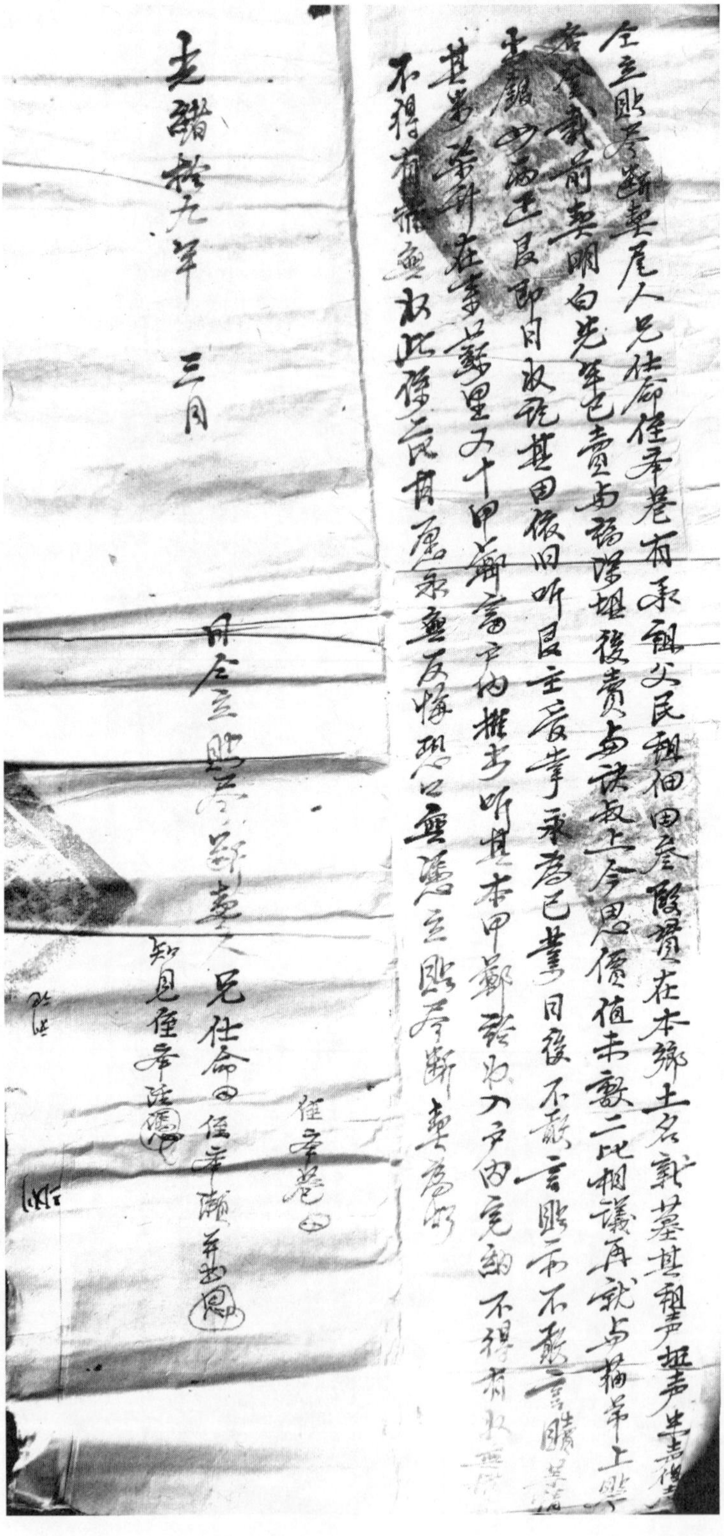

十九-三、光緒二十年五月鄭裕契尾（一八九四）

契
尾
光緒貳拾年伍月　日

二十一、道光八年十二月鄭永訣等佃田約字（一八二八）

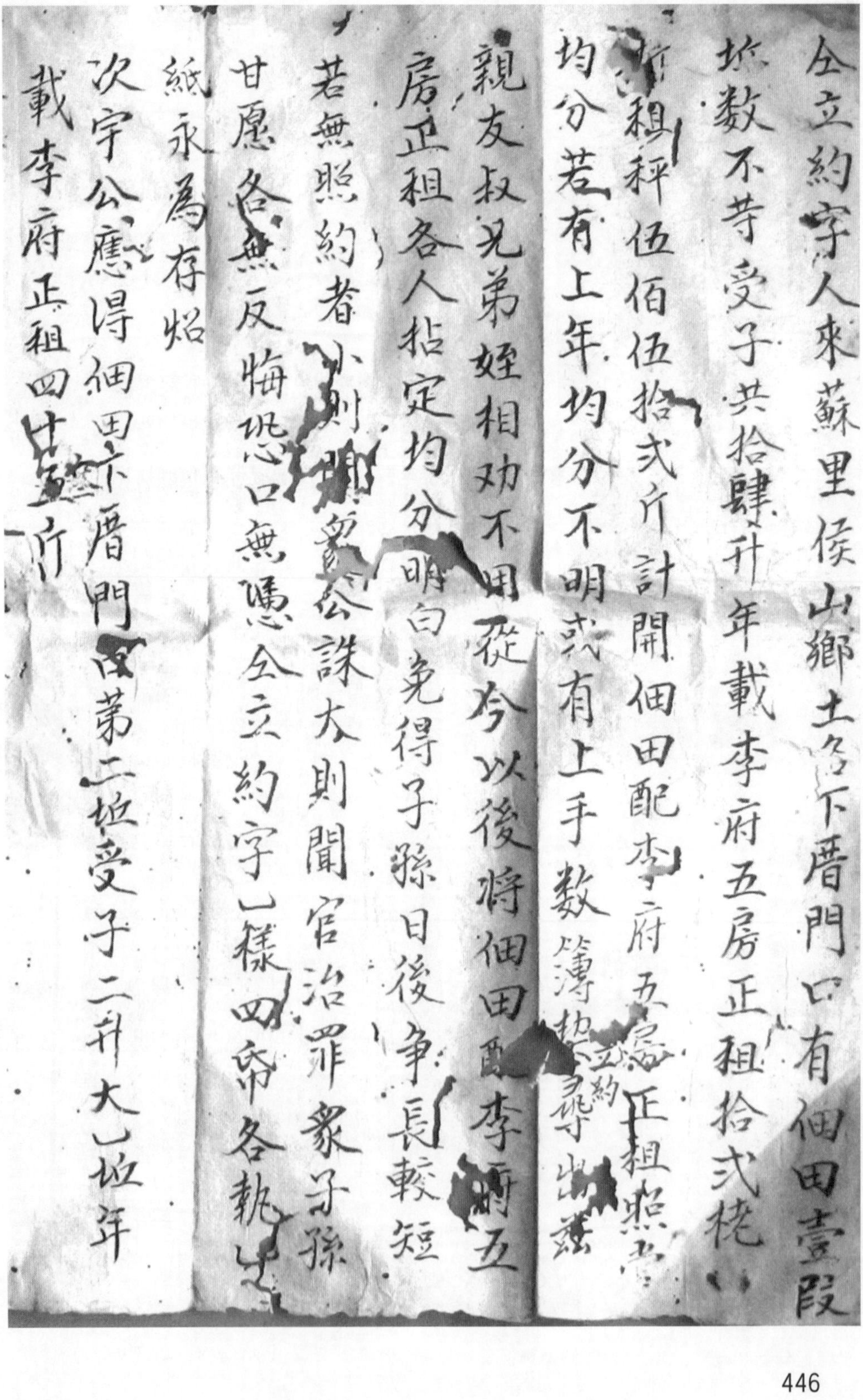
仝立約字人來蘇里侯山鄉土名下厝門口有佃田壹段
於数不等受子共拾肆升年載李府五房正祖拾弍栳
㕦租秤伍佰伍拾弍斤計開佃田配李府五房正祖照数
均分若有上年均分不明式有上手数簿契約等出照
親友叔兄弟姪相劝不用從今以後將佃田配李府五
房正祖各人拈定均分明白免得子孫日後爭長較短
若無照約者小則鳴衆公誅大則聞官治罪衆子孫
甘愿各無反悔恐口無憑仝立約字一樣四帋各執一
紙永為存炤
次宇公應得佃田下厝門口第二坵受子二升大一坵年
載李府正祖四廿足斤

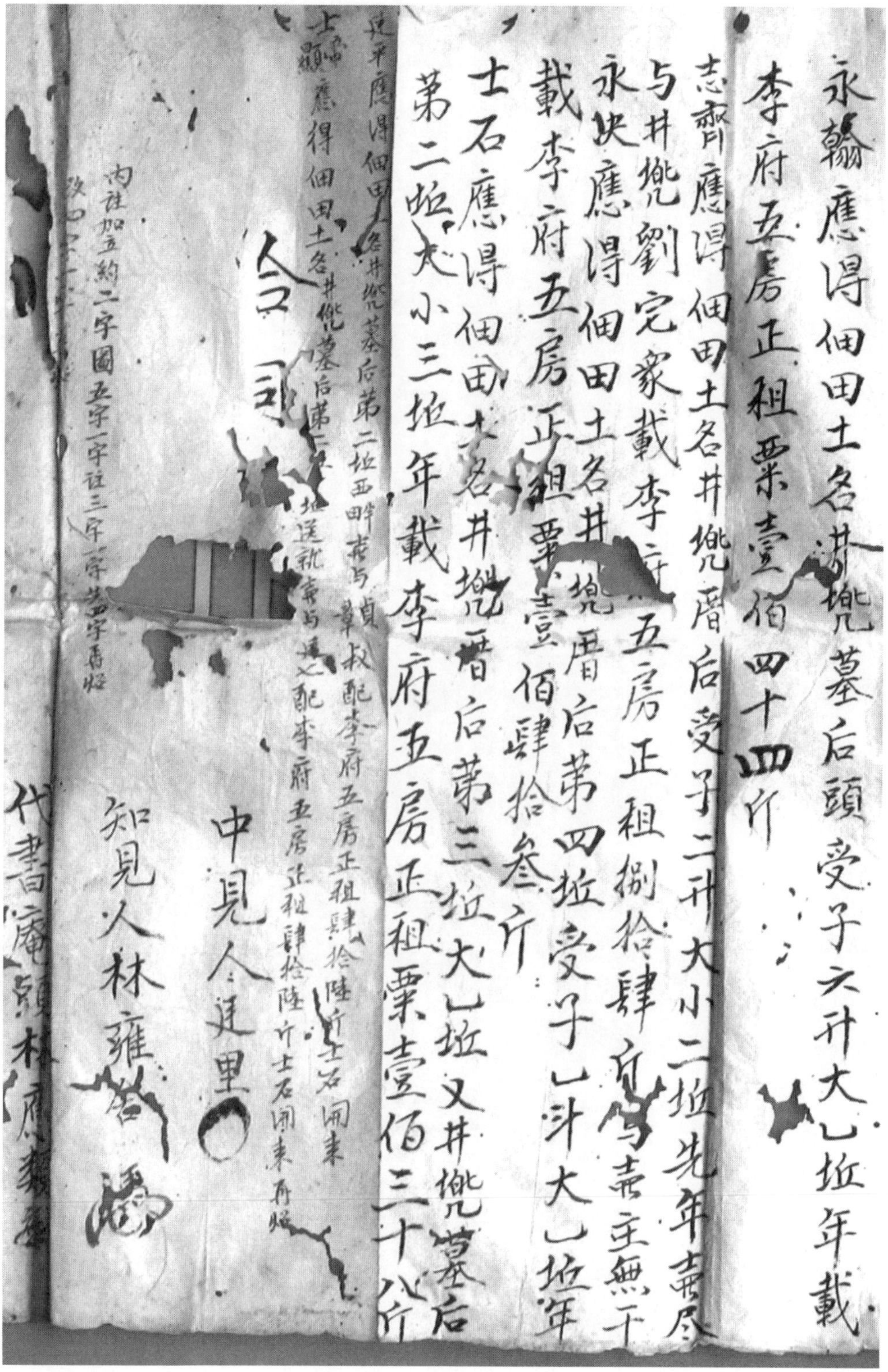

永翰應得佃田土名井墘墓后頭受子六升大乚坵年載
李府五房正租粟壹佰四十四斤
志齊應得佃田土名井墘厝后受子二升大小二坵先年壽尽
与井墘劉完家載李府五房正租捌拾肆斤与壽主無干
永決應得佃田土名井墘厝后第四坵受子乚斗大乚坵年
載李府五房正租粟壹佰肆拾叁斤
士石應得佃田土名井墘厝后第三坵大乚坵又井墘墓后
第二坵大小三坵年載李府五房正租粟壹佰三十八斤
廷平應得佃田土名井墘墓后第二坵西畔者与貞叔配李府五房正租肆拾陸斤士石開來
士顯應得佃田土名井墘墓后第三坵廷就者与通之配李府五房正租肆拾陸斤士石開來再照
合同
內註加五約二字圖五字一字註三字一字共四字再照
中見人廷里
知見人林雍押
代書同庵頭林應[illegible]押

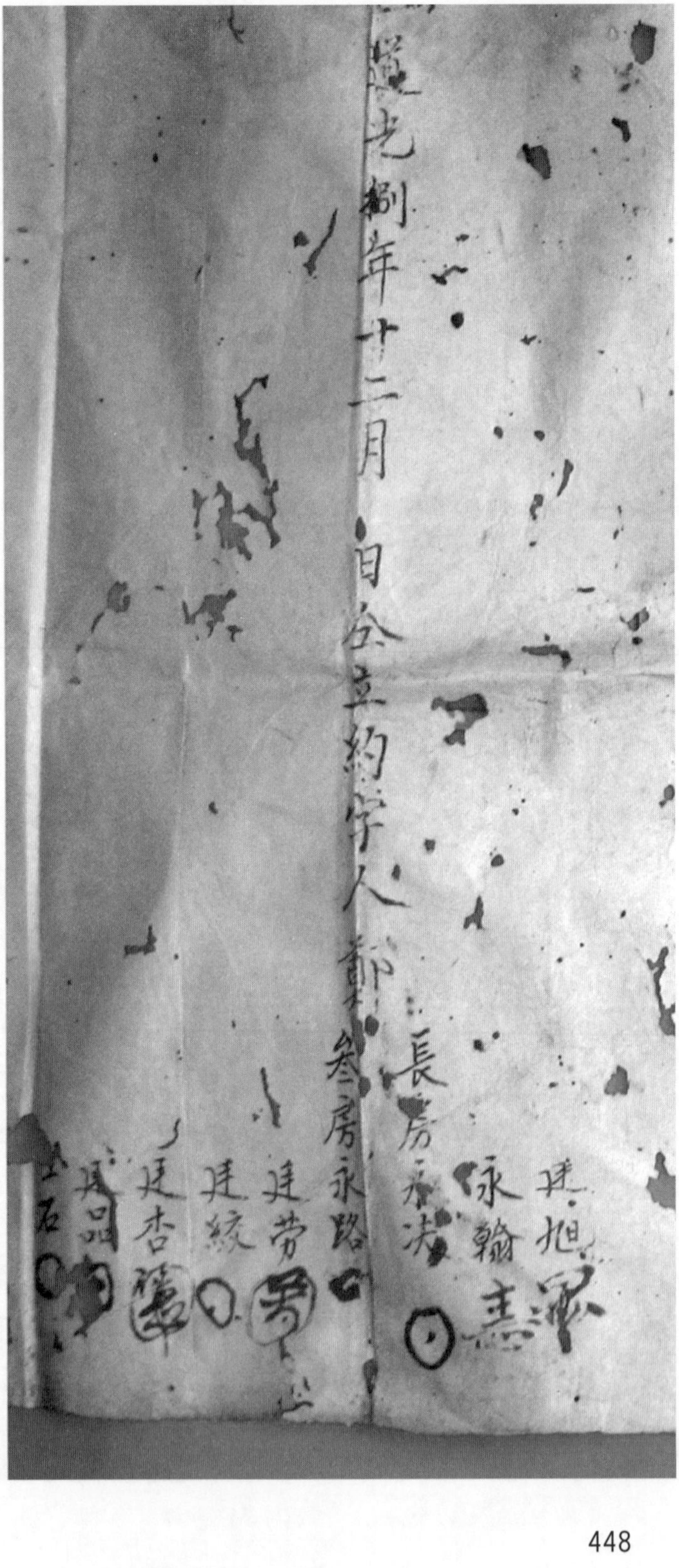

道光捌年十二月　日仝立約字人鄭

長房永洪

叁房永路

廷旭

永翰

廷芳

廷綄

廷杏

廷品

玉石

二十二、道光八年十二月鄭永路等佃田約字（一八二八）

仝立約字人來蘇里侯山鄉土名下厝門口有佃田壹段垃
數不等受子共拾肆升年載李府五房正租拾弍挑折租秤伍
佰伍拾弍斤計開佃田配李府五房正租照當均分若有
上年均分不明或有上手數簿契約尋出兹親友叔兄弟姪
相劝不用從今以後將佃田配李府五房正租各人指定均
分明白免得子孫日後爭長較短免得若無照約者小
則聞衆公誅大則聞官治罪衆子孫甘愿各無反悔恐口無
憑仝立約字乙樣四紙各執乙紙永為存炤
次字公應得佃田下厝門口第二垃受子二升大乙垃年載
李府正租四十叁斤
永翰應得佃田土名井墘墓后頭受子六升大乙垃年載
李府五房正租粟壹佰四十四斤
志齊應得佃田土名井墘厝后受子二升大小二垃先年賣尽

与井墘劉宅家載李府五房正租捌拾肆斤与貴主無干

永決應得佃田土名井墘厝后第四坵受子乚汁大乚坵年載

李府五房正租粟壹佰肆拾叁斤

士石應得佃田土名井墘厝后第三坵大乚坵又井墘墓后第

二坵大小三坵年載李府五房正租粟壹佰三十八斤

廷平應得佃田土名井墘墓后第二坵西畔貴与貞章叔配李府五房正租肆拾陸斤士石開來

內註府五二字圖免得二字共四字再炤

又加立約二字圖五字一字註三字共四字再炤改四字一字再炤

士章顯應得佃田土名井墘墓后第二坵中坵連就貴与廷之配李府五房正租肆拾陸斤士石開來再炤

中見人廷里〇

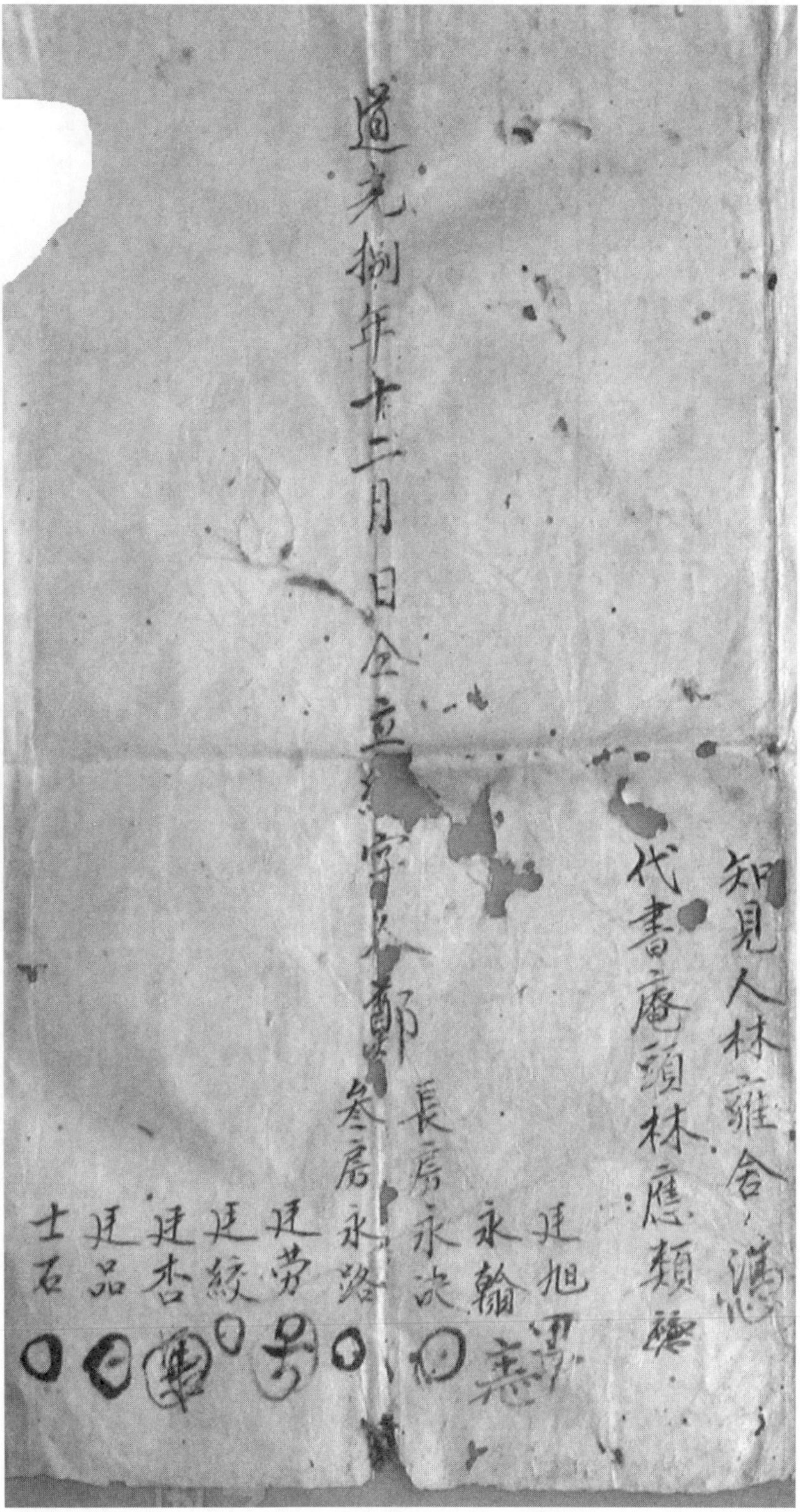

知見人林雍舍

代書庵頭林應頫

道光捌年十二月　日仝立字人鄭

長房永泱

叁房永路

廷旭

永翰

廷勞

廷綬

廷杏

廷品

士石

二十三、光緒二十一年十一月鄭士整等厝田約字（一八九五）

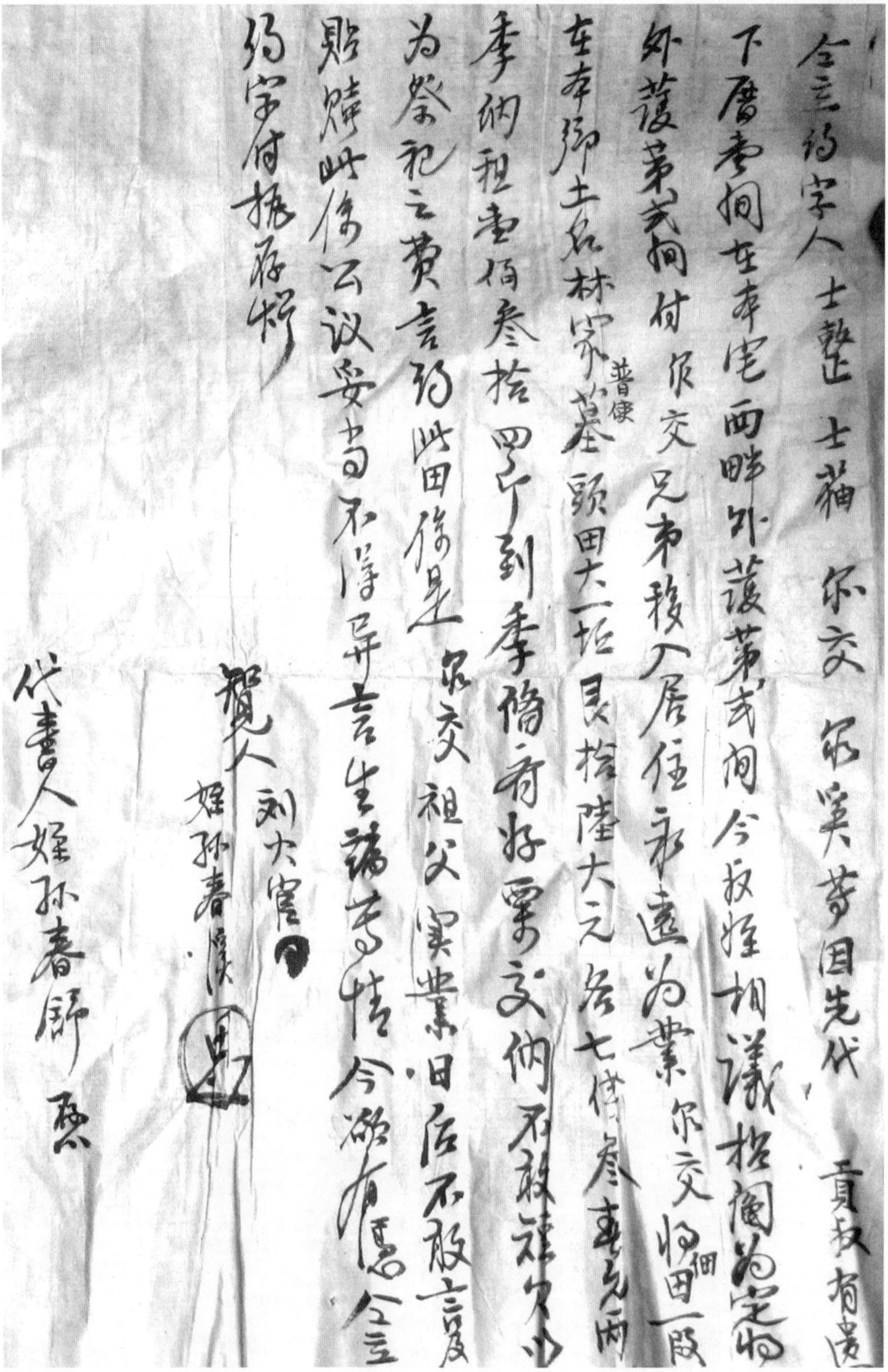

仝立約字人士整 士貓 尔交 尔宾 等因先代 貢叔 育遗
下厝壹间在本宅西畔外護第式间今叔侄相議拈阄為定將
外護第式间付尔交兄弟移入居住永遠為業 尔交 將佃田一段
在本鄉土名林家普傑墓頭田大一坵良拾陸大之谷七份叁重光兩
年納租壹佰叁拾四斤到年備辦好穀交納不敢短少分
為祭祀之費言約此田係是 尔交 祖父實業日后不敢言及
贖歸此係公议妥當不得異言生端若有反悔今欲有憑仝立
約字付執存炤

見人 劉大宦
姪孫春傑
代書人 姪孫春歸

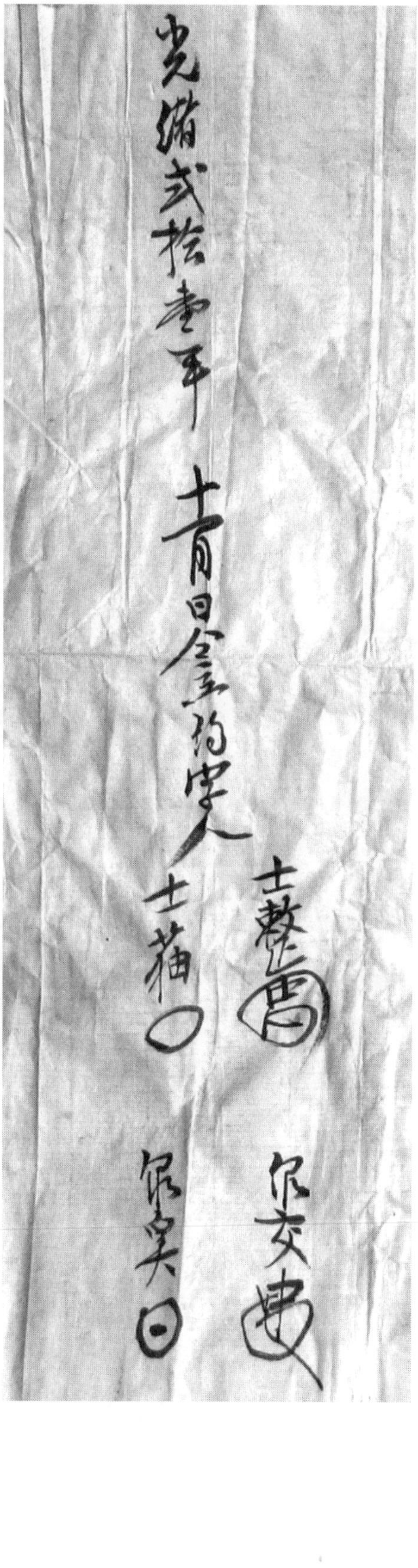
光緒弍拾壹年十二月日全約字人
士整
士蕃
依交
依昊

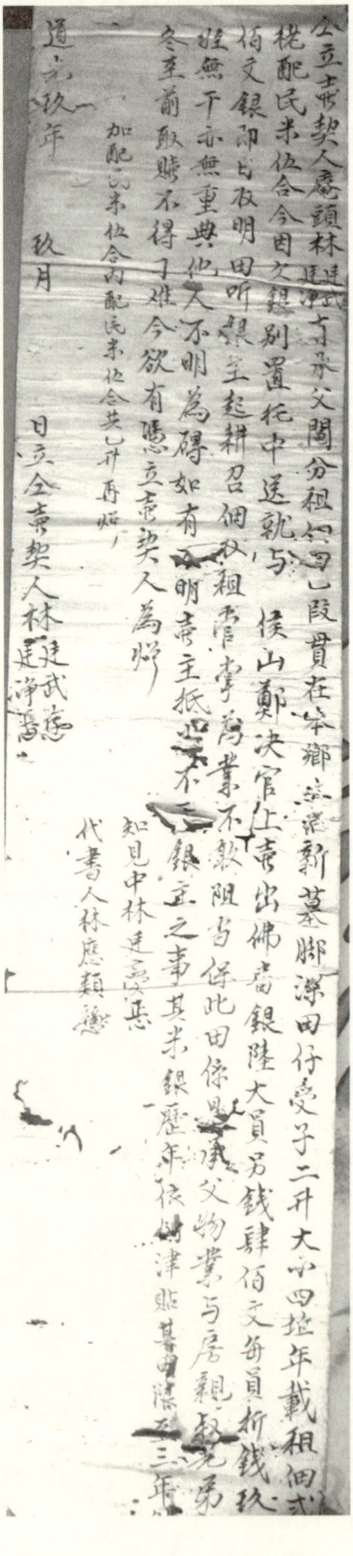

二十一-一、道光九年九月林廷武等租佃田賣契（一八二九）

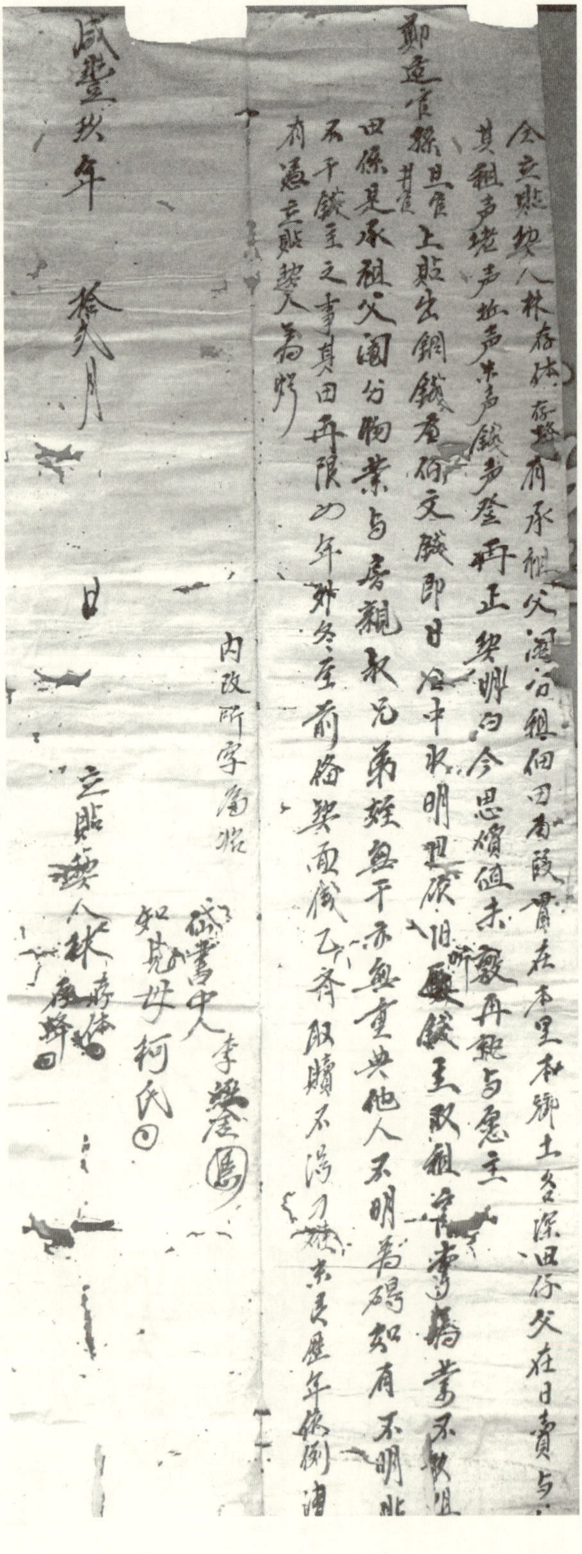

二十一-二、咸豐九年十二月林存体等租佃田貼契（一八五九）

二十二-一、道光十一年二月李序堅租佃田賣契（一八三一）

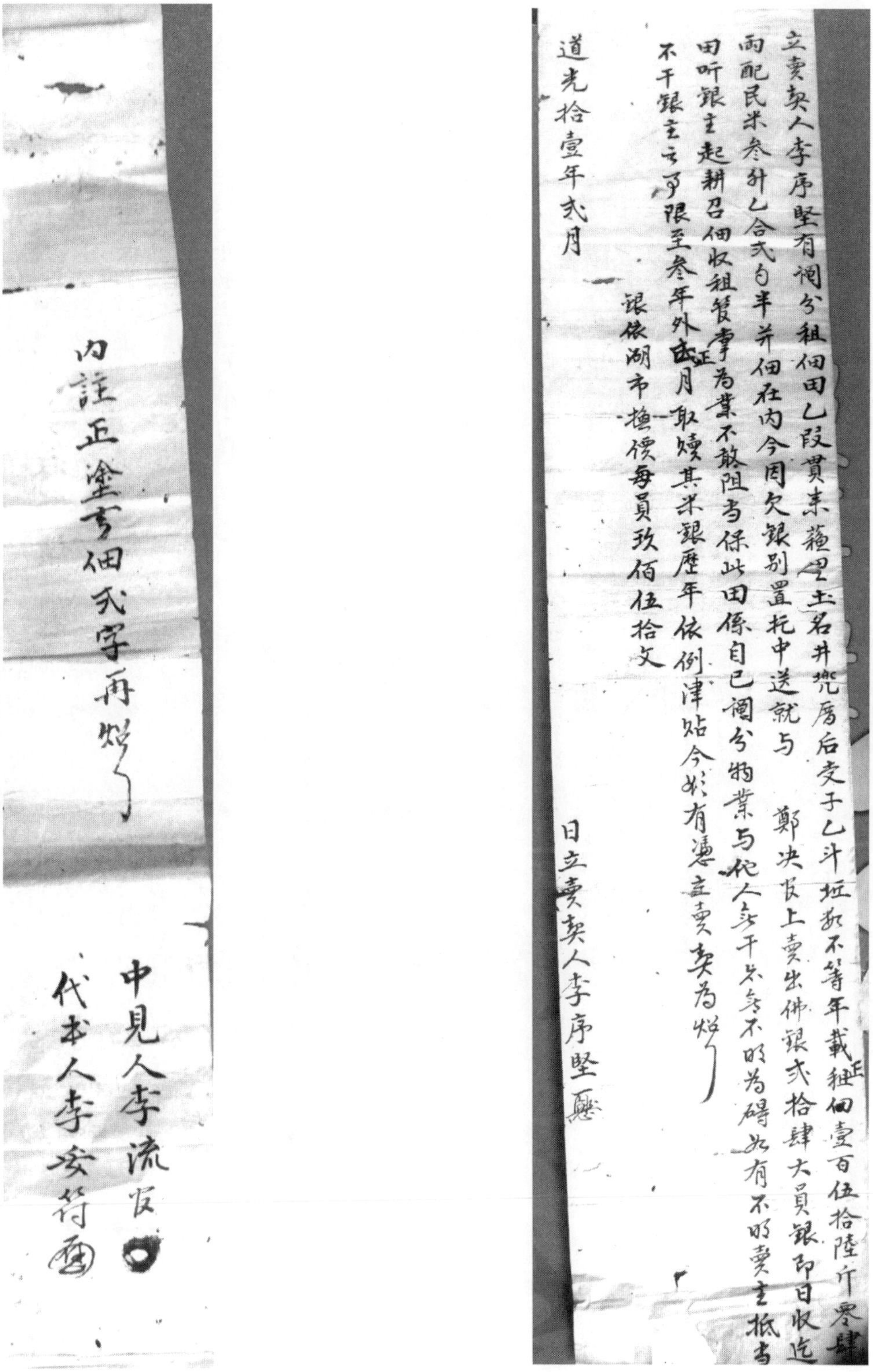

立賣契人李序堅有阄分租佃田乙段貫東蘆里土名井兜房后支子乙斗坵數不等年載租佃壹百伍拾陸斤零肆
両配民米叁升乙合弍勺半并佃在内今因欠銀別置托中送就与　鄭泱官上賣出佛銀弍拾肆大員銀即日收迄
田听銀主起耕召佃收租管掌為業不敢阻当保此田係自己阄分物業与伯人无干未曾不明為碍如有不明賣主抵当
不干銀主之事限至叁年外正月取贖其米銀歷年依例津贴今欲有憑立賣契為照
銀依湖市換價每員玖佰伍拾文
道光拾壹年弍月　日立賣契人李序堅（押）
内註正塗弍佃弍字再照
中見人李流官（押）
代书人李安符（押）

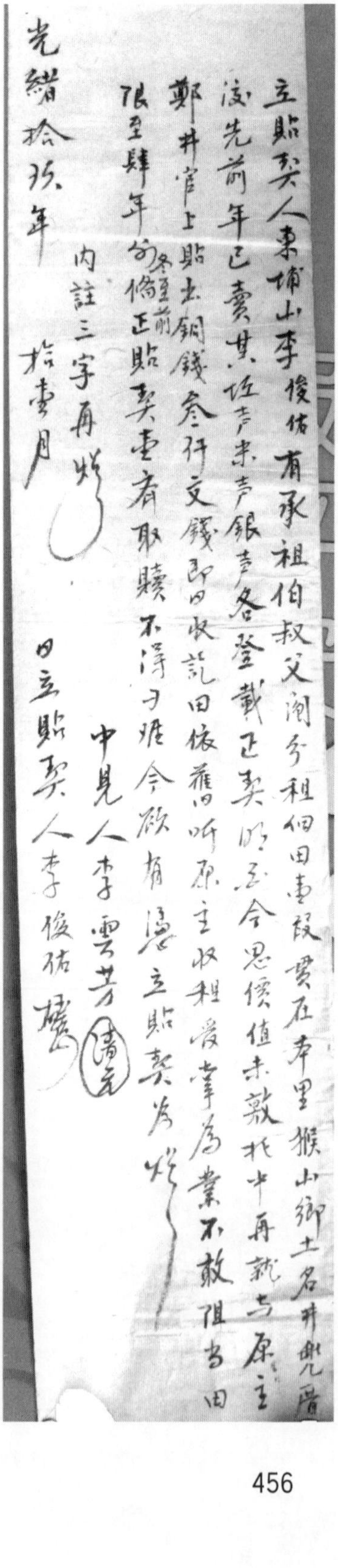

立貼契人東埔山李俊佑有承祖伯叔父阄分租佃田壹段貫在本里猴山鄉土名井兜厝後先前年已賣出伍声米声銀声各登載正契明白今思價值未敷托中再就与原主鄭井官上貼出銅錢叁仟文錢即日收訖田依舊聽原主收租管掌為業不敢阻当田限至肆年分冬至前備正貼契壹本取贖不得刁難今欲有憑立貼契為照

內註三字再照

中見人李雲芳（印）

光緒拾玖年拾壹月　日立貼契人李俊佑（押）

二十二-二、光緒十九年十一月李俊佑租佃田貼契（一八九三）

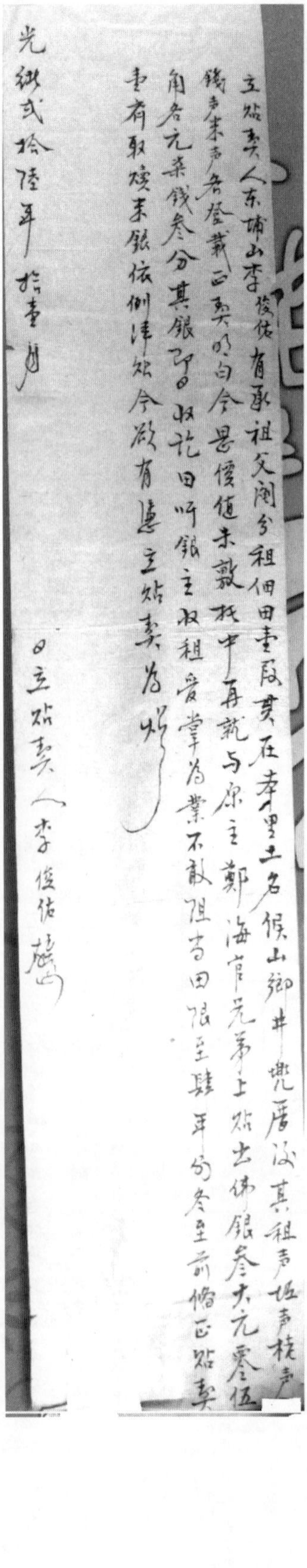

立貼契人东埔山李俊佑有承祖父阄分租佃田壹段貫在本里土名猴山鄉井兜厝後其租声伍声樣声錢声米声各登載正契明白今思價值未敷托中再就与原主鄭海官兄弟上貼出佛銀叁大元零伍角名元柒錢叁分其銀即日收訖田听銀主收租管掌為業不敢阻当田限至肆年分冬至前備正貼契壹本取贖未銀依例準貼今欲有憑立貼契為照

光緒式拾陸年拾壹月　日立貼契人李俊佑（押）

二十二-三、光緒二十六年十一月李俊佑租佃田貼契（一九〇〇）

二十二-四、光緒三十三年十一月李庇象租佃田貼契（一九〇七）

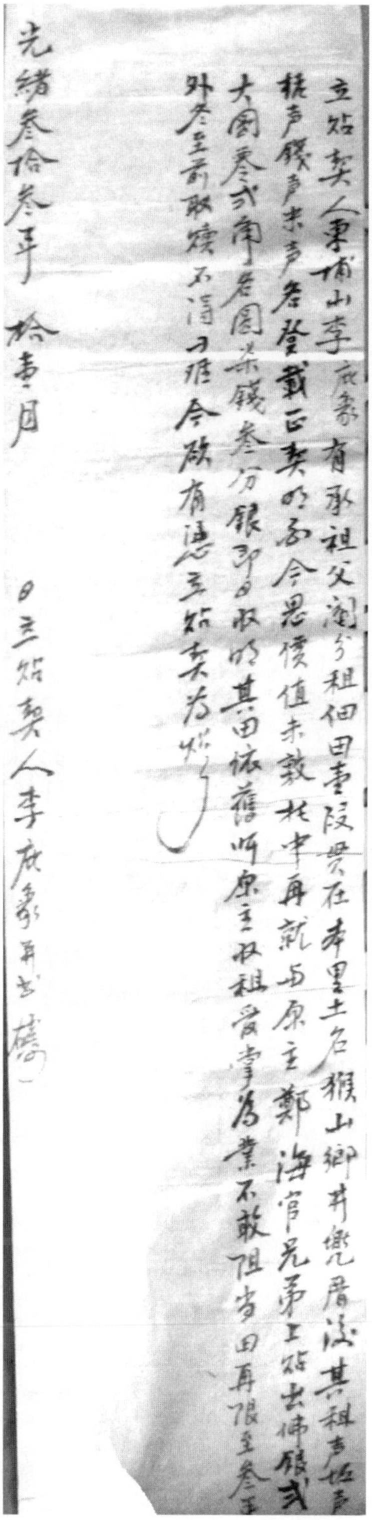
立貼契人東埔山李庇象有承祖父鬮分租佃田壹段貫在本里土名猴山鄉井兜厝後其租壹戶伍戶
耗戶錢戶米戶各登載正契明白今思價值未敷托中再就與原主鄭海官兄弟上貼出佛銀弍
大圓叁弍角各圓柒錢叁分銀即日收明其田依舊聽原主收租管掌為業不敢阻當田再限至叁年
外冬至前取贖不得刁難今欲有憑立貼契為炤
光緒叁拾叁年拾壹月　日立貼契人李庇象（押）

二十二-五、民國二年十一月李俊旦等租佃田貼契（一九一三）

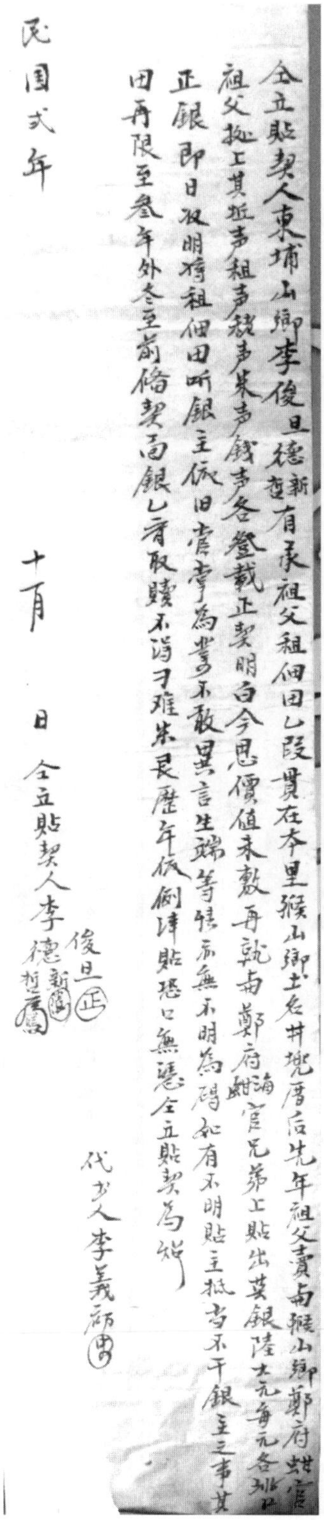
仝立貼契人東埔山鄉李俊旦德新德查有承祖父租佃田乙段貫在本里猴山鄉土名井兜厝后先年祖父賣與猴山鄉鄭府甜官
祖父批上其粗戶租戶穀戶米戶錢戶各登載正契明白今思價值未敷再就與鄭府甜論官兄弟上貼出英銀陸大元每元各兆
正銀即日收明將租佃田聽銀主依舊管掌為業不敢異言生端等情并無不明為碍如有不明貼主抵當不干銀主之事其
田再限至叁年外冬至前備契面銀乙齊取贖不得刁難朱艮歷年依例肆貼恐口無憑仝立貼契為炤
民國弍年　十月　日　仝立貼契人李俊旦（正）德新（印）德查（印）
代書人李義勍（印）

二十二-六、民國十六年十一月李德哲等租佃田盡絕契尾字（一九二七）

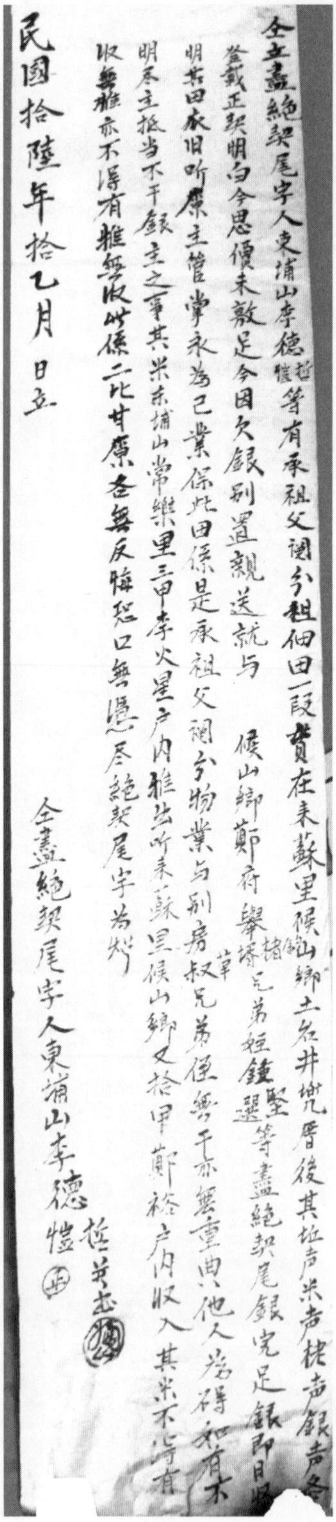

全立盡絕契尾字人東浦山李德哲、愷等有承祖父鬮分租佃田一段，貴在來蘇里候山鄉土名井坑(?)厝後，其坵声米声柒声銀声各
登載正契明白，今思價未敷足，今因欠銀別置，親送就與候山鄉鄭府攀塔、諸兄弟姪鐘坖、選等盡絕契尾銀完足，銀即日收
明，其田依旧听原主管掌，永為己業。保此田係是承祖父鬮分物業，与別房叔兄弟侄無干，亦無重典他人為碍。如有不
明，尽主抵当，不干銀主之事。其米東浦山常樂里三甲李火星戶內推出，听來蘇里候山鄉又拾甲鄭裕戶內收入，其米不得有
收無推，亦不得有推無收。此係二比甘原，各無反悔，恐口無憑，立尽絕契尾字為炤。

民國拾陸年拾乙月　日立

全盡絕契尾字人東浦山李德愷(押)　哲(?)英(?)(押)

二十三-一、道光十一年十月鄭廷泡產山借字（一八三一）

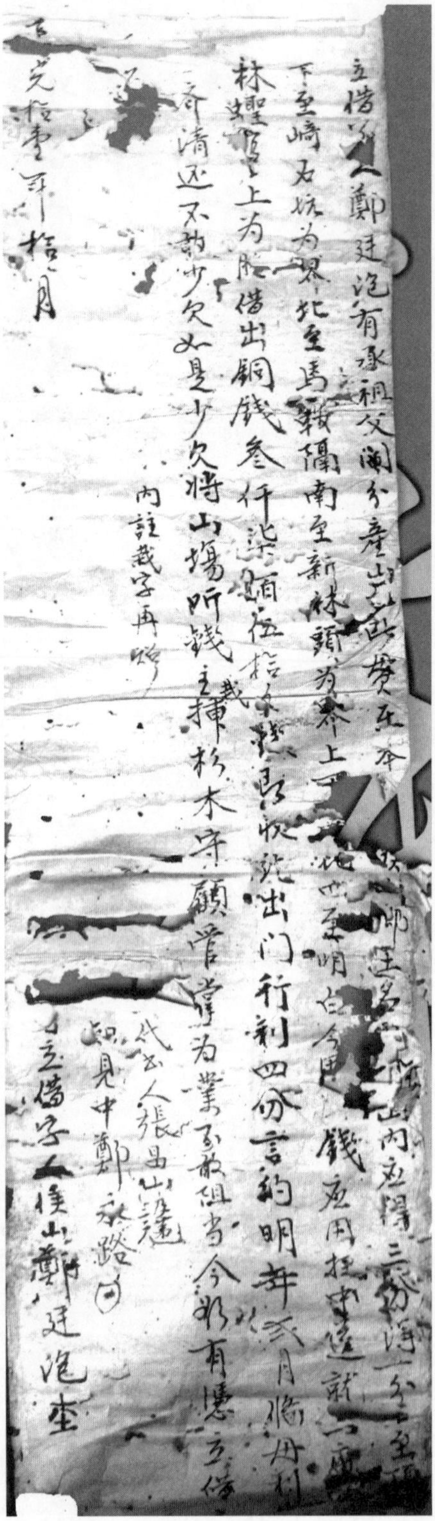

立借字人鄭廷泡有承祖父鬮分產山[illegible]
下至崎石坑為界，北至馬鞍隔，南至新林頭為界，上[illegible]
林墘[illegible]上為[illegible]借出銅錢叁仟柒佰伍拾文[illegible]收訖，出門行利四分，言約明年[illegible]月[illegible]
一并清還，不敢少欠。如是少欠，將山場所錢主[illegible]杉木守顧管業為業，不敢阻当。今欲有憑，立借[illegible]
内註截字再炤
知見中鄭秋路(押)
代筆人張[illegible]
立借字人侯山鄭廷泡(押)
[illegible]光拾壹年拾月

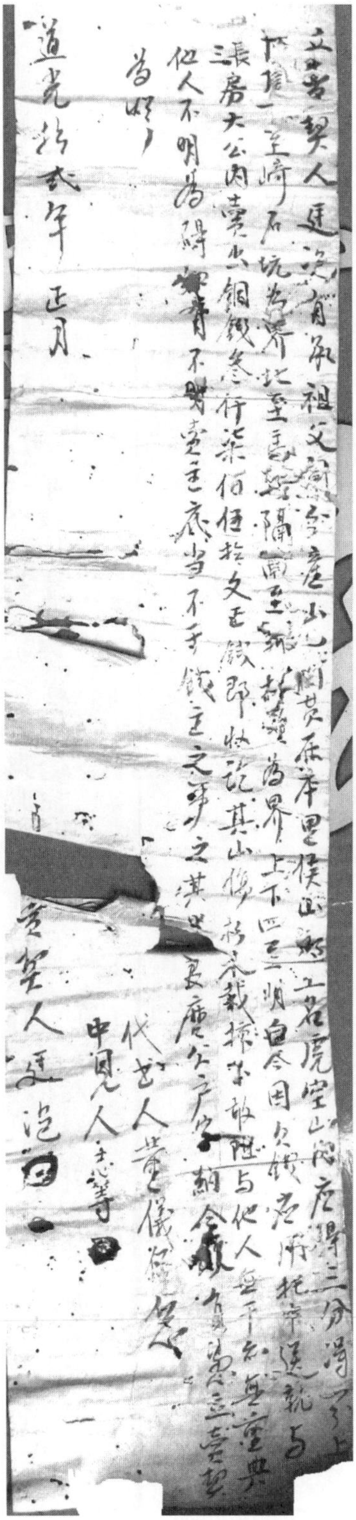

立賣契人廷泡有承祖父[illegible]分產山一所，坐[illegible]得三分，四至上抵[illegible]至崎石坑為界，北至[illegible]隔[illegible]為界，上下四至明白。今因欠錢[illegible]托中送就与三房大公內賣出銅錢叁仟柒佰伍拾文，錢即收訖。其山[illegible]栽插，[illegible]敢阻当，与他人無干，亦無重典他人。不明為碍，如有不明，賣主抵当，不干錢主之事。[illegible]今[illegible]立賣契為照。

道光拾弍年　正月　日立賣契人廷泡

中見人[illegible]

代書人[illegible]

二十三-二、道光十二年一月鄭廷泡產山賣契（一八三二）

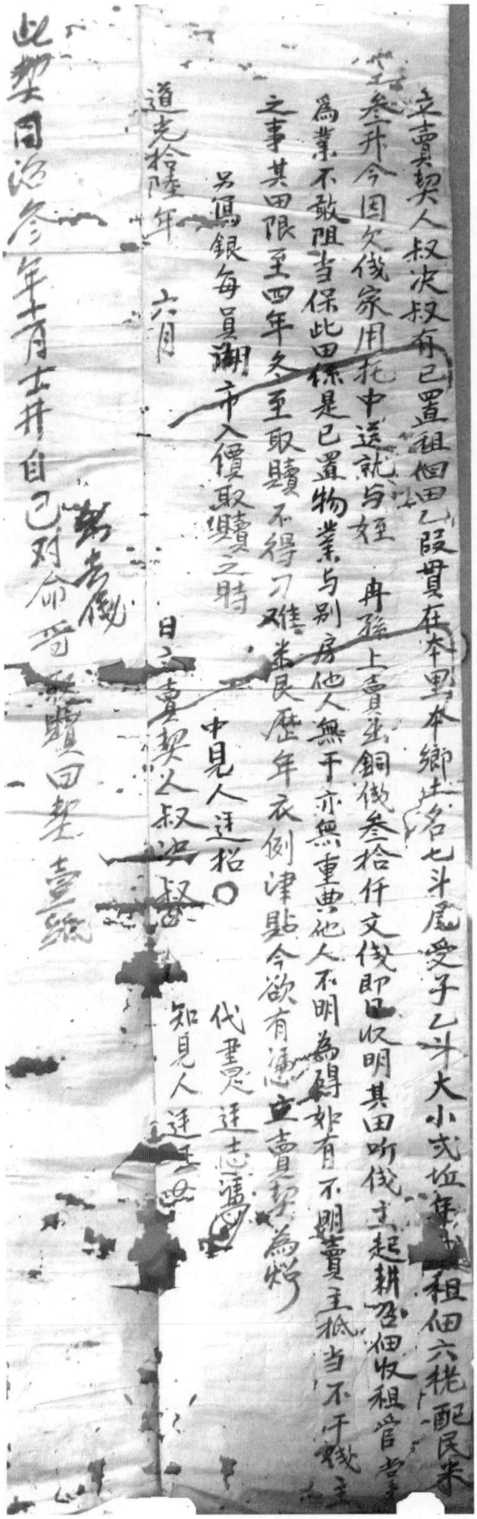

立賣契人叔決叔有己置租佃田乙段，貫在本里本鄉土名七斗㘭受子乙斗大小弍坵，年載租佃六秕配民米叁升。今因欠錢家用，托中送就与姪冉孫上賣出銅錢叁拾仟文，錢即日收明。其田听錢主起耕召佃收租管為業，不敢阻当，保此田係是己置物業，与別房他人無干，亦無重典他人。不明為碍，如有不明，賣主抵当，不干錢主之事。其田限至四年冬至取贖，不得刁難。米民歷年衣例津貼。今欲有憑，立賣契為炤。

另寫銀每員潮市入價取贖之時

道光拾陸年　六月　日立賣契人叔決

中見人廷招

代書人廷志瑄

知見人廷[illegible]

二十四-一、道光十六年六月鄭決租佃田賣契（一八三六）

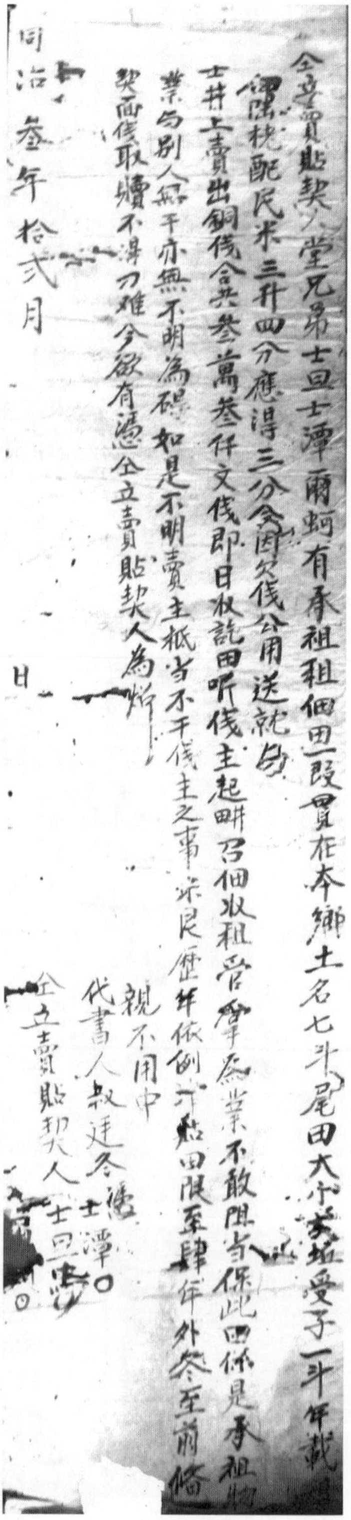

仝立賣貼契人堂兄弟士旦、士潭、爾蚵，有承祖租佃田一段，貫在本鄉土名七斗尾田，大小若干坵，受子一斗，年載
□□枕配民米三升四分，應得三分。今因欠錢公用，送就与
士井上賣出銅錢合共叁萬叁仟文，錢即日收訖。田听錢主起耕召佃收租管業為業，不敢阻当。保此田係是承祖物
業，与別人無干，亦無不明為碍。如是不明，賣主抵当，不干錢主之事。其民歷年依例□貼。田限至肆年外，冬至前備
契面錢取贖，不得刁難。今欲有憑，仝立賣貼契人為炤。

親不用中

代書人叔廷冬

仝立賣貼契人 士潭 士旦

同治叁年拾弍月　日

二十四-二、同治三年十二月鄭士旦等租佃田賣貼契（一八六四）

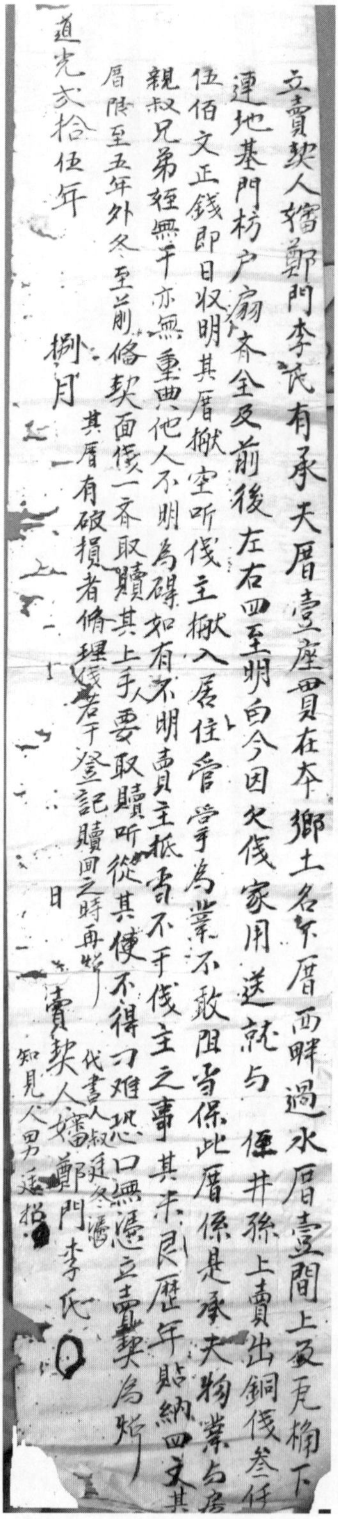

立賣契人嬸鄭門李氏，有承夫厝壹座，貫在本鄉土名下厝，西畔過水厝壹間，上及瓦桷，下
連地基、門枋、户扇齐全，及前後左右四至明白。今因欠錢家用，送就与堡井孫上賣出銅錢叁仟
伍佰文正，錢即日收明。其厝掀空，听錢主掀入居住管掌為業，不敢阻当。保此厝係是承夫物業，与房
親叔兄弟姪無干，亦無重典他人，不明為碍。如有不明，賣主抵当，不干錢主之事。其米民歷年貼納四文。其
厝限至五年外，冬至前備契面錢一齐取贖。其上手人要取贖，听從其便，不得刁难。恐口無憑，立賣契為炤。
其厝有破損者，修理錢若干，登記，贖回之時再炤。

道光弍拾伍年捌月　日

立賣契人嬸鄭門李氏

代書人叔廷冬

知見人男廷招

二十五-一、道光二十五年八月鄭李氏夫厝賣契（一八四五）

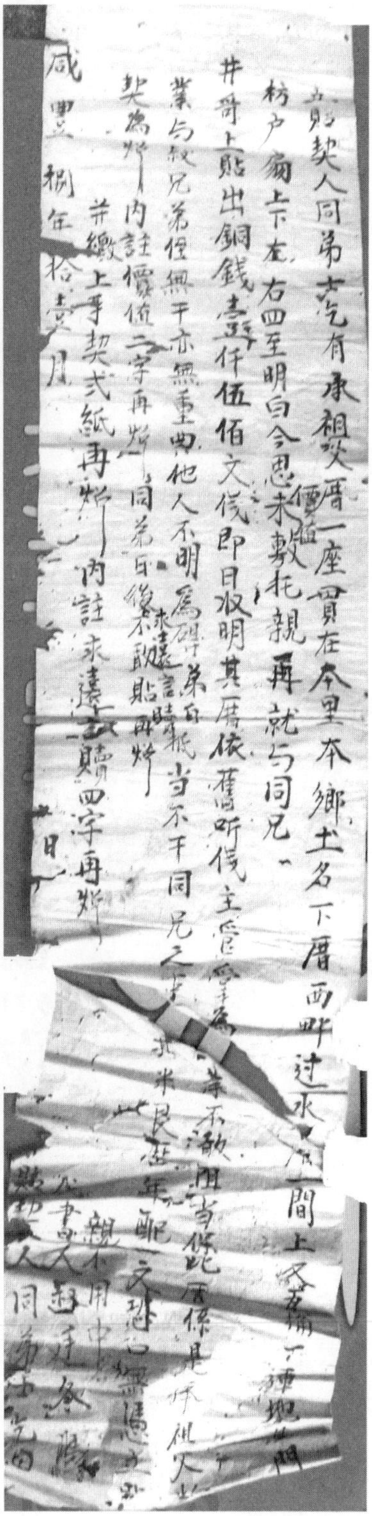
立貼契人同弟士乞有承祖父厝一座，貫在本里本鄉土名下厝西畔过水厝一間，上及瓦桷，下連地基門
枋户扇上下左右四至明白，今思價值未敷，托親再就与同兄
井哥上貼出銅錢壹仟伍佰文，錢即日收明，其厝依舊听錢主管掌為業，不敢阻当，保此厝係是承祖父[illegible]
業，与叔兄弟侄無干，亦無重典他人，不明為碍，[illegible]抵当，不干同兄之事，[illegible]
契為炤。内註價值二字再炤。同弟日後不敢貼再炤。
并繳上手契式紙再炤。内註永遠言贖四字再炤。
[illegible]
代書人叔廷冬（押）
立貼契人同弟士乞（押）
咸豐捌年拾壹月　日

二十五-二、咸豐八年十一月鄭士乞承祖父厝貼契（一八五八）

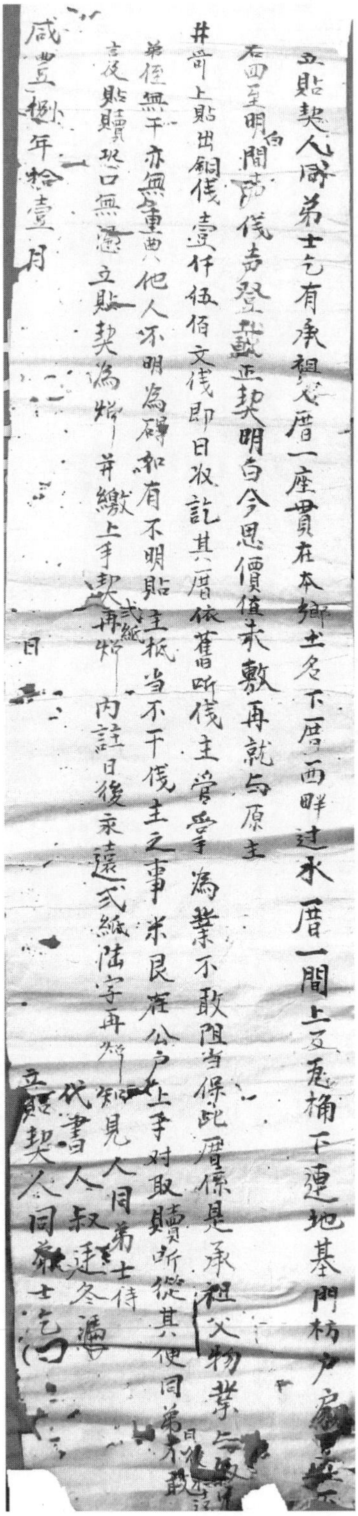
立貼契人同弟士乞有承祖父厝一座，貫在本鄉土名下厝西畔过水厝一間，上及瓦桷，下連地基門枋户扇[illegible]
右四至明白，間前價錢声登載正契明白，今思價值未敷，再就与原主
井哥上貼出銅錢壹仟伍佰文，錢即日收訖，其厝依舊听錢主管掌為業，不敢阻当，保此厝係是承祖父物業，与叔[illegible]
弟侄無干，亦無重典他人，不明為碍，如有不明，貼主抵当，不干錢主之事，米艮在公户上手对取贖，听從其便，同弟士[illegible]
言及貼贖，恐口無憑，立貼契為炤，并繳上手契式紙再炤。内註日後永遠式紙陆字再炤。
知見人同弟士侍
代書人叔廷冬（押）
立貼契人同弟士乞（押）
咸豐捌年拾壹月　日

二十五-三、咸豐八年十一月鄭士乞祖厝貼契（一八五八）

二十五-四、民國十七年二月鄭舉壻承父厝賣契（一九二八）

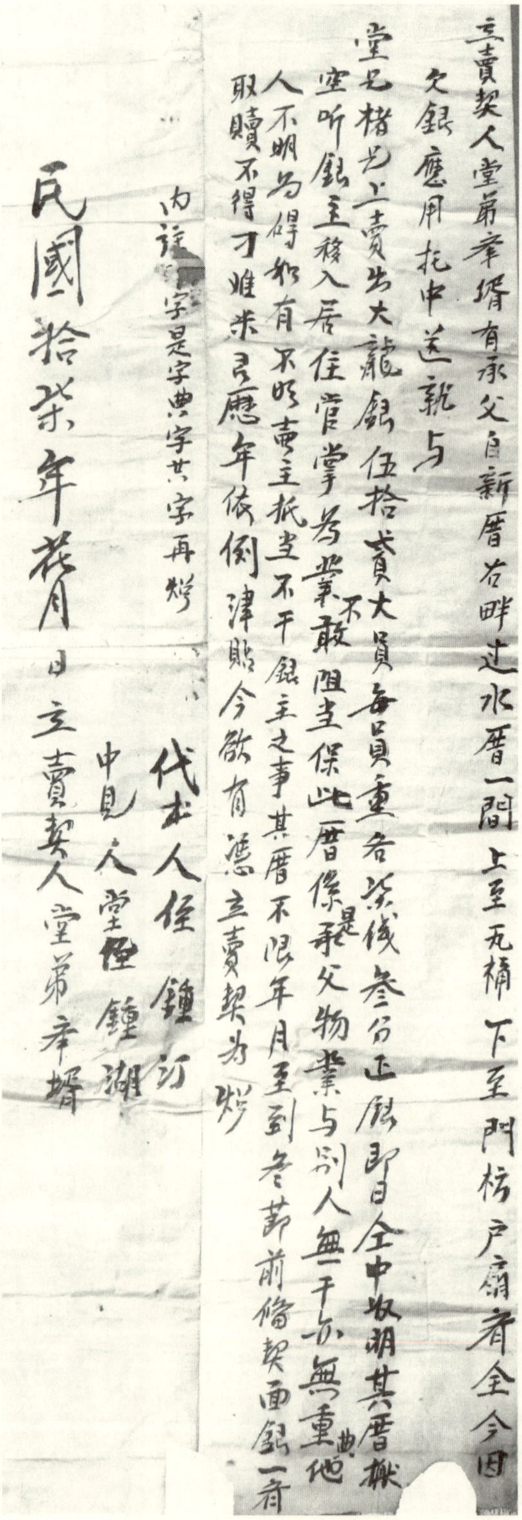

立賣契人堂弟舉壻有承父自新厝右畔过水厝一間，上至瓦桷，下至門枋，户扇齊全。今因乏銀應用，托中送就与堂兄楷光上賣出大龍銀伍拾貳員大員，每員重各柒錢叁分正，銀即日仝中收明。其厝概空听銀主移入居住管掌為業，不敢阻当。保此厝係是承父物業，与别人無干，亦無重典他人不明為碍。如有不明，賣主抵当，不干銀主之事。其厝不限年月，至到冬节前備契面銀一齊取贖，不得刁難。未贖應年依例津貼。今欲有憑，立賣契為照。

内註[illegible]字，是字、典字，共[illegible]字再照。

代書人侄鍾汀

中見人堂侄鍾湖

民國拾柒年貳月　日立賣契人堂弟舉壻

二十六-一、道光二十七年四月鄭廷叟祖佃田賣契（一八四七）

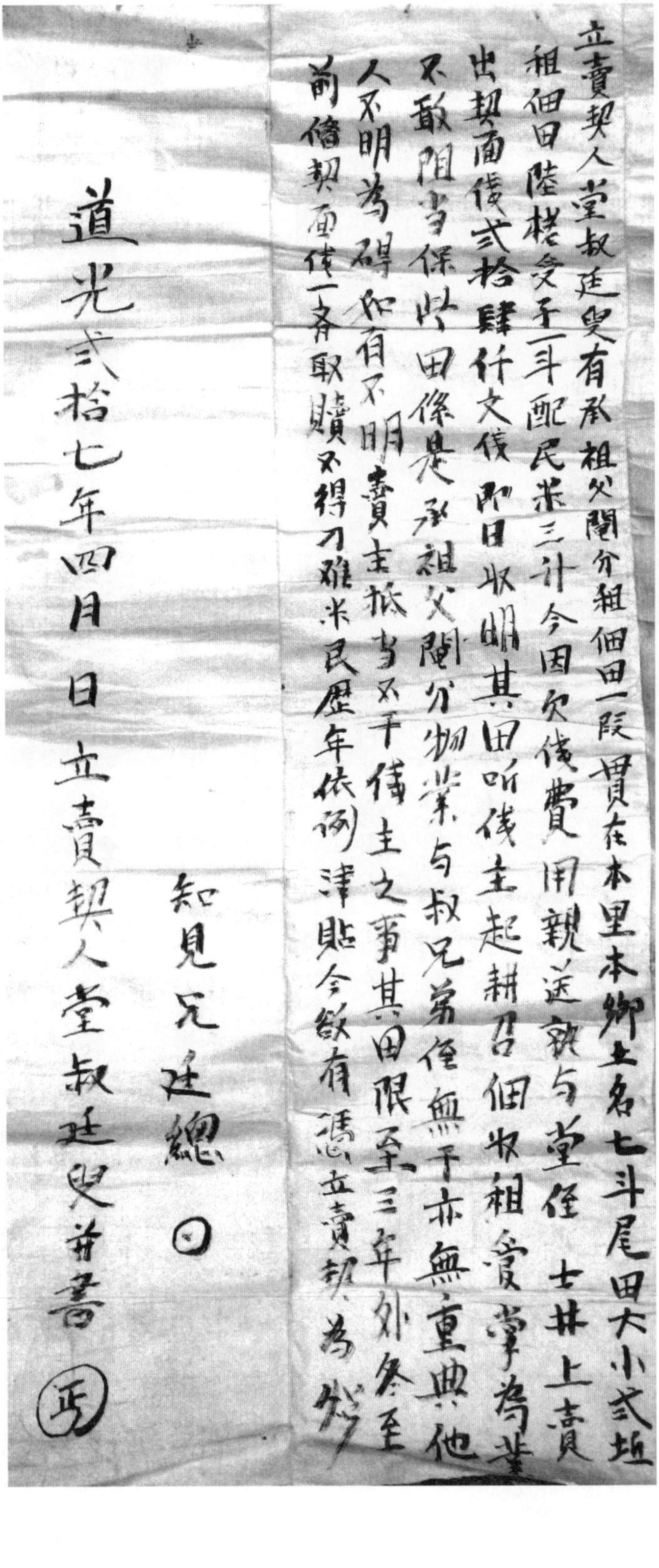
立賣契人堂叔廷叟有承祖父閹分祖佃田一段貫在本里本鄉土名七斗尾田大小弍坵
祖佃田陸秤叁子一斗配民米三計今因欠錢費用親送就与堂侄士井上賣
出契面錢弍拾肆仟文錢即日收明其田听錢主起耕召佃收租管掌為業
不敢阻当保此田係是承祖父閹分物業与叔兄弟侄無干亦無重典他
人不明為碍如有不明賣主抵当不干錢主之事其田限至三年外冬至
前備契面錢一齊取贖不得刁難米民歷年依例津貼今欲有憑立賣契為照
知見兄廷總
道光弍拾七年四月 日 立賣契人堂叔廷叟親書

二六-二、咸豐五年八月李笑娘租佃田貼盡絕契尾字（一八五五）

立斷盡絕契人鄭門李氏笑娘堡有承夫兄租佃田乙段貫在本里本鄉土名七斗尾前年已賣其坵壬楮古等書

立契明白今恩領佰未義丹歙与原圭并徑處土貼盡出契面後壳足後即日米賬其田咍係圭各壹承為是業永

再無言貼亦不歙言價从歙足此係二此甘愿各無反悔未民歷年配在未处

閂口無憑立絕契尾字為炤

咸豐伍年八月　　日

　　　　　　　　立盡絕契尾宗人　臺積　鄭門李氏笑娘

　　　　　　　　代書人

二十七-一、道光二十七年八月鄭林氏承夫租佃田賣契（一八四七）

立賣契人鄭門林氏有承夫租佃田壹段貫在本里土名彌力坵受子五合大壹坵載年載租佃壹䂮配民米伍合今因

乏伐賣用托中送就与　　林府令官人賣尖銅錢肆仟康錢即全平收訖其田听伐　主起耕召佃收租管掌為業

不敢阻當保此田係是承夫物業与別無干亦無重典他人不明為碍如有不明賣主机當不干賣圭之事田限至

罪外冬豆歬僧僁回後一齊取贖不得刁難米民歷年依例津貼今欲有憑立賣契為炤

　　　　　　　中見人村道一銷　慈

　　　　　　　知見妻四男廷志

　　　　　　　　　立賣契人　鄭門林氏

　　　　　　　　　　見孫　士澤

道光貳拾柒年捌月

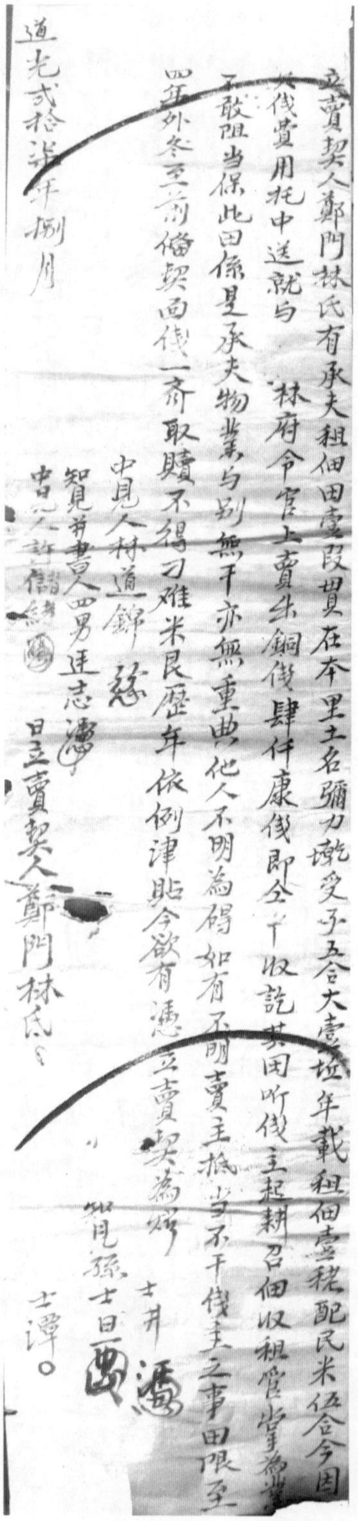

二十七-二、道光二十七年八月鄭林氏租佃田賣契（一八四七）

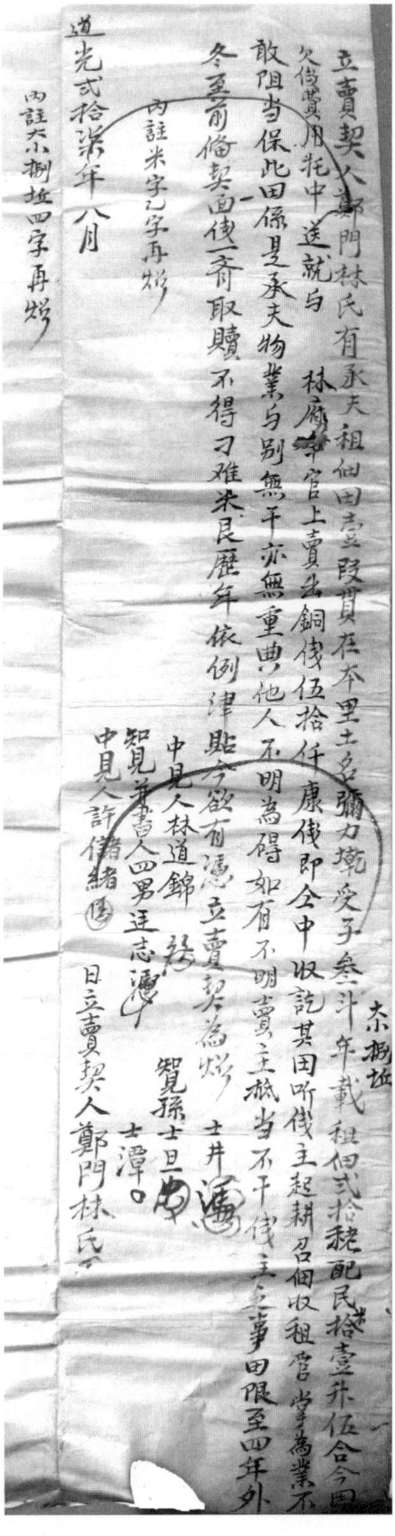

立賣契人鄭門林氏有承夫祖佃田壹段貫在本里土名彌力堍受子叁斗年載租佃貳拾秭配民米拾壹升伍合今因
欠錢費用托中送就与林府□官上賣出銅錢伍拾仟康錢即仝中收訖其田听錢主起耕召佃收租管掌為業不
敢阻当保此田係是承夫物業与別無干亦無重典他人不明為碍如有不明賣主祇当不干錢主之事田限至四年外
冬至前備契面錢一齊取贖不得刁難米艮歷年依例津貼今欲有憑立賣契為炤
內註米字乙字再炤
杰捌垳
中見人林道錦
知見並書人四男廷志
中見人許儲緒
賀見孫士旦 士井 士潭
道光貳拾柒年八月 日立賣契人鄭門林氏
內註大小捌垳四字再炤

二十七-三、同治三年十一月鄭士旦等租佃田貼契（一八六四）

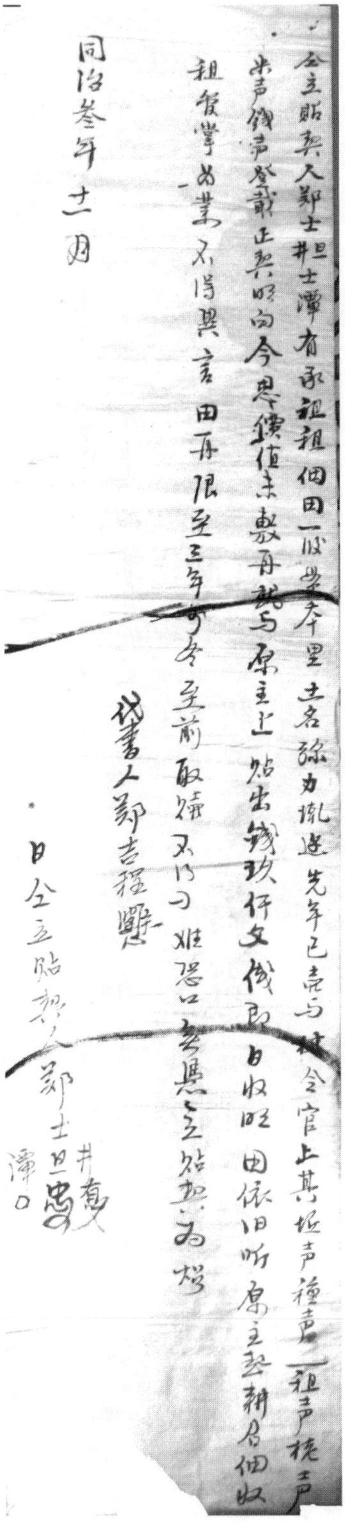

仝立貼契人鄭士旦士井士潭有承祖祖佃田一段坐本里土名彌力堍逸先年已賣与林令官上其垳声種壹石一租声桃士戶
米声錢声登載正契明白今思價值未敷再就与原主上貼出錢玖仟文錢即日收訖田依旧听原主起耕召佃收
租管掌為業不得異言田再限至三年外冬至前取贖不得刁難恐口無憑立貼契為炤
代書人鄭吉程
同治叁年十一月 日仝立貼契人鄭士旦 士井 士潭

二十七-四、光緒七年十一月鄭士旦等租佃田再貼契（一八八一）

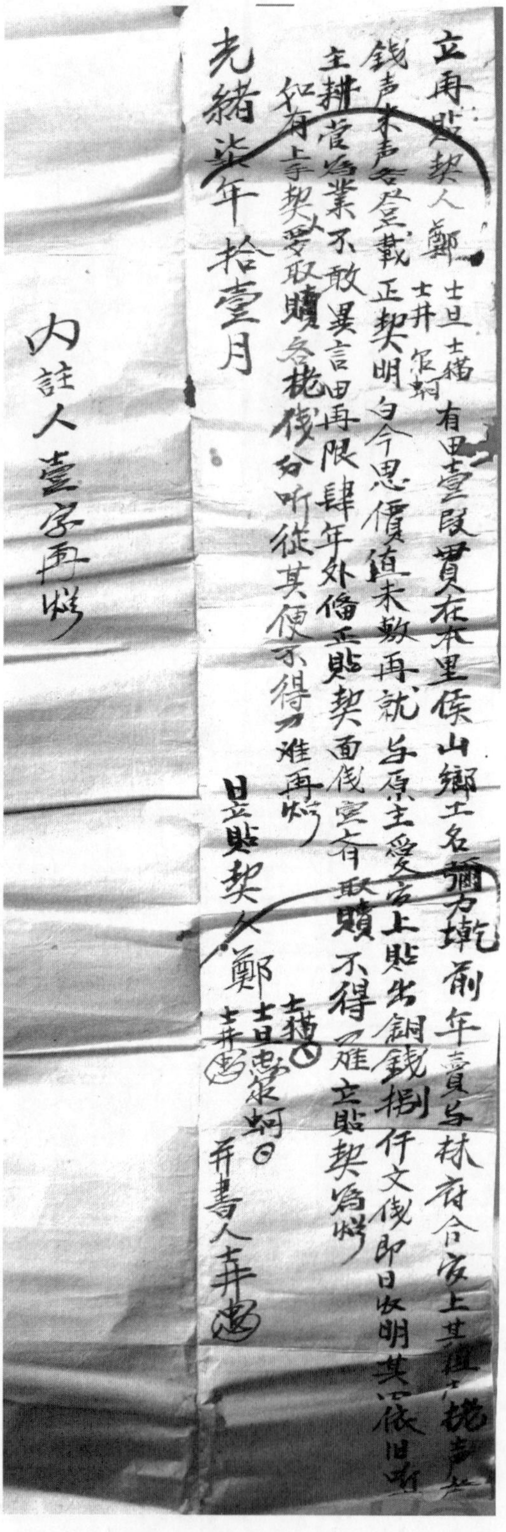

立再貼契人鄭士旦、士福、士井、仁蚵，有田壹段，買在本里候山鄉，土名[illegible]力埠乾，前年賣與林府合家上其租，桃声[illegible]

錢声[illegible]声各登載正契明白。今思價值未敷，再就与原主愛☐上貼出銅錢捌仟文，俱即日收明。其田依旧听

主耕管為業，不敢異言。田再限肆年外，備正貼契面價，有取贖，不得刁難。立貼契為炤。

知有上手契，要取贖，各桃價分，听從其便，不得刁難。再炤。

内註人壹字再炤

光緒柒年拾壹月　日立貼契人鄭士旦、士福、士井、仁蚵

代書人士井

二十八-一、咸豐二年七月鄭士富産山風水穴給字（一八五二）

立給字族姪士富、承祖遺下産山乙所，貫在本里土名塞仔内嶺頭穴頭。今因志叔等要求風水乙穴，坐西向東，時收起酒礼，後完足。其風水即听剪做砂穴，完成安葬，伊親不敢阻当其左右上下。若有旧坟先在，既無穿心步内，亦不得藉我相阻。歷年配米艮伐拾文。此係兩愿，各無反悔。今欲有憑，立給字爲炤。

如有墾下來，要亦听改做徧左右再炤。

知見男派茹○
日立給字族侄士富（筆）
中保人洪字房○
咸豐弍年七月

内註本有塗下未妥亦許改做偏左右半字再炒

二十八-二、咸豐二年九月鄭士井租佃田賣契（一八五二）

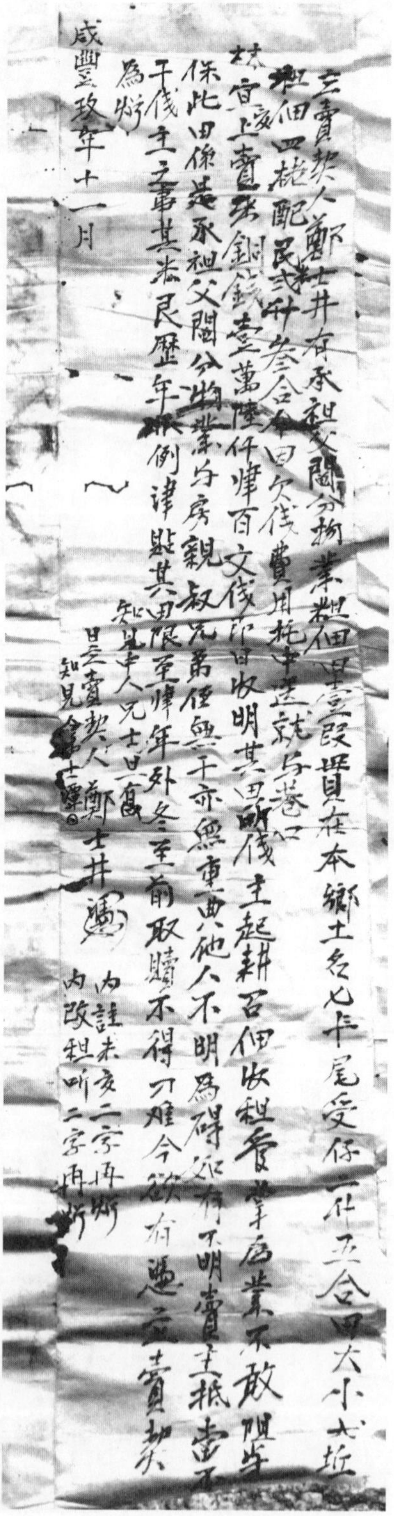
立賣契人鄭士井有承祖父鬮分物業租佃田壹段貫在本鄉土名七斗尾受種一斗五合田大小七坵
租佃四坵配民米弍升叁合今因欠錢費用托中送就與巷口
林宜浚官上賣出銅錢壹萬陸仟肆百文錢即日收明其田听錢主起耕召佃收租管業不敢阻占
保此田係是承祖父鬮分物業與房親叔兄弟侄無干亦無重典他人不明為碍如有不明賣主抵當不
干錢主之事其米良歷年依例津貼其田限至肆年外冬至前取贖不得刁難今欲有憑立賣契
為炤
咸豐玖年十一月　日立賣契人鄭士井（押）
知見中人兄士[illegible]
知見命男士[illegible]
內註未交二字再炤
內改租听二字再炤

二十八-三、咸豐九年十一月鄭士井租佃田賣契（一八五九）

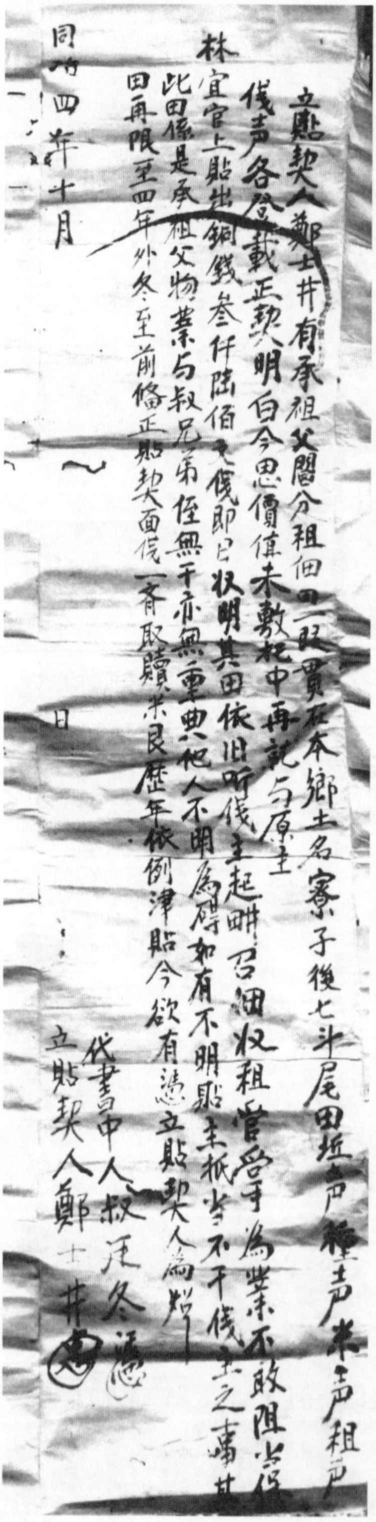
立貼契人鄭士井有承祖父鬮分租佃田一段貫在本鄉土名寮子後七斗尾田坵[illegible]種[illegible]米[illegible]租[illegible]
錢[illegible]各登載正契明白今思價值未敷托中再就與原主
林宜官上貼出銅錢叁仟陸佰文錢即日收明其田依旧听錢主起耕召佃收租管業為業不敢阻占[illegible]
此田係是承祖父物業與叔兄弟侄無干亦無重典他人不明為碍如有不明貼主抵當不干錢主之事其
田再限至四年外冬至前備正貼契面錢一齊取贖米良歷年依例津貼今欲有憑立貼契人為炤
同治四年十月　日
代書中人叔汪冬（押）
立貼契人鄭士井（押）

二十八-四、同治四年十月鄭士井租佃田貼契（一八六五）

二十九-一、咸豐八年十一月傅清與等佃田賣契（一八五八）

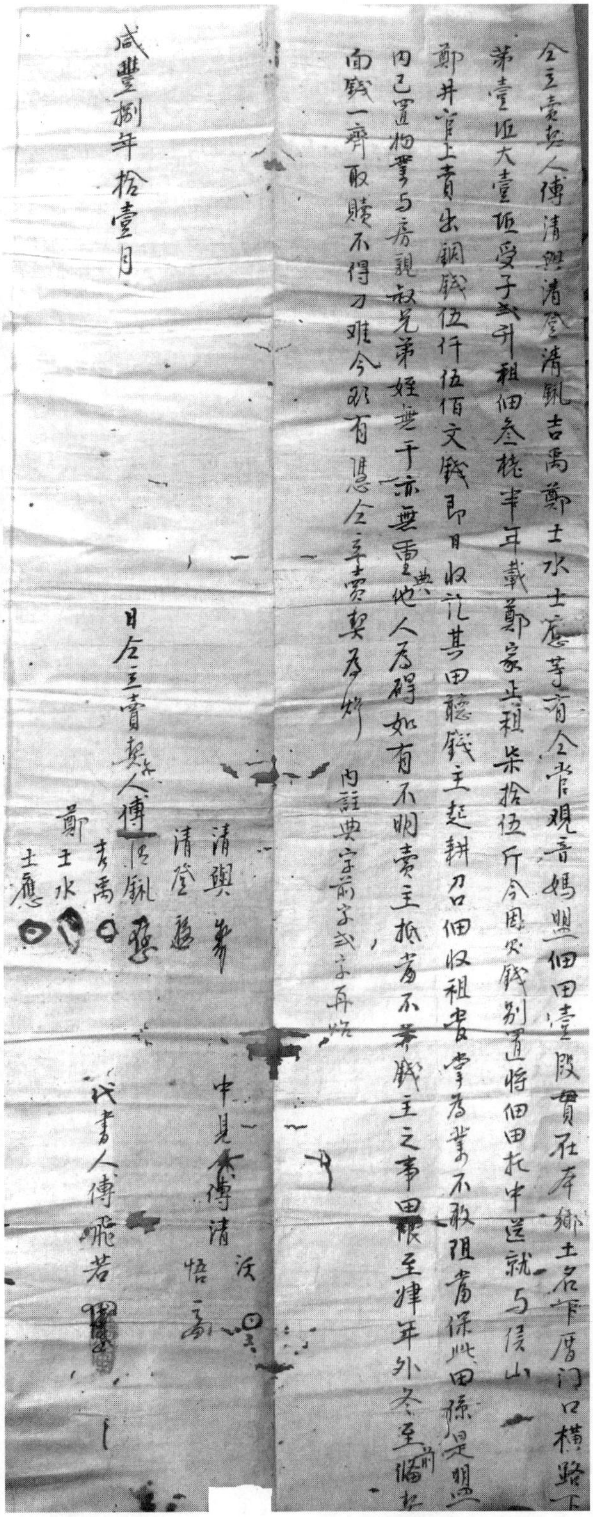

立賣契人傅清與清登清鍬吉禹鄭士水士應等有承管觀音媽佃田壹段坐在本鄉土名下厝門口橫路下

苐壹坵大壹坵受子貳升租佃叁秤半年載鄭家正租柒拾伍斤今因乏錢別置將佃田托中送就與侯山

鄭丹官上前出銅錢伍仟伍佰文錢即日收訖其田聽錢主起耕召佃收租管業不敢阻當保此田係是與

內己置物業與房親叔兄弟姪無干亦無重典他人為碍如有不明賣主抵當不業錢主之事田限至肆年外冬至前備契

面錢一齊取贖不得刁難今欲有憑合立賣契為炤

內註典字前字貳字再炤

咸豐捌年拾壹月　日立賣契人傅清鍬　清與　清登　吉禹　鄭士水　士應

中見人傅清注　清悟

代書人傅飛若

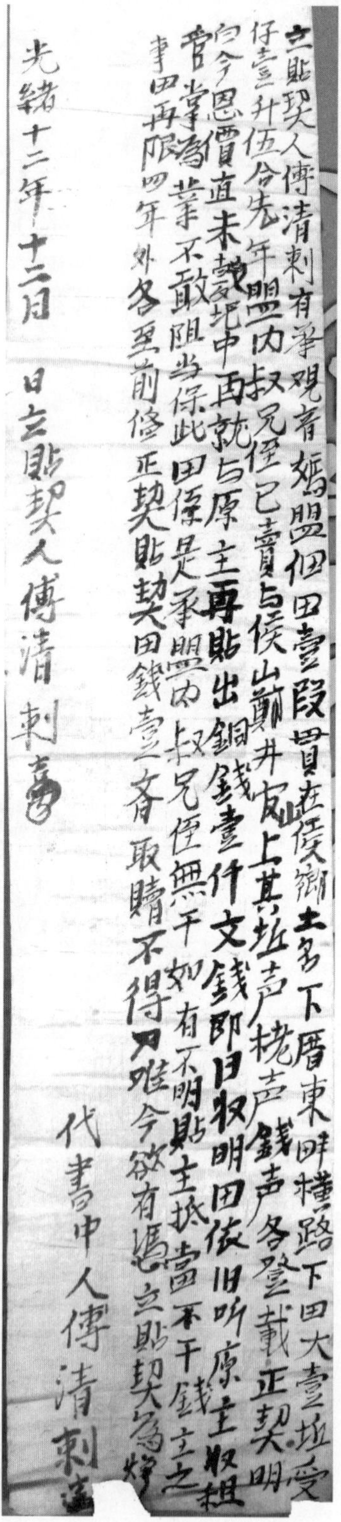

立貼契人傅清剌有承观音嬦盟佃田壹段，買在侯卿土名下厝東畔橫路下田大壹坵，受
仔壹升伍合。先年盟內叔兄侄已賣與侯山鄭井官上，其坵声、桄声、錢声各登載正契明
白。今思價直未敷，托中再就与原主再貼出銅錢壹仟文，錢即日收明，田依旧听原主收租
管掌為業，不敢阻当。保此田係是承盟內叔兄侄，無干，如有不明，貼主抵當，不干錢主之
事。田再限四年外，各至前條正契、貼契田錢壹齊取贖，不得刁难。今欲有憑，立貼契為炤。

光緒十二年十二月　日立貼契人傅清剌（押）

代書中人傅清剌（押）

二十九-二、光緒十二年十二月傳清剌佃田貼契（一八八六）

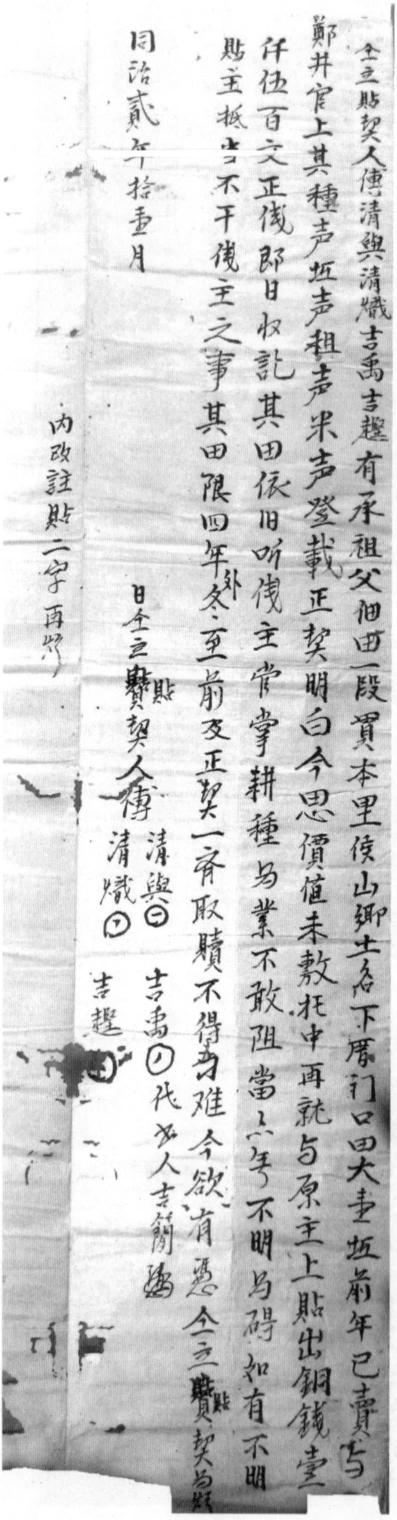

仝立貼契人傅清與、清熾、吉禹、吉趣，有承祖父佃田一段，買本里侯山鄉土名下厝门口田大壹坵，前年已賣与
鄭井官上，其種声、坵声、租声、米声登載正契明白。今思價值未敷，托中再就与原主上貼出銅錢壹
仟伍百文正，錢即日收訖，其田依旧听錢主掌耕種為業，不敢阻當。上年不明為碍，如有不明，
貼主抵当，不干錢主之事。其田限四年外冬至前，及正契一齊取贖，不得刁难。今欲有憑，仝立貼契為炤。

同治貳年拾壹月　日仝立貼契人傅清與（押）

清熾（押）

吉禹（押）

吉趣（押）

代书人吉簡（押）

內改註貼二字再炤

二十九-三、同治二年十一月傳清與等佃田貼契（一八六三）

二十九-四、光緒八年十一月傅清與等佃田貼契（一八八二）

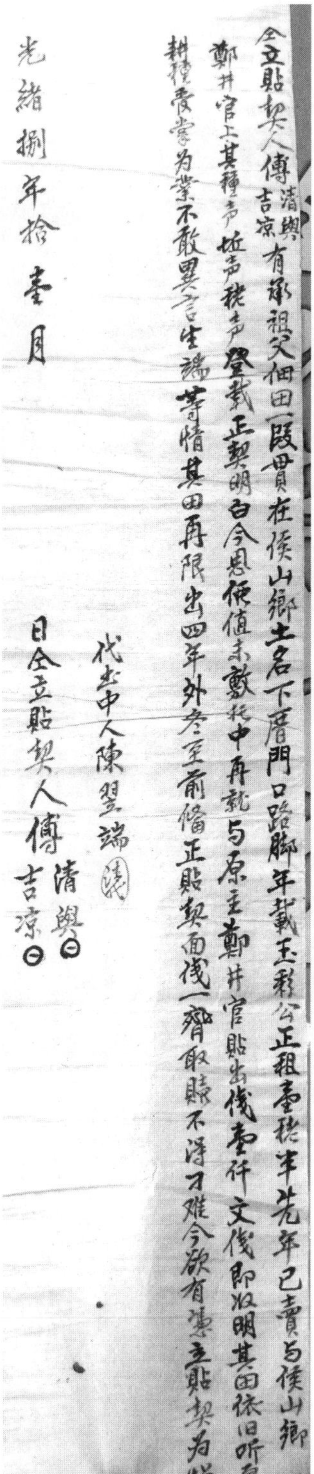

仝立貼契人傅清與、吉凉，有承祖父佃田一段，貫在侯山鄉土名下厝門口路脚，年載玉彩公正租壹秤半，先年已賣與侯山鄉鄭井官上其種户、坵户、稅户，登載正契明白。今思佃值未敷，托中再就與原主鄭井官貼出錢壹仟文，錢即收明。其田依旧听原主耕種管業，不敢異言生端等情。其田再限出四年外，至前備正貼契面錢一齊取贖，不得刁難。今欲有憑，立貼契為照。

代書中人陳翌端（押）

光緒捌年拾壹月　日仝立貼契人傅清與（押）

吉凉（押）

二十九-五、民國十四年一月鄭鍾朓租佃田貼盡絕契（一九二五）

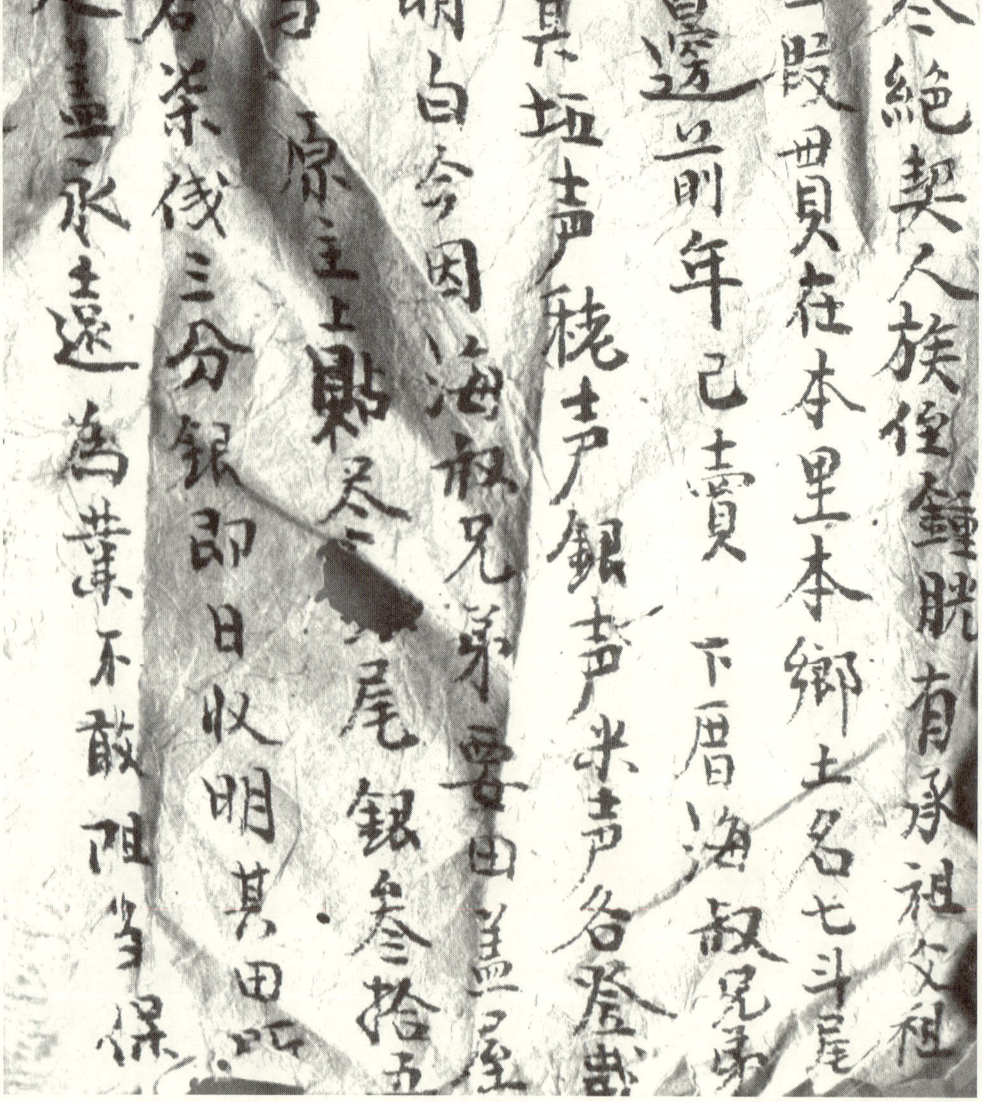
立貼尽絕契人族侄鍾朓有承祖父祖
佃田壹段貫在本里本鄉土名七斗尾
浦仔皇邊前年已賣 下厝海叔兄弟
侄等其坵声戶穠声戶銀声戶米声戶各登載
正契明白今因海叔兄弟要田盖屋
再就与原主貼尽尾銀叁拾五
大員各系錢三分銀即日收明其田听
[illegible]是立永遠為業不敢阻当保
[illegible]

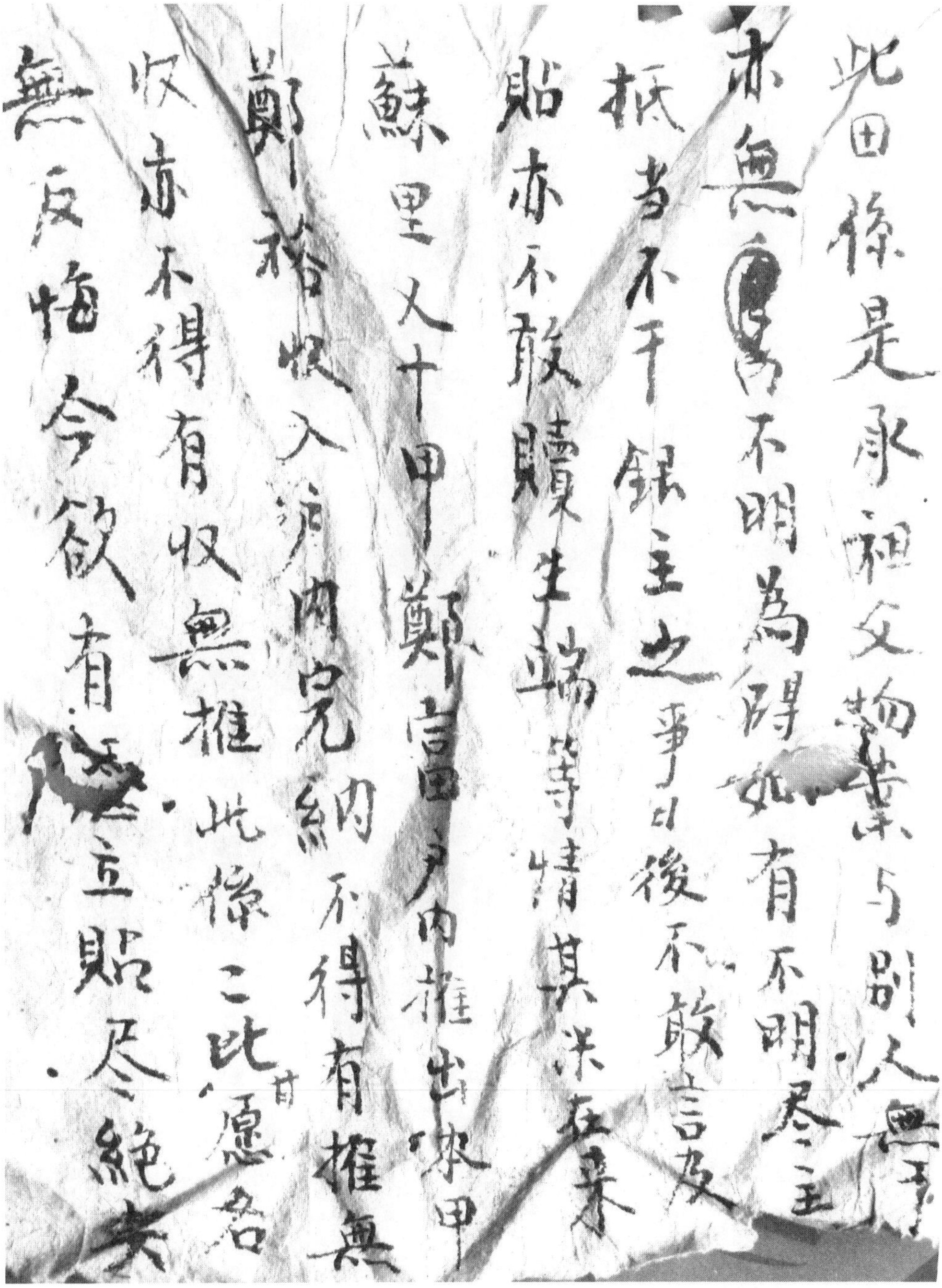
此田係是承祖父物業与別人無干
亦無重不明為碍如有不明尽主
抵当不干銀主之事日後不敢言及
贴亦不敢贖生端等情其洪在業
蘇里人十甲鄭富户内推出來甲
鄭裕收入户内完納不得有推無
收亦不得有收無推此係二比甘愿各
無反悔今欲有憑立贴尽絶契

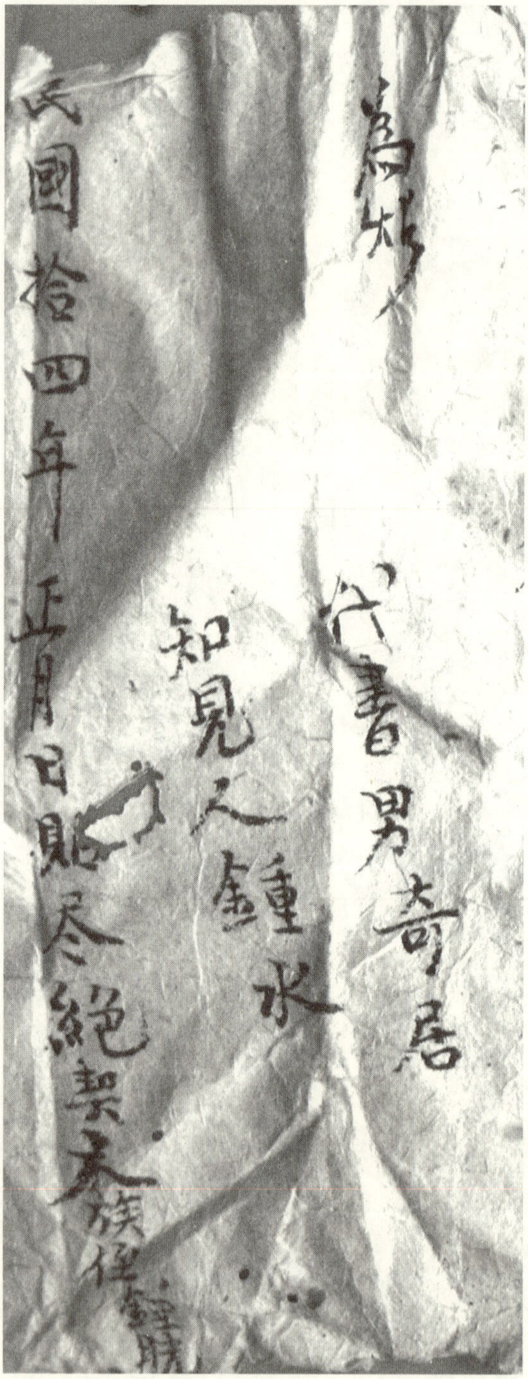
爲炤。

代書男 奇居

知見人 鍾水

民國拾四年正月 日賠盡絕契人 族侄鍾[illegible]

三十、咸豐九年十一月鄭士命交關憑字（一八五九）

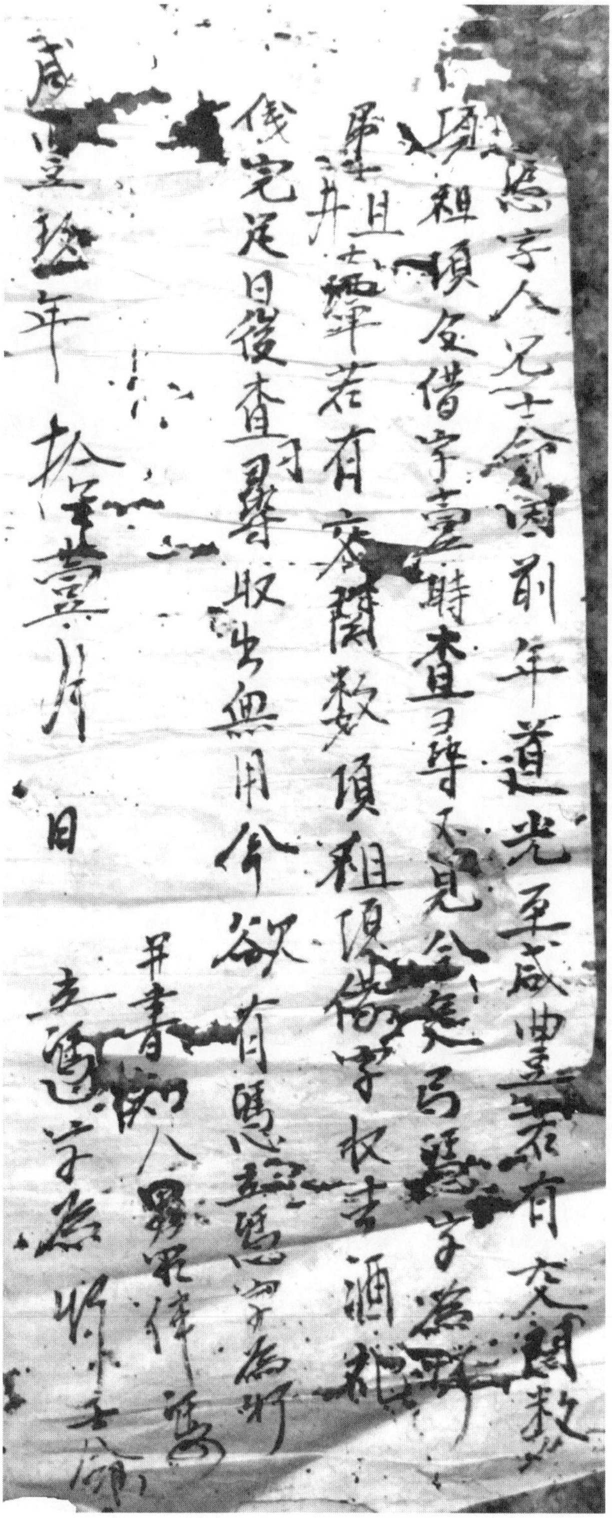
立憑字人兄士命因前年道光至咸豐若有交關數
項租項及借字壹時查尋不見今是另憑字為照
屋并且[illegible]若有交關數項租項借字收出酒租
錢完足日後查尋取出無用今欲有憑立憑字為照
并書姪人鄭顯律筆
咸豐玖年拾壹月　日立憑字兄士命

三十一-一、光緒二年十一月鄭士井租佃田賣契（一八七六）

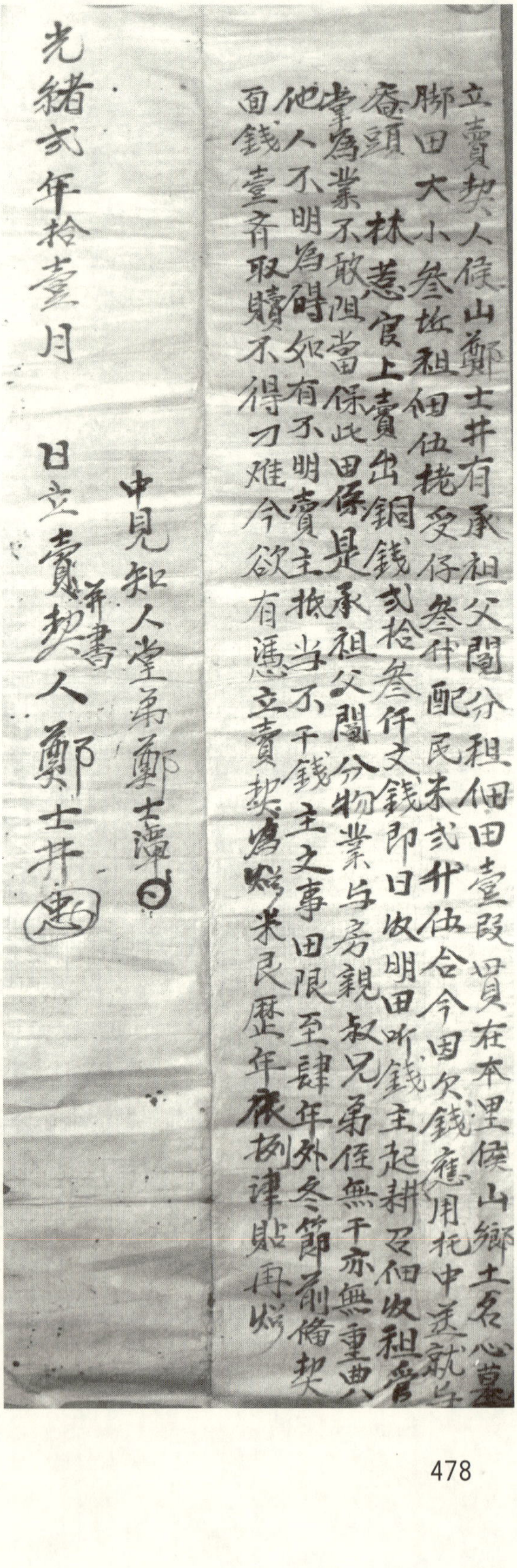

立賣契人侯山鄭士井有承祖父閫分租佃田壹段買在本里侯山鄉土名心墓脚田大小叁坵租佃伍挑受仔叁仟配民米弍升伍合今因欠錢應用托中送就與奋頭林惹官上賣出銅錢弍拾叁仟文錢即日收明田听錢主起耕召佃收租管掌為業不敢阻當保此田係是承祖父閫分物業与房親叔兄弟侄無干亦無重典他人不明為碍如有不明賣主抵当不干錢主之事田限至肆年外冬節前備契面錢壹齊取贖不得刁難今欲有憑立賣契爲炤米艮歷年依例津貼再炤

中見知人堂弟鄭士漳（押）

光緒弍年拾壹月　日立賣契人鄭士井（押）并書

三十一-二、光緒十二年八月林有晥租佃田賣契（一八八六）

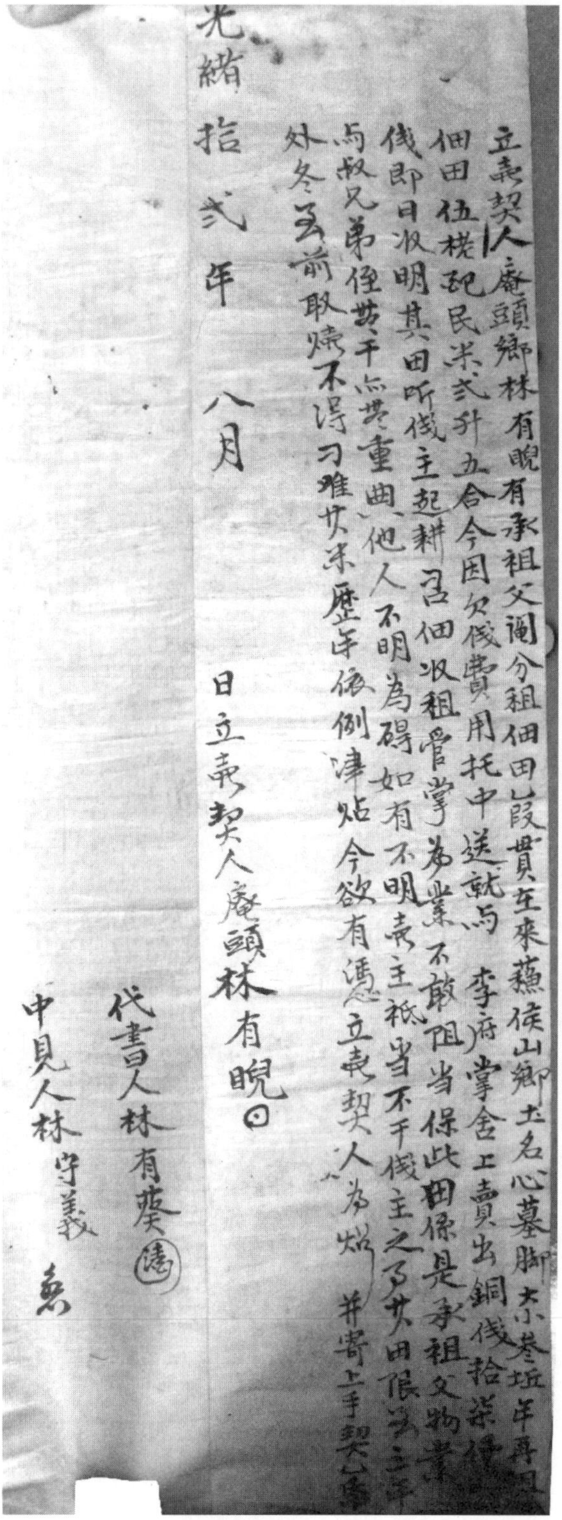

立賣契人庵頭鄉林有晥有承祖父鬮分租佃田山段，貫在來蘇徒山鄉土名心墓腳大小叁坵

佃田伍捲，配民米弍升五合。今因欠錢費用，托中送就與李府掌舍上賣出銅錢拾柒仟

錢即日收明。其田聽錢主起耕召佃收租管掌為業，不敢阻當。保此田係是承祖父物業

與叔兄弟侄無干，亦無重典他人，不明為碍。如有不明，賣主祗當，不干錢主之事。其田限至

外冬至前取贖，不得刁難。其米歷年依例津貼。今欲有憑，立賣契人為炤。并帶上手契

光緒拾弍年八月　日立賣契人庵頭林有晥（押）

代書人林有葵（押）

中見人林守義（押）

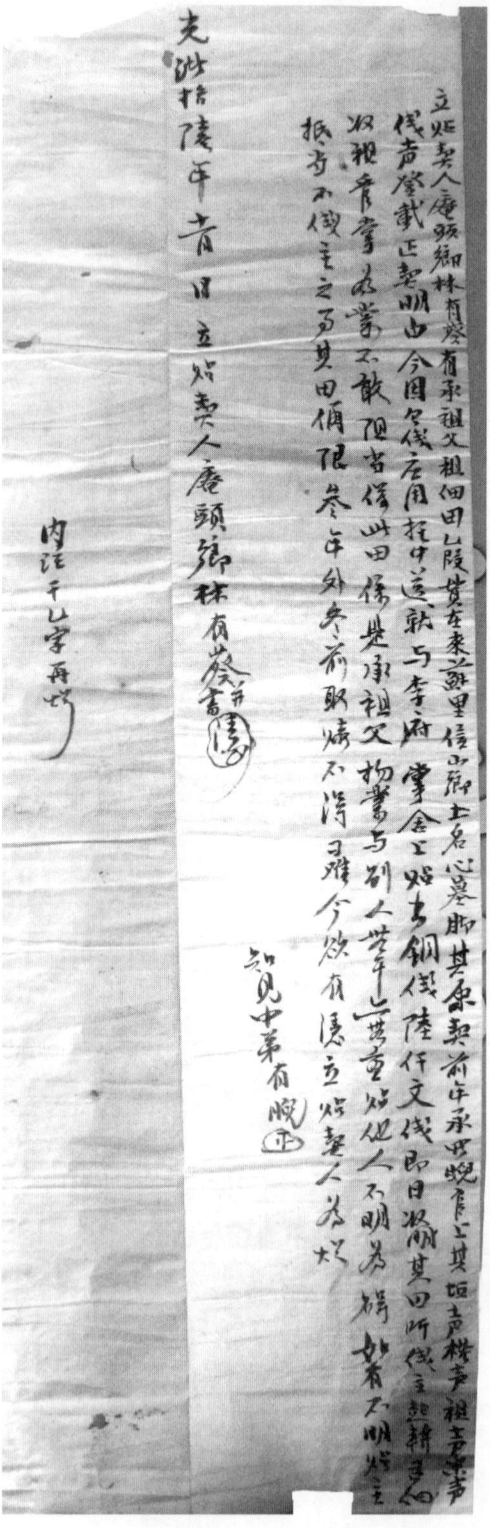

立贴契人湖頭鄉林有葵，有承祖父祖佃田乙段，貫在來蘇里佳山鄉，土名心墓腳，其原契前年承典下，其垣声模声祖声米声伐声叁戴正，契明白。今因乏伐應用，托中送就與李府掌舍上贴出銅伐陸仟文，伐即日收訖，其田听伐主起耕召佃收租看掌為業，不敢阻當。保此田係是承祖父物業，與別人無干，亦無重贴他人，不明為碍。如有不明，贴主抵当，不干伐主之事。其田價限叁年外冬前取贖，不得刁難。今欲有憑，立贴契人為炤。

内注干山字再炤

光緒拾陸年十一月 日立贴契人湖頭鄉林有葵 書

知見中弟有腕

三十一-三、光緒十六年十一月林有葵租佃田貼契（一八九〇）

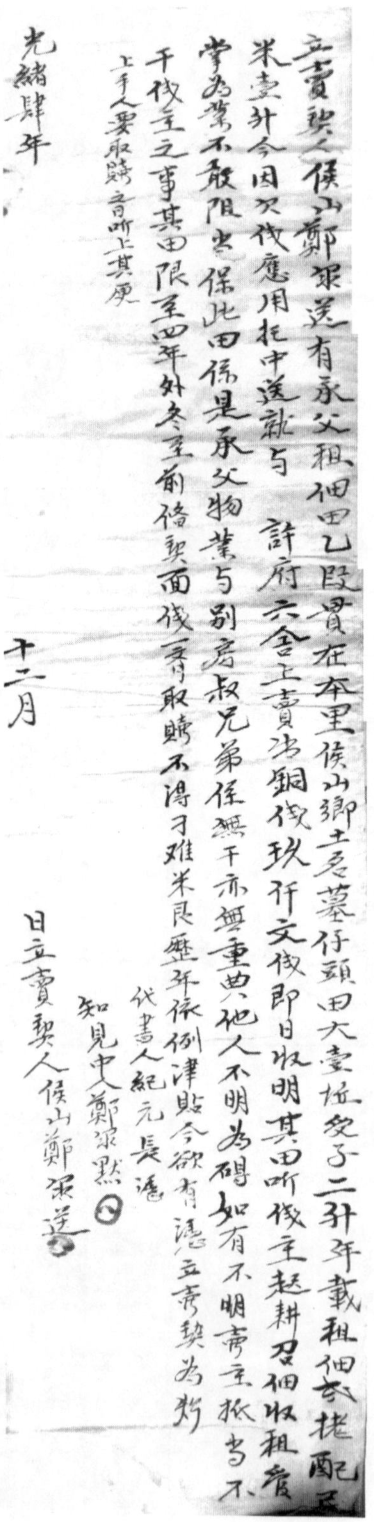

立賣契人侯山鄭尔送，有承父祖佃田乙段，貫在本里侯山鄉，土名墓仔頭田大壹坵，受子二升，年載租佃穀批配米壹升。今因乏伐應用，托中送就與許府六舍上賣出銅伐玖仟文，伐即日收明。其田听伐主起耕召佃收租管掌為業，不敢阻当。保此田係是承父物業，與別房叔兄弟侄無干，亦無重典他人，不明為碍。如有不明，賣主抵当，不干伐主之事。其田限至四年外冬至前備契面伐一齊取贖，不得刁難。米艮歷年依例津貼。今欲有憑，立賣契為炤。

上手人要取贖，吾听上其便

光緒肆年十二月 日立賣契人侯山鄭尔送

知見中人鄭尔默

代書人紀元長

三十二-一、光緒四年十二月鄭尔送租佃田賣契（一八七八）

三十二-二、光緒十六年十一月鄭士命租佃田賣契（一八九〇）

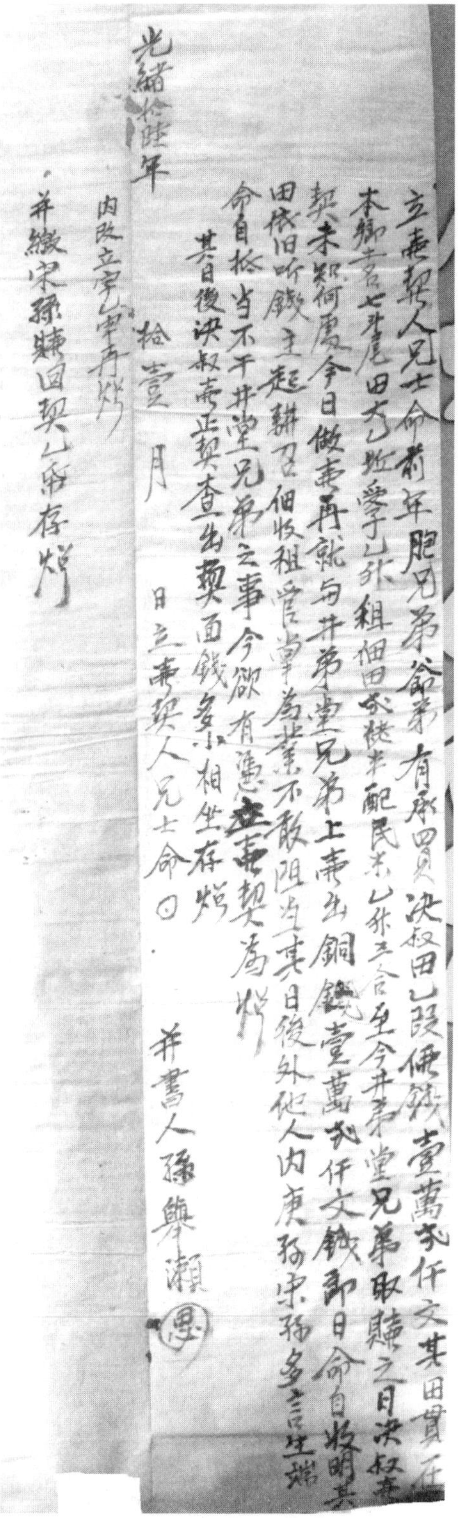
立寿契人兄士命前年胞兄弟兪弟有承四只決叔田山段佃銭壹萬弍仟文其田貫在
本鄉土名七斗丘田大小坵受子山計租佃田〇陡半配民米山計三合至今并弟堂兄弟取贖之日決叔再
契未知何處今日做寿再就与并弟堂兄弟上寿出銅錢壹萬弍仟文錢即日命自收明其
田依旧听錢主起耕召佃收租管掌為業不敢阻当其日後外他人内庚孫宗孫多言生端
命自抵当不干并堂兄弟之事今欲有憑立寿契為照
其日後決叔寿正契查出契面錢多小相坐存照
光緒拾陸年 拾壹 月 日立寿契人兄士命㊞ 并書人孫㰖瀬㊞
内改立字山字再照
并繳宋孫贖回契山帋存照

三十二-三、光緒二十一年十二月鄭士命廁池及餘地賣盡斷契（一八九五）

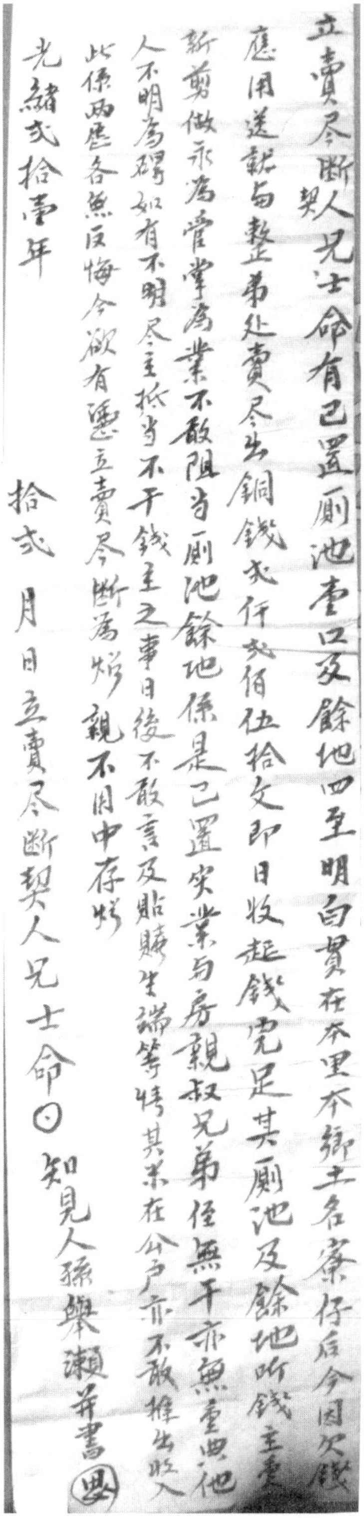
立賣尽斷契人兄士命有己置廁池壹口及餘地四至明白貫在本里本鄉土名寮仔后今因欠錢
應用送就与整正弟处賣尽出銅錢弍仟玖佰伍拾文即日收起錢完足其廁池及餘地听錢主重
新剪做永為管掌為業不敢阻当廁池餘地係是己置實業与房親叔兄弟侄無干亦無重典他
人不明為碍如有不明尽主抵当不干錢主之事日後不敢言及貼贖生端等情其米在公户亦不敢推出收入
此係兩愿各無反悔今欲有憑立賣尽斷為照 親不用中存照
光緒弍拾壹年 拾弍 月 日 立賣尽斷契人兄士命㊞ 知見人孫㰖瀬并書㊞

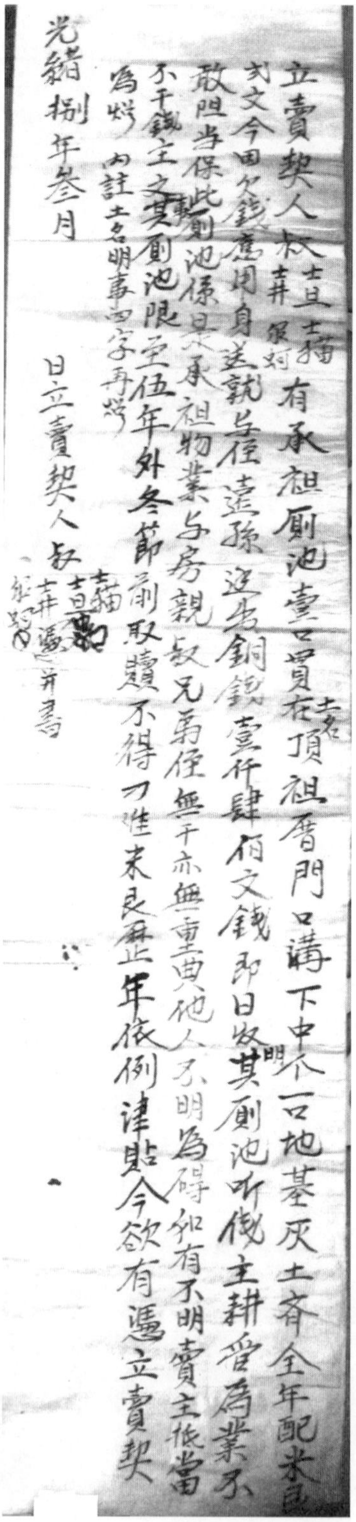

立賣契人叔士旦 士福 士井 侄炳 有承祖廁池壹口，貫在頂祖厝門口溝下中心一口，地基灰土斉全，年配米乙
弍文。今因欠錢應用，自身送就与侄遠孫边出銅錢壹仟肆佰文錢，即日收明。其廁池听從錢主耕管為業，不
敢阻当。保此廁池係是承祖物業，与房親叔兄弟侄無干，亦無重典他人不明為碍，如有不明，賣主抵當，
不干錢主之事。其廁池限至伍年外冬節前取贖，不得刁难；未及年止，年依例津貼。今欲有憑，立賣契
為照。内註土名明事四字再照。

光緒捌年叁月 日立賣契人叔士旦 士福 士井 侄炳 憑己弃書

三十三、光緒八年三月鄭士旦等廁池賣契（一八八二）

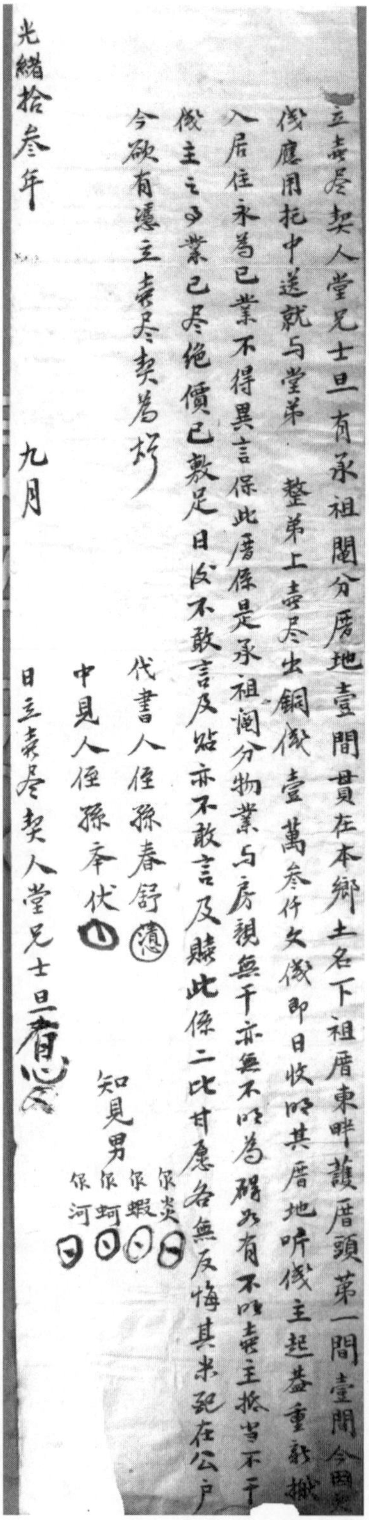

立賣盡契人堂兄士旦，有承祖鬮分厝地壹間，貫在本鄉土名下祖厝東畔護厝頭第一間壹間。今因乏
錢應用，托中送就与堂弟 整弟上賣盡，出銅錢壹萬叁仟文，錢即日收明。其厝地听錢主起蓋重新搬
入居住，永為己業，不得異言。保此厝係是承祖鬮分物業，与房親無干，亦無不明為碍；如有不明，賣主抵當，不干
錢主之事。業已盡絶，價已敷足，日後不敢言及貼，亦不敢言及贖。此係二比甘愿，各無反悔。其米配在公户。
今欲有憑，立賣盡契為照。

光緒拾叁年九月 日立賣盡契人堂兄士旦（押）

代書人侄孫春舒（押）

中見人侄孫奉伏（押）

知見男 依炎 依蝦 依蚵 依河（押）

三十四、光緒十三年九月鄭士旦厝地賣盡契（一八八七）

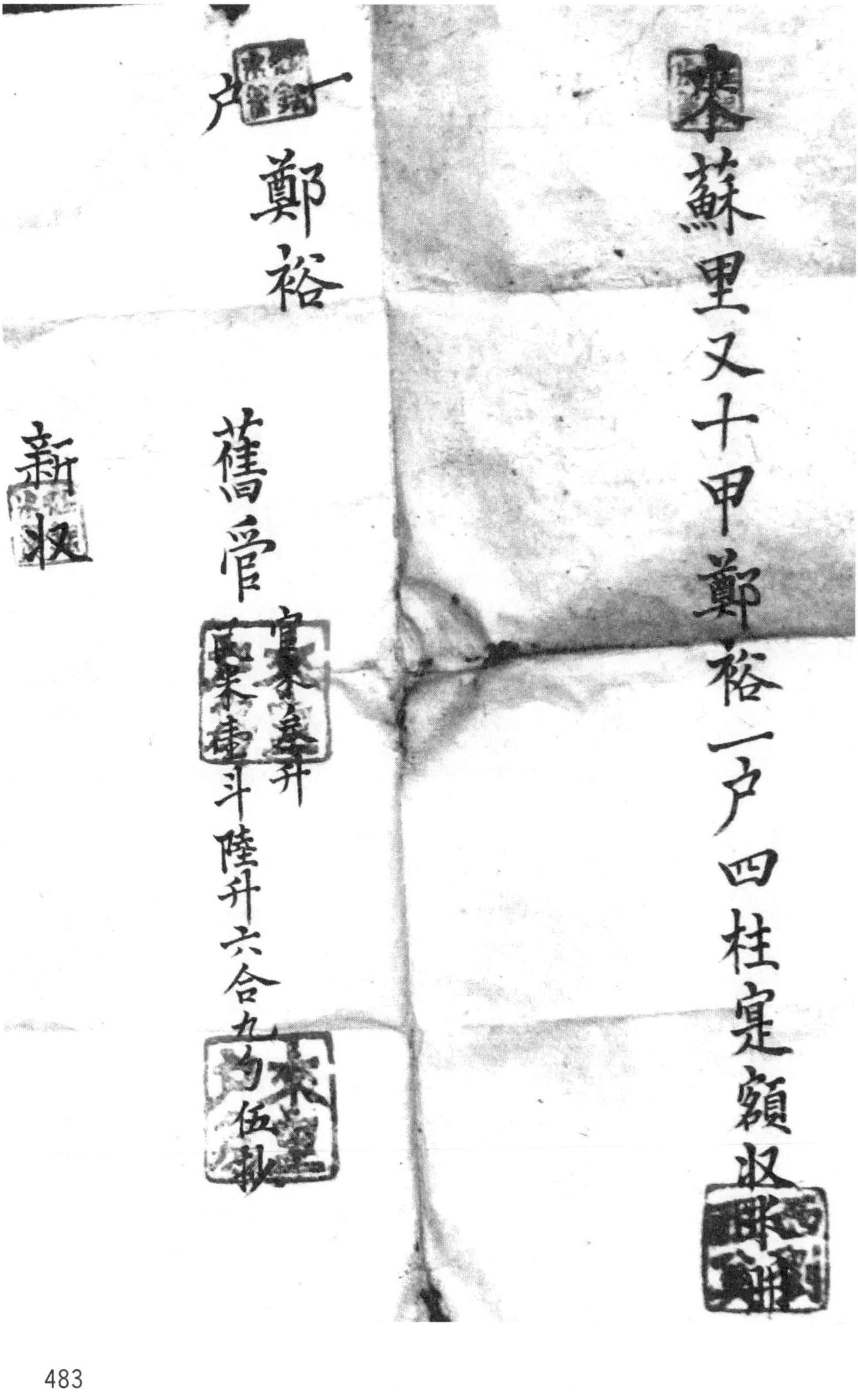
來蘇里又十甲鄭裕一户四柱寔額收

一户

鄭裕

舊管寔米壹斗陸升六合九勺伍秒

寔叁升

新收

三十五-一、光緒十九年一月來蘇里十甲鄭裕一戶收米册（一八九三）

一收本里本甲鄭富民米

田土名新墓

開除

寔在官米　升　斗叁升陸合　秋

征銀肆錢肆分

光緒拾玖年　正月　日立戶　造收

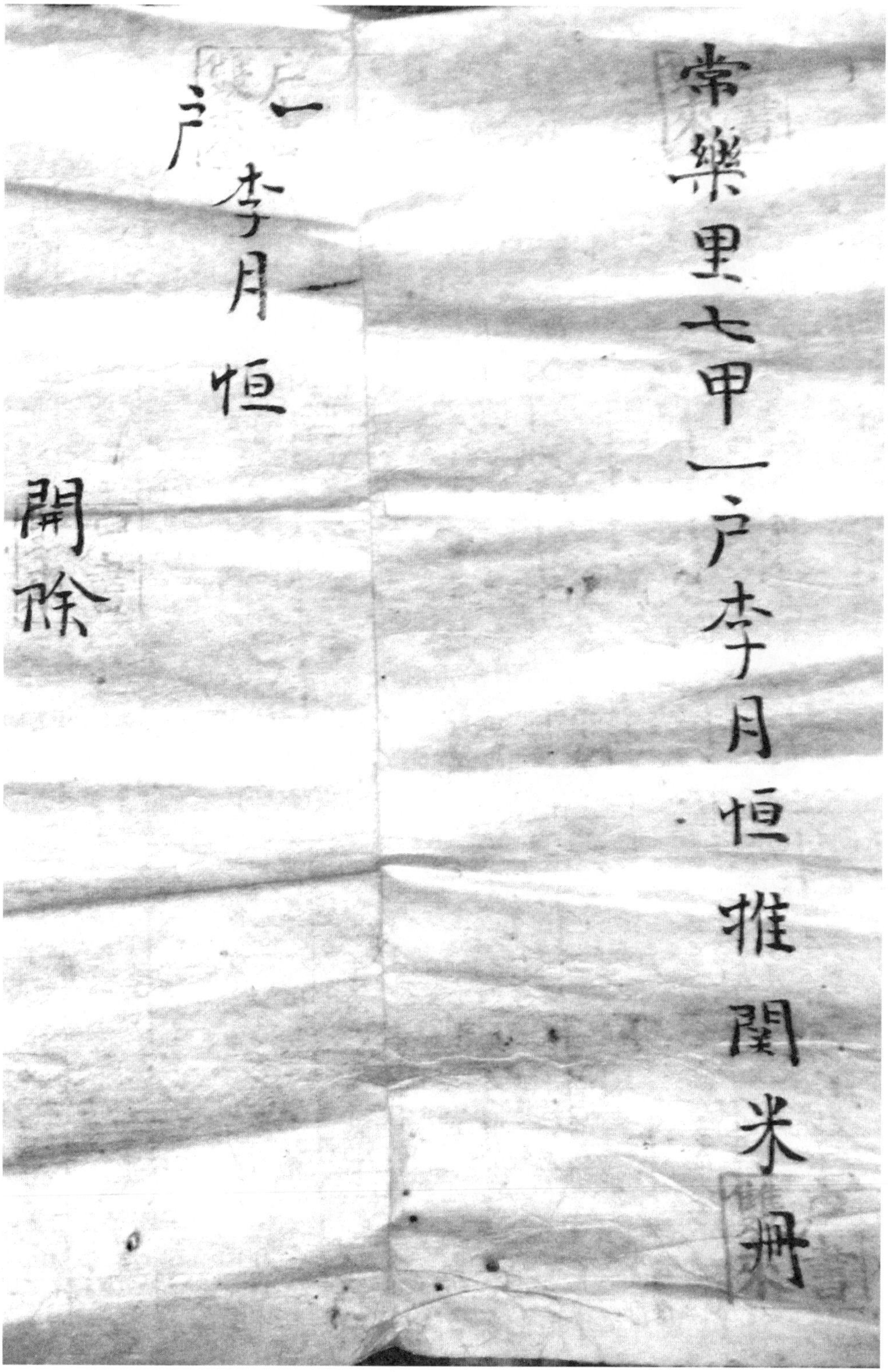
常樂里七甲一户李月恒推闗米册

一户李月恒

開除

三十五-二、民國四年一月常樂里七甲一戶李月恒推闗米册（一九一五）

一推出民米拾升过來蘇里又亩

鄭裕收入

田土名新墓脚又段七斗尾

民國四年 元月 日 户書造推關冊

三十五-三、民國四年一月來蘇里十甲一戶鄭裕收米册（一九一五）

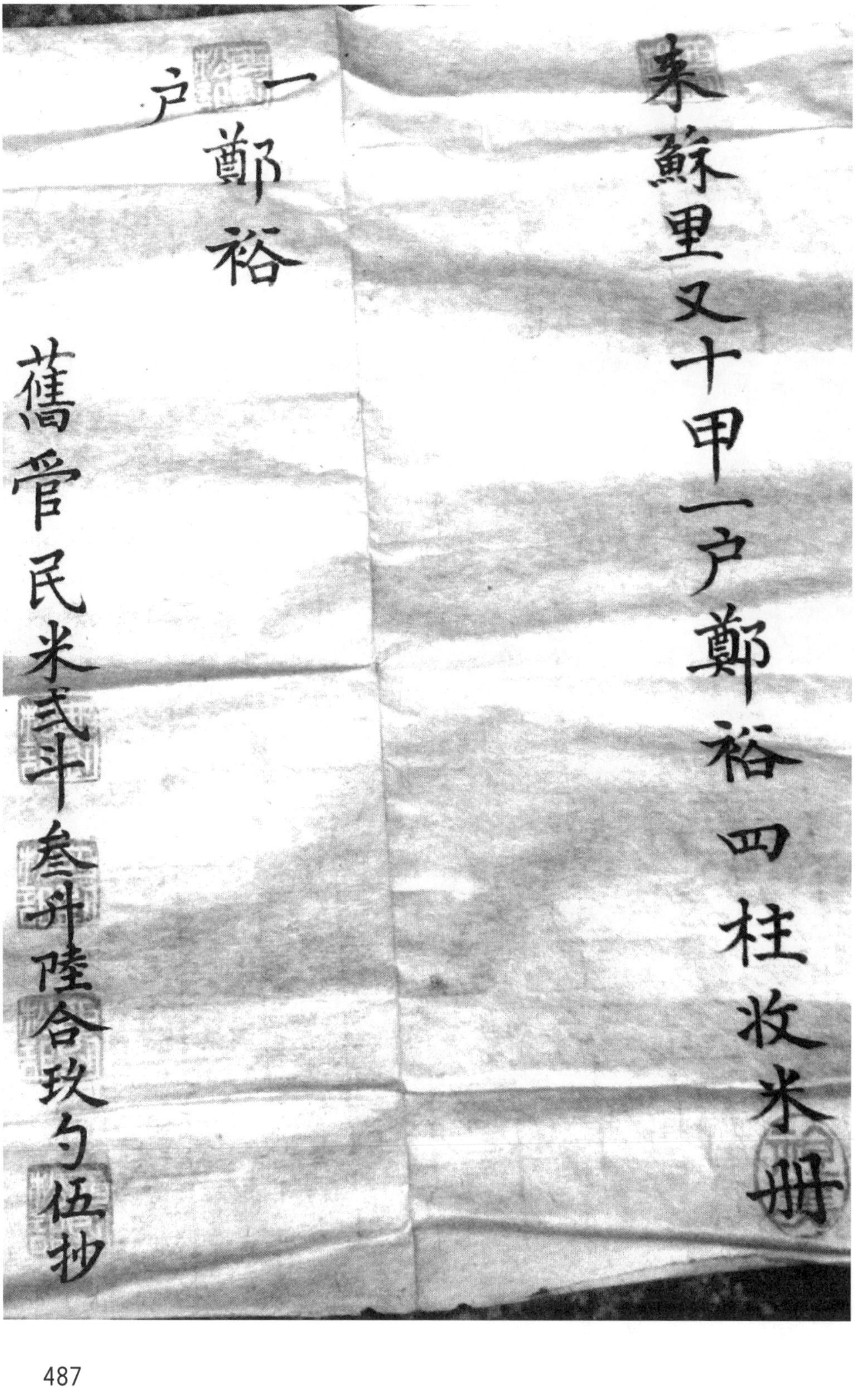
来蘇里又十甲一户鄭裕四柱收米册

一户鄭裕

舊管民米弍斗叁升陸合玖勺伍抄

新收

一收常樂里七甲李月恒民米拾升田土名乙段新墓脚 又段七斗尾

開除無

田在侯鄉土名新墓脚 共拾升 七斗尾 即銀學

海自己的弍升

蛸兄弟弍升

福的米弍升

炎的米弍升

蚵妣的米弍升

寔在民米叁斗叁升陸合玖勺伍抄

征銀陸錢叁分弍重

民國肆年元月日立戶書造收米册

三十五-四、宣統元年十一月李德鐃租佃田賣盡斷契尾字（一九〇九）

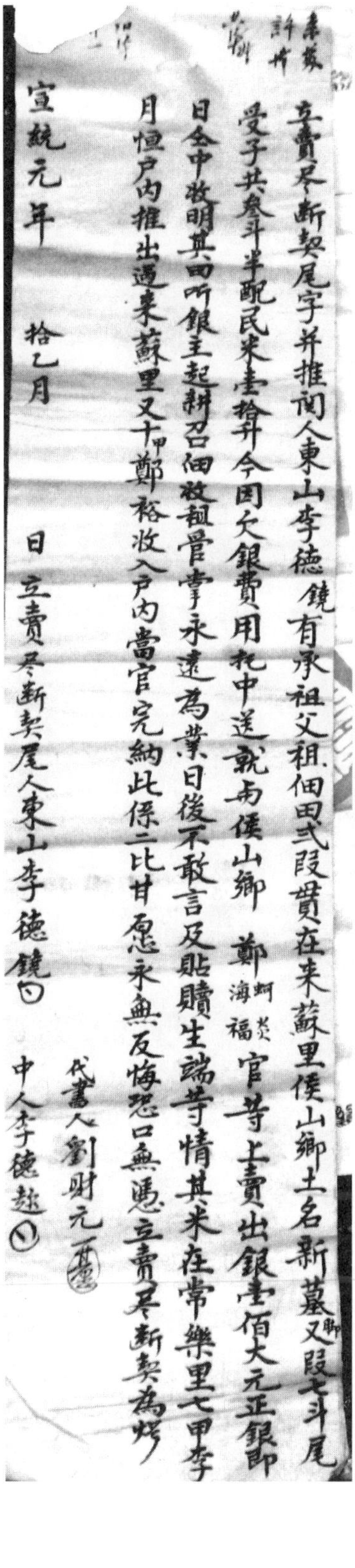

立賣盡斷契尾字并推關人東山李德鐃，有承祖父祖佃田弍段，貫在來蘇里倈山鄉土名新墓丈段七斗尾受子共叁斗半，配民米壹拾升，今因乏銀費用，托中送就南倈山鄉　鄭蚵焱、海福官等上賣，出銀壹佰大元正，銀即日仝中收明，其田听銀主起耕召佃收租管業，永遠為業，日後不敢言及貼贖生端等情，其米在常樂里七甲李月恒戶內推出，過來蘇里又十甲鄭裕攸入戶內當官完納，此係二比甘愿，永無反悔，恐口無憑，立賣盡斷契為炤。

代書人劉財元（押）

中人李德趂（押）

宣統元年　拾乙月　日　立賣盡斷契尾人東山李德鐃（押）

三十五-五、民國鄭尔蚵等契單

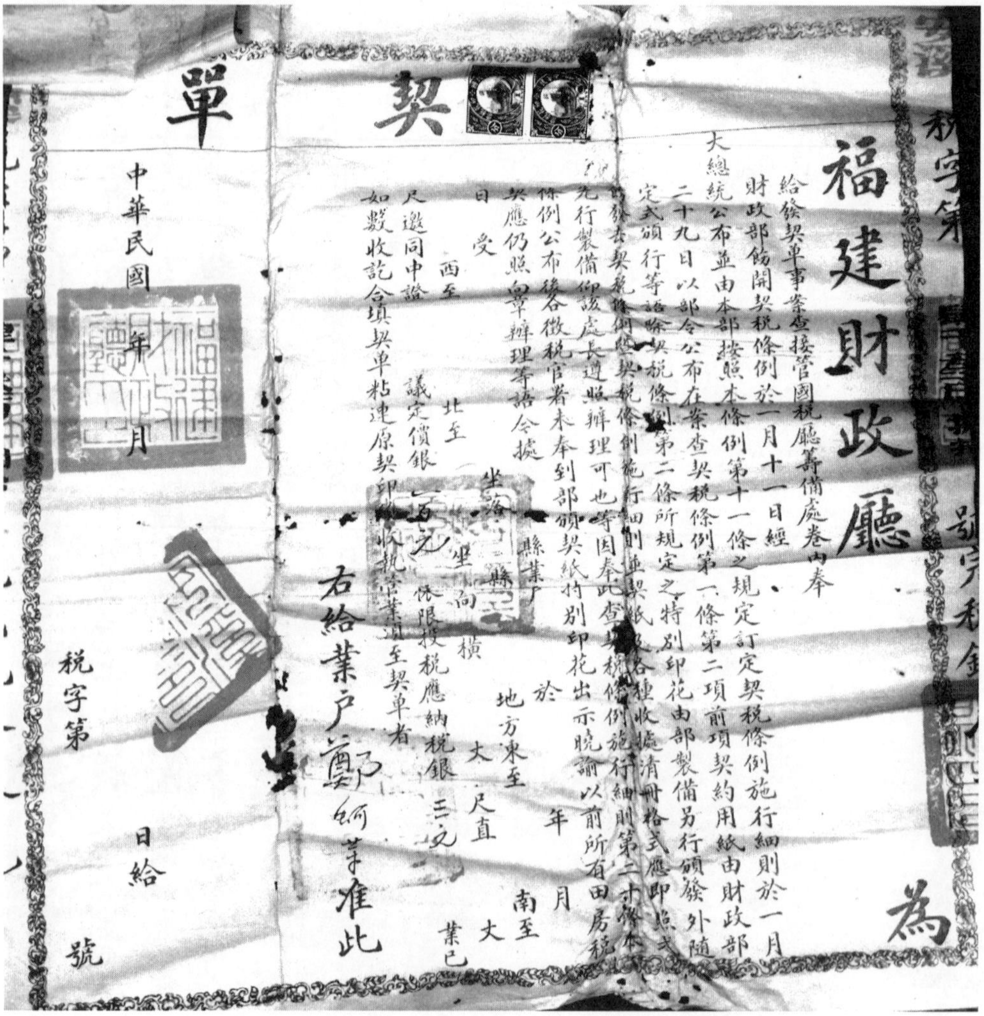

三十六-一、光緒二十一年十二月鄭尔奚等祖伯叔厝賣契（一八九五）

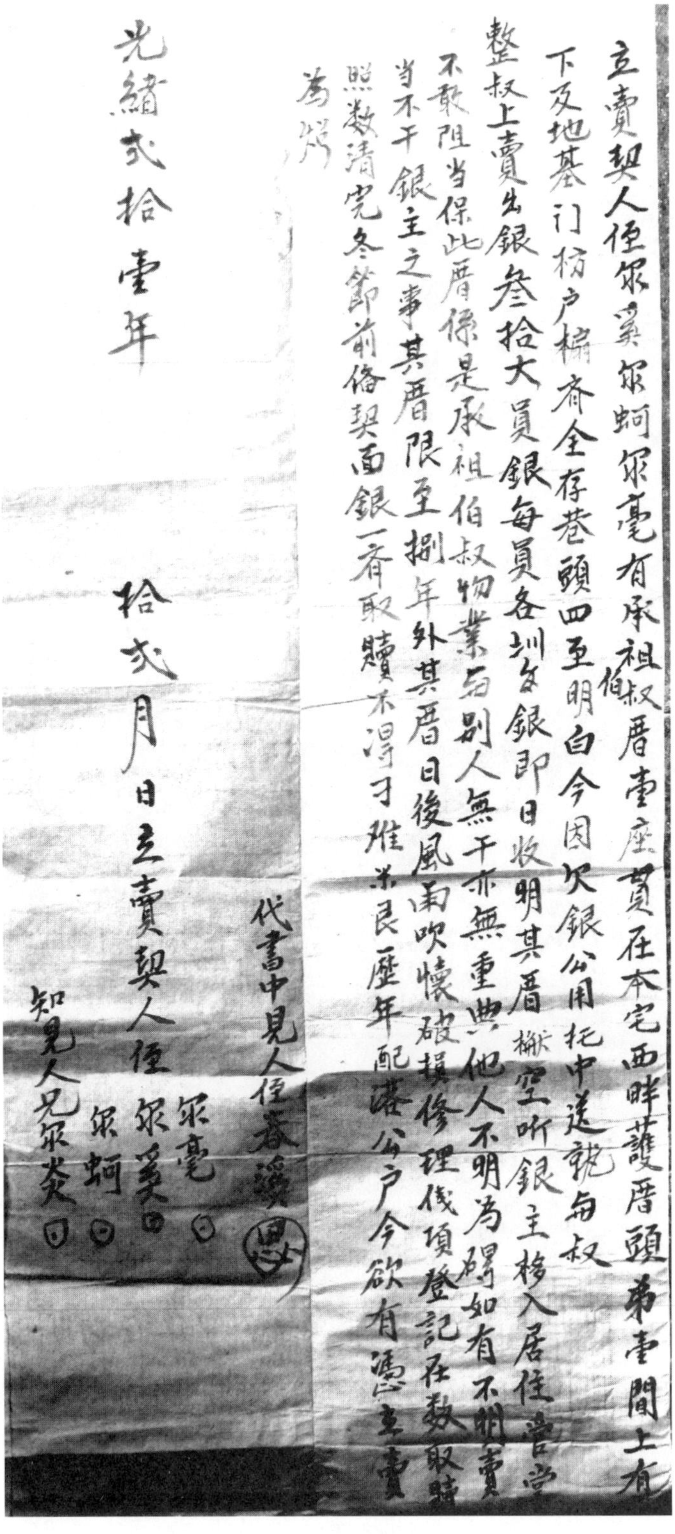

立賣契人侄尔奚、尔蚵、尔毫有承祖伯叔厝壹座，坐在本宅西畔護厝頭第壹間，上有
下及地基门枋户扇齐全，存巷頭，四至明白。今因欠銀公用，托中送就向叔
整叔上賣出銀叁拾大員，每員各扣々銀，即日收明。其厝擞空，听銀主移入居住管
不敢阻当。保此厝係是承祖伯叔物業，与别人無干，亦無重典他人不明為碍。如有不明，賣
当，不干銀主之事。其厝限至捌年外，其厝日後風雨吹懷破損修理伐項登記在數，取贖
照數清完，冬節前備契面銀一齐取贖，不得刁难。米良歷年配潜公户。今欲有憑，立賣
為照。

光緒弍拾壹年拾弍月　日立賣契人侄尔奚、尔毫、尔蚵

代書中見人侄春溪

知見人兄尔炎

三十六-二、光緒二十二年九月鄭尔奚等祖伯叔厝貼盡斷契尾（一八九六）

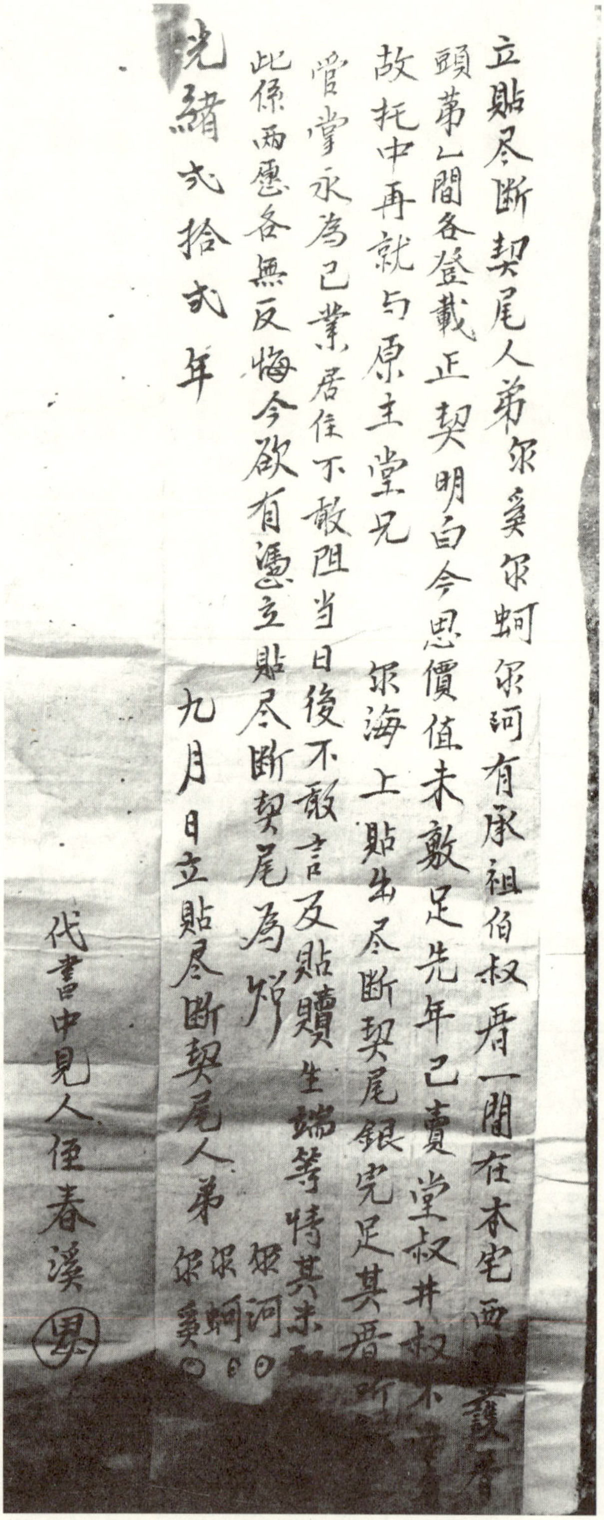

立貼尽斷契尾人弟尔奚、尔蚵、尔河，有承祖伯叔厝一間，在本宅西向護厝
頭第□間，各登載正契明白。今思價值未敷足，先年已賣堂叔井叔，不□□
故托中再就与原主堂兄尔海上貼出尽斷契尾銀完足，其厝听□□
管掌，永為己業，居住不敢阻当。日後不敢言及貼贖生端等情。其未□□
此係兩愿，各無反悔。今欲有憑，立貼尽斷契尾為炤。
光緒式拾式年　九月　日立貼尽斷契尾人弟尔奚○　尔蚵○　尔河○
代書中見人侄春溪

三十七-一、光緒二十四年三月董旺娘祖厝賣盡契（一八九八）

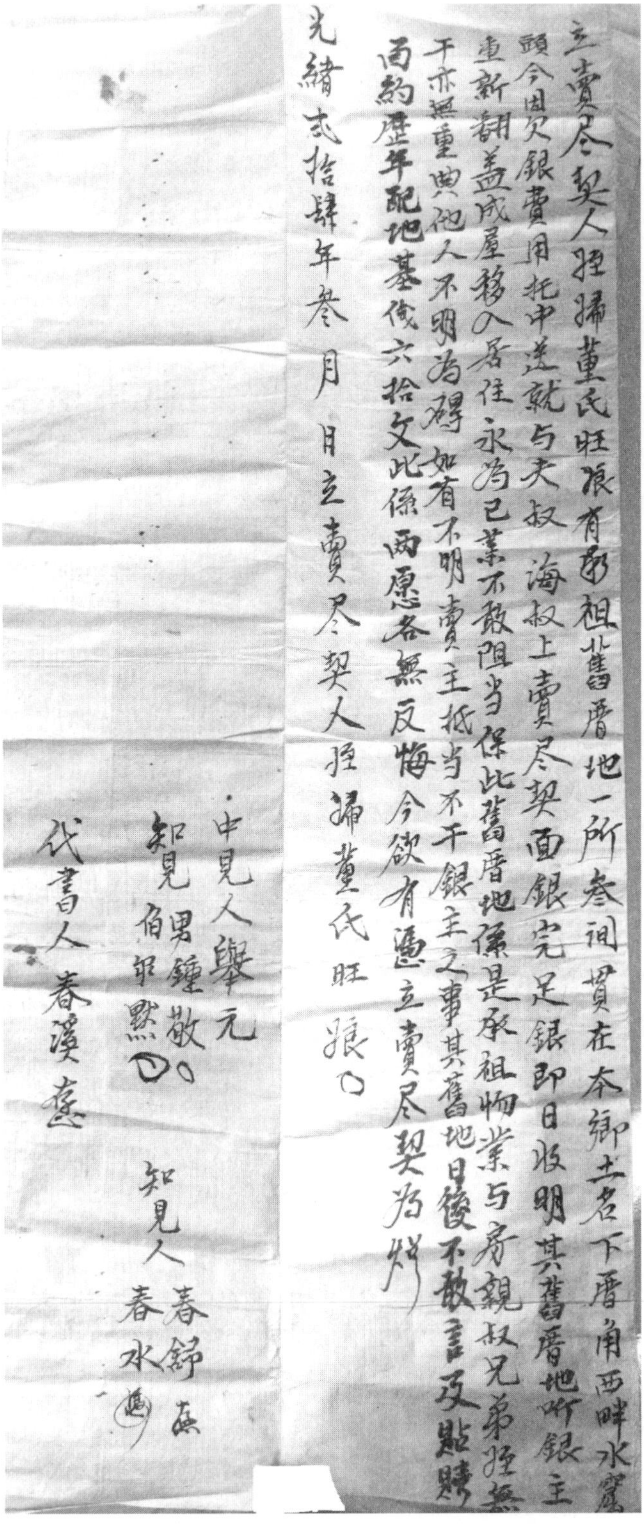

立賣尽契人侄婦董氏旺娘有承祖舊厝地一所叁间貫在本鄉土名下厝角西畔水窟
頭，今因欠銀費用，托中送就与夫叔海叔上賣尽契面銀完足，銀即日收明，其舊厝地听銀主
重新翻盖成屋，移入居住，永為己業，不敢阻当。保此舊厝地係是承祖物業，与房親叔兄弟侄無
干，亦無重典他人，不明為碍。如有不明，賣主抵当，不干銀主之事。其舊地日後不敢言及貼贖
兩約，歷年配地基錢六拾文。此係兩愿，各無反悔。今欲有憑，立賣尽契為炤。

光緒弍拾肆年叁月　日立賣尽契人侄婦董氏旺娘（押）

中見人　舉元
知見男　鍾敬
伯叔　默（押）
知見人　春錦
春水（押）
代書人　春漢

三十七-二、光緒二十四年三月鄭尔髻等祖厝賣盡契（一八九八）

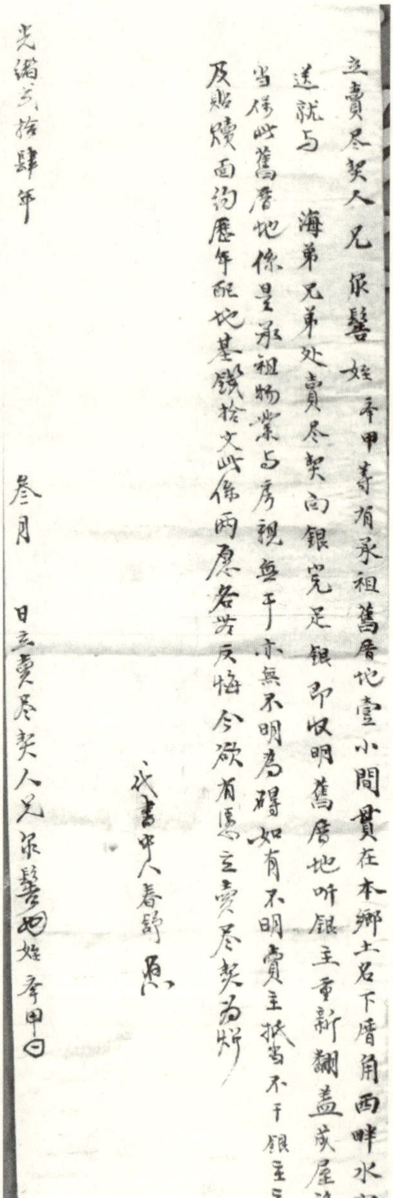
立賣盡契人兄尔髻姪季甲等有承祖舊厝地壹小間，貫在本鄉土名下厝角西畔水窟頭。今因欠銀應用，托中送就与海弟兄弟处賣盡契，面銀完足，銀即收明。舊厝地听銀主重新翻盖成屋，接入居住，永為己業，不敢阻当。保此舊厝地係是承祖物業，与房親無干，亦無不明為碍。如有不明，賣主抵当，不干銀主之事。其舊厝地日後不敢言及贴贖，面約歷年配地基錢拾文。此係两愿，各无反悔。今欲有憑，立賣盡契為炤。

代書中人春錦

光緒式拾肆年叁月　日立賣盡契人兄尔髻　姪季甲

三十七-三、光緒二十五年八月鄭尔猴等祖厝賣盡契（一八九九）

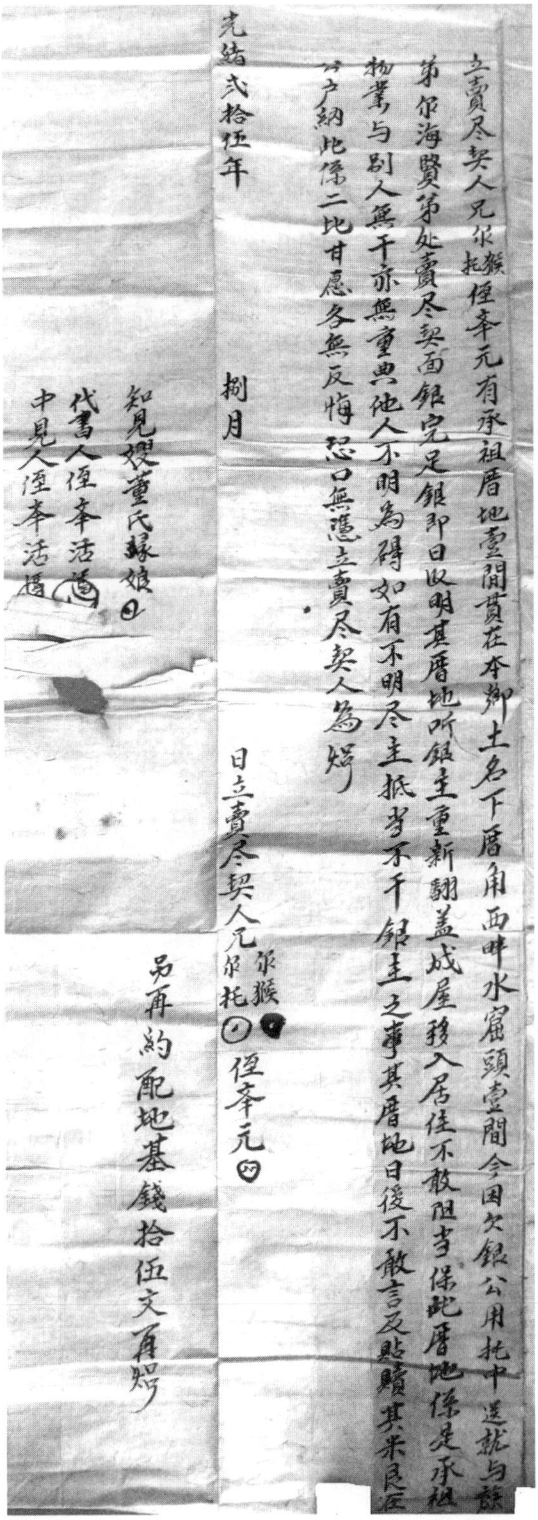

立賣尽契人兄尔猴 尔托 侄奉元有承祖厝地壹間貫在本鄉土名下厝角西畔水窟頭壹間今因欠銀公用托中送就与族
弟尔海賢弟处賣尽契面銀完足銀即日收明其厝地听銀主重新翻蓋成屋移入居住不敢阻当保此厝地係是承祖
物業与別人無干亦無重典他人不明為碍如有不明尽主抵当不干銀主之事其厝地日後不敢言及貼贖其米良庄
戶納此係二比甘愿各無反悔恐口無憑立賣尽契人為照

光緒弍拾伍年　捌月　日立賣尽契人兄尔猴 尔托 侄奉元

知見嫂董氏緣娘
代書人侄奉活
中見人侄奉活

另再約配地基錢拾伍文存照

三十八-一、光緒二十六年十月李昭勳租佃田賣契（一九〇〇）

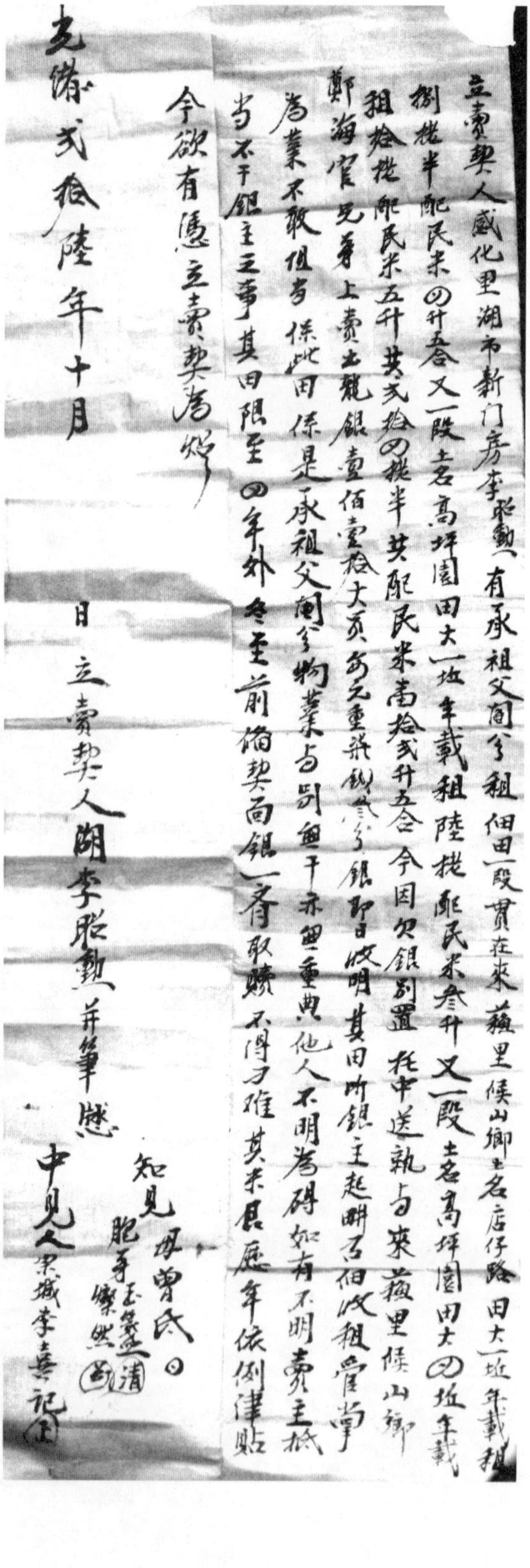

立賣契人感化里湖市新门房李昭勳，有承祖父阄分租佃田一段，貫在來蘇里候山鄉，土名店仔路，田大一坵，年載租捌挑半，配民米四升五合；又一段，土名高坪園，田大一坵，年載租陸挑，配民米叁升；又一段，土名高坪園，田大四坵，年載租拾挑，配民米五升；共弍拾四挑半，共配民米壹拾弍升五合。今因欠銀別置，托中送就與來蘇里候山鄉鄭海官兄身上賣出龍銀壹佰壹拾大員，每元重柒錢弍分，銀即日收明。其田聽銀主起耕召佃，收租管掌為業，不敢阻当。保此田係是承祖父阄分物業，与別無干，亦無重典他人。不明為碍，如有不明，賣主抵当，不干銀主之事。其田限至四年外，冬至前備契面銀一齊取贖，不得刁难。其米良歷年依例津貼。

今欲有憑，立賣契為炤。

光緒弍拾陸年十月　日　立賣契人湖李昭勳（押）并筆（押）

知見　母曾氏（押）

胞弟　玉篆　清　燦然（押）

中見人　眾姪李嘉記（押）

三十八-二、光緒三十年十一月李昭勳租佃田貼契（一九〇四）

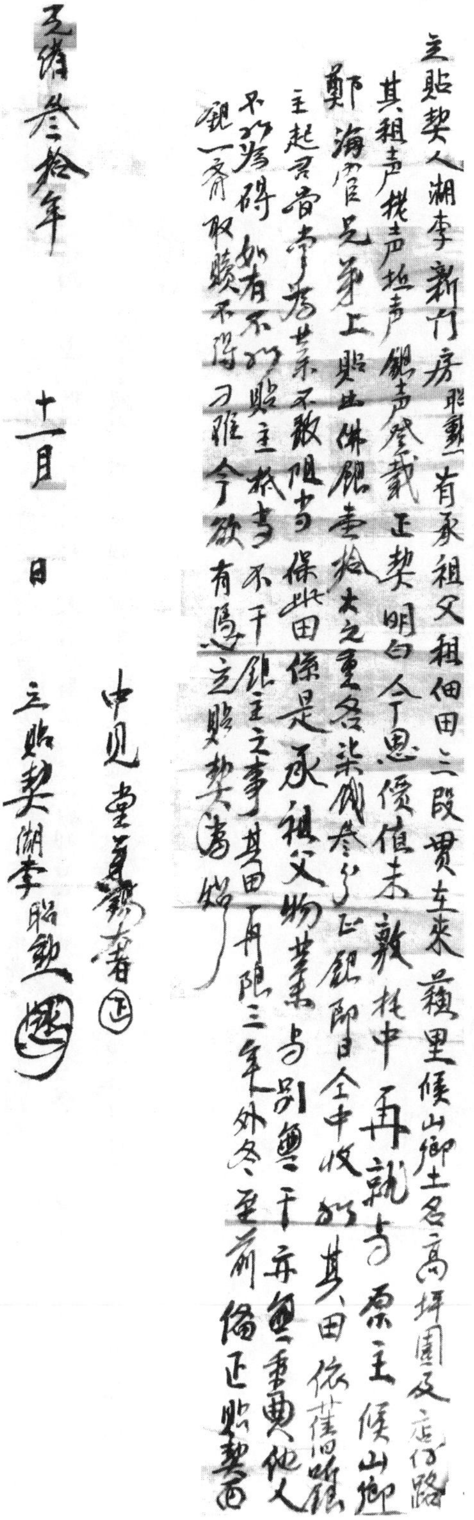

立貼契人湖李新竹房昭勳，有承祖父租佃田二段，貫在東藉里候山鄉，土名高坪園及店仔路。其租壹戶、排壹戶、垃壹戶、銀壹戶，叁載正契明白。今因乏價值未敷，托中再就向原主候山鄉鄭海官兄弟上貼出佛銀壹拾大元，重柒兩叁錢正，銀即日仝中收訖。其田依舊[illegible]主起耕管業為世業，不敢阻當。保此田係是承祖父物業，與別無干，亦無重典他人不明為碍。如有不明，貼主抵當，不干銀主之事。其田再限三年外冬至前備正貼契面銀一齊取贖，不得刁難。今欲有憑，立貼契為照。

中見 [illegible] 押

立貼契湖李昭勳

光緒叁拾年 十一月 日

三十九、光緒二十九年十一月鄭尔六佃租田賣契（一九〇三）

立賣契人堂弟尔六有承父祖田壹段，貫在本鄉本里，土名下厝門口大路頂，年載李府正租壹桶，田大壹坵，佃租田叁桶。今因欠銀應用，親送就与堂兄蚶兄上賣出銀拾柒大員，各員柒錢叁分，銀即日收明。其田听銀主收租管掌為業，不敢阻当。保此田係是承父物業，与別人無干，亦無重典他人不明為碍。如有不明，賣主抵当，不干銀主之事。其田限至冬至前備契面銀一齊取贖，不得刁難。今欲有憑，立賣契為照。

代書人姪春水（押）

光緒弍拾玖年十乙月　日立賣契堂弟尔六（押）

四十一、光緒三十年十二月傅孫坉租佃田賣契（一九〇四）

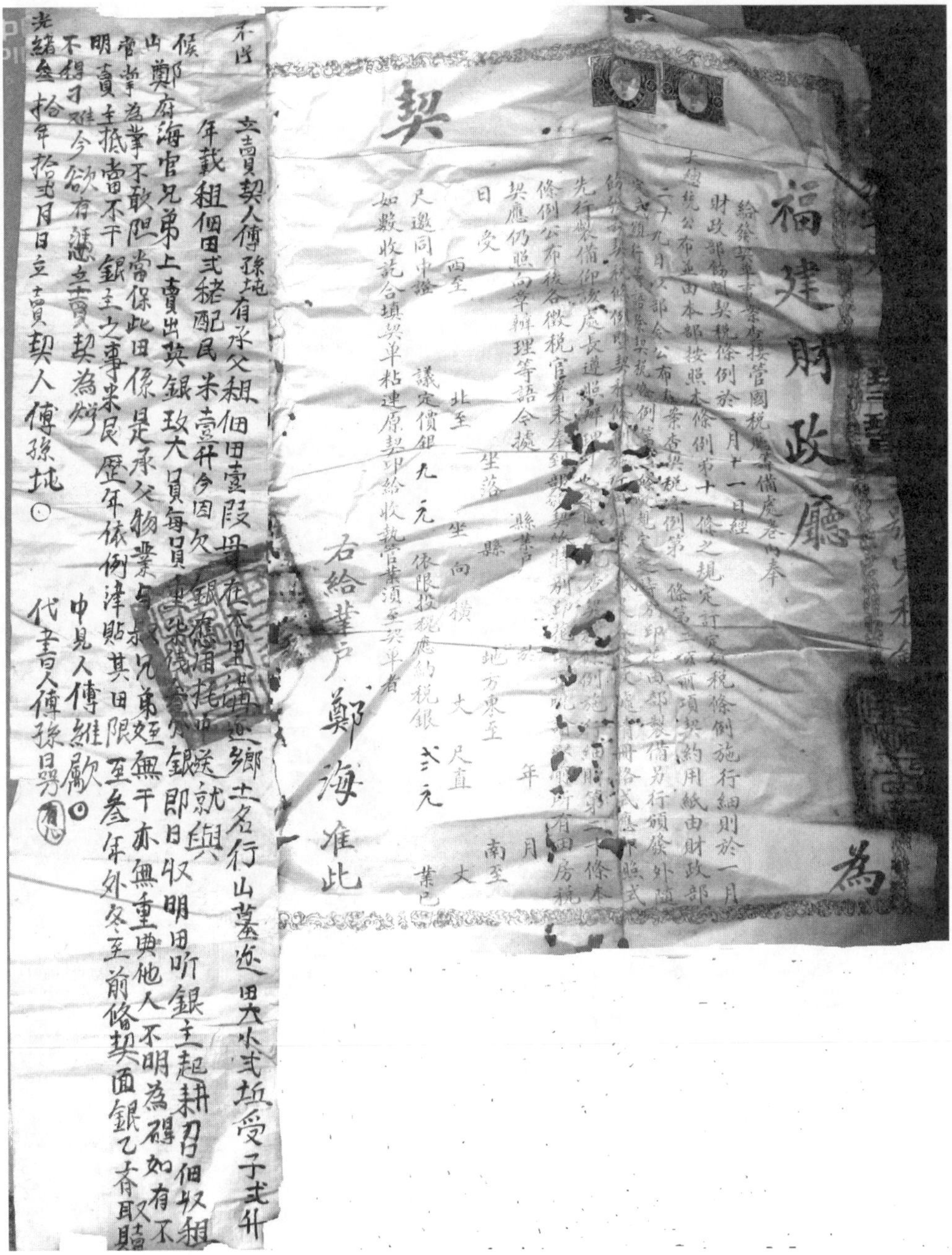

不用

立賣契人傅孫坉有承父租佃田壹段，坐在本里满（？）溪鄉土名行山墓邊，田大小弍坵，受子弍升，年載租佃田弍秤，配民米壹升。今因欠銀應用，托中送就與

山鄭府海官兄弟上賣出英銀玖大員，每員重柒錢弍分，其銀即日收明，田听銀主起耕召佃收租管掌為業，不敢阻當。保此田係是承父物業，与本兄弟叔姪無干，亦無重典他人。不明為碍，如有不明，賣主抵當，不干銀主之事。米民歷年依例津貼。其田限至叁年外冬至前備契面銀乙齐取贖，不得刁難。今欲有憑，立賣契為炤。

光緒叁拾年拾弍月　日立賣契人傅孫坉（押）

中見人傅維歐（押）

代書人傅孫昜（押）

福建財政廳

契

右給業戶鄭海准此

為

四十二、民國四年九月鄭尔海契單（一九一五）

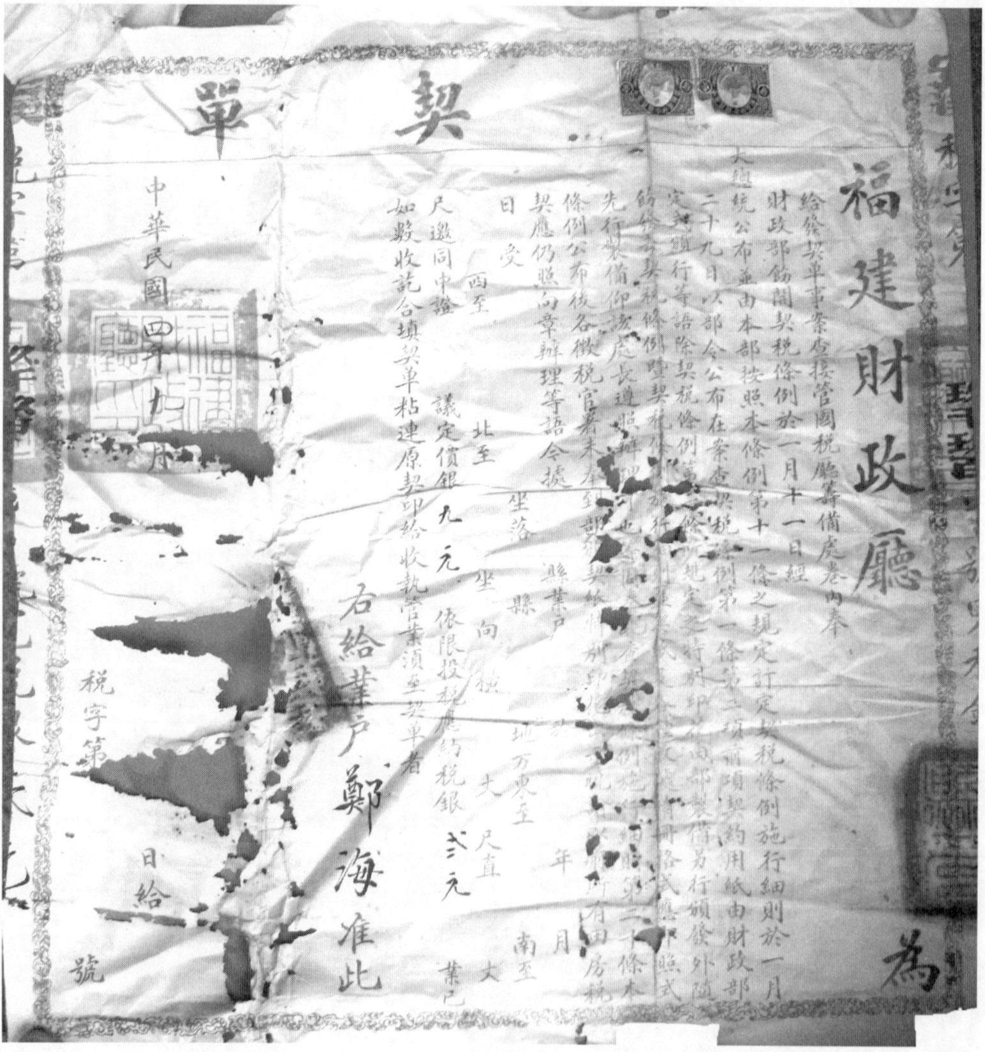
契單

福建財政廳 為

給發契單事案查接管國稅廳籌備處卷內奉

財政部飭開契稅條例於一月十一日經

大總統公布並由本部按照本條例第十一條之規定訂定契稅條例施行細則於一月

二十九日以部令公布在案查契稅條例第一條第二項所開契紙用紙由財政部

定式頒行等語除契稅條例[illegible]頒發外隨

飭發各契稅條例暨契[illegible]

先行籌備仰該處長遵照辦理[illegible]

條例公布後各徵稅官署未奉到部頒契紙[illegible]

契應仍照向章辦理等語合行[illegible]

日受 [illegible] 坐落 縣葉戶 地方東至 年 月

西至 北至 坐 向 横 丈 尺直 丈 南至 葉己

尺邀同中證 議定價銀九元 依限投稅應納稅銀弍三元

如數收訖合填契單粘連原契印給收執管業須至契單者

右給葉戶鄭海准此

中華民國四年九月 日給

稅字第 號

四十一、光緒三十一年二月鄭舉甲租佃田賣契（一九〇五）

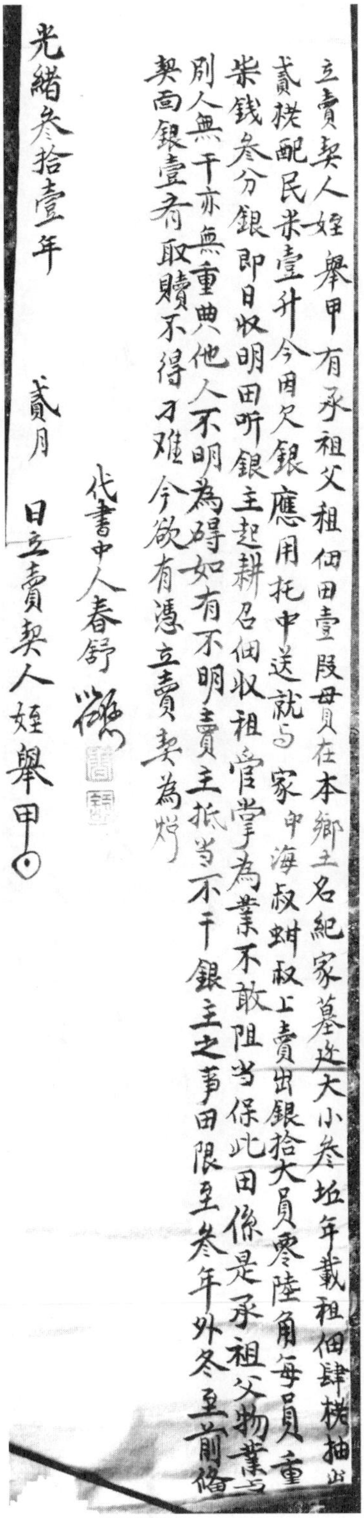
立賣契人姪舉甲有承祖父祖佃田壹段貫在本鄉土名紀家墓茔边大小叁坵年載租佃肆秤抽出
貳秤配民米壹升今因欠銀應用托中送就与家中海叔蚶叔上賣出銀拾大員零陸角每員重
柒錢叁分銀即日收明田听銀主起耕召佃收租管掌為業不敢阻当保此田係是承祖父物業与
別人無干亦無重典他人不明為碍如有不明賣主抵当不干銀主之事田限至叁年外冬至前備
契面銀壹齊取贖不得刁难今欲有憑立賣契為炤
代書中人春舒（押）
光緒叁拾壹年 貳月 日立賣契人姪舉甲（押）

四十二、光緒三十一年六月鄭尔田厝間借字（一九〇五）

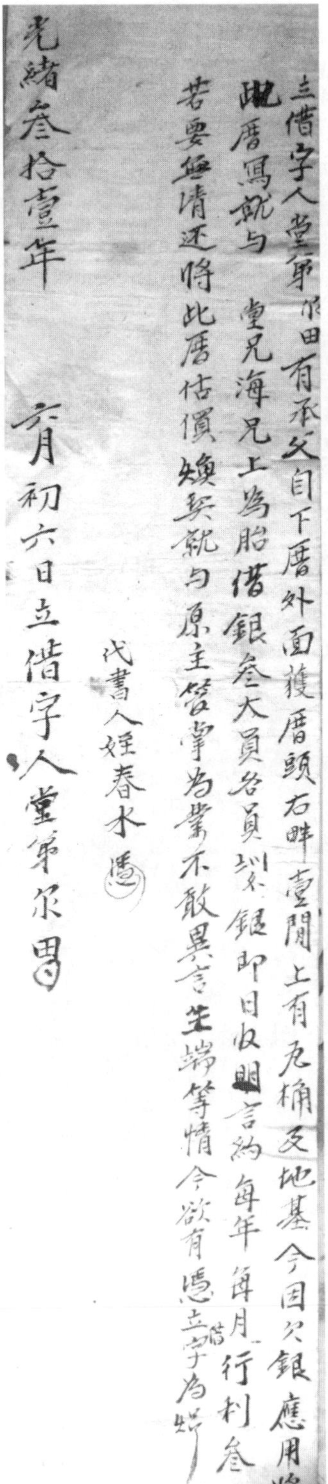
立借字人堂弟尔田有承父自下厝外面護厝頭右畔壹間上有瓦桷及地基今因欠銀應用將
此厝寫就与堂兄海兄上為胎借銀叁大員各員[illegible]銀即日收明言約每年每月行利叁分
若要無情还將此厝估價煥契就与原主管掌為業不敢異言生端等情今欲有憑立借字為炤
代書人姪春水（押）
光緒叁拾壹年 六月初六日立借字人堂弟尔田（押）

四十三、光緒三十三年十一月鄭尔概承父鬮分厝賣契（一九〇七）

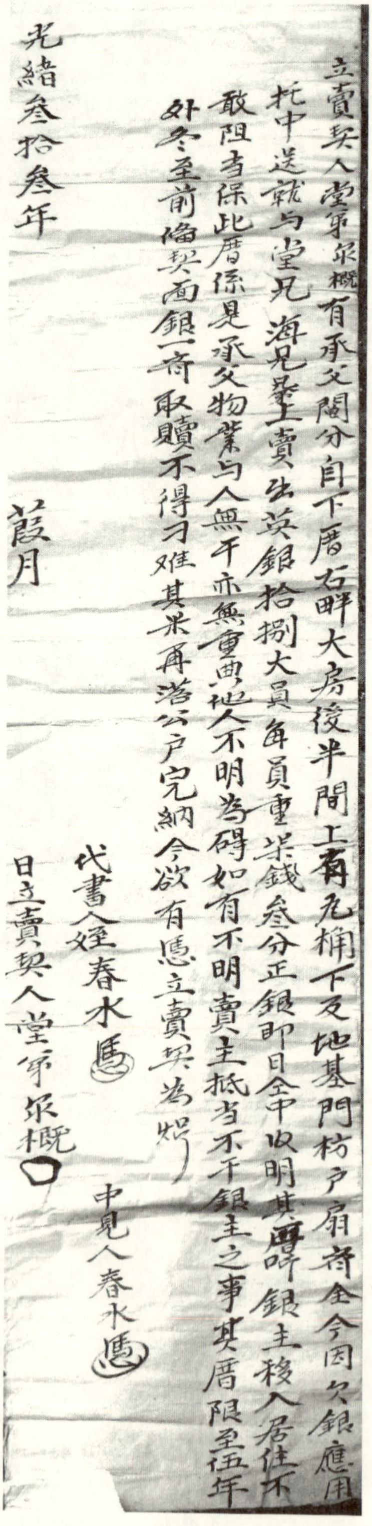

立賣契人堂弟尔概有承父鬮分自下厝右畔大房後半間上有瓦桷下及地基門枋戶扇齊全今因欠銀應用托中送就与堂兄海兄叠上賣出英銀拾捌大員每員重柒錢叁分正銀即日仝中收明其厝听銀主移入居住不敢阻当保此厝係是承父物業与人無干亦無重典他人不明為碍如有不明賣主抵当不干銀主之事其厝限至伍年外冬至前備契面銀一齊取贖不得刁难其米再落公户完納今欲有憑立賣契為炤

代書人侄春水（押）

中見人春水（押）

光緒叁拾叁年 葭月 日立賣契人堂弟尔概（押）

四十四、宣統二年四月李滿娘園地賣契（一九一〇）

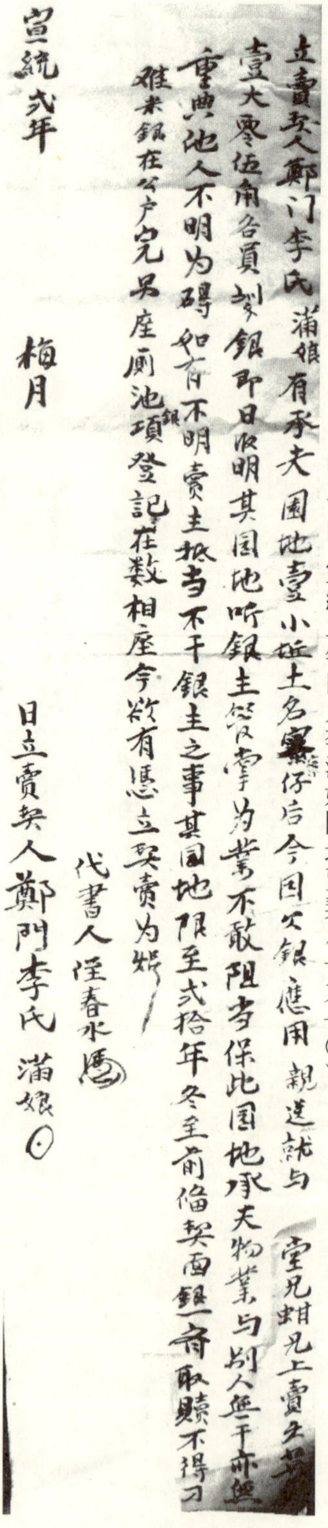

立賣契人鄭门李氏滿娘有承夫園地壹小坵土名[illegible]仔后今因欠銀應用親送就与堂兄蚶兄上賣出英壹大零伍角各員㓗銀即日收明其園地听銀主管掌为業不敢阻当保此園地承夫物業与别人無干亦無重典他人不明为碍如有不明賣主抵当不干銀主之事其園地限至弍拾年冬至前備契面銀一齊取贖不得刁难其米銀在公户完只座厠池項登記在數相座今欲有憑立契賣为炤

代書人侄春水（押）

宣統弍年 梅月 日立賣契人鄭門李氏滿娘（押）

四十五、宣統三年二月鄭舉泰等佃田賣契（一九一一）

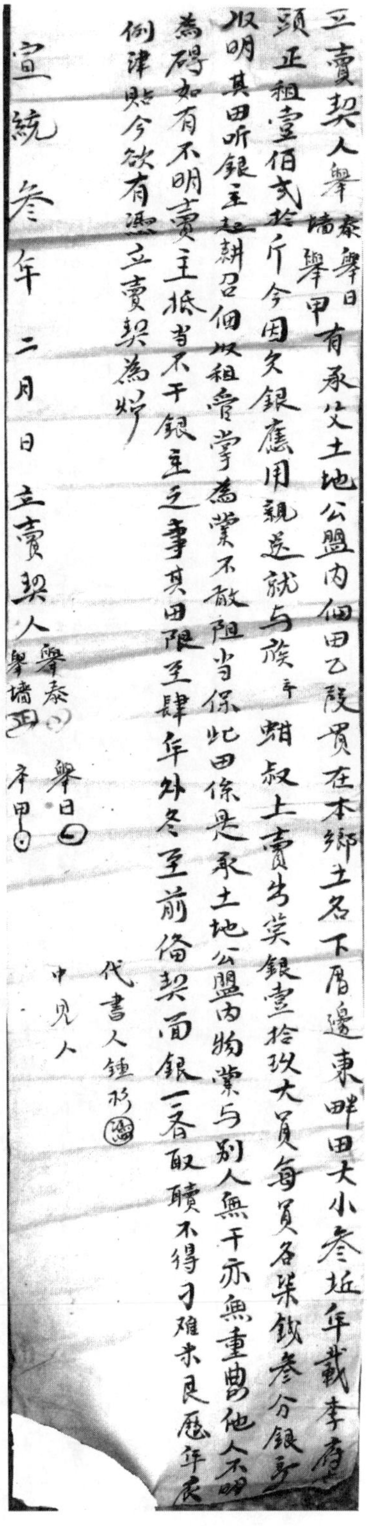

立賣契人舉泰、舉日、舉墻、舉甲有承父土地公盟內佃田乙段，買在本鄉土名下厝邊東畔田大小叁坵，年載李厝
頭正租壹佰弍拾斤。今因欠銀應用，親送就與族弟蛸叔上賣出英銀壹拾玖大員，每員各柒錢叁分，銀身
収明。其田听銀主起耕召佃，収租管掌為業，不敢阻当。保此田係是承土地公盟內物業，與別人無干，亦無重典他人。不明
為碍。如有不明，賣主抵当，不干銀主之事。其田限至肆年外，冬至前備契面銀一吞取贖，不得刁难。未及歷年限
例律。恐今欲有憑，立賣契為炤。

代書人鍾彬（押）

中見人

宣統叁年二月日立賣契人舉泰（押）、舉墻（押）、舉日（押）、舉甲（押）

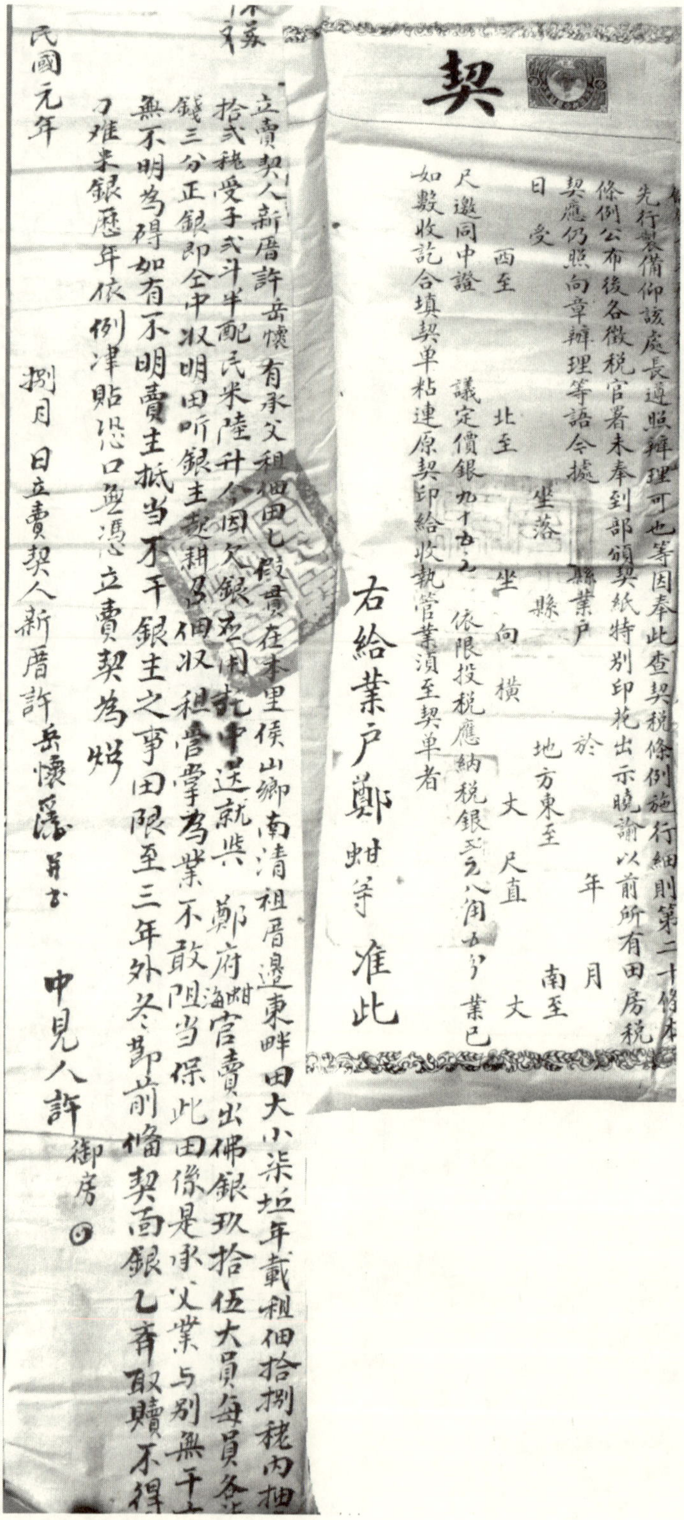

契

先行籌備仰該處長遵照辦理可也等因奉此查契稅條例施行細則第二十條本條例公布後各徵稅官署未奉到部頒契紙特別印花出示曉諭以前所有田房稅契應仍照向章辦理等語合據 縣業户 於 年 月 日交 坐落 縣 地方東至 南至 西至 北至 坐向 橫 丈 尺直 丈 尺邀同中證 議定價銀九十五元 依限投稅應納稅銀五元八角五分 業已如數收訖合填契单粘連原契即給收執管業須至契单者

右給業户鄭蚶等 准此

立賣契人新厝許岳懷有承父祖佃田七段貫在本里侯山鄉南清祖厝邊東畔田大小柒坵年載租佃拾捌秭内抽拾弍秭受子弍斗半配民米陸升合因欠銀應用托中送就與鄭府蚶海官賣出佛銀玖拾伍大員每員各[illegible]錢三分正銀即仝中収明田听銀主起耕召佃収租管掌為業不敢阻当保此田係是承父業与别無干無不明為碍如有不明賣主抵当不干銀主之事田限至三年外冬節前備契面銀乙齊取贖不得刁難未贖歷年依例津貼恐口無憑立賣契為炤

民國元年捌月 日立賣契人新厝許岳懷 親筆

中見人許御房

四十六-一、民國元年八月許岳懷祖佃田賣契（一九一二）

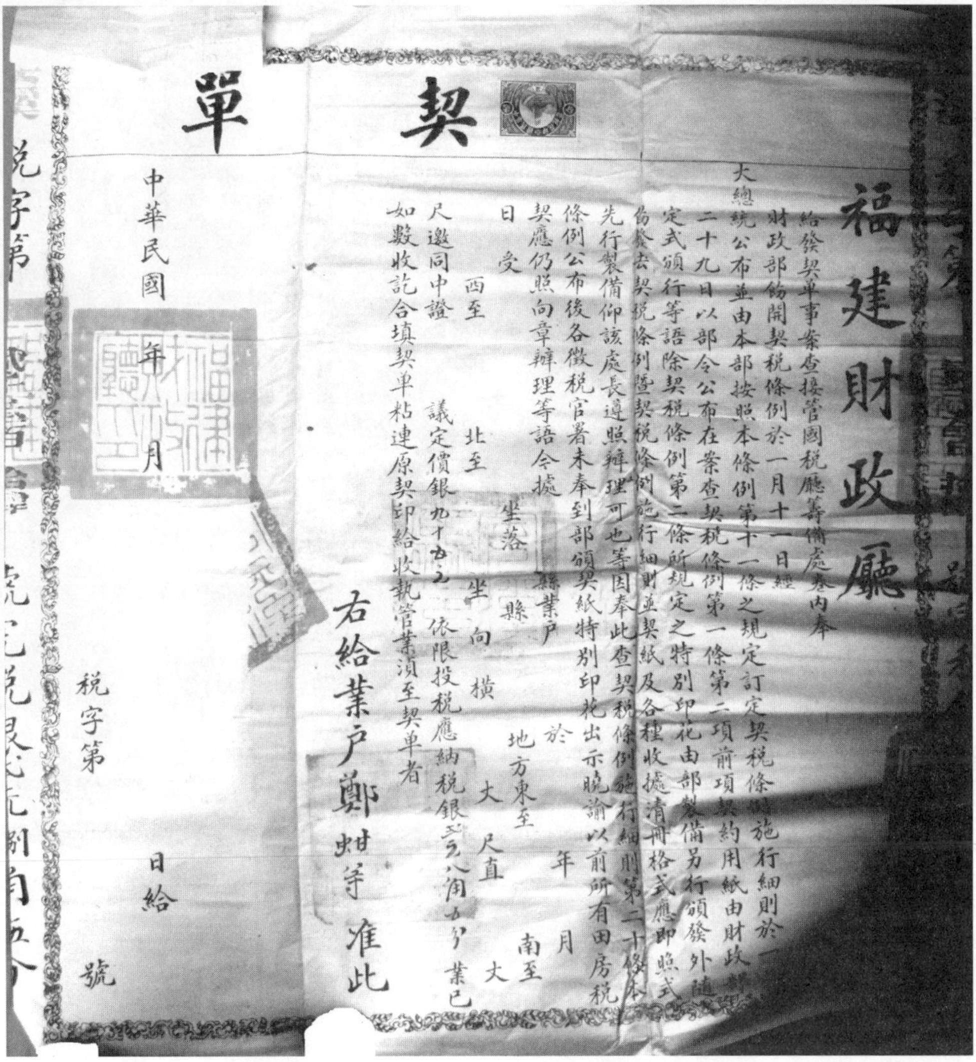

福建財政廳

契單

給發契單事案查接管國稅廳籌備處卷內奉
財政部飭開契稅條例於一月十一日經
大總統公布並由本部按照本條例第十一條之規定訂定契稅條例施行細則於一
二十九日以部令公布在案查契稅條例第一條第二項前項契約用紙由財政部
定式頒行等語除契稅條例第二條所規定之特別印花由部製備另行頒發外隨
飭發去契稅條例暨契稅條例施行細則並契紙及各種收據清冊格式應即照式
先行製備仰該處長遵照辦理可也等因奉此查契稅條例施行細則第二十條本
條例公布後各徵稅官署未奉到部頒契紙特別印花出示曉諭以前所有田房稅
契應仍照向章辦理等語令據　縣業戶　於　年　月
日受　坐落　縣　地方東至　南至
西至　北至　坐　向　橫　丈　尺直　丈
尺邀同中證　議定價銀九十五元　依限投稅應納稅銀五元八角五分　業已
如數收訖合填契單粘連原契印給收執管業須至契單者

右給業戶鄭蚶等　准此

中華民國　年　月　日給

稅字第　號

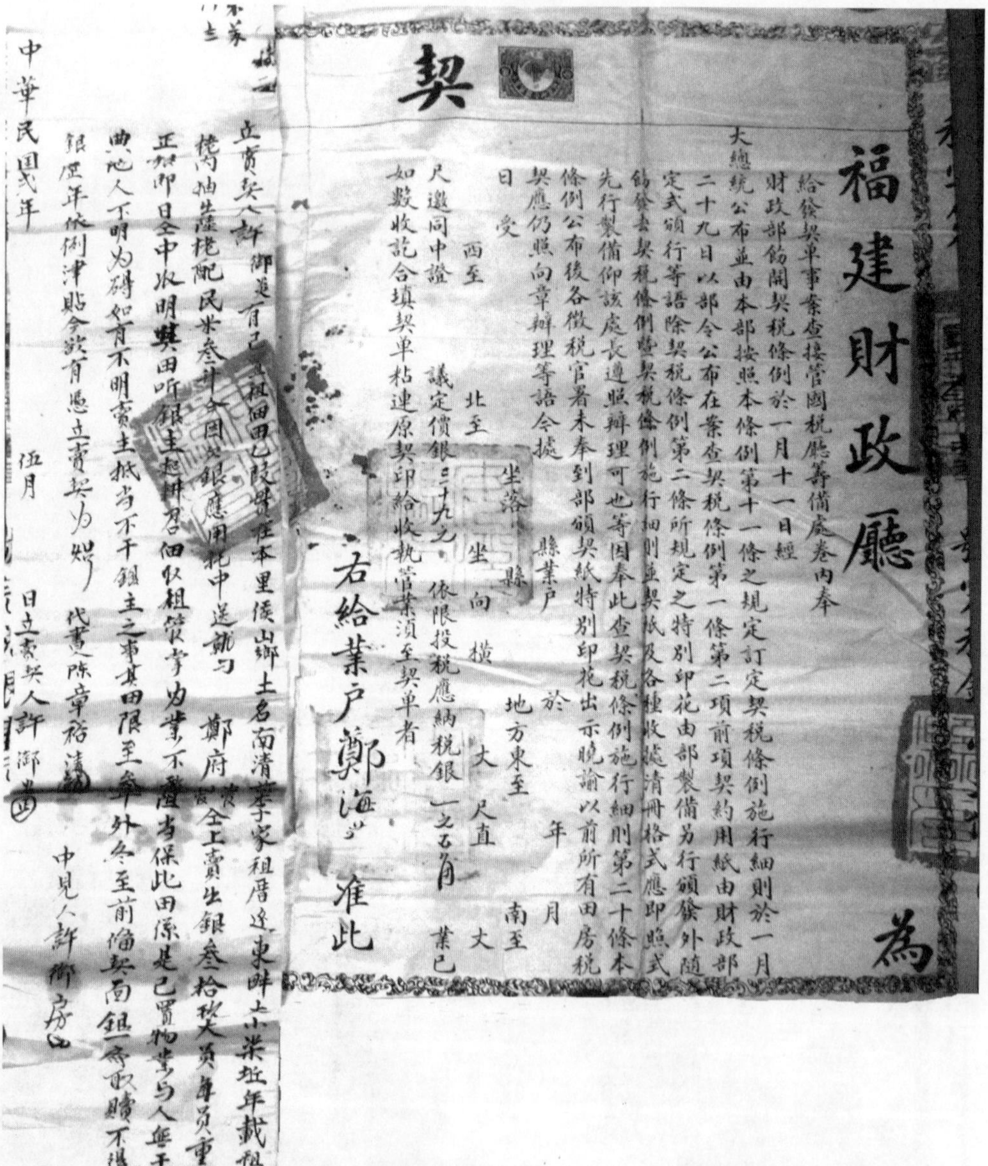
福建財政廳　為
給發契單事案查接管國稅廳籌備處卷內奉
財政部飭開契稅條例於一月十一日經
大總統公布並由本部按照本條例第十一條之規定訂定契稅條例施行細則於一月
二十九日以部令公布在案查契稅條例第一條第二項前項契約用紙由財政部
定式頒行等語除契稅條例第二條所規定之特別印花由部製備另行頒發外隨
飭發去契稅條例暨契稅條例施行細則並契紙及各種收據清冊格式應即照式
先行製備仰該處長遵照辦理可也等因奉此查契稅條例施行細則第二十條本
條例公布後各徵稅官署未奉到部頒契紙特別印花出示曉諭以前所有田房稅
契應仍照向章辦理等語令據
縣業戶　於　年　月
日受
坐落　縣　地方東至　南至
西至　北至
坐　向　橫　大　尺直　丈
凡邀同中證　議定價銀三十九元　依限投稅應納稅銀一元五角　業已
如數收訖合填契單粘連原契印給收執嗣後業須至契單者
右給業戶鄭海　准此
契

中華民國弍年　伍月　日立賣契人許御炎
代書人陳章裕
中見人許御房

四十六-三、民國二年五月許御炎租佃田賣契（一九一三）

四十六-四、民國四年二月鄭尔海等契單（一九一五）

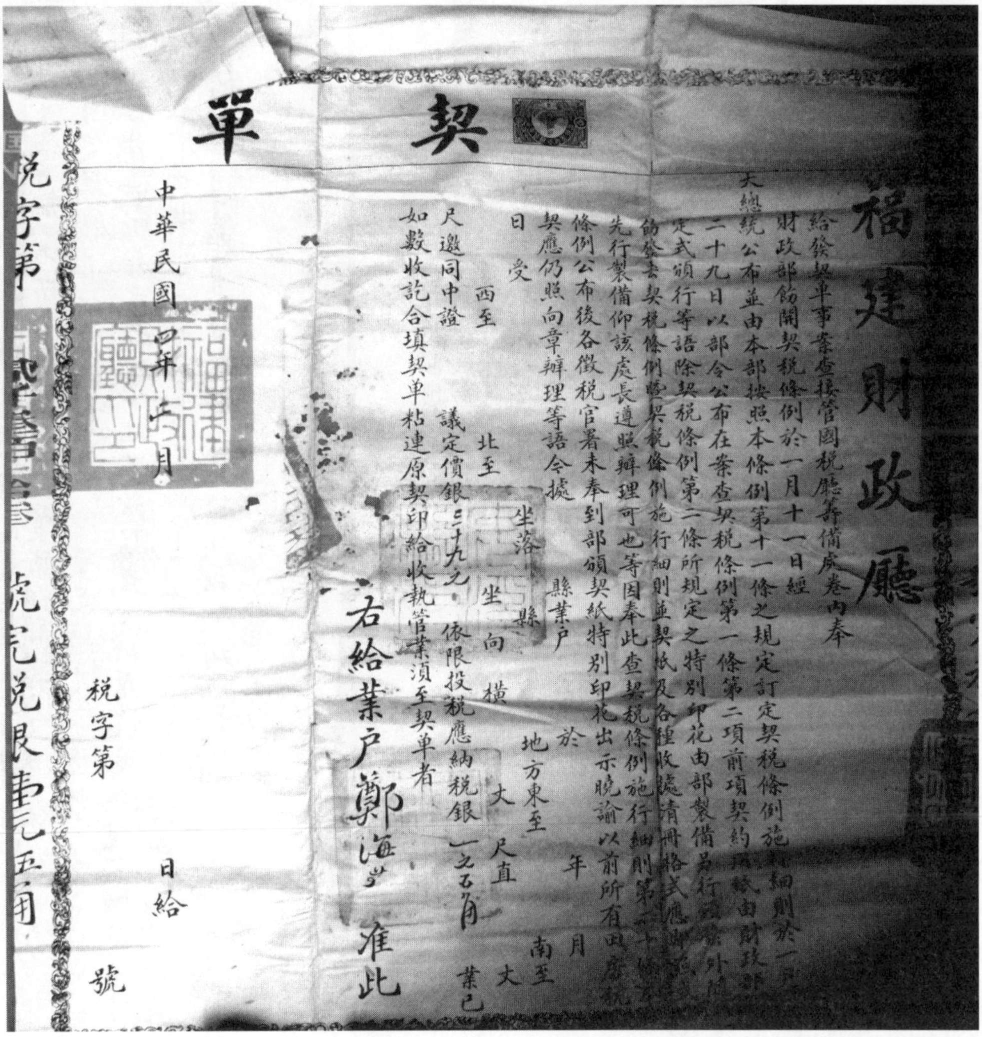
契單

福建財政廳

給發契单事案查接管國稅廳籌備處卷內奉
財政部飭開契稅條例於一月十一日經
大總統公布並由本部按照本條例第十一條之規定訂定契稅條例施行細則於一[illegible]
二十九日以部令公布在案查契稅條例第一條第二項前項契約[illegible]由財政部
定式頒行等語除契稅條例第二條所規定之特別印花由部製備另行[illegible]外[illegible]
飭發去契稅條例暨契稅條例施行細則並契紙及各種收據清冊格式應[illegible]
先行製備仰該處長遵照辦理可也等因奉此查契稅條例施行細則第[illegible]
條例公布後各徵稅官署未奉到部頒契紙特別印花出示曉諭以前所有田房稅
契應仍照向章辦理等語合據　縣業戶　於　年　月
日受　坐落　縣　地方東至　南至
西至　北至　坐　向　橫　大　尺直　大
尺邀同中證　議定價銀三十九元　依限投稅應納稅銀一元五角　業已
如數收訖合填契单粘連原契印給收執管業須至契单者
右給業戶鄭海[illegible]　准此
中華民國四年二月　日給
稅字第　號

稅字第[illegible]號完[illegible]限[illegible]元五角

四十七、民國二年十二月鄭尔陸祖厝賣契（一九一三）

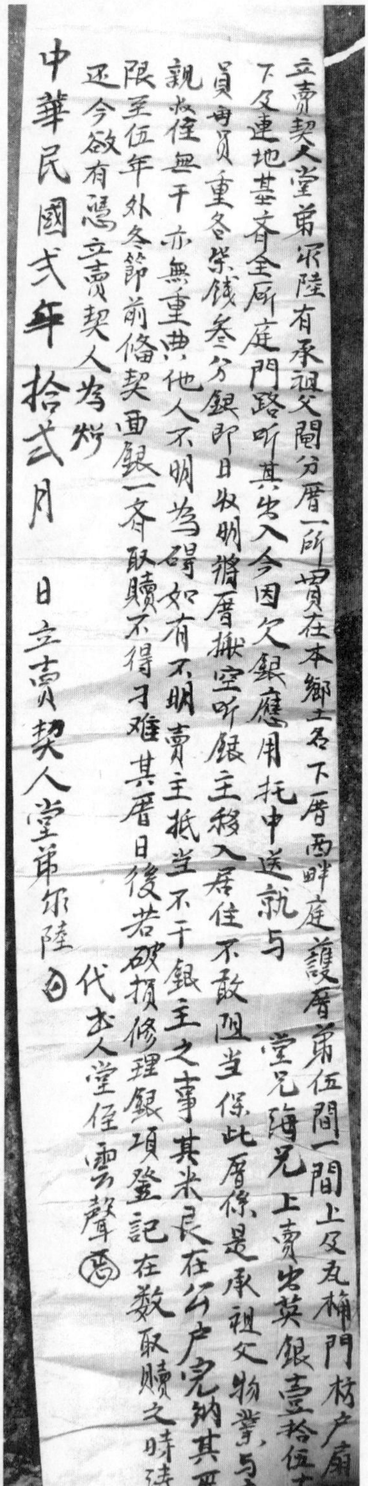

立賣契人堂弟尔陸有承祖父鬮分厝一所，貫在本鄉土名下厝西畔，庭護厝第伍間一間，上及瓦桷門枋户扇，下及連地基，并全所庭門路，听其出入。今因欠銀應用，托中送就与堂兄海兄上賣，出英銀壹拾伍大員，每員重冬柒錢叁分，銀即日收明，將厝搬空，听銀主移入居住，不敢阻当。保此厝係是承祖父物業，与房親叔侄無干，亦無重典他人，不明為碍。如有不明，賣主抵当，不干銀主之事。其米良在公户完納。其厝限至伍年外，冬節前備契面銀一并取贖，不得刁難。其厝日後若破損，修理銀項登記，在取贖之時清还。今欲有憑，立賣契人為炤。

中華民國弍年拾弍月　日立賣契人堂弟尔陸（押）

代書人堂侄雲聲（押）

四十八、民國十一年六月鄭尔蚶租佃田繳契（一九二二）

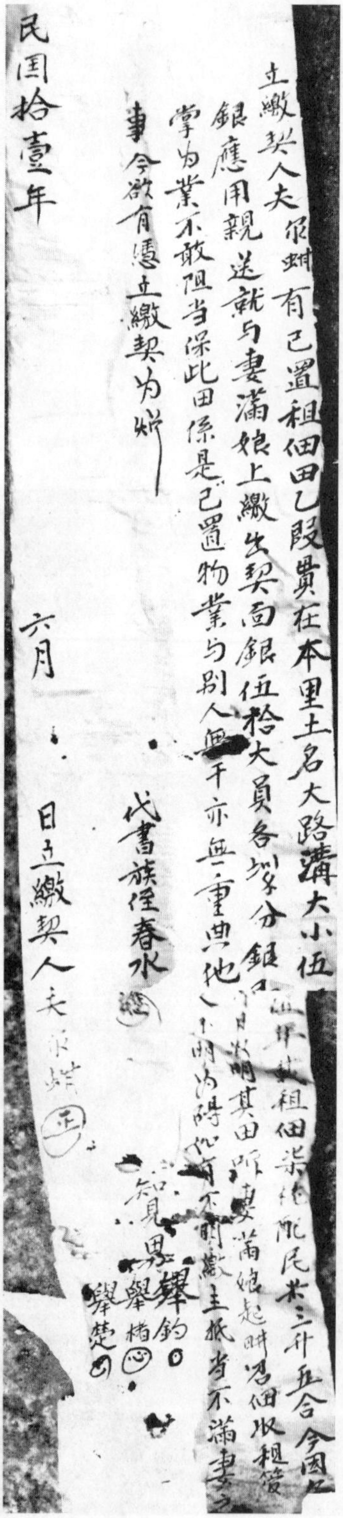

立繳契人夫尔蚶有己置租佃田乙段，貫在本里土名大路溝，大小伍坵，址載租佃柴[illegible]，配民米三升五合。今因乏銀應用，親送就与妻藩娘上繳，出契面銀伍拾大員，各扣柒分銀，即日收明。其田听妻藩娘起耕，召佃收租管掌为業，不敢阻当。保此田係是己置物業，与别人無干，亦無重典他人，不明為碍。如有不明，繳主抵当，不涉妻之事。今欲有憑，立繳契為炤。

民国拾壹年　六月　日立繳契人夫尔蚶（押）

代書族侄春水（押）

知見男舉鈞（押）　舉楮（押）　舉楚（押）

四十九、民國十五年二月鄭舉相厝宅賣契（一九二六）

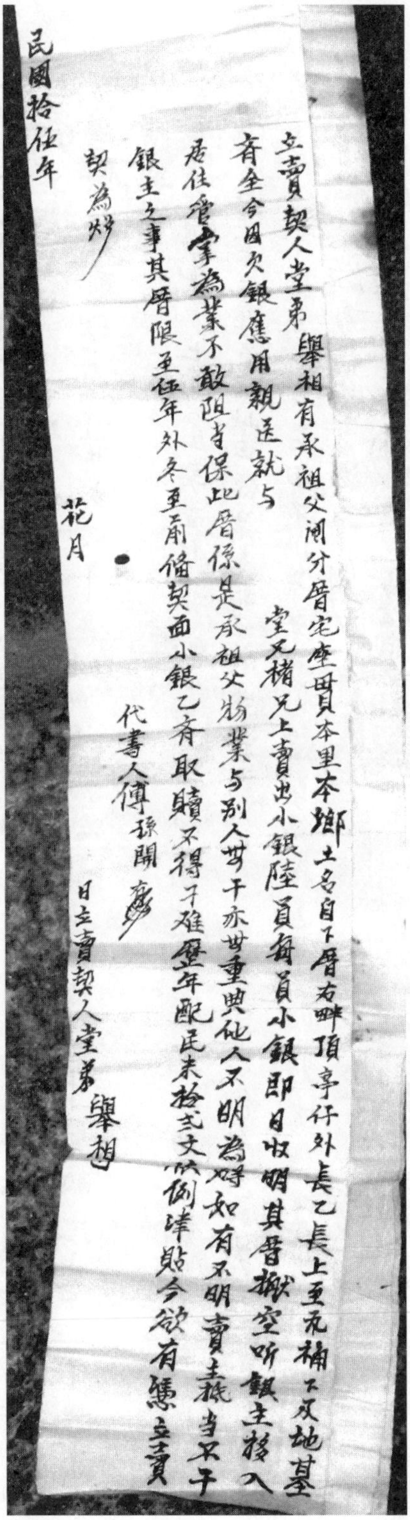

立賣契人堂弟舉相有承祖父鬮分厝宅座貫本里本鄉土名自下厝右畔頂亭仔外長乙長上至元桷下及地基齊全今因欠銀應用親送就与堂兄楮兄上賣出小銀陸員肆員小銀即日收明其厝撤空听銀主移入居住管掌為業不敢阻当保此厝係是承祖父物業与別人毋干亦毋重典他人不明為碍如有不明賣主抵当不干銀主之事其厝限至伍年外冬至前備契面小銀乙齊取贖不得刁難歷年配民米捌式文依例津貼今欲有憑立賣契為炤

代書人傅孫開（押）

民國拾伍年花月　日立賣契人堂弟舉相

五十、民國十六年九月鄭舉婿等租佃田賣契（一九二七）

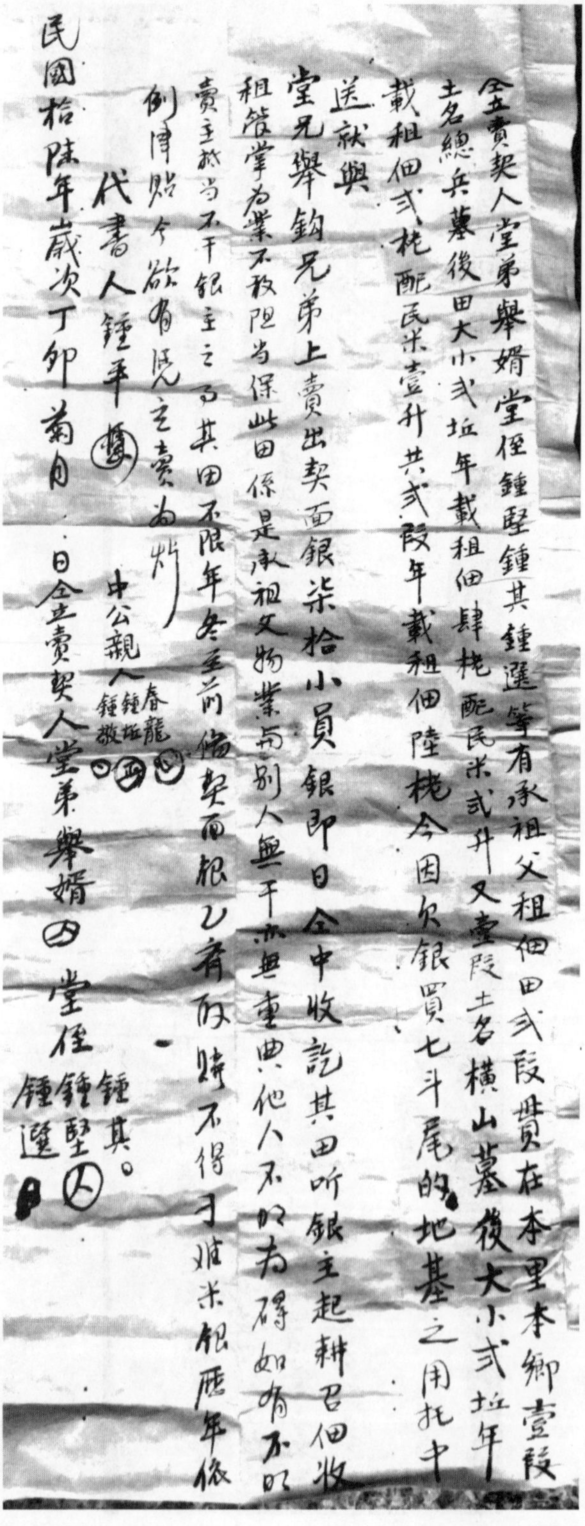

仝立賣契人堂弟舉婿堂侄鍾堅鍾其鍾選等有承祖父租佃田弍段貫在本里本鄉壹段
土名總兵墓後田大小弍坵年載租佃肆桃配民米弍升又壹段土名横山墓後大小弍坵年
載租佃弍桃配民米壹升共弍段年載租佃陸桃今因欠銀買七斗尾的地基之用托中
送就與
堂兄舉鈎兄弟上賣出契面銀柒拾小員銀即日仝中收訖其田听銀主起耕召佃收
租管掌為業不敢阻当保此田係是承祖父物業与別人無干亦無重典他人不明為碍如有不明
賣主抵当不干銀主之事其田不限年冬至前備契面銀乙齊取贖不得刁難米银歷年依
例津貼今欲有憑立賣為炤

代書人鍾平

中公親人春龍
鍾坵
鍾教

民國拾陸年歲次丁卯菊月　日仝立賣契人堂弟舉婿
堂侄鍾其
鍾堅
鍾選

五十一、民國十八年四月鄭春良租佃田賣契字（一九二九）

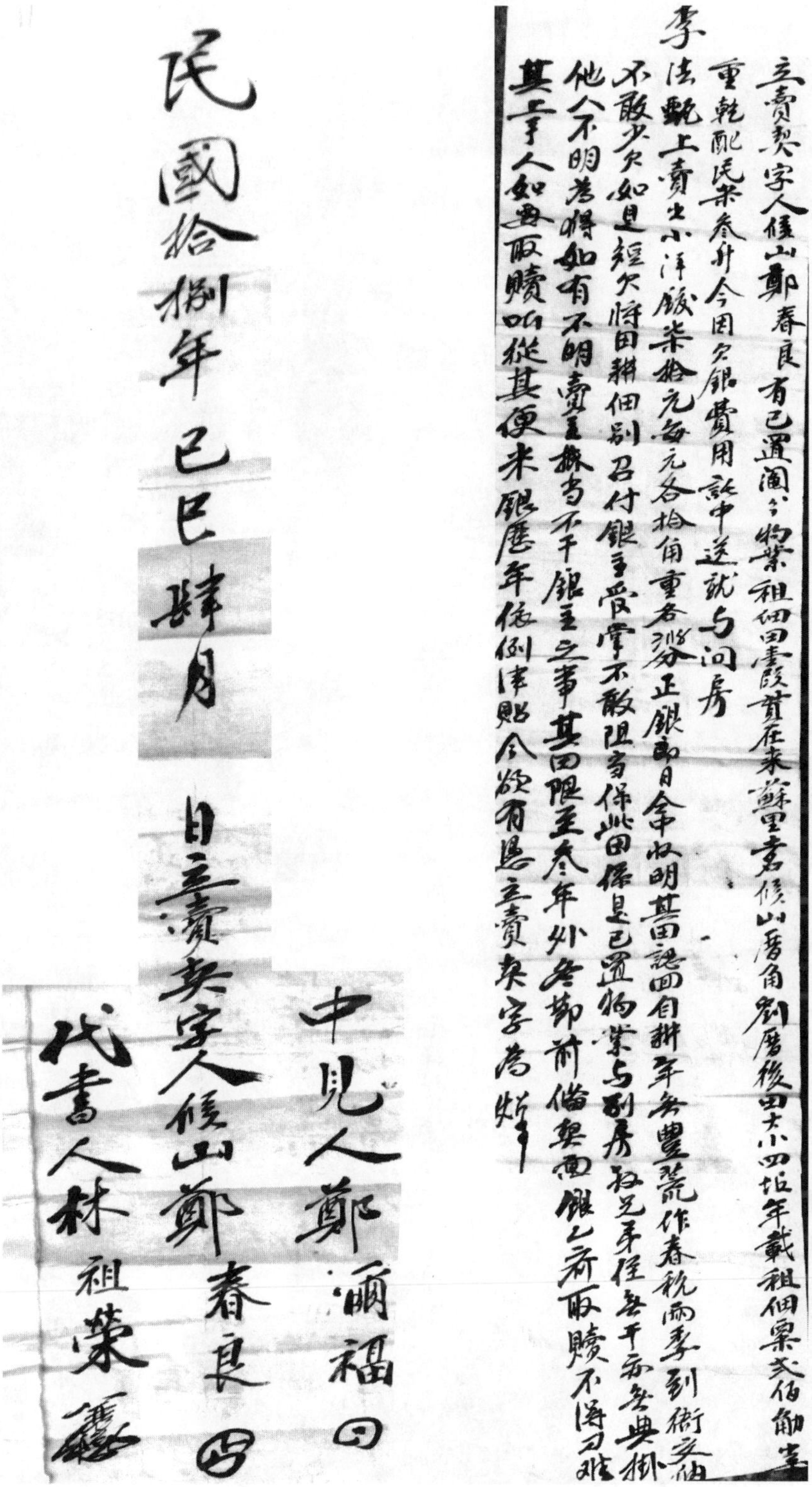
立賣契字人候山鄭春良有己置阄分物業租佃田壹段址在來蘇里土名候山厝角劉厝後田大小四坵年載租佃粟叁佰觔重乾酏民衆叁升今因欠銀費用託中送就与同房孝法歡上賣出小洋銀柒拾元每元各拾角重各貳正銀即日全中收明其田認回自耕年無豐荒作春秋兩季到衛交納不敢少欠如是經欠將田耕佃別召付銀主管掌不敢阻當保此田係是己置物業与別房叔兄弟侄無干亦無典掛他人不明為得如有不明賣主抵當不干銀主之事其田限至叁年外無拘前備契面銀文聽取贖不得刁難其上手人如要取贖以從其便来銀歷年依例津貼今欲有憑立賣契字為炤

民國拾捌年己巳肆月　日立賣契字人候山鄭春良（押）

中見人鄭涵福（押）

代書人林祖榮（押）

五十二、崇禎十三年八月清溪來蘇絳山鄭氏鬮書（一六四〇）

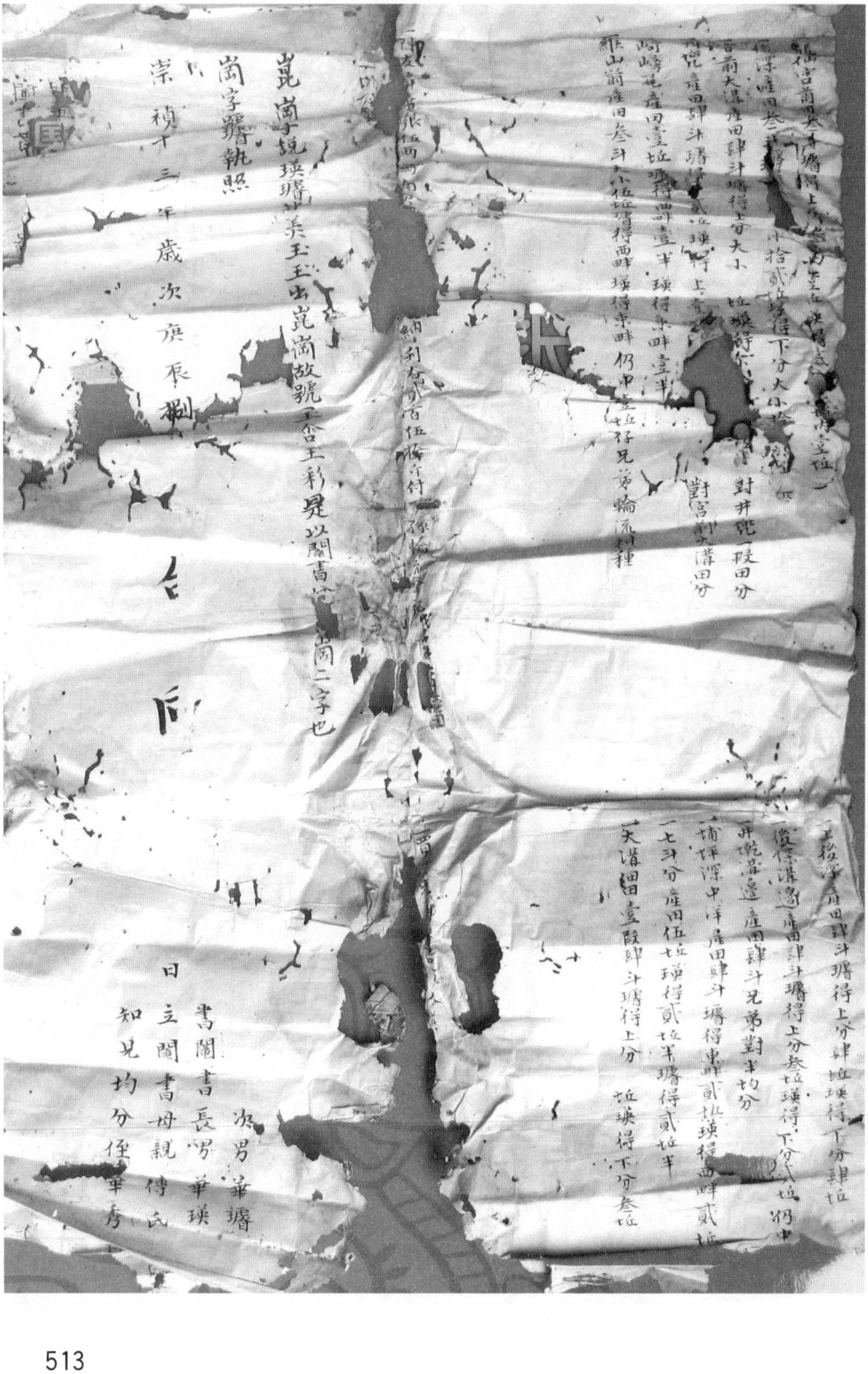

一[illegible]宮前田叁斗[illegible]璠得上[illegible]壹坵[illegible]得[illegible]壹坵
一[illegible]浮垟田叁[illegible]拾貳坵[illegible]得下分大小[illegible]
一宮前大溝垟田肆斗璠得上角大小 坵瑛得[illegible] 對井兜一段田分
一[illegible]兜垟田肆斗璠得貳坵瑛得上[illegible] 對宮前大溝田分
一[illegible]嶺[illegible]垟田壹坵[illegible]得西畔壹半 瑛得東畔壹半
一[illegible]山前垟田叁斗大小伍坵璠得西畔 瑛得東畔 仍申壹坵仔兄弟輪流耕種
一[illegible]友[illegible]銀伍兩[illegible]
納[illegible]利谷貳百伍拾斤付[illegible]孫輪[illegible]
一[illegible]
崑崗字號瑛璠[illegible]美玉玉出崑崗故號[illegible]王彩是以鬮書[illegible]崗二字也
崗字璠執照
崇禎十三年歲次庚辰[illegible]
一[illegible]垟田肆斗璠得上分肆坵瑛得下分肆坵
一後[illegible]溝邊垟田肆斗璠得上分叁坵瑛得下分貳坵 仍申[illegible]
一井兜溝邊垟田肆斗兄弟對半均分
一埔坪深中垟田肆斗璠得東畔貳坵瑛得西畔貳坵
一七斗分垟田伍坵瑛得貳坵半璠得貳坵半
一大溝細田壹段肆斗璠得上分 坵瑛得下分叁坵
次男華璠
書鬮書長男華瑛
日 立鬮書母親傅氏
知見均分侄華秀

五十三、光緒二十七年一月鄭尔海等分業鬮書（一九〇一）

鬮書

立分業兄依海 依蚶 姪舉銀 弟依探等竊慕往古同居之風
豈宜一旦分析而處第生齒日煩田宅見窄奉家母命兄弟妥議
邀請尊長親戚將祖父遺傳田暦及兄弟創置物業配搭均
分拈鬮為定諸事開載明白俱係至公無私各宜安分照鬮守
管自營以兆裕後熾昌之慶至於祭祀完粮依次輪流直當毋
得推諉口恐無憑立鬮書四卷壹樣各執壹卷永為存炤
計開抽起
父祭田條段開列於後

一土名橫路下連大坵長六秕

一土名石馬級冬租四秕

抽起

母養膳田段

一土名許家祖厝後深田四秕

一土名寮仔後溝墘租佃弍秕

一土名新墓脚租佃壹秕

一感化里埔尾寨鄉水尾坑租佃七秕

一土名七斗尾租佃柒秕

一土名井兜厝後租佃六秕

伱海分下

一得土名新墓脚田弍坵四秕

一得土名南清祖厝边祖佃七秕

一得土名厝仔路祖佃九秕

一得土名厝仔路祖弍秕

一得本厝東畔大房壹間

一得本厝西畔護厝頭壹間

一得新間橋仔頭壹間

一本厝護厝边頂個廁池壹口
一得尔槩厝銀壹拾大元

仍蚶分下

一得土名劉家門口租佃六挖

一得土名劉家厝边壹半租佃六挖

一得土名總兵墓 壹坵租佃叁挖

一得土名井兜門口壹半租佃四挖半

一得土名店仔路租弍挖半

一得本厝西畔過水壹間

一得本厝西畔護厝尾春卿第壹間 壹間

一得新間西畔大房壹間
一本厝護厝迭下個廁池壹口

畢銀分下

一得土名大路下弍坵 租佃五槎半

一得土名總兵墓頂壹坵租佃七槎半

一得土名店仔路租 九槎

一得本厝東畔護厝頭第弍間壹間

一得本厝西畔護厝尾春腳第弍間壹間

一得新間東畔大房壹間

一土名寮仔後廁池壹口

依摽分下

一得土名路下第三坵租佃四挑半

一得土名劉家厝边壹半租佃六挑

一得土名總兵墓　叁坵租佃七挑

一得土名井兜門口壹半租佃四挑半

一得本厝東畔護厝頭壹間

一得新厝東畔大房壹間

一得新間東畔過水壹間

一土名新厝边厠池壹口

知見母黄氏

光緒弍拾柒年正月吉日立鬮書人兄依海

依蚶

姪舉銀

弟依探

代書人春舒

五十四、光緒三十年侯山鄭氏歷代交輪祭祀簿（一九〇四）

侯山鄭氏歷代交輪祭祀序

從來物本乎天人本乎祖欲竭追遠之志宜誠致祭之忱我祖 緱山公來自龍興宅本里儒林鄉新門亭至三世祖 進立公遷居侯山於今十有六世矣觀其族中長幼尊卑親其親長其長者皆我祖

溯木本追維春露秋霜更無[illegible]
產業付值祭輪耕謹備牲儀財帛慶[illegible]
祭告始祖暨歷代考妣忌辰墳塋一以報祖宗
之德一以盡孫子之心兼之和鄉睦族喜則相
賀戚則相憐而仁人孝子之良心當若是矣
敏願族親前既知恩有自遵祖敬宗後當念
本毋忘繼志述事庶相承勿替馨香俎豆於千
秋也已是為序

十六世孫監生克敏敬誌

裔孫 爾范 舉瀨 仝立
爾海 舉活

一世緱山公暨媽吴氏十一月十五日祭 良仔仟

墓在崇善里芸尾鄉土名牛角山角形尾 西石

中坐寅向申兼甲庚 訂十一月吉日祭眾裔孫

齊到墓致祭有饗 凡我族中若有出新丁者

出雞一隻敬献

值祭應辦物件 雞肆斤 魚陸斤

肉拾貳斤 羹陸斤 米粉 麵干 薯粉

大麵 米糕 米粿 灯料一座 盆金両

連炮二串 大順米 竹紙錢 良仔仟

鬮次 舉瀨一鬮 明盛公派二鬮 爾圭三鬮

爾㽔四鬮 爾交五鬮 舉活陸鬮 舉鉄七鬮

詳盛公派八鬮 宣園公派九鬮 爾河 重光 十鬮

祀田　田一段毌貫在本鄉土名墓仔口橫路
下大小伍坵租佃拾陸様年載李府大宗租壹
佰捌拾斤　又一段承買紀繼謀勇佃田壹坵毌貫在
本里土名埔坪園大路下右畔受子四升年載
本宅正租壹様叁斗正契及盡契貳紙
後承買劉士買田壹坵毌貫在本里土名總兵墓
邊埔坪園大路下右畔正契及貼契壹萬零捌
佰文并繳上手契貳紙與前段買來歸一
下厝池塘頭田壹坵歷年該納租錢肆佰文
二世道巖公　清明節祭　良仔仟　有鄉食
三世進立公
值祭應辦物件　雞壹斤半　魚壹斤半

肉叁斤　海参　猪肝　猪胏　肉羹　肉卵

枣肉　米糕　米粉　大麵　薯粉　目魚

米粿

四世仰然公　忌辰十月廿六日良仔忏

媽劉氏　墓在彌勒墘

五世遺榮公媽陳氏忌辰七月十三日良仔忏

是日并祭墓　有鄉食　墓在庭柯後山巔

仔頭坐癸向丁

六世彬山公忌辰十月十六日良仔絔　墓在彌勒墘　八月十五日祭

媽陳氏忌辰六月廿七日良仔絔

七世次宇公忌辰三月初七日良仔絔　有饗

媽傅氏忌辰八月廿七日良仔絔　有鄉食

次宇公暨一媽傅氏墓在崎路尾蜈蚣方土名
新墓坐子向午八月十五日祭
祀田　一段毋貫在本鄉土名下厝後大小伍坵祖
佃捌秼　又一段在下厝門口大壹坵祖佃捌秼
又一段在下厝門口水路大壹坵年載李府頂五房
正租伍拾貳斤又一段在新墓邊東寮坵數不等
租佃肆秼
值祭耕種祭祀及祥左厝點香燭祭過年月半
艮仔二次芳
八世玉彩公忌辰二月十五日艮仔緬　有饗
墓在本山寨仔內長崙坐亥向巳訂八月十五日
祭有饗

八世媽林氏忌辰四月十九日艮仔緡　有祭

墓在感化里石碍鄉宫仔崙坐子向午兼

壬丙訂十一月吉日祭有饗

祀田　一段在本鄉土名深中洋祖厝門口大

小貳坵年載李府大宗租壹佰柒拾斤

又一段土名後深溝過溝大小貳坵租佃陸梲

又一段土名山尾壠下長坵大小肆坵租佃拾陸

梲　巷口林客官該租半梲　本厝六份盟該租半梲

下厝京观該租壹梲半

粮　鄭盛叁錢叁分玖厘

鄭得陸分叁厘

仰甲居

本鄉後頭園壹大坵及井兜墓邊左畔壹

年輪耕到闔次應當下厝排供夯椅棹有齊
牲儀及完粮策應飯頭等項　允敬公
粮鄭春貳錢　拔俟公　二派下並當
户房開新礼壹角　里差　壹角

光緒癸卯年蒙
代天巡狩侯降亦七月廿二日鄉中新設普施
甲辰年六月十五日鄉中新建字紙亭
號曰敬培亭
克敏再誌

五十五、乾隆四十六年至道光八年置産簿

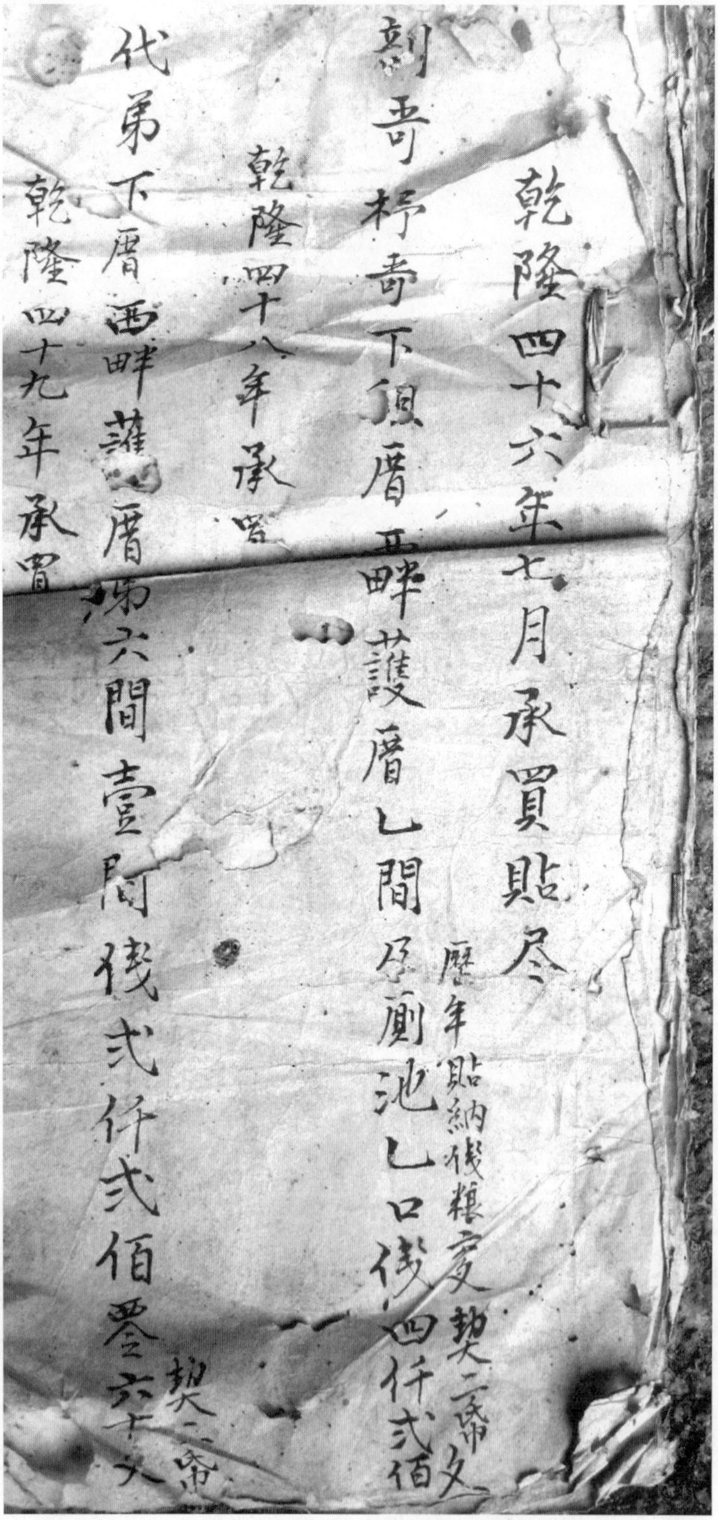

乾隆四十六年七月承買貼盡

剝哥桴哥下俱厝五畔護厝乙間及厠池乙口價四仟弍佰文

歷年貼納税粮叓　契二帋

乾隆四十八年承買

代第下厝西畔護厝第六間壹間價弍仟弍佰叁六十文

契二帋

乾隆四十九年承買

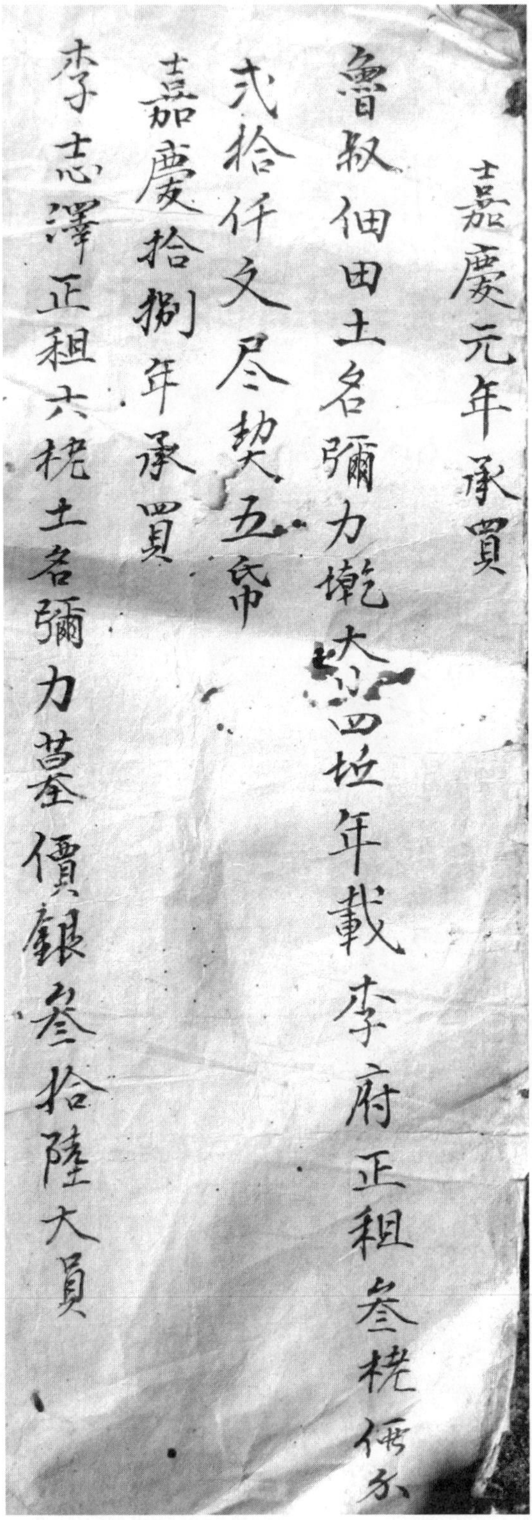

嘉慶元年承買
曾叔佃田土名彌力墘大□四坵年載李府正租叁栳係分
弍拾仟文尽契五帋
嘉慶拾捌年承買
李志澤正租六栳土名彌力墓價銀叁拾陸大員

嘉慶二年承買

立寄井坑墓邊佃田大小弍坵價錢拾柒仟文

載東墟山租二桃

賣貼[illegible]

嘉慶七年承買

紀兄官佃田土名彌力墘叁小五坵年載客府正租叁桃

價艮叁拾大員尽契二紙 繳上手

嘉慶十三年八月

紀皆官兄官二人再尽價肆仟文

十二年十月

皆官再貼尽價弍仟文 [illegible]

嘉慶三年九月承買

堙嫂順孫東畔護厝第四間落扉乙間價艮弍拾四大員 另弍仟文契尾

嘉慶八年柒月貼去銀弍拾五大員貼乙紙 共三紙

嘉慶弍拾肆年肖月尽去艮肆拾大員尽契乙紙

嘉慶六年承買

家孫厝 土名下厝西畔外護厝弍間 價銀捌仟弍佰文尽[illegible]乙紙

嘉慶八年承買

家孫厝土名下厝東畔護厝乙間價肆仟伍佰文老契三帋

嘉慶七年承買

訓奇祖佃田土名寮仔后價拾弍仟文配民米乙升契乙帋

嘉慶廿五年六月貼去錢弍仟文貼契一帋

嘉慶十一年承買

汀孫厝土名新厝東畔護厝乙間價弍仟四佰文契乙帋

嘉慶十七年九月貼去錢陸佰文配民米五合貼契乙帋

嘉慶十一年承買
旭奇交輪田五分田土名屯汗尾價艮叁拾捌兩完鄭民米二升五合
嘉慶拾柒年十二月貼去分叁仟四佰文貼契乙紙（賣契乙紙）

嘉慶四年承買
路弟劉池乜口土名下厝東畔錢叁仟柒佰文買盡契二帋
繳上手契乙帋
嘉慶六年承買
林圭官屯田乙坵瓲穂來乙升價錢四仟玖佰文盡契三帋

嘉慶七年承買

林函官屯田土名大路溝逕受子乚斗半配屯米一斗八升

四合二勺半價分弍拾柒仟伍佰文壹盡契二紙

嘉慶八年承買

又厠池乚口價分壹仟柒佰文

中㘰寮仔后厠池乚口價分弍仟四佰五十文

盡契壹契二紙

嘉慶十三年承買

進㘰田土名新墓受子乚斗配民米二升五合價錢弍拾伍仟文

嘉慶贰拾伍年十二月貼去銅錢弍仟柒佰陸拾文

道光弍年四月秉嬛貼去銅錢捌佰文共貳貼契三紙

嘉慶十三年承買

路叔田壹段土名新墓[illegible]小半斗[illegible]弍斗乙升伍合

拾壹大員契乙紙

嘉慶十四年十一月承買

紀帯官土名厝後路下價錢拾弍仟文配民米乙升三合契乙紙

受子三升

嘉慶十四年十二月承買：

寧伯公厠池厝一間右畔第五間□長六完上手契

嘉慶拾伍年

諸伯公下厝茈護厝西畔尾間乙間価銀壹佰弍拾壹大員

契二紙

嘉慶拾伍年十二月承買

根叔下厝東畔下亭仔乙間，價銀伍大員，契乙帋

貼厝去銀叁大員，契乙帋

嘉慶十六年承買

吟伯公土名紀厝苗墓田乙段，配民米五合，價分叁拾乙佰文

嘉慶拾陸年承買
兄嫂黄氏東畔護厝第五間乙間價艮拾大員契乙紙
拾柒年買貼盡去艮柒大員盡契乙紙
拾捌年四月承買順哥後頭乙廁池乙口價艮四大員契乙紙
弍拾年拾壹月承買日旺廁池乙口價[illegible]叁仟陸佰文

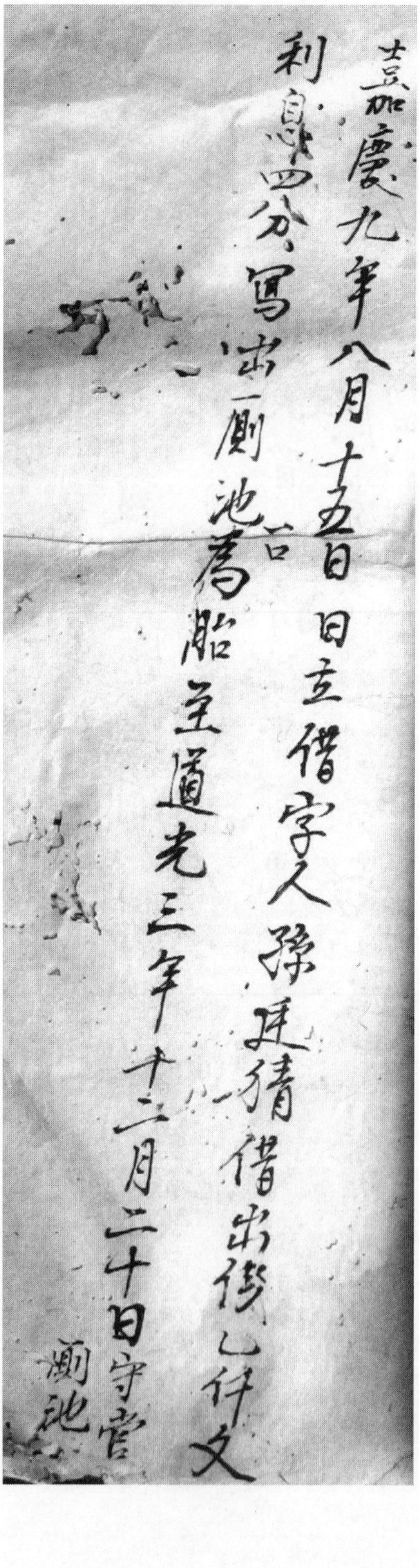
嘉慶九年八月十五日 日立借字人孫廷猜借出銭乙仟文
利息四分寫出一厠池台為胎至道光三年十二月二十日守管
厠池

嘉慶廿五年二月買黄東埔山

挾官租佃田二段乙段土名井墘墓邊受子乙斗半共數

等年載租佃十桃配民米四升五合一段土名新昔基脚受

弍斗年載租佃十二桃配民米伍升伍合價銀八十大員契

道光叁年七月賣出去佛面艮壹拾大員貼契乙紙

挾官共去銀伍員租佃田二段土名井墘墓邊及蝦蚣身

道光五年十一月

六年二月賣尽契艮弍拾大元租佃田二段契乙紙

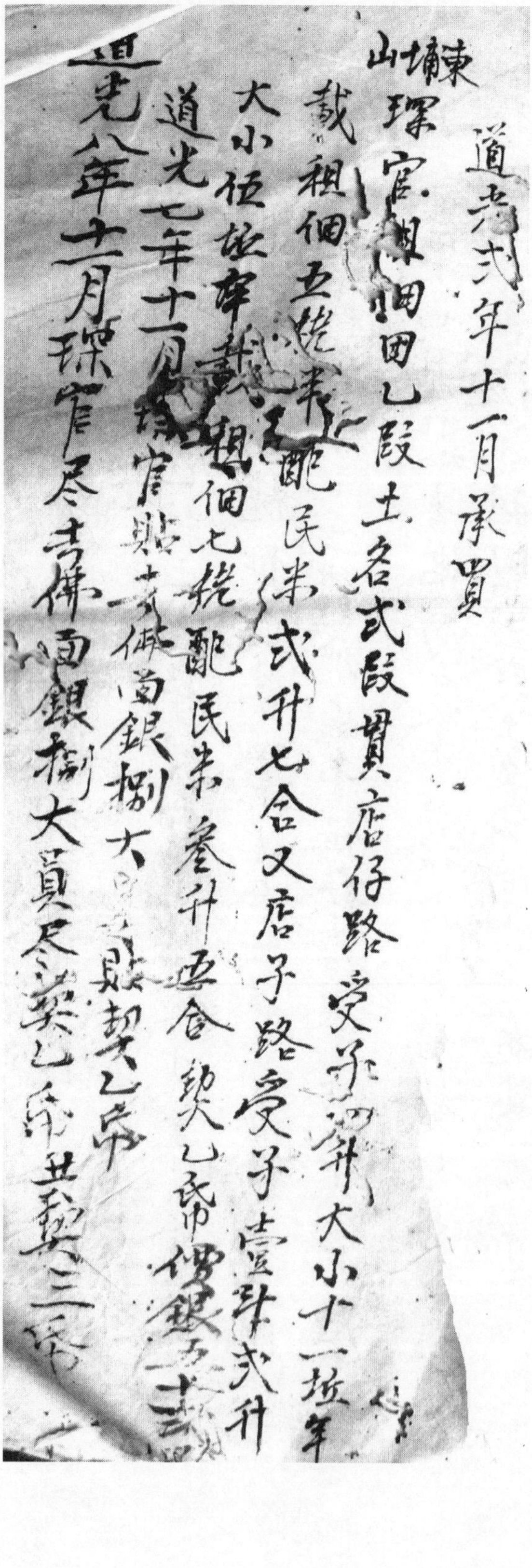

東墉山

道光弍年十一月承買

璨官根佃田乙段土名弍段貫店仔路受子四升大小十一担年

載租佃五挑米乙酟民米弍升七合又店子路受子壹斗弍升

大小伍拾担年載租佃七挑酟民米叁升五合契乙紙價銀五十[illegible]

道光七年十一月璨官貼出佛面銀捌大員貼契乙紙

道光八年十二月璨官尽去佛面銀捌大員尽契乙紙共契三紙

道光叁年拾壹月 日具領

許㯋官租佃田二段，一段土名新墓受子乙斗大小十坵，一段

名七斗尾受子弍升大小坵，半載租佃十梲賠民米四升，價

四十大員，契連氏帶

道光七年三月承買

恩嫂田乙段土名𡉏坍受子三升大乙坵　年載李府正租弍秤價

艮拾弍兩伍錢和契乙紙

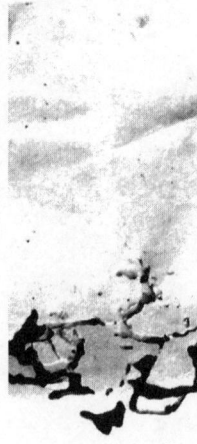

樸祖傳序詩讚

樸祖傳序詩讚

卷一

長樂謝杰（印）

世之善居積者，靡不豔陶朱公，謂能相越功成而去之，厚利名高寔兼而有。然律之於旌義公無當也。傳稱公田數萬畮，粟數萬鍾，木數千萬章，其貲之高不知與陶朱孰上下。第陶朱一出而綰相印，公堇堇以小吏，一再攝邑符。陶朱扁舟五湖，翩其若僊，公即聲施甚閎而終身未離其閭井，惡在其能陶朱也者？雖然，公非不能陶朱，寔則卑之，謂其不足為也。陶朱佐於越，誠效有其尺寸。然以若邪，谿女蠱吳夫差，比吳亡復竊之以逃，睎巫臣於夏姬也，奚相遠？公生平迹俠而儒其心有是焉否乎？以故陶朱幸泰於前，而晚卒為莊生所賣，以伯殺其仲，而季則鬬雞走狗，吹竽擊毬已矣，得馬而禍，似皆財之為祟也。公官不越黃綬，乃能傾所有以博全全昌，子稱儁者五，孫稱聞者十有五。惟曾若玄倍且蓰焉，不六世而指餘二千，顯者有贈君、封君、別駕、都運、邑令、孝廉諸君子，而最賢莫如儀部。儀部狀如好女而志氣輒不忘博浪沙，往持侃侃論，批逕尺鱗，官途用以蹭蹬，根器之得於公者為多。日霽天廻，晉未可量，則莫非其厚積薄發者貽之也。陶朱安敢以望公？盖陶朱俠以行其術而顯於身，公儒以行其義而顯於後，其作用殊，其食報亦夐，以異事之理也。方公於陶朱者，淺之乎知公者也。儀部濱發，丐余一言，總總不及詳，姑為論其大者。

惟公家亨素封，行多市義。然諾不移，萬金芥視。輸粟賑飢，千家席庇。擒賊衛民，武而多智。而聲動七閩，天朝旌異。嗟乎！金穴盈盈，空自招忌。卜式助邊，徒阿上意。讀公之傳，瞻公之志。而中磊磊，而性愉愉。以為俠耶，而近於儒。以為儒耶，而入于俠。朱劇後身，遺芳燁燁。吾鄉父老，猶稱慨慷。積善流慶，有我克蒼。議論風采，鄭重巖廊。是所謂既以與人已愈多，九原不可作矣，聊以托之論歌。

郭惟賢（印）

旌義李翁讚

沙羡張文光譔

閩有長者，曰唯李公。業精治生，貲埒素封。好行其德，節俠自雄。仁心為質，婁應不窮。人睨所積，外府則同。急佐公家，事必有終。諸生講舍，先聖黌宮。靡弗鼎奐，以新以宏。觀涉閔溺，輿梁斯通。是水必杠，碁列長虹。禪林梵宇，祇廟神叢。敝皆改作，造必精崇。鄉人誦義，二氏歸功。釋子尸祝，于殿刹東。歲值灾祲，輸粟千鍾。存活無筭，名達宸聰。棹楔表閭，冠佩華躬。文綺鑣牽，錫自九重。德既永矣，武亦克共。萑苻弄兵，手遏其鋒。數剪渠魁，村落融融。受職干掫，小試屠龍。人爭得之，羶慕景從。得者欣然，失即鞠訩。視篆隣邦，所至麗洪。父母其里，里戴若翁。凡此豪舉，異遘奇逢。我思古人，疇儗高蹤。魯連解難，畏壘大豐。陶朱善散，卜式見庸。先生兼焉，為眾善宗。食報于后，寖昌寖隆。百五十季，千指芃芃。其下成蹊，其本誰壅。我詞惇史，千載流風。

旹萬曆己亥又四月望後一日

（印）

清溪李長者詞（有引）

儀部克蒼李先生往與家仲同官於廬，兩人深相得也。小子明雌伏菰蘆中，耳君子舊矣。前夏望，見先生顏色於范陽，今秋復得見先生於范陽。邀家仲雅故，先生不鄙夷而接引之。嚮者景行高風直節，抗疏震朝廷。而廼今親炙德容，粹然如玉如金，加於人數等，非亶天性，倘亦有世德乎？讀先生六世祖旌義公傳，想見其為人。長者視義不耳，終不遺餘財矣。長者誼至高，凌千古、薄雲天，海內縉紳先生頌言之、長言之，至矣備矣。小子不文，何能揄揚令德？自惟曾大父亦以素封起家，其好施匡困，赴義走患，出粟佐縣官急，天子下褒書旌其門，獨建郡城尊經閣、諸橋梁，費不貲具。區藪大盜，刼殺無忌，設法悉擒之，用保障一鄉，大略與長者相埒。迨四世而家仲以一經通籍，然視之克蒼先生家數千指，後益昌大蕃衍，英賢輩出，冠盖相責，則瞠乎後矣。敬頌詞行一章。詞曰：

君不見清溪李翁古道敦，秉義千祼誰其倫。由來任俠世不少，要之仁義為本根。豈其近名徒豪舉，亦非邀福遺後昆。天道報施詎特奕，不于其身于子孫。今生受者前世因，皆前秀茁蘭與蓀。今生作者後世因，綿綿延延璵與璠。請看嗣者食其餘，玄玄之門仁義存。

烏程通家子朱長明書（印）

盖因雲灑潤，澍澤易流。乘風布響，徽音斯越。仁義附富，勢致理然。庸何異乎？赤鼙輪邊，黃金布地，慷慨一時，烏奕千古也。李長者之為，大抵古賢豪檀施瑰發倜儻之事萃為一人矣。嗟乎！下不私藏，出佐縣官，上不屯膏，亟倡韋布。羲皇杳邈，文景庶幾，藉令扣之坐擁高貲，僅酬靡舉者，媿欲死矣。方今歲祲民厲，帑罄盜興，顧安得李長者之陽激而陰率之也。居嘗竊慕克蒼君佳言奇彝，焉惟天生偉人，定當不偶。今讀《旌義傳》，乃知張、邵有云：江河潤滋萬物，支流滎瀆，不濬焉繁，源厚流長也。斯固石澗，君傳旌義之謂哉。詎獨闡幽，寔將風世。

不佞未得交克蒼君子，才用責沈，乃輟管書《旌義傳》，末廁諸鴻草間，亦竊自附慕義之私云。時久旱喜雨，忘其覼醜矣。

延陵何淳之書（印）

旌義公之謂性，義矣。為貸廢食，橋圮而慼，幾天與之也。奕世載德，慕義無窮，子孫保之，天之合歟。人之言曰：義耳，義耳，其所留幾矣。嗟夫！即令公生季世，民訛俗靡，繒繳繁苛，義而義耳，烏能起編氓，臨長其土，操邑中賢大夫權乎？國初，民風敦厚，禁網濶疎，而人才得自盡多此類。雖然，行而信，禁而從，為善于鄉而化及國。彼方相與為編戶齊民，寧有勢力相雄長耶？人固不可欺，彼有所以然，非苟而已。乘權秉勢而不能有其眾，蒿目而憂曰：時益以難，理何弗思，甚歟！

通家子西吳沈演

旌義公之謂義也，熟之矣。余諦觀公世，倘所謂卜式助邊意邪？漢事匈奴，式乐輸家半，武皇拜九列，旌義哉！今疥癬倭奴，何似匈奴？當漢大縣至繹騷，中外恨不起公九原。乐輸助縣官緩急，獨計主上，鼓舞人杰，當遠邁漢皇，公寗第飛梁磴道之役之義旌耶？嗟虖！等義耳，遇竟乃爾，如生不同時之恨。何然？匪義問欝積能貽穀乎？則啚為克蒼諸君子，又何患不庸公所未盡。

天風主人李開芳書（印）

太史公傳任俠，大都輕施奮畸，不必軌於正。讀李旌義傳，急公市義，塵芥萬金，以賙人急，而恂恂依於槼矱。蓋古所稱陰德，與任俠殊矣。余獨慨上世封建里選，瀍邈不存，公辟兩邏尉，攝三邑令，皆桑梓鄉。微舒州都督之權，而能令上任下恬，聲施到今。非其忠實心素洽人人，疇克爾耶？余交克蒼君伯仲，意其先必有隱德多積而廉享，觀於此傳，信然。

（晉陵孫繼皋文）

郡人謝吉卿脩之父書

按 底本原缺『晉陵孫繼皋文』落款，此據乾隆九年（一七四四年）《清溪李氏家譜》卷六補。

余嚮聞李長者高誼，邇睎泉郡，與長者孫儀部君交至驩。因閱其家乘，參諸郡誌，益詳長者之為人，爰綴一言諸名公之後，以揚盛美，且以風世之長者其行者。

世道江河眼青白，韶華電閃駒過隙。蠅營瑣碎只身謀，狗苟苞苴苦錢癖。大廈雲連牛斗寒，縷衣日映天水碧。盃浮瑪瑙作尋常，寶鬭珊瑚誇寸尺。滄海那容拂道塵，平泉尚戀醒酒石。千般兒態竟成空，一抹榆景徒相迫。長者壺中日月長，卓哉杖底乾坤窄。充庾粟米逢人施，布地金銀憑手擲。郡宇黌宮罄橐囊，災危困阨捐舟麥。飛梁高駕富平津，古刹重新彌天釋。顆顆粒粒為工輸，朝朝暮暮忘私積。聲聞赫奕超等倫，恩典崇隆破常格。翩翩錦綺錫禁庭，燁燁冠裳軼闒陌。墨綬榮綰都督權，玉綸寵被天王席。無涯隱德著海邦，不朽洪名垂史冊。俠氣分明博大儒，高風寧獨佯狂客。延綿餘蔭起多賢，百代文章稱李益。

萬曆壬寅之春，清江程達書于四知公署（印）

世恒言古今人不相及，以今觀李公所謂斷斷布衣行誼，不越閭里。用能數散千金，發舒其德富，而主上重之，抑與古人何異？嗟夫！匪李公不能數散千金，李公匪數散千金，頗為國家緩亟，亦不足以動人主。仁者以財發身，所從來矣。余逮事先大父，先大父每言為善如耳鳴，己得而知之，人不得而聞之。故公利為義，私義即利。夫公私、義利之辨，此古今之所以分也。《詩》曰：『無念爾祖，聿脩厥德。』為人子孫者懋之哉。

李開藻敬書以克蒼兄（印）

卷二

旌義李公傳

當正統之世，國家太平垂七十載矣。鴻麗豐豫之化，周渥八寅，即閩東南陬，往往有巖處奇士之行。至好義樂施，以布衣抗禮萬乘，顯名天下，則莫若清溪李公。余屬惇史載之。公名森，字俊茂，系出李唐江王元祥。武氏流王諸孫於江南，故李為閩人。其在清溪，勝國時君達始著，三傳為內黃簿則成公，以人材舉。五傳為公。公少慷慨有志尚，讀書獵大較，不數數佔僤間。觀史至魯仲連、陶朱公，輒獵纓嘆曰：『吾獨不得為此耶？』既蚤喪怙，當戶棄為儒。居恒鬱鬱曰：『吾不能行之天下，樹德於鄉可也。』席先世高訾，田數萬畮，粟數萬鍾，計山百區，出木數千萬章，僮千指。公益使自饒，而盡其力。居積日起，富甲郡中，復嘆曰：『金穴錢埒，今皆塵土。夫世務多藏，以侘子孫，寧免伏波咲乎？』計歲所入，捐粟千斛，別窖之，約曰：『凡我族戚，無論遯昵，若里中矜人娶者、嫁者、病者、葬者、火盜者，咸給於斯，歲以為常。』它有緩急，隨事賑贍，各極意去。於是鄉之人無不知有公者。會泉郡治事堂將經始，時詘舉贏，筦庫不給。太守以謂公，公跽曰：『森幸饗縣官之賜，安敢愛力？取木於山，杉可材也。百役骫需，某寔任之，無然便簡，以闕大觀。』公指授將作，而閎高庭夷，郡宇窿然矣。則又佐修郡孔廟。已建邑政事堂、清溪之黌宮一如郡。於是郡、邑守相師儒無不知有公者。一日，過劍口渡，行人負任褰裳以濟，胥及溺。公憫之，茲延、建、汀、邵四郡於此取道，奈何徒涉而立眎其阽危？則庀匠石，釃水為二十梁。工未就，有老人語公曰：『是溪險仄，甃岸善崩，在形家，盍塔諸？』言訖不見。公如言，表浮屠數級。無何，長橋卧波矣。復連造龍津、鳳池等二十五橋，事具邑乘。及莆之江口橋，盖費數萬緡。已而脩郡玄妙觀，以棲黄冠；建龍津、清溪等宫，獅子等巖，凡九所。郡東嶽行宫，四方乞靈畢集。公謂：『雩禜禳禬，是稱群望。廟貌不肅，神將焉依？』捐數千緡，剏五帝殿寢，諸石材、瓴甋、鎡錘、楨幹、礎礪、絢堊之屬，罔不堅緻。緇黄祀公為檀樾云。嘗遊會城，憩芝山，衲子有事招提，募緣疏施，未有應者，公微哂之。衲子私相語：『豈斯伶傳過客能贊茲役耶？而不足斯舉耶？不求福田利益耶？』則請公布金度木焉。公欣然諾之：『吾所不足者，非財也。顧會城去家五佰里外，金難卒致，請以浹旬為期。』立命僮歸，指某囷粟若干、某山杉若干亟市之，某櫝金若干亟輦以來，卒如期致之工師。寺成矣，寘長明燈，為膏費又若干緡。三山諸父老矚然大異之。於是郡邑以洎七閩無不知有公者。適歲祲，道殣相望，有詔諭民出粟。公首輸二千石待賑，守臣以聞，英廟嘉之，賜優詔，旌為『義民』，錫文綺二。公詣闕，進方物稱謝，命羊酒宴勞之。於是京師縉紳又無不知有公矣。而公復念承平久，即萑苻不逞，何以應卒？先已戒家僮肄兵，飭器自衛。鄉落先後盜發，擒斬酋徐子通、蘇隆、黄宗成等數十徒，枹鼓宴如。閩藩臯交章薦公文武才，欲官之。會沙、尤寇掠泉界，公率敢死士掩擊之，生俘酋黨魏崑玉、褚良宗等百餘人，招撫及奪回被虜無算。寧陽侯陳懋、保定伯梁瑤、刑部尚書金濂等上公功，上特授漳州九龍嶺廵檢。頃之，從安溪民請，調公源口，其為廵檢。永春、德化前後缺令，監司命公攝其篆。公自公所至，不自潤，多惠績，二邑咸謳頌之。已攝安溪，捐貲修公署、建儀門，百廢為之一新云。公自微有官迄於白首，大都折節為義，矜己諾，其急人之困先於己。公事既畢，然後乃敢嘗酒食，人以是嚴重之。里中人眂公猶父，望公家若庫庾，尊之不名，稱『朴菴長者』。即有競不從邑令訊，而信李長者之言化。逮其弟俊德，咸騈為義。郡車橋林姓者兄事公，適有急，走僮致書，願貸金五佰。公覽畢，探槖裝，無有也。為之廢食：『人以急投我，奈何寂然無應，令待斃之軀而懸望數佰里外乎？』俊德問知其故，為別質金，拊公背曰：『金具矣，無憂也。』畀其僮去，公迺食。郡中豪聞公至，皆擁篲迎門，延頸願交。竈突無煙者，負責閧者，人人相語：『何所得李長者乎？長者濟米矣。』公聞之，私獨喜，其為施益甚，然對人未嘗自矜其伐也。歲癸未，暑雨彌月，大浸稽天，公所建劍口橋圮。公冒雨省視，太息曰：『百年之功，盡於此乎？』扼掔成疾，遂以不起。屬纊之日，遠近白衣冠環橬哭者無慮萬計，即窮山極谷，稺齔嬰婦，咸相聚貫淚，曰：『李長者死矣。』公有子五人。公既不得志於儒，則立書塾，置書田，積書萬卷，課諸子。五子咸有衣冠，而仲煜舉於鄉，為南豐令。季焯貢太學，為南雄司理。孫十五人，曾孫四十八人，玄孫八十八人，玄孫之子一佰六十人，孫曾令已二佰餘人。其顯者為贈君澍，封君雲霄，別駕瀾，都運道先，縣令仕觀，孝廉宗潤、楨，刑部郎懋檜。若郡邑博士、國子生及弟子員者又數十人，穎出未艾也。今去公百四十年，後輩勘稽故實。乙亥之歲，郡堂傾撓，議重葺，乃知建堂為公。太守掄材料清溪，得大木一，合抱輪囷，足任主器，則公向所遺也。神物有待輪奐苞茂，人謂李氏造郡堂者再，斯不稱故國喬木哉！余雅游公諸孫間，而二孝廉與刑部君皆同舉於鄉，刑部君復同余庚辰籍。時得聞公質行，故勅具存，閱郡乘，稍載公修刱軼事多未詳，乃采故都憲朱公鑑所為墓誌及先輩所傳，撮其大者為《旌義李公傳》。

論曰：昔太史公艷貨殖而貴遊俠，而其歸本之仁義，故曰『富而仁義附焉』。又曰：『侯之門，仁義存』，誠有取爾也。李公擅素封，好施不倦，始家鄉，洎都邑，至使天子聞而旌之，天語璀燦，榮並華袞。公素擬陶朱公、魯仲連為人，卒如其志，即烏倮巴婦所稱人主重之者，瞠乎後矣。夫禮生於有而廢於無，世豈無與公埒訾者？顧纖嗇作苦，口約腹裁，捫一錢汗出，不釋忍手，甚至朘瘠以自肥，終不餘力而讓利矣。李公芥眎萬金而屢散之，厚施薄望，富而好行其德，君子哉！今子孫享有榮施，則仁義之效也。國初堂廉情通，士則不隔，天子不難以璽書牽幣寵一布衣。李公起布衣，不難以一乘郭官，服勞疆圉，昭德布賚，其應如響。休哉！君明民之際乎，盖猶有盛世之風焉，今亡矣夫。

明萬曆辛卯夏五月，晉江陳紹功及卿父頓首拜譔

長洲吴運嘉謹書（印）

後人之興替，未必盡繇其先。惟是善而興者，人曰『善報』。不則以為天未定也。不善而替者，人曰『不善報』，不則亦以為天未定也。乃吉人為善，惟日不足。彼不以積金可遺何人，亦豈以積善可遺何人？惟為善而已。即為善而罔報，善可弗為乎？施自善念而有以窮乏之得，致本心之失者，徒豪舉耳。有如李公布衣家世，力積而以為施斯善哉！余獨愛其食餓殲寇事。比吾里歲凶，而中州人相食，枹鼓起，藉令所在有李公，内帑可無頻發，萑苻何憂焉？

萬曆甲午季春，郡人李廷機書于京邸（印）

讀旌義公傳冊，諸人士述備矣。余猶異其善而名也。語云『人貌榮名』，為之贊，以風夫善善者。布施竺乎髮而肉，解紛連乎窖而稸。胡然長其土，猶然編戶，則潛于淵，則爵于天，而綿綿綿綿乎百世。吾不知誰之子氏為李，名其行曰義。名之義邪？緊可市邪？

歲次己亥初夏，史繼偕書（印）

書李長者傳後

余在武林嘗與一高僧論施捨，以為善捨者有二：太上捨我，其次貴我。捨我者，我尚不有，何況長物。如珠玉在山，恣人自取，山無德色，捨之上也。貴我者，不以我為物費。今夫素封之家，終日持籌，無嬰孺之色，此以我為物費者也。財捨則寡營，寡營則我貴。然則非捨財也，捨其為我費者也。余觀李長者好行其德，捐橐傾囷，惟恐不及，豈有見于財為我費而務捨之耶？至其結士殲寇，功成不伐，幾於能捨我者矣。世或緘縢自封，欲以遺所不知，曾未數傳，已為大盜積。而長者雲孫鵲起，祠部君復以直節振家聲。語曰：『善貸者贏，善公者私。』吾于李長者益信。

萬曆乙卯臘月，郡人林欲楫拜手書（印）

書李長者傳後

馮子曰：語云：『山致其高，雲雨興焉；水致其深，蛟龍藏焉。』其然乎？李長者一布衣，勉為善，去今餘百四十年。而子孫繁衍，簪纓累世不絕，彼固有所以致其高深者在也。況以王公而籍土地人民之重者乎，其隆施何可勝道哉！此后稷、公劉之所以造周也。長者之裔孫懋檜出示《長者傳》，感而書此，以勵為善者。

癸巳閏月六日，右春坊右諭德掌南京翰林院事檇李馮夢禎書于公署之紫薇堂（印）

李旌義讚

見利而爭，競血之蠅。亦有夸者，讓之以名。如蠅舍血，而集于腥。趨利而嗜，枯杌所魅。酒有俠夫，藐之以氣。如叱杌鬼，是亦為畏。醉利而醒，如醒不已。又有廉士，固之以理。如病戒飲，知酒為美。有烈丈人，行德無厭。揮金近俠，遠利近廉。頌義近名，都非所忺。如江湖潤，如飲食甜。功濟萬有，而已焉貪。維旌義公，志邁天下。三者難名，示同三者。公來自都，像教其蕪。黃金布塗，地涌雲敷。公在於行，臨流悼傷。驅石如羊，涉者以梁。公云何喜，饑糧僵起。齒歸疾已，我公祉矣。公云何怒，萑苻茀路。撫戈頩赴，既馳既騖。公胡弗怡，有顛莫持。有難莫夷，我躬之痗。公沒於地，溪濤夜沸。厥功之毀，躬與偕瘁。嗚呼！誰不有情，憂愉戚忻，各私其身？誰不有死，焦肝竭髓，以死一已？維公死生，維公憂樂。均其腎腸，解厥扃鑊。凡公之為，公豈自知。急人之病，譬大醫師。公而知之，為則有疲。不知而為，名大檀施。陶朱魯朱，視公其兒。

會稽陶望齡（印）

嗟夫！李翁之為德至矣。余讀其傳，以為生平好施，殉名者或勉焉。至劍口橋之功隳，遂嘆息以死，此所謂仁心為質，躬且不有，何知其它乎？起自布衣，有賜于朝，以扞掫拊循，其鄉里莫不親附，嗚皋聞天，誰能遏之？昔陶朱功成，三積三施。翁所積施，如長日加益，功僅著于畏壘。雖鉅細不同，皆非徒博長者聲，而無所振暨，故足奇也。要以少伯奇已盡售，故其後尠聞，翁猶有所未盡矣。食其德而竟其用，宜李氏之日昌也，其可以為百世勸也夫。

福唐葉向高（印）

余讀《旌義李公傳》，輒逌然異之。夫以郡邑之長，綰銅竹而求芻牧，令值數百里旱潦，則拮据告技窮矣。公捐貲博施，繇家以逮鄉國，若能如王陽之造金，斯匪獨其德量茂，蓋才智有過人者。今軍興歲祲，天子厪《雲漢》、《采芑》之憂，而吾閩近為最。儻公而在，則丹書之問，蒲輪之徵，舍公奚適焉？迺僅僅膺一命，佩半通之綸以老，抑何施義豐而受報嗇也？鴟夷子皮得計然之策，三聚三散，差可擬公。至攷其世家，後稍稍微矣。而公裔蟬聯鼎盛，不翅荀龍薛鳳，庶幾足為市義者勸歟。古人以鄉三物興賢，過閭必式。觀公于鄉，史遷之重隱君子有以也。

甲午孟秋望日，晉安翁正春書（印）

（印）李長者以節俠著閩中，今百五十餘年往矣，人猶咨嗟太息。嚮慕之士不可以無名，信哉！古之任俠自憙者，無如翁伯。然史遷所傳，第從邑賢豪長者居間，振人急而已。長者施予賑貸，赴義扞侮，身在郡國，聲動人主，又卒無它塵中睚眦之跡，此其于俠何如也？公之大節，既翁伯所不敢望；而翁伯之所自憙，又多公之所不屑道者。跡公行事，豈徒曰『人貌榮名』已哉？五世而後，莫之與京，豈惟翁伯，即魯朱家，亦何敢望焉？長者之為長者，可知矣。

吳中顧起元敬書（印）

清溪李公以義施膺朝獎，尋用擒劇盜，功拜一命，署令鄉邑，克迺惠澤。知公者不稱其官而稱長者，迄于今猶然。夫長者之稱所由來重矣！漢文帝召問田叔：『公知天下長者乎？』叔具以孟舒對。張釋之問文帝：『絳侯周勃何如人？』帝亦曰：『長者也。』龔遂召見宮中，孫治績歸諸上，宣帝咲曰：『君安得長者之言而稱之？』黃霸守潁川，帝謂其治行終長者，賜璽書揚勵。夫孟舒捐軀衛主，周勃重厚安劉，龔、黃循良理郡，廼各獲見稱如是。讀《李公傳》，公位雖卑而名崇矣。公有聞孫祠部克蒼君，謇諤持論，上不負天子，夫鄉邑朝廊有間矣，以言乎長者，均焉。古云：『莫為之前，雖美弗彰；莫為之後，雖盛弗傳。』不佞羡焉，爰贊之曰：

膴仕浮榮，誰不消歇。陋哉仲遠，自詫官閥。惟有義聲，亘古不沒。於鑠李公，扶義岸兀。
種德于家，蜚譽北闕。施于孫子，麻祥長發。勒詞簡編，若標窿碣。

黃鳳翔（印）

題李旌義公傳跋語

史遷敘遊俠，本於赴阨急困，羞伐其德及為傳，而翁伯褎然首稱。世儒謂武犯禁，掩口不欲道，而俠一脈遂絕。嗟夫！役貧扞罔，此於節俠之義何居？故俠著於遷，亦絕於遷。茲讀陳司馬所為李旌義傳，急公馳義，已逡逡退讓，至使名聞。人主親詘帝尊，賓禮之，以是稱俠，即與吾儒共敝天壤，何遜焉。王元美嘗嘆《史記》不作，要以世無古俠可當模寫。今若人若傳具左，恨不令元美見之耳。

癸巳仲春，洛誦主人楊道賓書（印）

右及卿所傳旌義李公事如此。公以一布衣誦義千里，再用閭左，禽渠帥。飛梁磴道之役以比櫛竟中，非獨家饒於財，其材氣足任也。即公所當人主尊禮，恩施甚美，令得極其材之所至所表，見當不地是矣。魯連所當，當世濁勢，功成舍爵，長揖田廬。夫令以當公世，即不卑壘尉，可也。陶朱三致千金，好行其德，其子孫亶能脩其業而息。公三再傳，而詩書之澤罔焉。其崇英逸偉，函而曜之，克蒼君以視朱公賈豎耳。及卿謂公所慕魯連、陶朱之為人乎，而傳公於俠，即惟彥且因以俠歸公。顧余所迹公事，不必不俠，不必為俠。舍爵不必如魯連，而義方之，心計不必不如陶朱，而脩業過之矣。惟彥而以遷史詫元美也，儻未盡以俠傳公。

是歲癸巳春二月，同郡翁仲益題

題旌義李公傳

余嘗考覽國史，高皇帝雅嚮意，賢良辟舉，至有朝謝蓬樞、暮登鑾殿者。今觀李公長者，慷慨好行其德，朝野慕義無窮，顧僅拜一壘尉而止。盖已為英皇時事矣。然公起布衣，至天子嘉勞，寵以璽書、繅幣，猶有祖宗朝遺意。自是厥後，士非科目無以顯功名，而閭巷之賢往往黯抑弗耀。公今歿百四十年，而其子孫復鵲起，科目蟬聯簪組，搢紳大夫相與為歌頌，以張大公事。譬之稼者播時秇之雖或罔，秋後必倍穫，公之謂也。雖然，今海內鍾鼎之族何可僂指，而李氏獨以公故聲加閎，是亢宗者公耶？亢公者公孫子耶？讀公之傳，而凡詒謀保世者，宜用交相勸矣。

萬曆甲午嘉平既望，華亭唐文獻書（印）

莠不除，苗不生；鷙不死，鳥不安。人徒知活人之為德，不知殺人以活人者之為大德也。活人者，人所共見；而殺人以活人者，人未必知。豈所謂耳鳴者耶？陰隲之陽報之，李氏之昌也，宜矣。余王父左溪公慷慨好施，至焚千金券，今其子孫雖不敢望李氏之盛，然亦繁眾。如賤兄弟亦倖先後登仕籍，人以為公好施之報。而公之父孟溪公當正德間，白晝盜賊焚刼村落，公率數騎逐盜數千里外，所誅殺幾百餘人。曾與盜鬬於柞龍潭，潭水為赤，自是賊不敢近吾里矣。蓋父子所行絕不類，人共賢左溪公而不能不疑公。有識者曰：袁氏之有後，孟溪公力居多焉。夫推食解衣，所活數十人而止耳。當刼賊蜂起，其黨礫人軀、焚人廬，生者流離，死者憤怨，荼苦極矣。而一旦盡為掃除，使夫流離者安堵，憤怨者消什，德庇後裔，豈不宜哉！余王父好施似李公，而大王父捕賊事與李公擒斬酋黨尤相類，獨不能如李公得一官。而余輩又不敢望克蒼賢，且克蒼能不泯其先人之行，以傳之賢士大夫，而余等嘿焉，其不及克蒼也遠矣。

袁宗道書（印）

夫輕予善奪，非仁義之謂也。公散萬金而不悋，排難解紛而無所取，人富而仁義附焉。魯連邪？陶朱邪？世以為俠，我以為儒。

莆田林堯俞敬書（印）

當國家盛時，家給人足，風俗淳美，則人人有君子長者之行，以給公濟人為事。故《七月》之詩曰：『我朱孔陽，為公子裳；取彼狐狸，為公子裘。』言忠愛也。《大田》之詩曰：『彼有不穫穉，此有不斂穧。彼有遺秉，此有滯穗，伊寡婦之利。』言慈惠也。世衰俗薄，人私其有。至於縣官從民貰焉，民匿不與。富商大賈，財累鉅萬而不佐國家之急，於君上且然，況編戶之民乎？故有富比銅山，室號金穴，博取厚積，惟以遺所不知者何人，而親戚閭里以窮來歸，莫肯捐其半菽，拔其一毛。嗚呼！風俗之厚薄，而世道之隆替係之矣。李長者之尚義也，歲窖千斛以待族戚，能睦親也；建郡邑堂宇，修厥黌序，能急公也；助賑二千石，成二十七橋，重濟人也。即浮屠老子之宮，動費數百緡，或未盡協中道而一意好施，亦足使吝夫生愧、薄士易德矣。沙、尤之寇，聞之故老，曾掠吾泉，太守往戰死焉。公能團舉民兵，挫其狂鋒，擒其渠魁。雖郗鑒之保全鄉嶧，抗禦徐、石，何以加之？固宜其勞績上聞，寵命下逮，輝煌七邑而大啓雲仍也。纘讀長者傳，俛仰太息，想見其為人，然竊以為長者之誼，非值其時不能為也。蓋國家當乾坤新辟之後，歷高、文、仁、宣生息教養者七十年，山林川澤之利悉以予民，京坻之積，合抱之材，至是始蕃。百姓美衣甘食，率以德義相高，此亦周家重熙累洽之時也。故長者用其財以赴公家之急，而濟人之難惟恐不及，義聲四布於東南海徼間，有《七月》、《大田》之風焉，何其盛也。噫！今不可復覩矣！士大夫於親族朋友，酌之以義，量力而施，雖不必散至千金，亦晏嬰、范蠡之後所僅見也。余雖為之執鞭，所欣慕焉。

萬曆甲寅孟夏，郡人黃克纘識（印）

卷三

盖不佞讀《李公傳》不數行，而有意其為人也。迹不越四域而使賢愚傾心，黼扆動色。倜然以布衣婁寄百里生靈，命稱異數，彼其于長者何如哉？世謂其艷仲連、陶朱為俠。夫俠以武犯禁，背公死黨，無行義之尤，君子羞稱之。史遷津津，無過豪喜事耳。李公深于道矣，已事所彪炳，不翅俠，不敢望，殆若素然，函三教為一，不作分別想。捐不堅財，行方便事，從現前功德，以逮未來。靡所揀擇，捄亂除暴，不惡不祥，以扞吾圉。急人之情，而忘其身，芘其宇下者趾相錯也。邴邴乎為儉歲之粱稷，寒年之纖纊，何慮至於諔詭幻怪，將無其天性？然向令大展其驥，詎惟閫一方九有，亦如漸洳矣。嗟乎！蜉蝣揚睫，不知一生當着幾量屐。世鮮達識，多藏厚亡，苶然疲役而終身不覺，可不哀耶？李公雖百五十年，上懍懍恒如有生氣，真可薄雲天、敝金石。且鳳毛麟趾，幾于無算，聯翩霄漢，聿繩厥武，天之報施，善人未倦，不可極所得，孰與素封多？沐浴此傳，俯而喟，仰而吁，惜無以李公事憬當宁者。

四明沈泰鴻敬書（印）

孺子偶握塊，夜而夢，以為餅餌也。與人爭鬪而不能捨，覺而知其為塊也，擲之惟恐不速。世人之愛金，以為此金也，而靳不忍割。金與塊何異？世貴金而賤塊，物有結之，若視金如塊，則彼之棄之也，亦惟恐其不速矣。李長者之尚義好施，出其天性，非有託而然。若以金之可貴而却之以明潔，義之可尚而赴之以立名，所以知長者何淺也。佛言：『菩薩心不應住色布施，為利益一切眾生，應如是布施。』持此說以質諸克蒼，公其不以予言為河漢可知也。

萬曆歲丁巳元日，吳興蔡善繼頓首書於溫陵官署之空有齋（印）

班椽以太史公進遊俠為非，不知役貧扞罔，太史業已絀之。而所進者特存亡死生，而不德如朱家、劇孟之流，夫又烏可非也。晉江陳及卿為《清溪旌義李公傳》，其文甚偉，而大旨謂公行近俠。夫公以布衣行，顯名天下，觀其迹，誠俠之盛者。乃其為梁劍渡，志夷開闢以來之險而卒也，以身殉焉，誠仁結於中而不徒皎皎於名行也者。公蓋儒與俠兼之，陶朱、仲連抑有愧色，而曾朱家、劇孟之敢望乎？使其才不以位絀，不翅惠百里殄萑苻已也。而僅僅以素封信其十一，所處在幸不幸間矣。至一再傳，而卒以儒顯。駸駸日月之際，乃知公之所貽遠矣。於戲！豈獨是非定於身後哉？

吴郡嚴澂頓首書（印）

讀旌義李長者傳

蓋自古治生家稱陶朱公云，至於其俺聚俺散，而後知陶朱公非治生者也，夫固有所託而試焉者也。余聞閩地阸陿，所少入，其得不足以自食而暇食人。乃今觀於清溪李公，前後所捐金行義不訾矣。身力作，致錢鏹，棄之如土，是誠類有道者。抑其所以鬬智爭時、筦山林川澤之利者亦有道歟？昔卜式數出財佐縣官之急，天子賢之。當其時，國用大空，誠令式任少府水衡之事，其所自見，未必不如桑孔、東郭也，而帝獨觀其能於上林羊群而已。夫以李公之賢，自天子公卿至郡縣有司無不知者，累薦起家，止於小官，殆漢天子用卜式之意。而其用之有究有不究，則古今之故可以慨焉。老子曰：『聖人不積，既以為人己愈有，既以與人己愈多，天之道也。』今李公曾玄至二百餘人，孝慈肅雍之教穆如也。而公之五世孫禮部君克蒼以文章節義震世，而無驕吝之心，蓋若陰用公術於行己處物間而惟恐其贏者。然則李氏之後，又豈可量哉，倘所謂天道者乎！

太倉王衡謹書（印）

清溪佳山水，多名閥異人，詹、李二氏其翹楚也。二氏孫子雲仍，簪纓奕葉，人比之江左王、謝云。詹之始祖清隱公開先縣令，功高惠流，大有造於是邑。歿後，尚為民禦災捍患，宋天子賜謚封爵，至今春秋祀焉。李氏有朴菴公為之祖，敦仁好施，急公勤義，散積粟以周里閭，募死士以殲劇寇，脩葺黌宮，賑卹宗人，善行種種，見諸傳誌。至蒙人主褒嘉，寵命錫秩，邑人家家尸祝之。二公德行相埒，後昆咸載其德以顯。詹之後，大發於司寇尔欽公。李之後，至祠部克蒼君乃崢嶸高大其門。克蒼風裁稜稜，聲稱藉甚，陟穹階直須時耳。江漢從岷嶓東下，起伏瀠洄，歷數千里，達于溟渤，浴日滔天，稱宇宙巨浸，孰謂二氏淵源無自耶？余於尔欽為年友，辱與克蒼遊，因得論其世，併表而出之，以語二氏子孫，且以風郡人。

萬曆丁酉冬，林雲程敬書（印）

旌義李公像贊

白而皙頎而長兮，汪汪千頃，誠難量兮為義力。樹德于鄉，名聞九重，錫之鞶裳，授以封疆，治且莊蓄未盡兮。卜世其昌，誰最顯者，维克蒼！

黃文炳（印）

余新都以白圭、計然之策起家，巨者百萬，其下亡慮數十萬，雄視里中。悉以華靡榱栱，紈綺僕御，結納權勢。甚土苴黔婁，一文變色，輒成秦越，甚至錢奴惡少，椎埋緑林，聚哨劫殺，以圖報稱。一入訟庭，貫三木而唾面，其賤如彼。乃富人所為，縱有善保，其子若孫寥寥耳，皆與李長者反也。曾未聞有好義樂施，除暴安良，旌額賜幣而後大如李長者之為人也。使長者德聞吾鄉，慳悋殷實之徒，千載之下，景仰而化，豈不成富而附仁義之風哉！余讀《長者傳》，名公巨卿，揚扢不能，外贊一辭。獨有慨於吾鄉富者焉，敢以片言及之。

海陽閔文逸敬書（印）

旌義李公，閩之清溪人，今祠部心湖李君六世祖也。公家累萬金，好行其德而不有其德，卒之來天，眷錫文綺，典戍曹，又三攝邑篆。夫固以不用為用，子孫雲如浸浸，以儒業顯，而至祠部君始大。祠部君始以比部郎建言，左遷楚臬幕。適余秉楚憲，相得歡甚。遣兒婿輩師事之，恨相見晚也。居無何，拜祠部郎賜環有日矣，會以讀禮行。今年春，需次闕下，主爵者始以銓部郎請，不得旨，繼以司馬郎請，又不得旨，此其故難言矣。君且賦歸去，余邀過署中，因譚其六世祖以好義被旌。已又出其《旌義傳》，余讀未終篇，知旌義公之詒孫謀也，而有祠部君；祠部君之光祖德也，而顯旌義公。然旌義公一布衣耳，能動至尊，祠部君既遇矣，而又以上書浮沉郎署間，假令旌義公見之，必曰：『夫夫也，是能行吾志而非依阿取通顯者。』祠部君之有今日也，所從來遠矣。余因賦近體七言四章，既以表旌義公，而復為祠部君勸駕云。

丈人高義薄雲天，為善鴻名日月懸。處處黃金供結客，山山綠樹待隨緣。布衣幾見頒文綺，鄉國那能借大賢（公以閩藩臬交薦，特授源口廵檢，又三攝安溪、永春、德化篆）。不信君門成萬里，從容謁帝至今傳（公輸粟賑荒，守臣以聞，詔旌為義民，錫文綺二。公詣闕稱謝，上命羊酒宴勞云）。

非營殿閣即飛梁，到處慈雲伴客航。身在何須分爾我，功成寧復計存亡。素封不作籯金計，青史偏留片玉光。別有遺經堪萬卷，諸孫觸目見琳琅。

年少春風寵漢廷，豈應才子見飄零。容臺曾典三千禮，帝座仍虛十五星（《天官書》云：帝座後十五星蔚然，曰郎位）。人向長楊占遇合，君從諫草破沉冥。相看不盡憂時淚，海內征求幾日停。

寥落雄心塞上行，過從旅署一譚兵。黃雲遙控胡天入，紫氣高依漢闕明。稍喜山河間赤羽，忍看郡國困蒼生。休疑除目經時久，郎署誰傳折檻名。

豫章通家李頤書（印）

不佞入閩而得交儀部李公，則業已心鄉之。已問而知其祖為李長者，已乃從太守程公所刻《文獻集》中覩《長者傳》。已復從儀部公受諸縉紳先生所為題若識者畢觀之，未嘗不三歎也。曰：『有是哉！長者雖世所指名為富，好行其德者耶。』要以其為實，剖於橐，而其為聲，颺於鄉，以據陶朱而上之可耳。然何至以布素自通于天子，而天子所嘉予錫賚為非常恩，天下士大夫所幾而不可得者，而長者獨蒙之。使其子孫榮施歌頌，若物采雲祥而不敢諼，一何津津艷也？盖求之而得其故。自三代以還，阡陌開而井田弛，而民不得均貧富矣。富者侈然素封，都數十百家之產，要以鮮衣怒馬奉其身以及其孫子而已，勢不肯推而予貧。其貧者則亦俛首帖耳，泥淖苦辛，十指取糈，自辦為急而不敢以有所望於富。然使貧者愈貧，而富者愈富，而其在上者又不為之風勵勸勉於其間，則稱物之衡與仁義之美，不可期於世矣。故夫秦皇、漢武，其紀年記事之書不雅於文學之口然，而節不得沒也。彼其以一巴蜀寡婦，用財自衛，至為築臺而號之曰貞。卜式，田間牧羊兒耳，由一再上書助邊，遂列九卿，與積功勞伍。夫風世微，權兩主，則誠近之矣。然方兩主時，馳道觀闕神仙，討伐月見日出，人主之財殫而思借於豪，故權正而用詭。至於臺成，而秦之戍卒日輸其骨於邊，而飛其魂於深閨之夢，而寡人之妻日眾。卜式封，而長安洛陽之富民無能占一緡者，卒之天下莫應，而物力終詘於是乎？秦二世亡而漢幾為續也，其用權非也。明興至英皇，卵育涵濡且數十年，方內又安將作？文成、衛、霍之屬無所用，邊民雖患苦胡，謹守烽候，無犁掃之役而殊異之施。乃及長者，要使天下曉然知意，所向在推有予無，佐縣官收恤小民，以積厚而蒙其報。身有令名，子孫大之，若長者而已。明德過漢秦，果萬萬也。

丁酉秋九月念六日，東官袁崇友書（印）

傳所稱俠如郭解、劇孟，能死生存亡，人而竟乃活者非所活，殺者非所殺。乃傴僂細謹，稱長者不少。若而人而毫，亡所當世之緩急。嗚呼！則孰有俠用而長者為質，活人殺人，兩行其德，如李公者也。夫造物忌盈，賢者常恐取名之盡，而虞不可知之後人。李公起布衣，傾貲赴義至勤，天子嘉勞以丹書玄纁，而其子孫復翩翩奮起當世。嗚呼！李公所以名遠矣！

虎林黃汝亨書（印）

李長者傳論贊

家世得以吏事遊閩越間，所聞英皇時溫陵李長者事至張美。當時匹夫得人主束帛，燕享比於國卿，令後世以其德子姓數百人珪組相望。嗟乎！此英皇時事，亦其旹人矣。國家創俗植禮，惇厚肇篤，其於爾時，蓋猶懸寓之有唐虞云。閩縉紳先生所論列長者遺事，實以一布衣起家，積箸錢布方數千萬億，居以魯連、范蠡自命，必欲為之。其以貲雄里中，蓋所心計籌畫，俛仰而身有之，一日恐貽子孫，為伏波將軍羞。乃大出，佐宗族所識窮乏者，生舉火，死者揜骼，日下千金，裝不願息也。作郡邑路，寢兩學宮，並窮極壯麗；為輿梁二十五，為梵宇、道觀不計其數，動必數千萬緡。自溫陵徂建州，無不食若德者。歲饑，出千石助縣道官，故有司以聞，詔賜綺幣，旋詣闕謝，又賜羊酒燕勞。又嘗帥閭左及家蒼頭奴，再禽流賊徐子通等，擊沙、尤寇，撲滅之。寧陽侯懋、保定伯瑤上功最，有詔賜爵一級，為九龍嶺巡檢。以民乞從其急者，又調源口。當時，巡檢於地方最重，高皇帝以所手勅訓勞之官也。使署永春、德化、安溪令，事皆有聲。於是數年，貲盡亡，客告急者無以應，竟日慚苦，弟俊德為之貸五百金以解。又其所作劍口橋圮，家不能再甃，發憤而逝。夫人孅嗇食力作苦，以綦素封，一日感義而舍之至盡，盡而猶貸以周急也。一匹夫部署臧獲，禽薙巨寇，如覆諸掌也。布衣無位而受天子束帛、燕享之賜，如此遇也。以其鄉人眇小吏，行三縣，比為令也。好施若此，不謂求仁而不得。一圮不續，死而不能自踈也。凡此不為偉節奇行乎？然長者百五十年，男子雲孫三百，耳孫方不可計。冠盖蔭里，甲第鱗比，儀部君遂以直節顯當世，天之報施長者，可謂備有吉祥善事。非歟？悲夫！悠悠之談，揆冥以證日，孰知其量善，夫先民之言自求矣。夫有形之質，可致之物，靡不已取。厘取之則厘得也，無窮取之則無窮得也，其以不取取之則靡不得也。長者方積箸起家時，心計胼胝，惟曰一日不為陶朱公，豈料其感義行德，一日而盡散數千萬億錢布，以至於以盡，此為得仁乎！方感義行德時，惟曰一日不為魯仲連，豈復念有所報施，以責於造化哉！如曰：君子強為善，後世子孫脩吾業而息之，大横之策必有大者，豈若人之心邪？國家於爾所時肇建，明德如春起蟄，百行豐融，良士斯見。且夫天子之禮而下一庶人，豈若造化之可責矣。讚曰：

湯湯大河，其合萬里。亦流萬里，而作四海。人之多藏，以貽子孫。仁義不富，而以其鄰。權輿多藏，以仁義行。終取厚亡，及廼長子孫。連觖爾前，蠡愧爾後。有美若人，造化在手。明明天子，國老是先。天子孫子，靈長萬年。

江左阮自華拜手撰書（印）

昔孔明吹嘘炎燼，伊呂伯仲，而抱膝長吟之時，每自比管、樂，尚論者弗然也。予讀《李長者傳》，其立節敦行，忼慨赴義，無媿古人，而生平獨慕魯仲連、鴟夷子皮。夫仲連不肯帝秦，終身布素，節烈有足多焉。乃朱公助越沼吳，既多陰謀，而五湖一逃，用其餘智於廢著，幾與懷清為伍。遂令長子千金之愛，重割其弟，此豈仲連儔乎？而以視長者之風，不無少恧矣。特其功成，身退脫屣。倘來飄然有達人之致長者，盖曰：吾迹似之耳。其致朱公不能完其子，而長者之後熾且昌。若是，豈天之報施異哉？則其所以迹者有不同也。余故表而出之，使後之觀長者者有所準，且以明天道云。

姑胥張鼎思識（印）

余與克蒼先後典符英蓼，一相接而莫逆于心。余移官潁上，英、潁相望，盈盈一水，其於握手未數數然也，以故猶未詳其家世。嗣是十餘年所，余乃承乏入閩，謬分泉臬。行部所至，采聽風謠。側聞清溪有李長者，誼至高，歿且百四十餘年，人猶誦慕不已，心竊異之。既而克蒼卹恤廬居，則余得陳司馬所為《旌義李公傳》觀之，然後知克蒼之先有隱德君子也。余好讀史，每訝遊俠之行不甚軌于正誼，太史公至津津艷談之，其卒乃歸之『脩行砥名，聲施于天下』數語，是又何惡于俠也？李長者折節好施，急公勤義，名徹九重而聲震千里，乃其平生所鄉慕獨在魯仲連、陶朱公二人所為，『脩行砥名』從可知矣。至如貯金以贍宗族，捐粟而周閭里，仁心為質，庶幾乎先賢希文諸君子遺軌，又奚論俠而已乎？溫陵民俗纖嗇，嗜利若飴。即富者，猶操牙籌談阿堵，垂老不休。甚而狙獪為心，日徵貴賤之數，以牟厚利，蓋比屋而是。年來旱潦不時，有司奉功令，社為置廩，日廑勸貸之舉，若建鼓而求，卒無有應者。彼其擁高貲以自封植者，豈鮮其人？要以如長者所為，實難耳。以余所聞，歲在癸巳，民間有闔門絕粒而死者，有婦姑相牽以葬江流者，父老至今談之，猶能蘇蘇隕涕。假令隨在而有長者，何憂一方捐瘠矣！宜其流風餘澤，令人有遺慕也。子孫蕃衍，簪組相聯，誰謂天道遠而不可知耶？語曰：『積水成澤，積善成福。』長者有焉，余特表之，以風吾民，而且以風天下。

萬曆乙未中秋日，興泉備兵使者乾銘楊際會書（印）

及卿陳司馬故具良史材，嘗為長者李先生傳。其孫克蒼春曹裝潢成牒，錦函玉簽。宦轍所如，奉以周旋。寰宇操觚之士詠歌讚頌，言人人殊，要皆詫長者之難，慨人情之嗇也。煌煌乎烈矣！夫紛紛攘攘，為利來往，亡論已乃。若望報而施，有所為而為善，是皆德色耰鋤，填然鼓於世者也。自長者轍事觀之，可不謂難乎？不佞獨謂：『是未窺長者深也。』夫矯然辭千乘者，動見色於豆羹，一介不與者能立，不顧天下之大節，人之取與，固難概也。晏嬰布惠，范蠡散金，彼以卿相強齊霸越之盛，學士猶然羞稱之。而冀缺梁鴻，蹈坦履潔，志念純固，悠然於蓬藋之下，論世者躋之君子之林，窮達惟濟人為懷，處心積慮，名高望外之冀，無爵祿之縻，長者藏身山澤畎畝間，若此矣，又未可以盡人也。其心固人人見之，彼其為所得為，受者無所德怨。即豐甲而嗇乙，其有餘，博施不自見。競競力任，更有危言危行撐矣。後先楨縣官繁有徒矣。要以長者子孫雲仍，超乎可以為難之外乎？殆仁義為質，夫然後人人知天之所以報長者大荷，艱躓而不悔不見，是而無悶，巋然若魯靈光也者，則克萏其人。厚乎哉！說者謂『長者為天樹德，天為長者樹人』，不佞以為知。者，

江海漁人周訓（印）

卷四

題李旌義卷（有敘）

蓋聞騶虞蹈虛以惠物，而豺狼密厲於掩群；逸麟側足以全仁，而蠻觸伏尸於蝸角，物既然矣，人亦如之。故達士抗志於八荒，而同氣或分燕越；至人脫屣於萬乘，而市廛猶釁錐刀。世羅塵籠，爭競鳶鴟之肉；人迷覺路，若洩尾閭之波。至如任俠王孫，徒流連於光景，布金上士，求食報於幽冥，孰有分一綱之仁心、拔萬族之險難，如閩中李君者哉？君氣高季子，節慕陶公，悟我相之空花，結菩提之善果。徒以先人遺業，致向氏之富饒，加之十載勸農，廣計然之儲蓄。千金可擲，輒捐筏於艱難，片諾不留，甘掛劍於丘壠。計功無算，非凝之之局於萬錢；沛澤有年，豈梁商之止於一息。加以扶持象化，架寉帳於香城；品藻雞林，敞龍垣於淨土。建七級浮圖之寶刹，粉飾禪山；奉三世如來之金容，裝嚴法界。綠房丹瑣，彩綴晴霞；紫閣青疏，光含蜃氣。遂使清溪道上，宣佛鏡於無方；溫陵郡中，演慈燈於不絕。抗希代之奇節，譽重南閩；負超世之芳聲，恩覃北闕。絲綸燦爛，驚傳華衮之褒；文綺焜煌，更沐冠綎之錫。真機蔚茂，瑤林棲結草之蟲；瑞氣融和，花徑集銜環之鳥。觸籠之羽，翻托夢於繡衣；佩印之符，廣延祥於玉冊。左仁右義，澤五世而未衰；聳壑昂霄，更百年而彌盛。或名高片玉，蘭馨桂郁之儔；或文足三冬，龍駒鳳雛之裔。雖留恩於不報，惟秉素心，而顯兆於不誣，荐膺後寵。固將傳芳竹帛，圭臬萬年；豈徒鋭意松煙，寶思隻紙。恭成四韻，特著心蓮，敢布一言，少攄意槃。附鴻毛而過碣石，是所甘心；從旄墩以度太山，能無媿恧。

伊人俠氣薄雲空，譽望英馳大海東。財散清溪同李謐，橋通渭水號崔公。恩從紫禁綸褒重，家擅青毡世業隆。祚胤於今有奇傑，悠悠千載挹芳風。

時萬曆癸巳夏，旌義裔孫心湖儀部攜諸名公題冊，屬余一言為賡。余於儀部通家相善，誼不能辭，遂援筆賦此，以風來者。

是年冬十一月至前一日，嘉禾朱廷益頓首書（印）

旌義李公贊

龐龐李公，約結自匿。丹穴起家，蹲鴟食力。原涉辭湌，弦高犒革。應響叩門，義先急國。靈圮綿綿，公堂翼翼。孰鑼孰縉，直于私室。行動海堧，音亮帝側。賜帛授饗，白手拜職。嗟公嗜善，饑渴飲食。吾儕小人，喟焉歎息。

萬曆二十二年三月丁亥，郡人何喬遠謹書（印）

景義賦（有序）

昔司馬子長稱：魯朱義至高。以彼雲棲木食，風烈罔見，然而德音質行，千里頌義，隱而彌曜。斯巖處之奇行乎，其砥志脩名亦偉矣。余自束髮，雅知李心湖翁亮節清風，海宇嶽嶽。萬曆己亥，余客長安邸舍，與翁鄰，得讀其祖李長者旌義、賜爵諸傳志。歎曰：『觀禾知稼，從穗識本，世德固有開哉！』暇因抽毫，以附昔人高山之仰而作賦焉。詞雖俚陋，聊寄懷於曩哲爾。

唯達人之閎覽兮，握貞德以為符。慨品庶之凴生兮，炳元化之靈樞。彼貪夫之殉利兮，竟殞志於泥塗。嗟重積而能散兮，誠睿士之所謨。孰敦惠之非寶兮，孰攘攘而非愚。吾悲夫貞風既凋兮，碩人之云逝。襲明德於徽懿兮，乃獨眷此嘉族。維竜首之誕神兮，凝三五以降育。湧珊瑚於閩海兮，編蘅芷以為服。鏡洪濛之宇宙兮，光有蔽而愈赫。法老氏之守黑兮，固獨遠於矰弋。撫長鋏以周章兮，豈世俗之所疋。荃既有此內美兮，聶蜷局於空谷。抱淳樸以為範兮，蔚畎畝之光。實晞髮於五華兮，濯足於滄溟。匪仁里之弗宅兮，匪義跡之弗行。伊中情之信脩兮，慕萬石之遺馨。旌性行以製佩兮，鑲夜光之熒熒。舉世競進兮，荃獨甘泉石之徜徉。舉世厚藏兮，荃獨懼多財之媒殃。兄董賈而弟荊劇兮，被禮誼之繡裳。豈立枯以為隱兮，豈附榮而為彰。現淨名之第一兮，寤妙德於前三。析三車之遐軌兮，閱十行之梯詮。鋪金地於祇林兮，聚恒沙於福田。綺紺暎於兜率兮，竇砌兀而孤騫。彼洪波之泱漭兮，人方苦於涉揭。乃伐石而為梁兮，長虹續其飲渴。物寧憂乎濡尾兮，壓洪流而祇塞。篋既無積帛兮，廩不餘裹重。然諾于片言兮，賓客紛以待火。月旦虛禮兮，州壤推風爵。胡僅於下士兮，祿等上農。譽命斯煌兮，非夫子之所快也。義必懷邦兮，豈抱關之為隘也。何萑苻之嘯眾兮，乃我疆之為戾也。奮吾鋌以除莠兮，愳嘉禾之是僡也。覽先民之巨程兮，謂積善乃餘慶。故吉人之娉脩兮，諒介福之保定。羌潛德之淳備兮，固神明之所聽。爰申佑於後哲兮，宜戩穀之有命。乘青雲以翺翔兮，齊玉馱於廣路。揚卿月之清芬兮，振千古之高步。矢孤忠而排閶闔兮，冀旒纊之一悟。吾道倚以朱紘兮，曰麟鳳之馳騖。何中情之好脩兮，猶孤憤於積薪。獨倏然其容與兮，甘介石以守貞。既滋蘭以九畹兮，又樹蕙之百畝。唯昭質之無虧兮，雖顑頷之何悔。余命靈氛而卜之兮，曰兩美之必合。朝發軔於咸池兮，夕將游於天極。名世軼才兮，毋寧天授。植義肇祥兮，祖澤維茂。于叟高閭兮，後且大以駟馬；竇氏好施兮，留胤賢之純嘏。永清芬於祖烈兮，曰懿德與榮名。苟籽耘之有獲兮，知眾粒之已成亂。曰夫人之義，余所思兮。如金如玉，永為儀兮。仰高山而太息兮，蘭芷芬其未沫，心忡忡而何斁兮。

峨眉王毓宗頓首書（印）

讀旌義李先生傳

李先生，恂恂人也。其捐私狥公、急人之阨，類義；其簡師蒐乘、殲厥巨魁，類勇。至羞伐其德，死生以之，又何肫肫君子也！夫俠士好施，烈士狥名，人猶爭奔走焉。要以捐名去智，一稟於真誠，斯為難耳。余雖不及見先生，然與先生之孫克蒼君遊，望之盎乎若春，即之沖乎若谷。而遇大誼，慷慨發憤，屢躓屢堅，絕其虛憍，遊於太樸，何其類先生也。《詩》曰：『惟其有之，是以似之。』亮夫！

蘇濬（印）

湖山勝甲清谿，扤帶則梯航孔道，土毛則封植奧區。萌生其間者，多質行而不匿其秀。余夙莫逆於別駕李子觀氏、封君李子羽氏，因得習於諸昆，駸駸乎長世矣，意其必有醇龎魁艾之士，克開厥先。越今觀陳及卿所為《旌義公傳》，則益信信然。旌君生不逢中興之會，出不羅遴柬之典，化止鄉鄰，爵止公士，猶然襄公家、急人困、糾王慝，分之所可為與時之所能為者，類如是耳。假令與諸昆易地而處，際熙朝，奉明揚，畀艱大，寄閫疆，其典錯谹鉅，必更倍萬。今諸昆出而循良，入而蹇直，排衆批鱗，艱危其身，以憂社稷。先公之所欲為而未為者，後之人方亹亹矣。昔姬公卷卷雅頌，以昭積累。功仁之德，不寗誕告多方；毖閟三恪，毋亦垂訓諸姬；增脩令德，以無遏佚前光。今司寇君當皇華鼎翔之時，諸凡簡淡，無所湛絯。獨於諸君子傳序數數然勒諸堅，豈非寅念顧省之深意，內以飭躬而上以亢宗耶？余素畏克蒼於穉齡，謂其挹捐而善，自廣益也。用次諸作者之殿以附毗諸昆，知得時異於旌君而世述者，當引之元功，儒林之緒統。世自貺亶，階巍曠貴云乎哉？茲為題鐫之至誼。

時萬曆二十有一年歲在癸巳季夏望後五日，通家生晋江蔡一槐景明甫識

余讀《李旌義傳》，以一閩海布衣，名動人主，斯以奇矣。及再用閭左，擒寇功，起任暹尉，三綰縣符，又皆不去其鄉而有令名，豈不誠難矣哉！論者謂其時去國初醇厖之風未遠，故上下得無猜。亦惟是公仁心為質，慕誼無窮，所繇信之日久耳。然公既以功見名立，而終不越一尉。當時官人不甚拘資格，乃竟無有破攣綱一大用公者，何歟？語曰：『山高不弛，祈羊斯至。』以公才具而不盡施，所施予亡算。而身未盡食其報，天道果且無知乎哉？其鬱為孫曹如克蒼君，諸名賢雲仍未艾有以也。

時萬曆癸巳閏月，莆陽陳其志謹識

劉子曰：嗟乎！輓近佻俗潎潎，競于毫芒。李長者即席素封乎，乃能捐貲累百萬緡，急公馳義。今百四十年，其鄉之薦紳長宿，歷歷能道之，甚至為貸廢食、橋圮齎志焉。公慷慨，好行其德，固天性耶。且也以布衣撼萑苻，直令枹鼓不驚，至廑天子璽書，臨長其土，抑何豪舉也！夫史遷敘遊俠，俠一脈雖矯矯，中古不可磨滅。然余知公履仁蹈義，掩口不欲道俠。視其所為，殆漢世高門之儔而倜儻踔絕，什伯之乎。藉令身都將相，方之古者，彰君之賜，及近代麥舟義倉之為，尤烈烈者也。克蒼父高標峻行，親賢愛人有如饑渴，盖至性所自來長遠矣。

年家子廬陵劉日升

書李翁冊

余讀《清溪李翁傳》，或曰俠，或曰長者，而疑焉。夫長者與俠，不可同日語矣。曰長者，則慷慨之氣常少；曰俠，則文罔之扞常多，奈何比而同之已！乃廉翁生平，翩翩豪舉，却自不忍人，一

念流出，大都有長者之行而不靡於氣，有俠士之節而不骫於法，君子哉若人乎！翁裔孫儀部郎克蒼氏，為余同年友，聞余言，謝曰：『微子疇為先大父知己，乞書之為重。』夫余言曷能重翁，能重翁者是在克蒼氏矣。舉斯不忍人之心，措諸天下可也，是善光祖德者也。

甲午春日，漢陽蕭良有書（印）

余游燕，則晤儀部克蒼李公。望其貌，雍雍肅肅，盖博大長厚君子，有指樹數馬家風。抵掌而談當世之務，則又若懸河而數計也，恠其多世德云。及讀《李長者傳》，而異之人貌榮名不虛耳。長者以布衣用貲起家，乃好行其德，顯名天下。其周卹族戚類仁，其趨急縣官類忠，其刱署繕梁類義，其結士殲寇類俠。乃其掩口羞伐其能，則又居然長者，是大不可測，其老子猶龍乎？世傳老子化身於春秋為范少伯，於漢為東方曼倩。乃長者以魯連、陶朱自況，其合為一人者耶？語曰：『山高而雲雨興焉，淵深而蛟龍藏焉，人富而仁義附焉。』其長者之謂乎！夫朱家脩怨而扞文罔，卜式輸邊而至卿相，於長者乎何有？乃紆青拖紫，手綰銅墨，視國事民瘼若秦越人，肥瘠者不足道。至如朋黨比周，設財役貧，武斷鄉曲，侵凌孤弱，恣欲自快，則賊盜而居民間者耳。此乃嚮者朱家、卜式之所羞也，視長者躂之矣。書李長者冊。

萬曆己亥冬孟三之日，華亭范允臨敬書（印）

李長者材不盡其用，而託於好施。數散千金，有鴟夷子皮之風。百四十年來，人與骨皆已朽矣，好事者猶張而大之，義往而名在也。《墨子》曰：『為義猶築墻然，能築者築，能實壤者實壤，能忻者忻，然後墻成也。能談辯者談辯，能說書者說書，能從事者從事，然後義成也。』長者從事矣，諸君子之論著，亦曷可少乎哉！

歲甲午首夏廿四日，琅琊焦竑題（印）

予讀此冊，蓋屢太息焉。嗟乎！捨必報，人皆知之。世之為李長者，何少也！今夫富而慳者，以一錢為命；貧而丐者，亦以一錢為命。是二人者，命竟何如哉？或夢得百錢，飲食其半，而留其半，曰：『以待明日。』覺而曰：『吾早知其夢也，悔不遂盡之。』則人莫不笑之。夫醒夢之今日、昨日，與生死之今日、明日等，無以異也。盡、不盡，皆夢也，而以為不若其盡也，是人之所以為夢，而夢終無覺時也。富而慳，貧而丐，其命視一錢同，竟無一錢可為命同，彼所謂命者窮矣。破慳為捨，以捨為命，而命非所捨，故有慳之夢，有丐之夢，有捨之夢，則有慳丐與捨之報之夢，而其為夢也一也。然則無捨歟？曰：何為無捨邪？以夢捨則窮，以覺捨則無窮。其捨也覺，其報也亦覺，覺則捨無所捨，報無所報。無捨無報則命，命而無窮矣。至人之通，宿命也，其千萬億刼之所捨，固無足言，而其所不捨者，乃至於慚極而發腫，夫未有捨之不能而能捨。捨者也，故以覺言捨，則一錢以往，皆可為無窮。以夢言捨，則此一錢者，慳人封之為泰山，丐人擲之為鴻毛，是富人之重命，曾不若貧者之輕命也。因題此冊而歸諸長者之聞孫儀部克蒼氏，曰：『世之君子，將繇捨而之乎無所捨，以宇宙為宅冊，以無窮為子孫，其必由長者入矣。』

萬曆庚子五月十有八日，石紐居士黃輝書（印）

英廟時，清溪李公數散厚貲佐縣官緩急，而於族鄙鄉閭間，好行其德益甚。其以布衣蒙璽書褒寵，特拜壘尉，良有所樹，非偶而已。今五世孫克蒼君著名建禮之署，諸縉紳先生與遊者，聞其祖德，輒為讚頌歌咏，爛焉盈帙。盖克蒼君汪洋之度，磊落慷慨之節，足以光昭前美，有今人不能已於歎羡者，故曰：『欲為善，思貽父母必果。』信夫！

蘇茂相敬題（印）

卷五

余先世家尤溪，徙清溪常樂，再徙感化河洋里。里中世受什一，自玉山、則成公以來，汶汶與里人伍。余始以武功起，我諸兒幸以翰墨致位。余幼喁喁慕義好施，與壯，即攄所志。而拮据世業，用致殷厚，則本之什一，仍商榷於鹽鐵之利，以故稍稍為清溪族右。而艱難辛苦，餘資鬮分五子，克自豎立。既而遨遊四方，惠濟困急，其素志也。即如病涉者造之輿梁，凡二十五座；饑餓者賑之米粟，凡五千餘石。若司府縣堂、嶽觀菴岩，悉樂施建造，載在誌書、碑記間，可覩也。生平所自許而自酬者，則從寧陽侯、平江伯、大司馬誅沙、尤不軌諸酋，大征是臨，奔命莫及。但余慈祥人也，不忍一方之魂悽愴無依，經歷大深里社諸岩寺院，將彼處田租施於寺，着本僧歲時脩齋，超度孤魂，以攄慈惠之意云。而施田之米，則令僧就余戶備調。余恐世遠人湮，謹陳諸縣父母，請給鈐印簿書，以示案據。仍序，以識不忘。吾之孫子覩其所以創垂之艱，與所以惠濟之雅、武功之顯，亦爾祖爾父之鏡也。

天順柒年秋七月　日森序

今將履歷施與所費條具于後：

一慕義起架本府木石工資等費三千餘兩。

一起建本府東嶽五帝殿木石工資費銀六百餘兩。

一起盖本府玄妙觀木石工資費銀千餘兩。

一助建福州開元寺費銀千餘兩。

一助建本縣堂計費銀貳百餘兩。

一施本縣龍津觀地基並起盖費銀三百兩。

一起盖常樂建口海潮菴木石工資費銀百兩。

一起盖本里清溪宮木石工資費銀五百兩。

一起盖本里泰山巖中殿並東西畔藏堂、齋堂費銀七百餘兩。

一本處溪尾淵兜石壁巉巖，舊時船隻到處灣泊淵尾，余見本里貨物裝載挑販艱辛，費銀五百兩鑿開水道，疏通船隻，往來始便。

一、遇病涉津頭，堪造輿梁以濟人便者，共建橋二十五座。惟本縣上下源渡及常樂里建口三橋，浩[耗]銀兩將近萬餘，其他小橋或費銀百兩，或費銀五十兩，難以殫記[計]。

一經歷南畿，目擊歲饑，餓莩相望。余不忍坐視，賑施米粥三箇月，計米五千餘石。

一慕義助邊粟三千石。蒙命顯榮，勅賜九龍嶺廵宰。

施田着僧脩齋，超度孤魂，田段土名具後：

一田感德里大深湯頭上洋，種子壹石，租貳拾栳。

一田坑頭，種子五斗，租拾栳。

一田土名門口墘，種子五斗，租拾栳。

一田土名八斗壠，種子五斗，租拾栳。

一田土名山狗頭，種子壹斗，租貳栳。

一田土名後田大坵角，種子壹斗，租貳栳。

一田土名湯兜，種子叁斗，租陸栳。

一田感德里大深石獅土名後西坂上，種子貳石貳斗，租四拾四栳。

一田土名貓鼻嶺厝門口，種子壹石，租貳拾栳。

一田土名後隔乾並厝兜大坵，種子五斗，租拾栳。
一田土名後隔，種子壹石貳斗，租貳拾栳。
一田土名雙壙，種子五斗，租拾栳。
一田土名芥菜坑及大坂大帽兜，共種子貳石，載租肆拾栳。
一田感德里大深太華土名大乾尾，種子壹石，載租貳拾栳。
一田土名沙坂，種子壹石柒斗種，載租叁拾肆栳。
一田土名翁厝內，種子五斗，租拾栳。
一田土名半嶺，種子貳石肆斗，租肆拾捌栳。
一田土名芥菜坑，種子叁斗，租陸栳。
一田土名新殊洋中，種子五石，租壹百栳。
一田土名菴後壠，種子貳石五斗，租伍拾栳。
一田土名仙宮後，種子壹石五斗，租叁拾栳。
一田土名水口壠，種子壹石，租貳拾栳。
一田土名大墘，種子壹石，租貳拾栳。
一田土名後坂頭，種子捌石，租壹百陸拾栳。
大深天湖岩田一段，土名白石杉安，種子叁石陸斗，租柒拾貳栳（天湖岩租柒拾貳栳，係吳達佔去）。
一田土名嶺富，種壹石，租拾栳。
一田土名草橫，種四斗，租捌栳。
一田土名磜頭，種貳斗，租四栳。
一田土名磜兜坑，種子叁斗，租陸栳（□兄褒世佔去）（此改租□百石，係吳□乾仝伊□）。

厚德廣施，浩乎廓哉！大費自千萬而上，約略在籍。百十而下，無紀焉。當其負戈從王，居有訓練，出有賚操，薪芻不擾于牧，人行竈不假於公糈，其供億也大矣。力濟其志，利以和義。盖盡心濟物，豈為求有此名哉！自天順底今垂二百祀，存者寥寥。大橋如劍斗、上下源渡，洪流崩圮，公以此無生，是其及見者，無論耳聞。省中之初創芝山也，僧裹緣疏，設齋誓眾曰：『贏千金者，署首行，占首位。』公時進方物，歸自燕直，入上座，呼僧曰：『筆來，吾署之。』署如其旨，坐皆辟易。僧問期，公曰：『易耳！』旦日啓藩伯借千金，伯亦藉甚其名，授鏹無所缺。數日，家僮舁篋至，完若所兌者。寺成，僧德公庸，為祠祀公主，前輩子孫科舉咸宿焉。至萬曆中年，賓興員夥散而僦居，事乃廢。予生也晚，至省求其祠，故址之湮淪久矣。考僧亦茫然，今寺亦再興再毀矣。興化江口橋者，公自建芝山歸，經此，適會興築，檢篋中尚餘千金，悉襄之。予嘗過其上，讀梁亭遺碑，循省往復無祖名，私訝千金非寡尠，紀德見遺，豈積薪者黜前庸而自為功邪？臥波猶懸，非長流之所能泐而弇隱蔽美，是亦不仁而已矣。在郡元妙觀，今祠朱不祠李。相傳樸祖墓志朱簡菴先生所筆，廉不受潤，用此酬其勤，故李之子孫無有至者。若泰山、青林、獅子、福山、龍津數神宇，巋然猶峙，然其欂櫨傾欹，階砌剝落，匪昔觀矣。諸橋或圮或存，各已過半。自喪亂以來，遷徙荒山於朴祖經營之區，靡不踐歷。若橋若菴，或披榛而遘之，或招遊而過之，所見梁石櫟籤，悉登祖名，反稽譜牒，俱無一載。然則公之作德，如日用飲食，皆以為不足於炫侈也，留于家乘什之五耳。予之兢兢書此，近於續貂。但其引伸於嗣孫之望，惟敬惟勤，飭廢舉墜，為其易者並為其難，如東嶽之一再脩，亦其一也。樸祖曰：『是亦爾祖爾父之鏡焉耳。』夫鏡，又曷可不時拂而時磨也？

七世孫日爆恭識，十二世孫斌敬書（印）

府君以天順七年八月二十五日下世，七月中書此記，相距纔閱月耳。前一年以上官疏薦，謁銓入都，舟行至建溪，夢眾僧市岸遮留，計是以大期告之，遂不果行。綜其行事，留此數衷，慮不及後人，言不及家事。其書行蹟，非伐也。欲使子孫繼其成勞，其書大深施田，非戔戔顧此也。府君六十六年中，家脩而里，里脩而國。赴義之勇，兼濟之勤，聚散百萬，署勞於朝野，可勝既哉！而獨結情數畝，蓋平生不忍一物之命非得已。稱干用鉞，悲軍士之橫草，見從亂之委骴。魂骨坑填，無復魄之親，無國殤之禮，所以鉥心疚緒，惟懷永圖。《傳》曰：『夫子加禮於死者，況生者乎。』嗚呼！知德之君子於此觀仁，庶無譏焉！

八世孫光坡恭跋，十二世孫斌敬書（印）

古之所謂豪傑之士者，出則宏濟蒼生，處亦緝和鄉黨。故晏子之在齊也，春補秋助而外，其待而舉火者七十餘家。陳式之在漢也，輸粟助邊之餘，其廣為推恩者終身不倦。僕閑披育左，俯覽漢書，蓋嘗心識之而求之目前，則未遇其人焉，亦不敢以為絕望也。歲己丑，由龍潯權篆清溪，識李氏拔萃于山，文貞公裔孫也。其人孝友睦婣，義洽族里，其行事於二子為近。惜高尚其志，未獲見之推行也。予以為文貞公之明德後有達人，固然其無足怪，而不知李氏之積功累仁，上自樸菴公始也。公在前明天順間，其立朝大節，史傳書之，邑志紀之，過晏、陳遠甚。而讀手撰序文，平五邑寇亂以靖黎民，置義田以贍宗族，建橋梁、開湖口險灘以通舟車，又非若晏、陳二子之沾沾施濟已也。尸祝者至今未替，則留貽者至今孔長。然則今之有李氏于山，人以為文貞公之澤，予尚當溯自樸菴公也，故志樸菴公兼以誌于山焉。抑予見于山諸子，英爽之氣溢於眉宇，人以為皆有祖風云。是為序。

（道光己丑年，黔陽後學知安溪縣事黃梓春拜撰）

按 底本原無落款，此據一九九三年《江西上饒李氏宗譜》卷一『舊序』補。

閭巷之俠，急人之急，千里委命，此豈非人之所謂賢豪長者耶？況以一布衣而振國家之急難，其義問可勝道哉？語曰：『饗其利者，為有德』。名聞人主，士不虛附，故足術也。以予所徵李翁，欲善無厭，不矜其伐，並所謂積之冥冥者念於何有，庶幾乎無所為而為者歟！讀其事，為之逌然色動，戚然重有感也。夫固有析人之圭而弁髦公家，為周身謀，則忠號曰父母，而秦越其赤子，不關饑寒疾痛之憂。嗟嗟，誠何心哉！聞長者之風有餘媿矣。

甲午孟夏望日，豫章劉應秋書（印）

世之論陶朱以貲，魯連以俠，尠小乎！其於陶朱、魯連奚當也？鴟夷子皮擁財自豐，托名玩世，跡其粗以治生，啬其精以自毖，目睇阿堵不翅唾去，賈豎望而走已。仲連海上布衣，藐虎狼之秦，瞋目大呼，欲仗劍斬祖龍，不憚蹈東海而死，千載而下，猶存士君子之志節。故陶朱善藏不盡之用，吳越墟而猶渺扁舟之一粟。魯連獨抱有餘之氣，秦鹿失而尚餘義士於海濱。李長者往矣！讀其傳而夢寐其為人，儻所謂用未盡而氣有餘者邪？長者不得行其志於公卿間，堇堇散金以致知人主。比慷慨排難，則白刃剸人腹，萬金酬死士，校昔慈悲種德，倏然兩截。長者蓋用而不用，不用而用，勃勃奮迅之氣已自浩然不可收矣。吾友克蒼君，材志軒邁人倫，百四十年未盡之藏，醞濃發洩。一曹郎抗顏爭國，是不恤齒馬之忌於都哉！魯連之餘矣。長者之為克蒼耶？克蒼之為長者耶？陶朱、魯連，吾不與易，又安能辨其孰是也？

黎陽王在晉謹書（印）

荀悅曰：『立氣勢，作威福，私結交，以立彊於世者，謂之游俠。』太平之世，武勇折脇。其在流搶，天下徒涉。怯者震慴，貧者亡簇。於是天下何可無俠？聶政、田光，隕身而已。齊有靖郭，賓客譽起，朱家振人，自貧賤始。雒陽劇孟，行頗相擬。關東大豪，漢有子高。自是之後，俠亦不多。世無司馬子長，既立傳之無人，亦何恨乎麓井之無豪？嗟夫！褊虜之子，千古皆同。吾所服膺，旌義李公。

乙亥二月，莊鰲獻書

仁人之於仁，若鳥之于飛，魚之於潛，不期然而然，不期致而致。李先生總角好行其德而彌篤，名聞螭陛，遠近景附，非所榮也。踸踔一尉，莫騁秋駕，非所阨也。先生蓋人知之亦勸，人不知亦勸，何有於外之遇合哉？鳥不厭于飛，魚不厭于潛，仁人之不厭于仁，亦若是則已矣。故先生即蹩躠自好，畢世而莫之知，吾知猶不厭也。

海虞瞿汝稷

山海甲東南，溫陵獨鍾異。代興偉丈夫，夫豈在一第。於赫李長者，矯矯秉高義。公爾故忘私，傾金結死士。出民膏火中，英聲振天地。孳孳急好施，溝壑感博濟。得全者全昌，蘭蓀曰善繼。鵲起翔天階，祠郎儼赤幟。風節高龍門，四海歸意氣。源深且流長，食報良有自。遡公不朽名，璇題日月際。

余慕克蒼先生高風直節久矣。幸茲瞻對其領教言，殊慰饑渴。比伯東丈出一冊見示，則海內諸名家所傳誦李長者，即先生王大父也。慷慨仗義，何遜卜式、魯仲連其人。竊又歎曰：『詒謀繩武，豈虛語哉！』願為執鞭而不可得，敬綴一言於簡尾，倘獲附通家小子之誼，幸矣。

萬曆丙辰冬日，雲間陸應陽書于瞻紫堂，時年七十有五。（印）

蓋余讀清溪李公傳，而知天之非難祈也。大均茫茫，亦復恢恢，而監觀有赫，求民之莫。漢楊伯起為太尉不開產，惟以清白遺子孫，而秉賜以後，關西鼎盛不絕。李公，閩布衣也，廼饒田宅，以雄貲厚施。而厥後先，祠部克蒼輩簪纓蔚起，何說哉！夫維膴仕者以貞約標世，素封者以豪爽濟物，其於利國莫民合乎天道，殊塗而一軌也。清溪發祥，雲耳繩繩，吾知其未艾矣。然克蒼藉先榮歷官，而猶歎終窶，廩廩徇義，斯政以標世為濟物者乎？其所施者遠矣，是謂善繩其祖者。克蒼勉之。

萬曆甲午三月初七日，吳興章嘉楨書（印）

釋氏有財施、有法施。李長者以財施人，以善施子孫，於布施法，盖兩用財法。語曰：『搖木不生危，松栢不生痺。』其子孫以功名顯，天之道也。

江夏郭正域（印）

李長者，古之市義者也。布衣而數趨公家之急，其蹤跡不類世人，好奇者爭傳之。長者有孫儀部郎與余善，因得讀《長者傳》。顧咲曰：『我曾見長者。』來眾惑之。一日，余與儀部論國事，中夜慷慨。儀部舊以諫諍左遷，再徙入長安，久不補，斯豈肩其任者邪？余顧儀部，笑曰：『吾友已見若祖，吾見長者。』

劉曰寧（印）

余少時則已聞郡治事堂、東嶽行宮出李公搆云。今讀陳及卿傳，益聞所未聞。又漳州某所橋鳩工，至除夕裝米，給食工人，至船數十，則及卿所不載。由此觀之，佚事尚多有。彼其一介，能以其貲厚植義若此哉！陽陵君之對頃襄王，何必遜焉。余故遊公裔刑部君、二孝廉間，刑部君方揚芳飛采宇內，咸願識其人，丹穴之毛種所自來矣。餘振振方起，食德詎有量乎？諸學士縉紳知不知，爭傳其事，彼固喜附其名也。

鄭維岳書

晉江李光縉曰：李公，所謂閭巷布衣爾。崛雄郡中，急公捐私，聞於天子，至令紬帝尊賓宴之，可謂難矣。世論公者，或俠非俠。又欲俎豆公於魯仲連、陶朱公之門，庚左袒之，竊以為未類。俠莫如翁伯，翁伯不敢從他縣奪人邑中賢大夫權，彼直不有其大夫權耳。令如公綰墨綬於旁近縣，尊臨其鄉，人勢得行所志，陰賊之心、睚眦之發，何但一楊主椽家？公得以其時三假令，親握事柄，里不聞有得失者。傳稱其所至，不自潤而多惠績，此於俠何居乎？則何論輕財喜施也。魯仲連辭爵於却秦，范蠡脩業於陶居，各遇非其主，有所托而逃，必以例公，非然矣。令連受爵，非智士也。令公辭尉，非順氓也。公以崛應縣官急，與欲用於家之意異。崇卑貴賤，惟天子使。故尉可，令亦可。第不以真令顯乎，使位稱其施，興學去姦，中外爛然，勳與潁川、渤海等爭烈矣。俠乎何有？

後學黃志瑍拜手敬書（印）

余少小則聞克蒼名，既遊京師，而克蒼繇適籍入為禮曹郎。縣官尚靳，璽丞不予，藩封不使，盖猶以前過也。每克蒼一騎出，人競指之曰：『此以直聲震世者。』徐睹克蒼為人，恂恂者耳，是必有世德焉。今觀李長者貌，若不勝衣顧席。先世素封，婁積而婁散之。創公署，營飛梁，一麾數千金，亡恡色，豈所謂好行其德者乎？及至捍菑禦患，以身先之，剸刃敵人腹中，不少孫辟，又何勇也。以是享有令名，人主不難以章服榮。一布衣區區，從編戶中操兩邑篆，而人爭尸祝之，實心信於上下也。夫長者迹俠而術儒，克蒼衷直而外溫，總之非誠心為質，惡睹此矣。余方事事載籍，見瑰節奇行之士，欣然願為執鞭，詎可於里中而失長者？要以長者之義，微克蒼當不朽矣，矧克蒼為之後哉！

漳南高克正題（印）

卷六

李公富而好施，捐金十餘萬，所全活人無萬數。天子旌為義民，宴勞之。已，用平盜功即家拜廵檢，至兩攝行縣事。有丈夫子五人，傳及雲仍，可三百許，多賢且貴，海內稱右族焉。學士大夫百餘曹撰次詠歌其事，凡數十萬言，以張大公食報之厚。余不佞聞之，《易》『積善餘慶，積不善餘殃』，而繼之曰：『非一朝一夕之故，所由來者漸矣。』《書》言：『惟天陰騭下民。』夫天聰明，豈不能就旦夕禍福人，豈不能取禍福明示人，而必以積以漸以陰，要在使人不可測耳。使人可測，將欲取之試，姑與之知，故萌生，而天之權反為人用。惟不可測而後天之聰明，明威其權，常定常尊，而人始知畏。善乎！孔子思之言天也，為物不二，生物不測，不測所以成其不二也。善乎！孟子輿之言人也，成功，天也，彊為善而已。以人之不二，聽天之不測也。余觀李公仁心為質，摩頂放踵，利天下為之。至于劍口橋圮而自傷，百年之功盡此，卒以此死。非惡其聲，非要譽于鄉黨朋友，詎責報于天，是為積善，是為陰德，是為天道。李公精銷亡矣，其子孫與學士大夫不朽公名，以為世嚆矢赤幟，獎勸人倫，誠不可廢君子之喻義也。沒身而已，他何知。假令李公有意為善，雖善亦私，又安必有今日報也。

雲杜南新市人李維楨本寧父識（印）

以余所覩記，富而好行其德，不顯於其身，必昌於其後。按傳而觀李長者，信然。然長者以布衣當祖宗時，數散千金，至廑璽書褒美。而克蒼君際不韙之朝，數上封事，直聲震天下，乃靳一璽丞之予，何遇合之難也？豈不以時哉？嗟夫！以克蒼君之慷慨慕義，藉令此日有千金可散，以佐縣官之急，未必沉淪曹郎至今。然又安知後之傳旌直者，不與向之傳旌義者，永有辭於世也，是又非所論於李氏祖孫間矣。

莆田年家子吳獻台書（印）

李清溪公富行其德，名動天子，為賜幣拜官，諸薦紳先生讚歎甚具，或曰俠，或曰長者，或曰儒。要以張大其賑匱急困，盡力公家之意，以風來者。意誠有所重，非為克蒼君私昵而已也。余詳清溪公之為人，大都似能率其本心，而不以人我故閡之者歟！夫惟無我相，故不難散祖宗之財，以己急人；又不難捐身家之重，為國禦寇，烏計其俠而俠行之，烏計其長者而長者行之，烏計其儒而儒行之也。後人徵其誼甚高，以為世所崇尚在名號，非此不足以彰美休而標論著，即以為俠亦可，即以為長者亦可，即以為儒亦可。乃清溪公之所以為清溪公者，余固獨窺之于名號外矣。（義）

燕馬經綸書（印）

李長者，世所稱任俠好施，賢豪丈夫也。予於其募士殲寇、扞衛厥里，蓋特加嘆異云。夫寇之來也，貧者至不恡其命，而富者猶恡其財，即不恡財，安所猝得眾而致其死力，非惠信素著能然乎？外其身而身安，散其財而財殖，卒能以布衣傾動人主，至廑璽書褒異之，又何奇也！其以魯連、陶朱自儗不虛矣。迺二君子一試其奇，輒蹈東海，放五湖，亟卷而懷之，恐後猶有畏焉。如長者領符攝篆，所在以能稱，一意活人，蟬蛻利名之表，與身終始，其于二君子，又何如哉！迹其事，與夫背公植黨修怨，夫睚眥者，奚翅相萬，而猥俠目之。世之儗公，良不若公之自儗也。

四明馮有經敬書（印）

凡布衣嗜義之士寬然自見，享名實而昌後者，雖其材質過人，要亦際運泰寧而無苛政之擾世，乃有以義俠並言者。義則何事於俠，俠客斷脰報仇以快憤塞，得義之後勁而失其中。李長者義行班班，富行其德，所司尊敬，名聞天子，超格拜官。夫亦時方樸茂，天生吉人，一時士大夫又均有秉彝之好，而天直彰報，以起李氏振振之盛也。若在今日，則貪者齵牙，呷呷向人，曰：『是其家鉅萬，能夷山梁海，而不以十一媚我。』或困以傜，或坐以事，甚者以鹹盜為挾仇。公亦不得不深晦其跡以紓禍，而第使朱家、郭解者流或雄鄉曲。嗟呼！必義士以俠名，而世何如升降哉！

西吳朱國禎頓首書（印）

讀外曾祖樸菴公旌義傳

樸菴公，廷檠外曾祖也。其平生行誼與功伐，聞之先府君之言，與陳司馬所傳無異，則信非諛詞也。竊謂公之輕財好施，賙人之急，所在為公，私出貲興建，此猶云處士之美行。至其出粟數千石，應明詔之賑，擒劇賊百餘徒，安郡邑之民，此非懷國恤素具才略者不能。使其當太祖高皇帝開國之際，雲蒸龍變，則必為干城之將、腹心之臣，與湯、沐諸勳閥同封。顧遇非其時而惟盡其力之所至，効尺寸功，亦得知名於天子，賜帛旌義，拜官一級。而公初無望爵之念，亦欣然蹈舞聖恩，其心固謂為庶民之義，宜如此也。去今百四十餘年，而其派下雲孫克蒼祠部又能以是傳流布海內，而一時名公見之，咸擊節歎羨，題辭而論著之，亦可謂能不沒先人之善矣。而小子亦竊附蔡中郎、李漢之義，而題于傳後。

萬曆丁酉冬臘月，外曾孫永春顔廷榘謹題（印）

余讀《旌義公傳》而有慨於古今之際也。公一布衣，用積著起家，好行其德，所賑乏急困及刱署、繕梁諸事不可勝紀。其大者在捐貲結士，殲劇寇以寧境內，天子下璽書纁幣褒勞之，授尉攝邑，誠得如所至有聲，可不謂賢哉！頃東征，軍興不給，余承乏所司，見當事者日懸，令募民入粟塞下。誠得如公者數輩，奮其身佐縣官緩急，於濟艱乎何有？卒無窺左足以應者。嗚呼！當祖宗朝操鼓舞豪傑之權而杖鉞登壇者，又以公毖肅將之。故雖閭巷頌義之夫往往為用，然論者猶以不及大用公為恨。令今之世有如公者，恐亦未易見奇也。公生適逢時，得少試其才，以著名於朝而樹德於鄉。今歿百五十餘年，厥孫克蒼君顯揚而大之，而李氏且食報於無窮。余固有慨於古今之際，而又信天之果可必云。

萬曆己亥仲夏，五世外孫陳濂書于計部自公軒（印）

清溪先生逾百載，高名百載今猶在。丹崖約結提素封，間氣英馳邈難再。陶朱魯連古流芳，先生崛起伯仲行。一揮慷慨附仁義，布衣韋帶勤君王。偉哉鬚眉之丈夫，義問於昭簿居諸。我攜簡書來此地，渠渠日坐君堂宇（府堂為先生尚義修葺）。俛仰先生不可見，坐此堂宇如對面。清溪一派長發祥，薛鳳荀龍人共羨。先生樹德天樹人，俾世爾祚世爾昌。太守揮毫作此歌，用興好義於四方。

丁未三月，延陵姜志禮謹書（印）

黃汝良曰：余壻於李，習聞李長者佚事為詳。適郡觀所謂郡堂、嶽廟者，巋然穹窿，人猶指為李長者營建云。凡陳及卿所傳載，大抵皆實錄也。夫長者起積著，用纖勤，息其訾，然乃好行其德，樂施無厭，至以布衣特達人主，可不謂賢乎？厥後藉之，遂以昌熾。爰有克蒼氏為世直臣，一時賢士大夫莫不願為長者言者。譔次爛然，蓋所謂不朽者耶！非耶？

萬曆乙未春仲吉日題（印）

李旌義公讚

疇其排難，遺榮肆志。疇其好施，千金三致。魯連不作，陶朱既逝。貪夫殉財，維世之季。寥寥千古，廼有李翁。素封弗侈，頌義無窮。澤及鄉閭，祲歲為豐。罄餅竭箘，厚輸于公。帝曰都哉，七閩之特。錦綺粲兮，用章爾德。戴寵趨朝，式瞻北極。旨酒羔羊，大官賜食。載儲戎器，爰備不虞。蠢彼姦宄，竊發萑苻。翁帥養士，振臂奮呼。死者以䘏，生者為俘。懋德懋庸，克文克武。當事上功，簡茲捕虜。兩攝令尹，仁流惠普。豈弟興歌，齊聲召杜。嗟翁貴重，發迹自微。大都義烈，今昔寔希。亦有哲後，不卑布衣。九閽可徹，二曜為輝。迨于今茲，亦孔之岌。馮夷弗戒，鯨鯢驀立。災祲流行，殍瘠道集。孰捍疆圉，孰佐緩急。撫時悼往，高標百年。俠節可傳，是宜史遷。仁人有後，木本泉源。稽首慕義，忻然執鞭。

同郡七世孫壻洪啓睿頓首書（印）

續題旌義公冊後

曩題旌義于長安，正值東事劻勷，恨不起公輪邊如卜式，不覺髮上指，未暇及它閱。今念餘祼克蒼君為令祖丐言於名碩賢豪，不啻充棟，來請余題額。一額『旌義賜爵』，示實録也。一額『燕及克昌』，示食報也。且持黃大司馬近題冊示余，曰：『善言必再令百世，下閱家乘者，重有得朋之喜，可乎？』余曰：『公生平備在群玉，一辭莫贊，乃食報出于天，盖難言哉！』語曰：『作善，天降百祥』；又曰：『天道如張弓』；又曰：『如執券取償』；又曰：『如響之應聲』。此皆以人之心思慮智而推測于天，寧知天固宰之于不可知，有非人所能測者。是故有善未必福，福未必速，甚至有大謬不然者。無他，必其人當作善時，心必有所為夾雜於其中，已而退轉，終而怨悔。有一于此，則安能責報于天如張弓、執券、響應之說哉？公長者也，性由義行，非徒行義，善念充滿，毫無欠缺，在家滿家，在鄉滿鄉，在國滿國，即達之天下可也。假令公今日而在，到處生菩提心，必無以不刮佛面金為布施；隨地整肅宮牆，必不至窺見室家之好者矣；道路橋梁四通，必無病涉之虞者矣；掩骼必舉於洪潦，必無暴露於原野者矣；賑餒必行於荒歲，必無殞藉於溝壑者矣。凡此等皆近日所不忍見之情景，惜無公一人以斡旋濟渡於其間，故至此耳。此非余諛言，閱公施於橐盈之日易，而施於空乏轉貸者難；濟於行所無事者易，發憤於劍口橋隤以自殞其身難。真所謂義以為己任，死而後已者乎！誰敢謂公之善念有一毫之不真者乎？公有聞孫如克蒼君，以儀部郎振直聲于海內，人猶能之。至善繩祖武，倡率親子姪重熼君之嗜義，近脩笋江橋梁，以百金購片石，綽有祖風，此豈人所能哉？向歲程郡公為公豎棹楔于東嶽行宮，正公檀樾處。今袁中丞復為公崇棹楔于隴岡。人之助信，與天之助順，適相協應。公裔孫二千餘指，甲第簪纓，茅拔蟬聯，方且未艾。《詩》云：『燕及皇天，克昌厥後』。余為公演說食報也，亦復如是。

萬曆四十三年歲在乙卯九月十八日，桃源天風子李開芳盥手書（印）

吾祖之德，其至矣乎。無論當日親於其身，躬何寵，嗟來暮也。即今百五十年，人往聲留，賢士大夫猶唱歎不能以已。廉立敦寬之風，奚以異哉？在斯冊者，位則公相，德則名碩，雖纁幣兼兩，莫為之先也。而感義自心，嘉言咸同，彝好之公，蓋有不期而然者焉。吾鄉何鏡山，今之龍門也，所著《名山藏》，列公《貨殖傳》中，或以為不然。嗚呼！賢如端木，出而碁置五國，握算以馳之，亦惟是行億中之理，取奇贏之獲耳。大而用之，精微出焉，聖賢由之而不諱也。曾謂貨殖之道之為麤乎？以吾祖之志，苟其可濟吾心，大敷於物，以之為少伯，為伯圭，固所樂附。雖被之灑削之倫，亦油然與之偕矣，尚何不可之有？

第六世孫懋檜恭跋，十二世孫斌敬書（印）

公生六十又六年耳，創造經營百十大事，皆非歲月之勤。至於繕兵翦寇，輸邊濟饑，馳驅域外，又不下數年。其走八千里，獻方物于帝，所錫綵宴勞乃歸，綰綬于鄉，南面其桑梓。踪其終身，無曠時虛歲。上世非有金穴，自公而上者，載在譜牒可得而數也。內黃收合鄭貲，僅中人資耳。敏祖號居積，大不過三倍，烏足以當公之揮斥哉？公之所施者，公之所積也。積之如邱，施之如川；積之以仁，施之以義，而無不從其志。即使總角專家，此五十年中出入之劬甚矣。勞心忉忉，維憂用隕。勞不為子孫，命不及耄耋，得則生，拂則死。公其性命於功德者乎？中年時，鄰人李敏孜病死既甦，言曰：『我為明淵神所縶，方窘急，得李長者入言獲釋。』及歿之前一年，用上官疏薦起，謁銓至建溪，夢僧眾帀岸遮留，不果行。公義徹幽明，神鬼珍其謦欬，佛天護其動止。由是觀之，福物者物福之，夫豈恒哉！

七世孫日熼恭跋，十二世孫斌敬書（印）

諸公在隆、萬間，皆一時之選也。雖奉常善揚祖德，然諸公靡然共聲，可以觀仁矣。盖吾祖之仁，洽於鄉，顯於國，斯是以不可罨也。今吾子孫千餘，雖有惰游，食舊以老。嗚呼！仁之遺，不其遠哉！山之鬱雲以澤物也，雨於山而草木潤滋，天地萬物施應之道，如環在循，智者昭昭乎見之，仁者亹亹焉行之，豈有勸哉！譬子孫於祖，如草木於山焉。山之澤不涸，故草木不敝。然益自栽植茂翳，以蒙覆陰潤，山之澤，其愈長乎！燔焚斫伐，澤且竭矣，而亦何可恃之有？是故今日之祖稱祖德也，不以幸而以戒。

八世孫光地恭跋，十二世孫斌敬書（印）

【題額】

旌義賜爵　宗人開芳（印）

燕及克昌　伯東（印）

至誼堂實紀

至誼堂實紀 卷上

目次

御書匾末恭紀

康熙四十二年五月，臣光地以謝陞吏部尚書恩至京。初九日，内殿召對畢，臣乞以私事陳請，上可之。臣乃稽首頓首奏曰：『順治乙未、丙申間，臣一家十二口陷於賊，質以邀重貨。臣伯父日燝自遠聞難，間關來歸，不顧生死，身詣賊，慷慨引義，繼以涕泣，不願獨生。賊大感動，禮遣之，然猶拘其弟、從子如故。日燝憂憤嘔血，乃募鄉壯，合家僮百餘人夜劫之，覆其大巢。復連鬬四月餘，悉拔出臣家男女大小。賊黨盡平。時貝子王奉命平海駐閩，嘉其功，賜諭稱獎，加賞賚焉。日燝起家恩貢生，後至京，考授通判，未仕，讀書終老。臣父兆慶，每念日燝急難誠篤，私囑臣曰：「他日能通顯者，必章揚伯父事，吾瞑目矣。」臣今受恩，逾分已極，而先世奇節未著，伏求聖筆一字之褒死骨不朽。』奏罷，蒙聖主頷允。越六日，命臣至南書房，命内臣捧御書『在原至誼』四大字以賜。臣稽首感泣之下，竊惟天下士大夫、民庶，孝弟貞烈之行，荷蒙褒錄者多矣，顧皆循故事陳丐，自有司施行，然猶邑里生華，珉石永焕。日燝以區區友義，上邀宸翰，發其幽隐。此視東漢趙孝、淳于恭輩赴兄弟之死，義格凶頑，前史為之立傳，榮耀什伯過之，豈尋常旌門表宅比哉？其天下臣庶力為本行者，又孰不聞風感激，況臣及日燝子孫等，其銜恩刻骨，顧宜如何報也。

臣光地稽首頓首恭紀

御書碑陰恭紀

順治乙未夏，先君、季父同居山砦中，一夜為大賊攻破，僅先君一人逸，餘十二口皆陷焉。索贖重，不能釐也。祖以憂逝，仲父自遠奔至，日與父相攜持哭泣而已。既而曰：『徒悲無益也，吾將為賊陳譬，不測則身與子弟共之。』親疏苦援不為止，遂衰麻詣壘，聲淚甚哀，引義慷慨，渠魁為之感動，然邀賂終不釋。有僧欵門密曰：『盍以死求生乎？賊所居巉壁，其陰背尤險絕不為防，募壯士夜切之，質其魁則孥可返矣。』仲父糾家僮並傭食者纔百人，涕泗與謀，眾皆曰：『願死。』丙申四月九日夜，犯大霧雨，以登先至二十八人耳。度天已曉，即鳴螺直促魁帳。賊出不虞，又霧厚不辨眾單，狼狽奔崩，投崖下者無算。出季父、弟二人，餘猶縶他山，魁亦走脫。遂大徵合遠近部賊將萬餘人，晝夜攻奪故壘。仲父用百人者拒其阻，日與之戰。以一當百，無不摧者。自夏涉秋，小大百鬬，賊散亡畧盡蹙甚，歸命於官家。長幼悉拔出，七月七日也。時閩海患方劇，王師疲焉。故山寇投隙起，盤三縣者，已十餘年。官軍既無暇收服，績成書生，上下皆奇其事。征閩貝子以諭褒獎將官焉，而仲父辭。學使孔某誇於眾曰：『李葆甫文事武備，見於天下矣。』仲父僅一遊太學，署通判職，而歸老林邱，湛經史以自樂。終年八十有八。康熙癸未，地撫直隸，陞吏部尚書，謝恩因燕見奏聞當日事，蒙上嘉悅，賜『在原至誼』四字御筆，以顏其家，且命臣以軍門偏將賫送。嗚呼！自二叔不咸而急難之道衰，東漢君子有爭死於賊者，史者傳之，以為盛節，且曰是光武、明、章之烈也。仲父本行可紀，遭逢明盛，表厥幽光。蓋所以磨厲風化，豈私臣家而已。其孫鍾寧受之，將立石墓次，而今亦歿矣。霰雪相仍，舊事浸湮，孝友之風，式微可懼，後死者不述，將無聞者。矧是異數實所干匄，恭紀碑陰以授其次孫鍾準、曾孫清奭等練日敬勒。

戊戌五月朔日，姪吏部尚書文淵閣大學士光地敬記

欽命定遠大將軍世子諭

諭貢生李日熀：據總兵官韓尚亮、興泉道賀運清啓稱，該生破帽頂寨所獲婦女二十五口，幼男十名，付本夫領歸者共十二口。今解到婦女四口，竝馬一疋，偽印一顆。念該生禦賊破寨之績，所解婦女四口發給該生，其馬一匹已留韓總兵營應用。然該生住近林日勝境，乘逆賊衰損之際，著用心擒勦，保護地方。若能擒林日勝，該生之功亦不渺矣。為此特諭。

傳　贊

李日熀，字葆甫，世居泉之清溪。少有才名，每試于庠，輒為一邑冠。鄉試入闈，文應售者屢矣，顧以數奇終困。然郡邑人士談古今學，必曰『李子日熀』，雖公卿間無異辭。年四十以恩拔入辟雍，戰藝于京師，于是群公奇其文也。又聞其有破賊事，皆稱之曰『文武材』。先時，清溪地僻而險，又接龍潯、桃源二縣，皆山壑深峻，林莽綿連，逋寇窟穴其間，時出侵掠，有司莫能捕。順治乙未夏，葆甫叔弟某、季弟某攜眷屬避居山堡中，夜半賊驟至，堡陷，一家縛者十有二人。由是葆甫之尊人以憂逝。葆甫時在他鄉，疾馳歸哭，化者而傷也，痛取子毀室莫可如何也。斷晝膳期，反弟若姪共生死為辭，自矢悲音動人，遂素衣詣賊壘，泣而言情，庶幾感動，有不測則將身殉焉。賊亦愛其誠，禮貌遣之，然終無出子弟意。乃募人伺賊營，得其四壁巉立，僅一面可通，而賊之守備亦甚嚴。葆甫不顧強弱利害，率家僮百人攀蔓附藤蘿而上，五鼓抵其巔，分馳吹箭。賊方酣寢，大驚擾，奔潰。因擊之，蹂躪死岩下者數百人。然賊勢頗眾，旋糾合餘黨連戰五月餘。葆甫身履鋒刃，破賊營砦以數十計，遂盡返其家人子弟。賊亦窮蹙，歸命有司，而三邑由是無寇警。時有欲以其功上聞者，葆甫辭曰：『本為拯家之難，保全桑梓，豈敢邀賞爵哉。』後歷滿太學，當得別駕，遷延未就，今年六十餘矣。去城市，混跡村落，左圖右史，殆將終身焉。

史氏曰：余讀古人書，至於射書辭金及讓侯封之爵，未嘗不慨然想見其人也。以為古人大節磊磊，未易及。今以所聞李厚菴之伯父葆甫先生，天資孝友，蹈死殉親，一軍慕義，遂剪鯨鯢之巢，不特報冤地下，而萑苻寧謐，地方之受其保障多矣。卒以辭爵，瓢然不顧，雖擬之古人奚怍焉。若其學問宏深，文章爾雅，又其餘也。斯豈非豪傑之士乎？余故樂得而述之，以備後之採擇焉。

栢鄉魏裔介

余每謂士大夫處承平之時，以文章聲譽容與進退相矜，尚聞人譚兵事則瞿然變色，不樂竟聽。夫人出萬死一生以全其家，若國其事不可有，其氣與識不可無。因得聞其伯父葆甫先生已事。數與李子厚菴談當時事，必以為士貴適用，不敢以當世之優遊尚文譽者為然也。先生為諸生以文學名，世居閩泉州之清溪，地界龍潯、桃源兩邑，灌莽蓁密，溪山險阻，素為山寇藪澤。順治中，海內初平，閩嶠間多伏莽。乙未夏，先生兄弟居山堡中避賊，賊夜半至，堡陷，家十二口為賊所繫。先生父以憂卒，時先生他適，聞變趣歸，痛父之亡，而謀所以出諸昆弟者。自審力弱不能破賊，素服詣賊營，涕泣以誠請，度不免將身殉焉。賊感其誠不加害，然終無出昆弟意。不得已募壯士及家僮百餘人，偵知賊營四面皆石壁，惟一徑，遂夜扳藤蘿以登，未明達賊營，各吹竹為號，奮力馳殺賊。賊出不意，且謂大兵至，遂奔潰，死岩下者百數十人。尋收餘燼，益□三邑，盜以萬計。先生籍鄉兵修器械，智勇互施，卒破賊砦數十處，盡歸昆弟家人之陷於賊者。三邑以安，有司欲以功上聞，先生辭焉。年四十，以明經入太學，例選別駕，不仕，讀書訓子弟於家。噫！士所謂實有用於家國，不徒沾沾以文章之名自好者，先生其人哉！故書其大畧而傳之。

桐城張英

爾錫氏曰：以予觀先生急難之誼，即詩所稱春令何異焉。一夫奮臂，羣賊糜爛，其功烈已，然予不以此多先生也。魯仲連僅口舌得功，辭千金之賞不受，後世猶稱之。以先生視之，更有足多者。若夫擁旄建節，坐制數千里之境，不能少樹尺寸，甚至挾賊市功恫喝廟堂之上，以自張其權勢，聞先生之風可以知媿矣。

河東衛既齊

李葆甫，名日燝，福建安溪縣人。以諸生高等貢入太學，能文章，有幹畧。安溪在萬山中，與永春、德化二縣接壤，岩谷深險，箐篁叢蔽，人跡所不至，以故盜賊之窟其間者，官司咸莫能詰。順治乙未、丙申間，海郡輯寧未久，所在賊依險以居，率掠人藏其巢穴，索厚賂。葆甫有弟攜妻孥居山堡，一日賊至，弟及弟婦與其從子十二人為賊所獲。葆甫徒步入賊營，以情告愬，更慷慨陳禍福。賊感動，將盡反其家人子弟，有阻之者乃止。會得間，葆甫弟婦及一從子得出，十人者終無還理。葆甫練鄉兵，謀刼得之。賊所居地名曰摩頂峰，高起插天，三面皆可攀援而升，置邏卒戍守，惟山後絕壁峭立，非猿猱不能至，賊不為備。葆甫募得樵采二十人，出山後蟻附而上，令人截一大竹筩，吹之如篳篥，聲震林木。葆甫則身率鄉兵，自山下鼓譟。天將明，山雨驟集，泉聲澒洞，氛霧彌漫溪谷，咫尺不辨人。賊出不意，大驚，相奔觸逃走。葆甫遂挈其弟及一從子以歸，然尚有八人在賊中。賊失利，心恚恨，必欲取。葆甫糾合餘黨並三縣之脇從及萬人，日夜挑戰。葆甫冒矢石攻殺五月餘，所破砦以數十計。葆甫兵嘗不滿百人，一日立營柵方定。軍無見糧，先遣五十人運糧城中，僅留四十人守柵。賊聞知，率其衆八百人奄至，咸相顧失色。葆甫不為動方，據案作書，與官長言事，而徐指揮衆人。或勸堅壁勿戰，葆甫曰：『不可。賊來驟此，必知虛實，以數百人攻一空柵，吾立盡矣，不如先迎之，與之一決。』四十人者分為二隊，以二十人守柵，二十人迎賊。隔溪水而陣，人相去五步許。賊見其人少，輕之，列礮百餘齊發。人皆倚樹間避之，礮出其中間，發不能中。賊窮，渡谿水徑前格鬥，二十人反舉礮擊之，中其渠帥，再發，僕其纛。賊驚竄，葆甫益麾兵合守柵二十人前進格殺數百人，相枕藉死者無數，獲旗幟器械千計。賊移營霄遁，自此不敢復戰矣。葆甫直追至其壘，遇秀才蕭某，謂曰：『君家賊山下，賊動靜必知之。君第為我言「李葆甫，安溪男子，誓不與若曹共生。盍早出決戰，毋自逃匿山谷間為也」。』秀才具以告，賊懼，偽許還其家口，而縲縶如故。蕭恥失信於葆甫，率其族人子弟與葆甫合兵破賊壘，盡奪子弟八人者以歸。賊之魁某某走至漳州請降，於是三縣山寇悉平。有司將以功聞，因葆甫退遜，其功竟未敘錄云。葆甫讀書甚富，所著古文辭多奇氣，絕類司馬子長。在太學期滿，就選人，當除府倅，棄弗就，今年六十餘矣。從子李編修晉卿予同年進士，童時偕其母弟陷賊中者，時與予述其世父膽畧過人，每戰矢石亂下目不交睫，與賊相持五月餘，未嘗亡失一人。晉卿在賊中，賊每狼狽奔還，即持梃榜撻晉卿等，累百身無完膚，足腫大如股，屬天幸不死，盖葆甫凡戰未嘗不勝也。

徐子曰：史稱梁將軍程靈洗當侯景之亂，起兵保鄉井。唐越國公汪華隋末起兵拒亂，保有歙、宣、杭、睦、饒、婺六州之地，皆未有朝命，能自建樹功勳，勦除盜賊。而元末如劉基、章溢、胡深竝以文章之士保障閩浙之區，其事都與葆甫相類然，皆遭際風雲，銘功竹帛。而葆甫乃以明經終老於荒山絕壑之間，豪傑之士孰不為之搤腕太息者。葆甫顧恬然不以介意，豈不難哉！噫嘻！如葆甫者，其亦聖賢所謂不願乎其外者與！

崑山徐乾學

李厚菴編修請假歸閩，次廣陵，介黃子御掞遠致書幣，屬傳其伯父葆甫先生，兼示魏貞菴相國、徐健菴編修所為傳，斯足不朽葆甫矣。安所取樗枳而丹雘之，雖然葆甫與余通家行輩交也，不敢以不敏辭。因詮次其畧，為葆甫傳。

葆甫姓李氏，名日燝，世為泉之安溪人。賜冠稱高材生，每試輒遊一邑，晚好為古文辭，連不得志於有司，坐是終困。然安溪稱古學者必推葆甫云。曾以破賊功當拜官，辭不就。迨貢入太學，當倅大郡，竟拂衣歸村居，樂圖史，侶漁樵以終老。今年六十餘矣。不以遜避爵禄高自矜詡，亦口不言破賊事，安溪人則至今言之。安溪在萬山中，與永春、德化相接軫，危巖絕壑，青莽蔽翳，輪蹄不能至，弩礮不能及。葆甫居恒固深知之，謂賊若負嵎為窟，卒難制也。乙未、丙申間，海邦盜寇果依險以居，令尉不敢詰。葆甫有二弟攜婦子避居山堡，賊突至，俘十有二人歸其巢。葆甫曰：『是可以誠感也。吾曾聞陸機、李涉事，將往說賊，不獨歸吾孥，或可使反側子向化。』與族人約脫不濟，則以死繼之。乃徒步入賊壘，諭以禍福，意氣激昂，聲淚俱下，賊亦相顧錯愕，然覬賂，終不肯歸俘者。葆甫曰：是可以勇賈也。賊所居曰摩頂峯，巉岏插雲，烽堠盈藪，惟山後壁立一面無所備。葆甫募死士十數人猱接而登，吹截竹作觱篥，聲響振林谷。山雨驟來，奔泉互答，賊驚潰，蹂躪死者相枕藉，盖亦有天幸焉。賊復烏合三邑脅從萬餘，轉戰五閱月。葆甫冒矢石，親鋒刃，所率兵不滿百人，運糈守柵外，僅以二十人與決戰，破賊砦以數十計，馘賊首以數百計，獲賊旗幟械仗以數千計，遂盡反其俘及三邑之被俘者。賊亦窮蹙歸命，而三邑悉平。

史氏曰：萬曆癸丑會試，先文端公領授易一房，得士二十有二人，而閩之泉州者二，一為相國侗孩楊公，一為觀察使懷藍李公。典崇禎辛未會試，得泉州士十人，司寇恭庭黃公與焉。李長君旭寰官南駕部郎，余髮未燥，輒引為孔，李兄弟不以貴長自挾，斯足尚已。楊長君似公同舉己丑進士，讀中秘書，相友善，旋授監察御史。黃長君鷗湄先余三年成進士，稱翰林前輩，其事坊局時，時述文端、文簡往事相勸勉。次君瞿園上太守印綬，往來三山二水間，相與講性命之學，垂老更相得也。家大夫兄事三先生，余亦獲兄事旭寰諸君子，秩秩然長幼之有序。李太白所謂異姓為天倫者，非歟？似公嘗為余言葆甫後相識於瞿園，坐中洵奇士，其與余稱行輩者，盖根繩旭寰云。

安寧何采

予讀葆甫先生傳，以書生率家僮襲破賊砦，盡返其家人被擄者，而賊以平。計至奇，功至鉅。有司不以上聞，僅循資貢太學，考授別駕，口不言前事，人皆稱為義士。吾以為先生真學者也。初先生昆弟匿家山堡中，賊至堡陷，盡俘其昆弟去，而尊公以驚悸逝。先生遠自他鄉慟哭欲絕，誓不與賊俱生。親詣賊壘，寧殺身以贖昆弟。賊感其誠，禮遣之，終不返其昆弟家人。昔張範子與姪為山東賊所得，範直詣賊請二子，賊以子還範。範謝曰：『諸君還吾兒厚矣！然吾憐姪小，請以子易姪。』賊義而悉還之。今先生願以身贖昆弟，義寧有讓於範耶？惜此賊之不古賊若也。先生既自賊出，偵其四面峭壁，有間道可達賊營。遂率家僮百人捫藤攀緣而上，未明抵砦，大呼馳殺賊。賊大驚潰，死者數百計。雖復烏合餘黨，而勢遂以衰。凡與賊力戰五閱月，破降賊砦數十，其昆弟家人子悉返之。賊平，乃歸為尊公發喪，鄉里賴全活者不可勝計，人皆以為功。先生喟然歎曰：『吾家幸生還，吾親目以瞑，吾事足矣。吾何以功為？』嗚呼！非有至性絕人者能之乎？吾觀田子春慕魏武，取盧龍小徑以破烏桓，本無所為，不過欲自見其奇計耳，猶不肯取爵位以負其故志。劉虞況先生痛父之殞傷，一門之被陷，出萬死一生，幸而成功而已，事以濟，視田子春所獲多矣，而肯因以取爵位，為田子春所笑哉。吾故曰先生真學者也。區區至性猶不足以辨此，而以為義士，誤矣。

烏程孫在豐

八閩山川奇奧甲天下，泉山藍溪間尤多偉人表見於世云。余年友李子厚菴，其鄉士也，少年時閱奇難，輒復解脫，每為余道其伯父葆甫先生破賊大節，不絕於口，繼乃出其傳示余。余披卷而不覺慨然三歎也。嗟夫！一介之士，閉戶誦讀，聲名嘖嘖里閈者不乏其人。一旦值患難，遭荼毒，往來於播遷流離間，鮮有不瞻顧倉皇，大易其生平之所守者，自非負天下之奇氣者，未易一二集厥事也。先生則不然。以余所聞，先生以節義自許者，盖有年矣。髫齡受書，輙此立志，不逮古人每以斤斤之行不苟容於世。曩者吾厚菴一家陷繫寇壘中，幾不獲復覩天日矣。先生毅然先登，率諸士力沖死鬭，卒能出諸湯火，賊且震駭。顧先生志夷然，不以活諸昆弟及鄉之人有德色也，謂『此吾一身一家事，胡以名譽為』。噫！此所謂負天下之奇氣者非耶。抑余聞魯仲連為趙郤秦軍，平原君以千金為壽，而連曰：『此商賈之事，連不忍為也。』今先生破堅營，護梓里，功亦足侔於古人矣。乃辭名爵而弗受，欲以高蹈全其身，以視世之計功要賞，嗜位慕祿者，其賢不肖相去又何如哉！先生名且久，海內之士奇其風節者不可勝計，而余獲與厚菴交，以故知先生之事獨詳，而厚菴以艱難挫折之身將以奏大業於時，又孰非先生之相與以有成也？既讀其傳，深慕其為人，爰為數言以頌之。其辭曰：

洪維大造兮誕乃奇英，名山改色兮大瀆增靈。卓哉先生兮無忝所生，挺身禦寇兮壁無堅城。一呼響應兮鐵甲錚鳴，誰謂書生兮不解談兵。骨肉生全兮天親弟兄，四鄙安堵兮三邑靡驚。林莽漸消兮山澤且平，析圭儋爵兮不慕公卿。高風千載兮誰與齊衡，景仰芳喆兮江水清清。

陶山耿願魯

先生閩中高士也，博學能文，奇節素著，以一操觚士奮然殺賊，寧大親，奠民生，才與績偉矣。而鴻寞鳳舉，泊然自抱，行年七十，日涉圖史，嘯傲於雲煙溪壑間，自樂其天，若將終身，非有道者其孰能之歟？先生有傳，栢鄉魏貞菴夫子言之已詳，予小子不敢復贅，心切仰止，敬為韻語以贊。予小子何足以測先生正欲，深明夫先生之大，足以為世道人心重也。

贊曰：閬山之秀，藍溪之英，萃川嶽之間氣而畢鍾於先生。先生之德，玉徹雪明。先生之學，山富淵泓。傑拔授之天性，剛毅亦複入乎人情。寇盜蜂起，天親震驚。繄累乃弟姪，蹂躪乃黎民。維時長吏不敢問，羣兇肆虐而縱橫。先生奮發歃血吞聲，聚僮僕以百計，眾咸識義重而死力為輕。截竹為筒，亂吹悲鳴，風高谷響，不皷不鉦。是夜賊已膽落，將謂從天而降者百萬甲兵，大小十餘戰，劒鍔染長鯨，厥家既復，並淨欃槍，三縣底定，閩嶠蕩平。守臣計勲曰先生之署，先生推讓曰：『吾寧吾骨肉，初何所冀，而豈濫邀此功名。左圖右史，無慮無營，乘元化于舒嘯，遠車馬于市城。雲山高友，鷗鷺可盟，以順吾性，以實吾誠。』先生秉春秋復讎之大義，符周易高尚之奇行，謂逸致如商山之皓，而終始藐茲弓旌；謂高卓如柴桑之陶，而勇烈百倍其堅精；謂辭爵如蹈海之士，以仁孝而更覺烈轟；謂善藏用如張子房，而文章又復錚錚。嗚呼！世道衰裂，聖遠邪萌，倫理視為迂濶，利祿什佰羣爭，磊落智勇，身退功成，觀進止之不苟，識先生中懷之瑩瑩，天貴自貴，人榮匪榮，以遊以泳，何拒何迎，淑人君子先民是程。天常曰秖，旋靡柱傾。人心作範，大道為貞。龍潛虎躍，鴻舉鸞翃。頑廉懦立，偉矣先生！

安邑王寬

書劄

久慕高風，兼聞大義，當於古人中求之。既不獲一堂仰止，又不能片語表章。每思一門忠孝，惟有動色警歎耳。拙詩鄙俚，何勞齒及，遠荷嵩函，復承雅誼，以六十九歲之人仰賴君恩，乞骸歸里，苟延歲月未可知也。倘遇風晨月夕，草綠花開，把盃引滿，宛如長者在座，足矣。敢不領愛！病腕草復，兼候道履，即附近刻奉教，臨筆神馳。

雲中魏象樞

壽文

康熙丙寅之春，地還朝，拜於家長。僉曰：『行矣勉之，吾屬皆老，未料見期。』地曰：『否。卯之秋，伯母耄期，吾拜舞焉。越春，伯又耄期，吾拜舞焉。』于時聞者戲視耳。緬念三春之暉，感愛日之義，懷伐木之燕，賡雨雪之詩，誠雖至矣，行或使之，許與者躬，進退者命，家庭宴語，敢云必酬哉？聖明不世，恩私踰分，控情歸里，適與言稱。昆友羣曰：『此盛節也，無為丐贈於公卿，天性私言，可以樹背。』地乃抃且言曰：『盖天道十年而變，厚德歲晏而昌。不陳艱難，不知假易也；不稔晚暮，不審恒理也。』丙申、丁酉，際家多難，伯勞於戎，母頼於室，計其年適艾耳。越十年，地乃得鄉薦，為椵言焉。又十年丁巳，閩事沸羹，周旋危險，踵伯之蹟。至今十年，伯與母耄矣，地又始為椵言焉。盖三十餘年間，家之恐懼數矣。風雨既静，日月既舒，眉壽依然，升堂舉斝。斯惟吾先世善澤所積，蔚生人瑞，緊亦惟伯因心則友，樂義包荒，伯母明達慈愛，篤厚其祥，以有今日。光地竊聞之，伯自弱年，才華驚郡國，充其精藻志氣，旃厦帷帟，未足酬也。屬鼎革無所遇，年五十得官，又棄之以隱。初生兄一人，舉一孫，堦除之下，猶孑孑焉。觀者曰：『能世不在多，盛福不在貴。』斯於天道或然，而非應施之極論也。今兄有子三，姪有子四，兄姪先後拔於鄉，貢於國，姪又秀而能文，千里之足，雲霄之毛，吾見其班矣。伯高卧二十餘年，而光鬱然，而望巍然。同郡薦紳之外，自當世以學行稱，魏環溪、衛爾錫諸公，莫不亟慕願交，形之聲歌序贊，致音問不絕。故曰：『儉於實者豐於名，閎於身者發於後』。天人之道，應施之符，如佳穀焉，穫遲彌多；如貞松焉，節闌彌茂。詳言之非虛，懂言之不怍，今日有焉。地方以假暨居，間日戒壺觴，從伯叔樂慈堂色喜，諸母怡然。伯酣輒戲言：『若家不事舉業，攻古書，且不能俯仰於時，自我始，悔誤若曹矣。雖然，他日有達者，其以吾為不祧之祖。』地曰：『唯唯』。地雖幸逢世，抱其樸學，短於春華，人集於菀，我茹其蓼，實伊家世之教。雖然，適不云乎？時久者天定，穫遲者稼良，伯其加餐彌性，享黃髮之期，斯賢者知師，不賢者知慕。比及期頤，地將載筆焉。于是天益劵矣，穫滋多矣，言彌長矣。

從子光地

墓誌銘

吾先自劍州尤邑徙安溪，初祖曰君達府君。傳六世至巡宰樸菴府君，以尚義有武功，受爵於朝，為邑右族。巡宰曾孫曰羅峯府君者，庠生，今贈榮祿大夫，是為吾高祖。生曾王父次禹府君，今贈榮祿大夫。生王父念次府君。王父力善樂周施，徒手再成厥家，眾推以為長德，今贈通議大夫。有子六人，伯父於次為仲子。伯父諱日爗，字葆甫，老別號漁仲。先王母夢巨神至而娠，伯父生，目光冏然，形貌端碩。稍長，能自課學，倍諷為文，沛然奇麗，同伴屈焉。年十八，入邑庠。十餘年，受廪。順治甲午，貢於鄉。時郡多寇盜，其大者乃窟穴數邑，脅誘旁近愚黠，標置部署，以為徒夥。擇最深邃險絶之山，上有平田仰泉，積薪蘇米穀，餘數年用。四下削壁萬仞，一面微脊，纔通猿猱行耳。賊首某者自居之。百十里遠近，復錯置諸落数十，徒卒多者皆千百計。乙未六月，吾先君與季父二室山居，賊攻圍盡俘以去。時伯父奔祖喪自遠至，既卒哭，自從一僕行百里，叩賊壁以省弟姪。涕泣感魁以義，且乞以財贖，要言而歸。自傷骨肉斷散，輟去午食，冀同饑綏，作詩以紀之。悉棄山田產，雜他白金貴貨，盡入賊。賊受之，而拘質無還意。伯乃團里卒，設重募，犺援蝸綴，夜覆賊巢於獨蜀之山。賊失險恃。後追賊至龍通砦，盡卒以致行糧，留十九人自衛。賊諜知伯父、先君俱在，集其勍者七八百人掩至。即其日以十九人與戰，大破走之。自是每遇必大勝，自初夏至秋，劇鬬累月，弟姪次第奪回。賊窘甚就撫，而數縣積寇皆平。以廷試至京師，公卿延重，禮之如貴人。入肄國子，文聲籍甚。應選府通判歸，讀書教授。垂四十年，年八十八而終。嗚呼！家之興覆，命也。抑觀禍之所作，未有不由情誼睽孤而至於日頻者。其去禍之福，未有不悲哀閔痛，並志一心，而善氣為之還返者。故古人傷内難，而不避外難。伯父之入壘也，内人環泣遮留，一不以綴意。在途遇賊黨，告曰：『無為俱燼也。』則曰：『實吾來意耳。』黨亦感涕。断午食，唾血骨立，内人環泣，進菜果，痛哭謝絕。其入山田券於賊，跪謝祖前，風雨起跪處，屋瓦飛揭。伯父哭祝曰：『吾兄弟子姪復回者止。』日光還稠。其以鄉眾襲賊巢也，澍雨忽註，至山上大霧盤空，故賊不知所備，以至狂走，顛跌死者塞崖下。其大小之鬬，有賊叢砲齊機，不能傷尺寸，而吾一發輒斃數人者。伯父書生，手不勝錙兩，徒行不可兩里，以豢募百十卒，摧賊滿萬，剷無堅壘。既滅賊，報當道，而弟姪男女十餘人，完回無一傷者。其奇事震攄遠近，至今漳、泉間，以為美譚然。惟伯父孝友純一，不知生死利害之及於身，謂兄弟連氣若一人，手足廢則俱廢，無獨全理。至心格神，遂濟斯難。及事之既已，退然文愞一書生耳。四十年來，仕者簪紱，居者逢佩，而追惟急難之際，求安寧於喪死之威，召陽和於風雨之會，使祖先委祉不墜，而孝友未衰，到於今者，緊伯純誠之感，實今難而古亦僅者也。伯言和氣温，風度春容，博學多文。諸生時，歷試皆居上等。明季人士，奉其褒彈以為去趨。貴遊子弟，學文章會友者，見伯來，筆研衝袖，喜於見收，敬之如嚴執。晚歲善古文辭，句鏤深踪，塵於秦、漢。四方之欲薦美述事以寵其尊卑，雖假名達宦，而文必之伯，合若干卷曰《傭言》。伯父生於萬曆己酉年四月廿六日卯時，卒於康熙丙子年二月初九日辰時，與世母佘孺人合葬於鄉之盤口，坐午向子。地自戊辰趨朝別膝下，奉帛為衣。伯父報曰：『吾未視陰，縣車尚可待也。』倏忽十年，追念前歡，遂為永辭。丹旐道車，不能執紼，命也。銘曰：

學足辭英，萬象日生。今人何儔，誠以盡己。厚倫洗恥，於古無羞。邵先之澤，豐後之脉。為家綴旒，南原崱崱。北川在側，萬年以邱。

從子光地

詩　歌

奉懷李葆甫先生

雲中魏象樞

家世清溪產大豪，才名直竝海雲高。晴牕有月窺書卷，野樹何枝掛戰袍。龍性難馴知我貴，鶴情自遠任人褒。閬山倘問蘿山老，點綴朝班媿二毛。

仲父破賊拔家難，於今五十餘年矣。欲為家傳，紀其事而未成，偶因為文安孝子詩，慨然念先世舊德屬韻，述其梗概，且寄家後六叔父及弟姪輩（庚寅年）。

我歲十四五，乙未丙申年。山海正搖蕩，四郊盈氛烟。避地高山頂，巨寇掩其巔。舉家悉纍去，季父亦在焉。父雖脫身走，骨立形僅全。吾祖以憂隕，遺恨子孫還。伯父時遠出，更有官事連。驚聞家喪亂，奔回哭柩前。與父握手泣，何以救髻鬟。我效東漢人，輕身赴其艱。妻兒牽不顧，直入虎狼樊。慷慨陳辭義，賊帥欷戲歎。備禮送之歸，肉骨終未完。至心忘恐怖，危事轉機關。此寇樹本固，擇居巖奧間。三窟安永德，四出延漳泉。分收要地路，高踞插天巒。官軍屢失利，為徒實有繁。自從鼎革來，至是已星環。伯氏召家僕，益之傭與佃。涕泣以情告，甘心願喪元。乘夜刼其巢，巢崄雨又漫。百人造峯下，廿八為登先。霧重晨昏晦，泥深㵼且顛。既知入死地，大呼撼賊盤。睡夢賊驚起，不能辨眾單。踉蹌填崖谷，妻孥全棄捐。余季來無死（季父先得奪出），諸孤繫猶攣。尚有七八口，被羈在他山。賊氣憤怒甚，逐日戰聲喧。余時在賊中，見之魂魄寒。兵敗便榜撻，刀刃頭上旋。且戰且議贖，又許歸其媛。賊云我無家，不足相準權。無那害氣究，勍寇一朝孱。萬夫當百卒，有似卵投拳。嘗以十九人，父伯同孤墩。千賊凌曉至，勢無復生存。仆旗殺其將，十里窮追犇。此事尤奇異，鄉人到今傳。孟夏迄初秋，小大鬬百番。係囚盡拔出，兇燄一時湔。伯父士之彥，聲藉弟子員。每入文場會，芝草擢枯菅。奮起為急難，衝髮上儒冠。文武聞天下，諸公賾有言（學使者孔文在公與僚友書云『李葆甫文事武備見於天下』）。哀戚患難中，為詩廢午餐。癯然深墨色，銷盡渥丹顏。一家隸也力，三縣壘無堅。良有神道庇，豈非誠所專。當道斂袵推，功成絕因緣。竭來遊太學，遂去遯家園。別駕拂衣謝，巾車下澤間。書史湛日夜，餘事寄絲絃。我祖當明初（八世祖立功天順朝），好義聞海堧。曾從平江伯，軍功得授官。小子方家居，適值閩沸燃。亦以濟王師，黃閣驟超遷。伯也誠高蹈，時論何恝然。奇節未章表，懷之心惓惓。昨者撫京畿，奏事乾清門。乘間陳始末，從容蒙下詢。在原嘉昔日，於野遂聞天。巨牓揮宸翰，深恩賁九原。命遣偏裨送，鄉眾萬聚觀。國编未敢望，家乘庶華爛。沉思孝友後，必有本支賢。我今如不述，蹟久事將湮。況懼流風微，末遠忘根源。薄物多詬誶，觸眼互眴眴。儻憶前人厚，足令鄙夫寬。他日詳紀載，為詩發其端。

從子光地

讀安溪夫子紀家難述舊德詩敬題

相國勳猷盛，旂常日月邊。廟堂調鼎鼐，寰宇靖氛煙。回首承平際，追思開創年。安溪城僻左，瘴海地連綿。劇盜營三窟，官軍敗兩甄。縣疆騷永德，郡界躪漳泉。挺險猿猱捷，潛蹤蜂蠆懸。最難防出沒，多是困迍邅。村落胥波蕩，深山亦蔓延。公家時避匿，叔姪被拘攣。弱肉疇能保，強宗孰與聯。間關歸仲父，急難見英賢。虎口危將探，鴒原痛莫湔。試憑三寸舌，行挾一空拳。本擬辭相奪，終知怙不悛。脫身思變計，除惡要兵權。豈有田橫客，俄揚祖逖鞭。一呼童僕應，兩志弟昆堅。買劍招莊戶，椎牛出牧田。誓詞情欵欵，義憤涕漣漣。首以身衝賊，誠堪十當千。拔弧惟恐後，集矢共爭先。是夜昏迷路，其時霧塞天。彼愚驕恃眾，我怒勇躋顛。巖谷聲搖動，風雲氣接連。夢魂兇膽裂，頭尾亂屍填。鼠穴還深鬬，烏巢又繼燃。曳柴妻子棄，委壑糗粻捐。牙蘖俱殲矣，根株務拔焉。向來投死地，何敢冀生還。失喜經年陷，仍看十口全。親朋篩酒會，官長插花筵。赴敵雖倉卒，成功詎偶然。衣冠森介冑，臂指儼戈鋋。遂使鴟張勢，翻為撲滅緣。節奇因險著，事往賴人傳。屬者當藩逆，先生適錦旋。料其情必衂，聊復分相牽。懇切迎師表，辛勤伐叛箋。蠟丸宵入奏，露布曉遐宣。自爾蒙恩重，因之嚮用專。晝轅開八座，黃閣入三遷。忠孝培逾厚，流風久慮湮。伏陳家世事，仰荷聖衷憐。賜額旌閭里，分榮賁豆籩。鄉評公可采，國史實宜編。表表推名傑，煌煌紀大篇。時無門比峻，家有筆如椽。閱歷干戈畔，分明指顧前。境真由目擊，痛定尚心悁。示後言何苦，光前道不愆。會須鐫琬琰，餘澤永栢棬。

海寧查慎行

名臣篤生非偶然，涉險蒙難遭迍邅。上世文章兼武畧，蓄積蔚此生民賢。相國家居泉郡左，山廻水曲嶺海邊。往者乙未丙申時，四郊未靖猶烽煙。伏莽巨寇踞山谷，潢池妄弄戈與鋋。兩郡掠刼村為墟，德門百口咸拘纏。鯨鯢沸波沙霧塞，舉家虎阱命絲懸。時窮世父智勇出，奮起直欲批其堅。慷慨陳辭屹不動，計非勦撲那能全。肘無印綬腰無刃，隻手難將蟻穴填。退呼家僮及佃僕，義聲夜搗賊巢巔。羽扇綸巾隨所向，健銳罔不一當千。自此濺血凡百戰，驚裂賊膽羣心悁。一室歸安衽席上，團圞骨肉盡生還。書生指揮大難靖，奇事今稱五十年。經緯繩承固有自，元臣位策應臺躔。強藩逆命盤閩嶠，蠟丸密計奏九天。詔起鋒車衆密勿，中外敭歷倚毗專。畿輔撫綏寄鎖鑰，冢補還司節鉞權。恩深御榻訴先績，天書寵錫華衮宣。自古讀書貴有用，兵農水火隨所便。末學止從章句求，授以鉅任心皇焉。先生庭訓敦實踐，周孔方召一身肩。寸莛撞鐘憑叩問，浩乎莫測海深淵。固知根本培自厚，作詩畧敘揚其前。豈徒芬芳奕葉傳，炳炳長標國史編。

江夏汪澐

我生太平時，不知戎馬事。聞公説家難，慷慨氣一勵。曩者未申年，閩嶠妖氛熾。安溪山谷間，百里驚烽燧。公家陷賊巢，盡室遭纍縶。悲啼老幼壯，倉黄伯仲季。伯父張空拳，奮身虎狼飢。欵詞既不回，怒作矛乃礪。衆寡雖不支，百戰氣逾鋭。骨肉竟生還，父老今能識。此後二十年，詩書化兵氣。里無弄丸兒，鄉有美風使。父為壽考人，公作廊廟器。無何逆藩變，八閩又鼎沸。公時實家居，討賊申大義。鄉勇望旌旗，封章陳殿陛。終焉殲赤眉，逆頭梟老濞。天子念忠貞，旋以股肱寄。已操節度權，又登臺輔位。□□佐昇平，明良一德契。曾於顧問時，長跪説先世。義烈動聖顔，龍章親表異。今為感舊詩，痛定一揮淚。小於粗能文，荷公頻指示。覽兹忠孝章，竟日不忍置。願磨千丈崖，刻作擘窠字。千秋激頑懦，永同日星揭。

江夏汪瀠

閩嶠當年海一隅，四山烽火動萑苻。覆巢奇禍家門痛，搗穴神謀賊壘孤。赤手遊行翻虎窟，深心籌畫出鵷雛。團圞骨肉蚍蜉散，義勇如公絶世無。

涉險持危若有神，清時上宰轉鴻鈞。麟圖今日推名世，豹略當年識偉人。勇武原從天性出，褒嘉終荷主恩新。孔銘姬頌揚先德，千載高風仰止頻。

錫山王雲錦

安溪李門名德繼，吾師相公以詩繫。遠祖客吳值歲饑，活人囊金費萬計。從平江伯立戰功，赤綬纍纍著勳衛。國初山海白刃横，全家被係賊磨厲。公仲父曰葆甫翁，慷慨向賊百端說。賊仍未肯歸我孥，廼召家僮死共誓。百人夜擣黃巾巢，衝雨梯厓破其鋭。勇決更選人十餘，窮追拔旗賊帥斃。悉脱覊囚保嬰孺，文武聲名動四裔。公自少罹患難間，魂夢猶驚念堪涕。服官初歸閩道梗，蠟書亦奏大師濟。天子嘉公遷數階，遠陳先烈旌有例。雲章炳耀寵九原，鄉人聚觀風節礪。公今作相贊廟謨，盡偃戈矛闡書契。褒庸勸善逮幽遐，載誦先芬崇孝弟。編諸國史播樂歌，表率朝端訓海澨。常憑忠信消氛妖，翊戴今皇億萬歲。

嘉定張大受

薰風自南發清吹，勁松謖謖涼雲墜。諸生列坐捉談犀，偶話當年乙丙事。乙丙之際無事無，南山崒嵂嘷妖狐。公然道旁恣刼掠，三窟盤踞通交衢。是時吾師年十四，讀書家塾偕諸季。已看威鳳正摩雲，誰信祥麟忽遭縶。插天青嶂勢嶙峋，叔季纍纍怨且嗔。此日鴟張愁北里，異時豕突起東鄰。葆甫先生奮然怒，隻身救援謝徒旅。為申大義至賊中，浩氣乾坤莽搘拄。賊意未可口舌爭，下山歸去惟吞聲。吞聲在原情義迫，誠意先教感僮僕。僮僕人人氣拂雲，荷鋤持鋌都紛紛。冶坊佃作不滿百，拂拭已足張吾軍。雨過宵分泥滑滑，路黑山深足難拔。猿猱行處不敢行，勇者先登纔廿八。草衣木履影寥寥，偵卒無人知我曹。初登山候天將曙，及破巢時霧未消。功成制勝在倉卒，賊衆抱頭自奔叱。精誠盡處神智生，人力窮時鬼神出。叔季前峯尚縶攣，賊軍動地匝戈鋋。十九人為萬人敵，異事今日猶傳宣。或如奔霆或掣電，此後山前日酣戰。聖哲神明默護持，兄弟荊榛苦輾轉。守者回心乍許歸，豈知移宅又重圍。蘭秋七夕穿針節，數定前期更莫違。痛餘思痛歌當哭，山刺蒺藜猶在足。百戰風前殪虎狼，一夕燈前全骨肉。指揮軍中閱兩年，先生雪髮已盈顛。拂衣別駕去不顧，蹈海高踪慕魯連。沅聞師言三嘆息，獨行如公實奇特。承平之世忠孝家，儒雅何曾識兵革。祇緣義激奮闘爭，長令鄉閭有矜式。讀書少讀前朝史，趙孝姜肱何足擬。廉頑立懦非偶然，聞風百世猶興起。吾師奏事乾清門，感舊陳詞動至尊。特頒宸翰至海嶠，驚看寵錫來天閽。子孝臣忠澤未竟，逸事他年互參證。垂名國史自芬芳，何止流徽播家乘。

泰州繆沅

白馬青龍割據區，高陵伏莽最盤紆。避家忽困蚍蜉衆，入穴輕編虎豹鬚。心結精誠興霧雨，勢回強弱倒戈殳。當年諸葛真名士，武緯文經八尺軀。

家風義勇踐弓刀，十口生還百戰勞。保聚休誇庾異行，傷殘猶勝趙威豪。雪泥鴻跡閒心遠，綽楔龍章御牓高。惆悵篇終更三歎，鶺鴒詩在與誰號。

臨川李紱

孤城鼓角四山聞，刁斗聲中夜五分。獨領數人探虎穴，何如一鶻入鴉羣。青袍不改儒生服，白馬偏成上將勳。萬丈峯頭留故壘，千秋猶說李摩雲。

弟兄分占巷西東，掩映階前玉樹風。三鍜才名傳洛下，四黃清望著南中。活人共說參軍德，保境誰知別駕功。自古讀書兼將畧，一雙牙管六鈞弓。

吳郡惠士奇

長鯨吹海飛腥水，白鳳紫鸞棲棘枳。羈孤骨肉恩如海，清淚灑天泣紅雨。翻身突上蚩尤車，義膽一呼霹靂起。空拳白梃驅羣羊，山鬼啾啾狐母死。荒營碎月秋團欒，粲然微啓穿齦齒。噫嘻嘻！軍門纛尾十丈高，百戰功成白面耳。君不見閬山煙碧溪聲寒，靈旗風護仙根李。

德清戚麟祥

人羣嶽立渥丹顏，逸事猶傳嶺海間。半夜乍驚鳴構火，闔門誰擬唱刀鐶。身臨虎穴空陳義，坐沐猴冠未化頑。計竭精誠忘絕險，歸鞍掌握萬重山。

臨風灑淚陣雲生，義旅唯占僮僕貞。冒雨排登千仞壁，奪巢雄勝五家兵。一夫投石妖氛散，百戰空山宿霧清。老稚生還咸感泣，團欒共話一燈明。

先生經訓本胚胎，儒雅風流眾所推。每入橋門稱祭酒，適當鋒刃見奇才。功成不受華簪賞，興到惟憑急管催。文武材兼兼孝友，載歌宵雅一低徊。

猶子身依日月旁，親陳至行動穹蒼。脊令急難千秋義，鸞鳳騰輝五色章。萬里殊恩馳將校，一門奇節冠班行。他年紀載留青史，嶺嶠迴峯入海長。

宜興儲在文

黑山時遭難，制挺拔連岑。勇奪鯨鯢窟，誠堅僮僕心。拯家行冒刃，破賊坐彈琴。帝錫宸章重，方知世德深。

出險驚神相，康時頌國楨。澄清歸海甸，密勿正鈞衡。高詠揚前烈，貽謀保後生。無窮忠孝事，濟美說干城。

華亭張起麟

長篇讀數過，奇節感當年。疑是天上人，不食人火煙。深心穿海窟，高眼踞山巔。屈首為諸生，呫嗶將終焉。一朝奮氣節，批牛目無全。百戰乃白手，九死仍生還。閩嶠易藏疾，水互兼山連。賊藪據其中，縱橫斷後前。剷削蒼龍鱗，刓刻青螺鬟。懷才正未試，一旦逢茲艱。急欲探虎穴，恰來觸羊樊。舉室被俘纍，扼捥發浩歎。寧為白璧碎，不作瓦缶完。百夫祗一心，披荊斬重關。先以慷慨辭，賊勢以得間。遂乃乘夜發，山雨聞鳴泉。昏霧罩深林，陰霾護層巒。雨聲雜人聲，人少聲逾繁。賊急不知計，狂走沿山環。落水篧老漁，循阡斸野佃。血肉和泥滓，誰為歸其元。幽縶盡解脫，山谷人瀰漫。老攜幼子歸，嫠為稚女先。君家弱息行，保抱離危顛。致命以遂志，八角成磨盤。雪夜唐李愬，鐵籠齊田單。又曾十九人，遇賊命判捐。奮勇互犄角，賊破俱就孿。趙膽真一身，岳軍如撼山。狹隘短兵接，刈草無㕍喧。至今父老言，聞之心膽寒。嘗怪漢趙孝，兄弟相周旋。弁爾遇賊至，束手如閨媛。禮瘦孝也肥，佹言謂知權。倘遇賊桀黠，烹肥不宥孱。同將冒白刃，誰復張空拳。剛柔如草木，方春同一墩。秋風吹霜飛，草枯木還存。共具此智力，彼絕塵而奔。為人不能為，古人所由傳。五十年前事，感慨述一番。儼然古誼存，行將末俗湔。夫子秉國鈞，師表在朝員。雖有絲與麻，不棄蒯與菅。僉壬悉屏跡，方正盡彈寃。闡潛發幽光，九鼎直一言。況此家門事，鉅鹿不忘餐。聞者怵耳目，見者開心顏。夫子世儒學，衛道心彌堅。崇正自闢邪，疾惡尤情專。仁者必有勇，功業非外緣。家世好奇計，高風齊綺園。側聞八世祖，立功天順間。桀横不驚馬，矢激無翻弦。胡床坐指麾，堅城如短堧。雖然不好武，票姚名其官。歲傳及尊伯，火盡薪仍燃。文武竝舊德，世運逢推遷。軍功昔曾爾，將種今復然。夫子性醇謹，數馬心猶惓。當其忠義發，談笑開旌門。直前何卻顧，獨斷無旁詢。王師度枕席，掃霧還寥天。人感再生恩，買絲繡平原。著作滿東閣，洋洋成大觀。喬岳物望集，星斗天文爛。賤子樗散質，遊門得大賢。濫荷桃李栽，幸免草澤湮。望洋每生歎，學海殊迷源。坐卧勞神馳，日夕勤目睊。有容道德大，無私天地寬。願看撰杖屨，負牆待更端。

武進須洲

閩海深潛十丈蛟，清溪城郭夜聞饒。鳳棲丹穴何曾穩，梧竹枝高竟覆巢。

孤身來往十重圍，矰繳何妨六翮飛。不是公才兼智勇，子卿須到白頭歸。
兵勢何論眾寡分，衝冠怒氣奪三軍。終知杯水能防火，不使崑山玉被焚。
匹馬輕馳破賊營，終軍元是棄繻生。長鎗大戟成何用，要有胸中十萬兵。
海風旗動白連天，霹靂聲高夜拓弦。一十九人孤塞裏，何如定遠在于窴。
紗籠名姓重三台，知有神靈擁護來。卻怪梟雄能具眼，髫年先識棟梁材（賊帥知公非常人，不敢加害）。

江都方覲

飛書繫鴈達神京，跨海遙誅掉尾鯨。入蔡功勳誰第一，將家原屬李西平。
一夫橫槊靜妖氛，麟閣何人自策勳。鄉里至今思保障，官軍不及李家軍。

新安呂謙恒

猗嗟安溪李，家難昔迍邅。封豕肆厥毒，百口同拘牽。壯哉葆甫公，孑然一身還。仰天泣血號，哀痛寄所宣。挺身入賊巢，慷慨渠帥前。所請雖不獲，天地鑒精專。歸乃召傭佃，感激吐肺肝。百夫請畢命，乘夜達山巔。大呼一當百，蹂躪溝壑填。轉戰皆逐北，拉朽不足言。季也蚤拔出，童稚徐復完。巨寇逮一紀，於茲蕩氛煙。達人抱至性，敢曰期瓦全。得無神明力，先褫賊魄魂。子玉報兄讎，女休雪父冤。遙遙千載上，此事古所難。誰為董狐筆，書使後世傳。

海寧盧軒

黑雲壓山濃賊氛，霜戈鮮甲千萬羣。覆巢取卵□□利，崑岡玉石憂同焚。丈夫揮劍蛟龍起，搏戰巔崖血流水。蹋翻腥窟拔孥歸，妖狐腦裂長鯨死。英聲轟烈六十年，至今山麓無狼煙。天章雲爛表宗祏，鐘鼎鴻勳屬後賢。

孝友自本姓，喪亂見芳堅。我讀獨行傳，時往行彌鮮。李氏今所丁，於古尤其難。賢公念先烈，作詩代史编。全家陷賊巢，欲拔無由緣。哀哀葆甫公，一口百身懸。挺購不見從，辛苦戰經年。嵎傾獸縮勢，重令肉骨全。歷載逾五十，子孫繁以賢。異人況天挺，業大德方綿。巨族如喬柯，葉葉枝枝分。豈易造榮盛，未可忘本根。風雨茍無扶，誰歟救其顛。煌煌拜天褒，報恩懸墓門。每傷長沙陶，世疏同路人。豈況親兄弟，鬩閱墻藩間。天合未可漓，風尚久以然。長謠述終始，蘊義激心肝。豈但存家故，實足厲愚頑。人生非至親，有急誰可干。脊令鳴且搖，行飛翅相連。宜歸樂府采，尚繼在原篇。

吳郡陳汝楫

明季失其柄，弄兵繁有徒。餘氛連海嶠，閏位竊珪符。已類鱗游釜，翻為虎負嵎。中原初靖亂，南服尚稽誅。處處聞刁斗，年年責粟芻。崑岡騰烈焰，丹穴置罝罦。遘會逢屯厄，横災暗覬覦。鴟鴞悲毀室，鸞鵠嚇驚雛。漁仲文之彦，平居行不渝。蓼莪方愴戚，荊樹幾凋枯。慷慨思并命，倉皇便即塗。人皆危此去，誓不顧殘膚。犲獌谷中嘯，鵂鶹原上呼。公儀求易子，趙孝競捐軀。義使肝腸激，言將涕淚俱。兇羣胥感動，渠帥亦嗟吁。填壑知何濟，抱薪計是愚。一行愁斷雁，千里憶神駒。衲子來籌箸，廝僮請執殳。兵資因冶鐵，軍食算田租。其砦危千仞，懸崖陡四隅。擣巢雖策畫，絕徑每踟躕。帶斧開榛莽，攜媒逐鷓鴣。緣巖謀獵戶，斵磴托樵夫。選卒鋒鋩鋭，前登膽氣麤。輕便爭走犺，趫捷鬬飛鼯。是夜凄風緊，空山燐火趨。濃陰寒黯慘，澍雨影模黏。失路紛零落，尋蹤半已蕪。銜枚穿泥濘，攀葛上嶔嶇。山怪行銷矣，雲師助友于。冥濛留曉霧，晻曀蔽陽烏。眾寡誰能料，潛機事不虞。眼迷嵐漠漠，夢駭角嗚嗚。羸老投崖盡，梟鶩棄穴逋。摩雲終得李，犯雪欲擒吳。百戰從茲勝，先聲遂所驅。皂旗頻陷陣，墨絰自提桴。嘗守村城小，唯餘四伍孤。突來乘弱壘，勢似鼓洪鑪。投石齊飛礮，張拳搏伏貙。追犇收組練，歸凱舞昆吾。竟返連城璧，全迴合浦珠。竹林高素節，棠棣惜芳

晉江陳萬策

文武材何忝，代傳龍豹畧，還將啓後謨。既用繩先武，倫理鬼神扶。威靈廊廟震，諸鄉闢坦衢。十載夷強寇，跗。邵德壽桑榆。彩幟揮聖筆，行宮荷帝俞。撫甸陳家緒，運泰鳳棲梧。功成魚得水，狼星射木狐。螭陛馳丸蠟，機握鳥蛇圖。賢孫研席娛。湯鼎接規模。禹碑垂點畫，非煙起石鋪。若斧光珉碣，璿榜表名儒。我祖芝蘭契，豪情對松菊，人看氣概殊。老有風流在，末座聽笙竽。夙齡親杖几，恩華事有孚。將來孝義傳，青史未應無。

至誼堂實紀　卷　下

目　次

閏五月廿七早與本縣書

呈　稿

六月初六日與本縣書

呈　稿

六月十一日與本縣書

呈　稿

六月廿二日與本縣書

呈　稿

七月初六日東山與本縣書

七月初八日申刻銅鑼寨與本縣書

七月初十日銅鑼寨與本縣書

呈　稿

七月十三日銅鑼寨與本縣書

又與余防將書

七月十四日夜銅鑼寨二皷與本縣書

十四夜銅鑼寨二皷上王千總書

七月十五午刻銅鑼寨上賀道韓總鎮

七月十五午刻銅鑼寨與本縣書

七月廿三日飛鴉寨與本縣書

呈　稿

七月廿四日飛鴉寨與本縣書

七月廿八早飛鴉寨與本縣書

八月初四日飛鴉寨與本縣書

八月十五日飛鴉寨與本縣書

八月十九日坑内寨與本縣書

八月廿五日坑内寨與本縣書

呈稿

九月初五午上韓總鎮稟帖

呈稿

減食辭（有序）

乙未六月初三，叔季二弟所居壘毀，刼一家十二人以去，獨叔遁免。挾質逼賄，氣溢而口高。望八老父，許以越軍，君子求贖。數年居兵燹間，官寇咸征，尺帛寸縷盡於無藝。外觀未劣，內腆久憊。畝則隸逋，婁復無環。魁望未厭，父思大竭。怔忡憂憤，結疾而瞑。爆時孚窒求直，待斷於延李，聞難欲奔，告公不從，遺蛻已戢，僅乃達家。前此者，耳可得而聞，目不可得而見也。帷以內兄弟三雙，惟二在焉，況一之在羈。帷以外孫曹六雙，惟三存焉，況五之在羈。追惟父所由病，及所由殞，謹用夫差對告者曰『不敢忘而已』。哀痛稍定，彌念鶺鴒，以身造魁衣麻，衣麻見訖，不知有斧椹徽纆之在前後也。瞥見弟鬖鬆如老纍，瞥見姪藍垢如丐子，季婦絺綌僅蔽，諸女藉草數莖，鳩形囚面，羅跪伯前，咽嗚相持。魁亦有感，淩晨辭去。四歲幼姪呼我於門曰：『伯，早救我。』嗚呼！聞之痛矣。夜歸不寐，救之緣，雖未湊救之志，曷敢衰告於先靈。三食損一，雖不為助饑則生觸，苟有冥護眷完，遂增之。

厄道天所施，蛇龍走八逵。舴艋為宅窟，追風跑不宜。大山象鵲首，其中藏獍鴟。可是舟中客，無分麄與湄。我家指千餘，垂白攝護之。顛沛逼日來，蕭然千橐垂。鳩之數十載，一旦見盈虧。季子保地險，一邱竊自奇。細草不足薪，小悁奚用癡。趾趾附肩謀，捧腹總不知。騎背遂登項，雞號渙然圮。堞中桁甕盡，繩絡家人馳。刼質發高言，幹聳無低枝。窮似四壁立，門庋猶舊楣。老人傷中懷，偷子撫肚皮。謾言貨田廬，比戶無所咨。用此成瘲瘓，聖儒遽輟劑。繐內缺一駿，帷前少五騏。父為群子天，父棄吾何資。獨恃急難情，剛鐵磨為錐。投險望天屬，纍纍鮮顏儀。陡然創余心，感皺眾魔眉。一別悲痛甚，慿門號呱兒。朝至日中昃，循環有三飱。亦如吾昆友，三雙唱壎箎。驟無充壑計，聊與子同饑。陂平理不爽，蹯胹共薦脾。喬松非久瘘，當春發華滋。

從子光坡曰：仲父序中言『幼姪呼門』，即坡也。季母教坡，然時見仲父長號仆地，良久乃甦，魁感泣，傍賊皆雪涕。掖行數百步猶聞哭聲，以為至痛也。百其形容，且不如當事之愷惻，況仲父之高文至心，猶非可以丹青畫乎？今備載此序與詩於家傳，則當日死生之不二，義勇之旁魄，太和元氣所以格神感眾，修扞多艱者，不待講說而自明。嗚呼！消千屯之遘厲，召今日之庶祥。臨難蹈危，性命尚置度外，而同祖蒙庥，百家曳縞剌肥，乃反以微瑕細故，動相校量。賢者子孫省今日福至之所由，則懼後此禍至之無日。天人之際，和則祥，乖則沴，不可以戲豫也。故推揚先德，頌以為規焉。

丙申五月初九早報道鎮單

初九早刻，爆率寨丁由鐵爐起身，過永春，擬就三都長汀寨劄營，盖長汀寨與景山相對。景山者，賊徒所聚，賊之奔逸大半由此。今將先圖景山為駐足之地，俟到彼方作區處。念爆孱弱書生，當此糧空之時，賫帶無具，又鄉兵各秉私見，裁制無權，或前或後委難調理。誠恐奮力不齊，徒滋罪戾。奉命以來，日夜憂悸，伏惟仁臺憐念之先，使爆得行其權，而後任功任罪，允然無辭。守將劉錦繡熟於調度，遣劄小橫，為爆犄角，預示呼吸必爭之勢，庶其投誠指日可決耳。聯絡寨分召未集，尚未察其誠否，容至長汀安營後具冊，并前所得賊人及有功鄉壯開詳具稟。

五月十一日再報單

初九日賊林日勝已棄石洞，駐險岊。今四圍賊砦皆空，但有崎兜與此僅二耳。熼初十率鄉兵札營永春三都長汀寨，去賊五里而遙，旦夕伺其出入，絕其餉道甚便。

五月十五日報單

熼駐長汀，三都地方次第皆受聯絡。所有一二或為賊黨所據，未易反正，容數日線索圖之。十四日已撥一都練長黃麟就札景山寨，與熼犄角。凡賊出入要路，分命遮伏，其有賊逸出，即就所守記罪。又時遣本鄉嫺熟僻徑者抄其糧運。謹報。

五月十六日報單

奉密諭立即劄營，弔二、三都鄉丁各於緊要分伏，不謂此間人情。從賊日久，口受命而背離心，有召五六日而無一兵到者，如福鼎林寨。有約之某處截禦而徑之他鄉刼掠者，如三峽霞村寨。念熼一介書生，懸百人入羣賊之中，號令不動，進退維谷，情實可憫。今探得崎兜、險岊二寨僅有老賊及百人在其中，餘黨無糧，連夜分散，與湖頭蘇耀湊合五六百人，入安溪還集里，乘熼後虛，聲言欲掠鐵爐。蓋熼深入以困其前，則渠乘空以擊吾後亦勢也。熼誠恐大兵緩至，各鄉觀望，數日後情形必有不可言者。即目前未敢顯叛而陰輸軍情，顯抗節制僅熼與黃麟二股，合兵未滿二百，離鄉俱有百里，萬一事端不測，何以支之？伏乞迅發多馬星夜前來，大師一到，保十日之間老賊投首唯命，而觀望者亦固志矣。機在俄頃，伏乞裁奪施行。激切稟報。

五月廿四日巳刻報單

熼前劄營永春長汀鄉，已分派二三都各寨就近堵截要路，各寨長俱領去自守訖。熼即於十八起營過安溪常樂里，仍分各路劄伏。熼自劄小横鄉，扼其出入。廿三日賊黨莊進等四百餘人自崇信里流刧回來，負糧甚多，夜踞火爐崎破寨，即率小横、劍斗由義霞村、左槐、東山鄉壯傍晚圍攻，殺賊相當。計賊猛被銃死者廿餘人，而鄉兵不習節制，稍不利而歸死者一人，重傷者八人。察此行鄉兵，惟東山寨最為衝鋒有力，餘亦雄壯可鼓。切思農民守則有餘，戰則未足，而林日勝據孤寨觀望，故縱莊進諸營四行剽殺。陽為效順之言，陰逞爪牙之利，一日稽誅，彌自坐大，誠可深慮。伏乞憲臺迅行天討，不勝雲霓之望。謹懇稟報。

五月廿六日呈道鎮

熼自初六日奉韓鎮臺命，回調各路鄉壯密劄賊巢。初九至永春長汀聯絡三都諸寨，詎民情習賊已深，陽奉陰違，或召而不至，或同在兵間而陰輸軍情於賊，或驅之撲戰而顯然逗留於後，認截寇為熼家私事，度天兵為永無至日，驕縱觀望，難以理爭。今賊黨莊進出刧驟歸，帶回五六百人，合老賊舊營八百餘夥，去熼小横劄營止五六里。切熼以書生攝戎，本非其質，抗制無權，庚癸難久，自安入永，由永趨安，提調幾至嘔心，呼縱全無一靈。已經三戰，互有得失。雖賊之情勢無能，而我之攜二可懼，惟熼自率家丁遠駐百里，以單弱之旅逼強寇之巢，戰則四呼無助，退則憲令惟惕。念熼本為家難，功成七八，積月微勞，家破力窮，衝賊之不意易為功，抗賊於有備難為力，誠恐大師緩至，眾志益解。方今新稻將熟，賊徒指畝為糧，二十日以外舊黨大合，斯須成萬。熼雖投命行間，無裨委托初意，伏乞天兵迅臨，師到賊滅，刻日可效，一以固聯絡之情，一以剪方張之翅。某竊不勝江河斧柯之慮，事機一失，後不可復，徯師雲霓，激切具呈。

閏五月初八日巳刻報道鎮單

憲臺如天之仁，軫亡賊於垂盡，委曲推慈，開以生全之路。奈老賊奸計巧延，又推托於後月。盖目前糧竭眾孤，浸淫十餘日後指田皆粟，則兇黨復集矣，勢無招降之理。自去年七月至今，何嘗一刻不言撫，何嘗一日肯出撫。老賊故智欺三尺之童，亦不可得能逃憲臺之金鏡乎！此機一失，復起爐竈，正恐無此時無此勢耳。伏惟憲臺裁之。熼久在兵間，今眾鄉皆散，獨熼率百人守此，誠不勝焚身之懼。乞明示進退，憐熼微勞，全熼微生。激切具稟。

閏五月十四日龍通寨與本縣書

熼奉命驅馳，提孤旅走歷荒山，逼賊而營，衣不解帶，諸生有何勳名可效，惟懼獲罪耳。至於莫須有之謗，明係為賊鼓浪。劉光捷係何等人？察其從賊中來耶，則固其黨之言也。如不從賊中來，又曷從聞而見之，令叔數語實洞肺肝。今戮力搏寇，方將傳致上人，德意綏集獎賞，尚恐逸散而漫，聽一面含沙之辭，以坐一諸生，何怪老賊不捧腹而笑也。尊牌以十三晚至營，奉讀驚疑，立即解戍犇謁。第莊進流刼在崇信、還集之間，誠恐倏忽截途，中有不測，當灣從永春曲道趨叩，計其路程須有五日，大抵粧無為有，其垢易白，俟抵臺端一表白之，此中釋誣，全恃老父臺剪拂之力。不勝拳拳，統圖面誨。臨楮惶惕。

閏五月十八日與本縣書

熼捧讀牌文，立即離小横營，空身回爐，喚胞弟兆慶代攝兵事，召劄龍通，以逆莊進歸路。十七早即以一乘從永春出，私謂摳詳，在翌日事矣。忽於路側遇令叔老鎮臺傳回口諭，俾熼再為十日關守，大兵即星驅而。熼又無奈再稽行李，呼集各路以為壺漿之迎。盖此寇既窮，但其性猶豫觀望，大兵至則為撫為勦需時而決耳。熼奉此旨，誠不勝懽忻以跂也。然憲文未覆，又恐稽時自悞，呈詞一幅乞為申報。熼於此局始終皆賴老父臺照拂，此生捐糜未足云酬，容稍暇趨叩。未一。

辨九千賊穀呈

為垂憐微勞昭辨黑誣事。熼因去年六月初三日被賊林日勝、張吉等攻破洋山堡，擄去至親男女一十二口，索贖金六千兩，另派差禮一千八百兩，傾家營贖，尺土寸縷決賣無遺。詎日勝貪懭金完人禁楚酷難堪，熼父七十七歲哀痛莫何，憂戚喪身。兄弟六人分折四方，至今奔喪不敢，披麻未能。熼誠積苦成憤，密謀三箇月，養兵二百人，內謀附寨，外謀賊毗，以今年四月初九夜攀籐縋險，平明克其老巢，當日入寨之後，計算止一百八十一人。賊魁走脫未遠，四圍賊壘如墓林寨、姜庭寨、岐兜寨、景山寨、險岃寨、船尾岩、船頭山皆賊眾叢居鼎峙，五里之內誠恐反戈回向，寡不敵眾，立命所帶家丁乘墻據守，竝未暇散搜賊家。至初十晚，仙友寨率三百人至，三峽、蓋德、後坪三寨率三百人至。十一日熼再召安溪聯絡還集里、感化里各寨合七百人至。十二日又召漳平縣附毗各寨合四百人至。十三日永春福鼎三寨合三百人至。十五日馬跳寨、長汀寨、後洋霞村等寨合四百餘人至。兵眾雲集，耗糧甚多，即賊有逆粟數廒，營守二十日，食齒三千口，雖不無近鄉漏卮要以良民散賊稻，方欲壯其氣，何敢掣其肘。且守將劉錦繡又率鄉壯近千人，一毫一粒誰不就此取辦。彼時大眾殺賊，非奉上令，熼一書生何敢阻其不焚不取，為匹夫匹婦復仇也？但不知所稱九千石劉光捷何所見聞，為此含沙射影之事，壞此已成之功。乞申覆上臺，幸垂念勞苦之身，無俾墜污衊之計，勿負熼，使熼轉負同事。不勝激切！

閏五月十九日報韓總鎮

熼以十四日奉本縣牌文召理劉光捷黑誣事，即日移札龍通尾寨以截莊進歸路。熼十六日自爐起程，過營安輯，適值鎮臺票召，益不敢後，行二里又值郭佐回傳鎮臺口諭，令熼再堅守十日，大師必到。熼復解裝回營，廣召聯寨密傳鎮臺必至之期，令彼細心堵截外。蓋龍通有二寨，尾寨即招撫官林興珠置宅處也；一名新寨，乃賊腹心所居，賊姪林光全家處之。熼出不意，偵其中有反正之民，密與訂約，先投折柬以拜林光，單身赴見，使家丁六十人陸續入據之，因營於寨中。初至兩日，林光見兵多在側，偽撥己兵充其糧食。熼以為真心向化，加之上賓，詎此賊暗遣投書於日勝，即欲裹外合應，為仙友寨黃麟埋伏所擒。閱其回札送到營前，方知幼姪某已殺死矣。又言將盡誅七命乃止。即喚林光出同看書，渠知事敗即服刃而死，而札中所謂凡事可與二叔公謀者，其人即許殿一也。縛致營內，待大師到日送上。念熼疲勞三月奉命調度鄉兵，或去或留委難制馭，徒以身逼虎穴，送子孫於死地，無裨分毫。又據賊札口口罵林興珠，其無效順之誠可知。乘今稻未大熟，外哨未回，大師所臨如摧枯朽，伏乞獨斷興兵，勿為招撫二字所牽，此機一失後不可復。熼今至親人命俱載死籙，何敢貪惜以悞大計。凡前後懇切俱為地方，非但為一家計也。伏乞迅發，不勝解懸之望。激切稟報。

閏五月廿七早與本縣書

承老父臺回教，其視熼之事如身膺而體被之，昔人所云獨有二天，熼之謂也。然黑誣之寃，飛霜六月，必有能明之者。至此垂亡之寇手足俱縶，雖莊進猖狂，譬如劇病在死，法中而魔氣蹶張，手足掀舉，良醫過之知其盡期矣。舍此不搏以貽後憂，所深痛也。一呈乞老父臺虛心循省，知賊萬無能為之狀，立為申報上臺，盖治此賊有三策：乘其此日虛羸，迅師撲遏，應時而滅，上也。若以熱不驅馬，只求道臺自委一有用材官領十餘人通行安、永，各委二十健長嚴牌締選各路丁壯，遴三百人合熼同事，兩月之間困獸自斃，次也。若徒以一路寄孤生，功乎責熼，過乎責熼，斯下矣。刻偵老賊妻妾幼男廿五夤夜由景山搬入碗洋各寨，此寨毗連德化，合飛文德邑，俾各練長搜其逃穴。老父臺愛熼逾於至親，故不禁胸中微見，侃侃言之，匆冗之中詞有不給復求再訂。生我者父母，成我者父母也。不勝懇切，臨楮主臣。

呈稿

為極論賊勢民情事。爆以又五月十三日由小横移札龍通，十日之間智取龍通、新寨，理服石門寨，又分兵乘虛入據金山寨，凡賊營窟根株一切。批盡仍諭永春三都各聯絡大割賊禾，糧困穴孤，計可即日授首。詎賊翼莊進外哨無得，於此月廿四晚奮夜率三百人走回岐兜與老賊合營，究其回路，由舉溪入呂屏，過景山，蓋舉溪及呂屏係鄭克贊領守，景山則係仙友黃麟領守，不恤公事，徑任己便，撤兵不聞盟主，縱賊不畏官法。前五月間莊進領多賊從霞村鄉出其寨長，向亦同受約束。分道捕賊，緣賊遣一折柬，借路徑掃境，縱寇藐不相理，大抵爆書生力乏，又當家落四壁之餘，多養兵則肘見，寡養兵則勢孱，擕滿百之家丁，恃憲委之數行，馳驅撮揑，遮前擎後，呼左不靈，挈右不動，待官則眼已穿，恃民則意俱頑。故使賊前日偵爆劄在右方，便沖從左出；今日偵爆劄在左方，便沖從右入。首尾跧蹩，不相聯綴。爆雖懦弱，辛苦經營今成三月，前後所破賊穴凡五所，所化歸正凡十五六所。賊僅以數百餓夫合據二孤寨，内無現貯之糧，外無可割之稻，獨居三月必出憤鬥，除將書生不靈之札遍通各聯寨外，合無情叩臺端立申道府各上臺，言此賊垂亡之狀，官兵不可不至之故。官兵一至，則頑獷皆化純良，怯懦皆爭賈勇，保大兵下營之日即老賊繫首之期。當機不撲，後費手力，竊為惜之。即使兵法六月不興，師王爺萬無聽孤生遣重將之理。止就當道勅下本路要人，嚴牌召選各路丁壯合爆同事，雖功不能如師至迅速，而優游坐窘可以兩月有成。老父臺一方生成司命，伏乞將鯫生所陳詳列代悉。爆書生不達時宜，自謂此舉算無失策，轉懇道府各上臺虛心籌畫，立賜機宜，使爆勞而有成之事小，俾地方危而獲安之福大，激切具呈。

六月初六日與本縣書

熼積勞成病，今但臥護，諸丁以傒大師而已。數日與賊累搏，大有斬獲。凡搴旗斬首之勳，非以一二十計。賊喪氣落膽，無可奈何。聞其每失利，歸則坐召敝眷肆細，辱以洩憤耳。賴賊中頭領諸犯眷具在，熼所或恐我亦用是法行之，勉為勸沮，賴得生全。茲來密訂欲盜取敝眷與相抵換，來往數日議已堅確。熼又懸格招之，令其乘機致老賊之首，必竭產以酬其勞，亦驩然而去。念熼疲勞積月，雖有裨於鄉里，曾無益於骨肉，且賊勢窮必遁，遁必挾穉子與俱。敝眷非女則呱，安能乘熱遷徙終當乾枯道路耳。苟得乘此換眷明白，異時一意圖賊無所瞻顧，益當展驅馳以勞王事，匪敢怠也。緣諸犯眷皆經詳報，非敢擅便，姑以情控請計，仁人君子酌議情法，烏鳥私情當不忍卻耳。熼不知前生福緣何所托種，荷老父臺慈愛，每奉來書輒捧函而泣，此番為熼合尖，犬馬之酬，勒之世世，臨稟惓惓。

呈稿

為乞垂憐不得已微情俾得一意圖賊事。熼本為至親嬰難，積憂成憤，毀家破賊，經紀三月，雖老賊窮蹙，而性愎自如，空約撫期以遲大師，廣勒贖價，以索多賄。自五月初十以來，每一枝進攻，則夾八命於門板，以遮鋒鏑；每伏路擒獲，則繫八命於石頭，以肆威虐。熼雖有殲賊之義，不能無軟於舐犢之私。昨廿三日盖德鄉壯札其寨下，大割其稻。至廿六日莊進率三百人至溪塔割禾，為後坪鄉壯十八人沖殺，斬獲無算。今賊飢且怯，勢不久留。偵得賊眷已陸續乘夜走山，從永春道送在德化地方訖。營中所存惟熼七命在內，饑既難忍，走又無力，幾次送命於刀砧之下，幸賴諸領勸挾得生。茲賊領默遣來約，欲暗送七命與�，令熻將其眷屬密換。切熻至親在患已十三月，初用贖局，繼用刼局，雖蕩賊巢之十九，無捄骨肉之一毫。幸有此機喜從天降，第為各犯眷皆經詳報，未敢擅便。伏乞代詳道鎮諸上臺兩權情法之中得遂哺子之情，得眷以後義無瞻顧，庶幾盡力驅馳，圖全功以報洪仁，為此激切望恩之至，須呈。

六月十一日與本縣書

昨緣至親之故，煩老父臺代為控陳積月微勞，庶幾上臺鑒而從之。賊既敗而遁，伶仃饑餒，勢似不能再逞。今漸徙至湖頭，此燈蛾赴火之時也。表裏合擊，搤吭縶足，雖有振天之翅，豈能越罟而飛哉？不知當事何意舍此垂燼，曾不馳數騎以完邁績，為可惜耳。伏惟老父臺立將塘報事理再加一看，語稟詳當道，異時地方紀平賊勳自某侯成，口碑父臺者未艾也。肅此奉懇。

呈稿

為塘報事。賊莊進緣初六早來刼熻營，被熻率家丁掩殺於陣前，立斬十五人，已經附報。追至水尾五里許，又斃五人。莊進交鋒腿傷一銃，肩傷二鉟，伏草至晚僅脫，仍傷未死賊夥四十多人。莊進自言平生作賊未有此敗，遂於初七晚逼其主林日勝逃遁，其岐兜、險岊二寨皆已毀訖。熻於初八早探知，即會小横、由義、東山三寨疊跡迅追，奈狂雨如註，溪澗氾濫，不能及遠。賴呂屏鄉丁埋路擒得餘賊溫煖、溫燔二人，口供緣由知老賊現駐飛鴉，與蘇耀合夥。熻思賊窮而逃，棄久巢以依新栖，根柢愈淺，且大經敗衂志慮惶亂，又飛鴉俯瞰湖頭，與感化、來蘇二里相持，里大人眾，勢必不容，況畝稻俱空，掠無所得，羸卒枵腸，斯須可盡除。熑一面會集山底各路控殺外，合呈請申報道鎮府各上臺立發一股會督外，面各鄉壯到湖頭規畫，表裏合搏，仍嚴清從賊各寨保。十日之間魁孽竝克，地方永寧。謹此呈報。

六月廿二日與本縣書

老父臺於熑一事有叩即靈，又曲意籌畫，凡熑敷陏所未備者皆洞窾抉竅而極言之，其福在地方者即熑先茹其庇矣。熑持賊數月，破穴八九，所以未能鹹憝者，雖智謀不逮，亦力微而勢輕之故也。今老父臺專閫自湴揚鞭所指斯須可平。熑墨縗待命唯所指揮所劃膚見狂夫貢一得之愚不足採也，惟老臺酌量化裁之。昨道尊牌諭委界防守，協理此事，老父臺度其足以辦賊與偕可也，不然城守重務與父台分理內外以父母而率子弟尤挺然可行，其意盖上臺此舉皆責士兵，多馬則既不可得，少馬則無以滅賊，此在獨斷耳。計恩臺方圓妙用，尤能化於無迹，此□見願勿揚也。臨楮主臣。

呈稿

為謹陳制賊大要事。逆賊林日勝自帽頂破後歷毀七巢，安身無地，逃竄飛鴉，凡銃械戈矛捐棄彌路，所恃翼官莊進經龍通敗衂之餘身被重創，頭領損折，魂神驚蕩，底今未寧。又蘇耀病脹，旦夕危亡，人削其肋，天奪之魄，一二逋誅餘孽打食異鄉。計其營中僅可百人，皆蹶躃痌瘻之輩，負牆自蔽，氣勢甚涼，其旁附沙犂、長基等寨，雖陽與綢繆，亦陰來輸欵。察此中信心附賊不過數人，官兵一臨反正甚易。爆一面奉命開誘，仍密會各處刻期進兵，擬先據銅鑼寨以俯瞰之，繼圖分析札長基距其後戶，其左臂雪山則委由義鄉壯鎮住。又召還二、南斗八寨踞衡陽扼羣賊出入之路，使賊居者鴻鶩，行者狼顧。茲幸上臺寄專閫於老父臺表裏夾勦，功在須臾。切思爆持賊日久，備悉情形，兵不貴多，惟其能戰，且賊穴居仄險之間，步伐不可以廣布，止擇練長之精敏者令自簡拔滿二十人製為一旗，分股而戰，志同氣一，募銃手之奇中者一旗分給八名，或埋或衝因勢時用，多則廿旗自隨，少則十五已足。蓋人員省則賫帶輕。征者各旗自相約貼，供者地主亦無苛煩。老父臺坐據湖頭各堡發縱指揮，召居人問孔道，撥本地分扼，爆自居□關通，優游治之，應手而斃矣。爆與賊深仇誓不共天，力微權輕，未能奏摧朽之業，仰資神威掃蕩以報上臺責望之意，敬抒區區愚臆，尺壤培山，謹侯迅示機宜師行次止之期，預布後先，爆靜聽指揮，鼓舞用命。謹呈。

七月初六日東山與本縣書

弟以初一祭纛，初二出師，初四即據銅鑼寨，及分遣四路劄伏已訖，已仗舍姪在明具以狀聞。是日正值莊進回營，其帶歸賊丁雖號千人，實只四百多耳。既饑且疲，勢不能與我兵抗。初五晚長基寨長夜來投見，立即發兵隨往五皷即入其寨據之。此寨莊進所長往來，素指為飲啄之區，今為我有，喉嚨塞矣。然其寨主反賊為功有足多者，老父臺抵此呼吸收之，充然有餘。聞感化、來蘇皆已裝束欒為老父臺用。台旆至內外擊之，捷於燎原矣。竚侯師期，不啻饑渴。臨楮主臣。

七月初八申刻銅鑼寨與本縣書

弟於四處分劄，斷無後路可以容賊旁逸。昨初七日下鎮寨自來請兵添守，隨即撥一股幫之。尤可喜者永春三都紫鄉九寨號為賊區，賊所寄眷處也。頭領咸萃，遙為飛鴉呼吸日者。生員蕭起、鰲新與弟訂盟，驟然廓清自任此。初六日突以三百丁環賊壘而碎之，擄其翼官林星、林巳、朱賤三人，餘賊不可勝紀，而敝眷亦賴以完璧，此誠一時巨勳。今日賊之羽翮皆剪盡矣，僅一莊進既饑且窮，勢不能久。但弟屢召還二八寨鎮守衡陽，遲遲其來，數呼不應，惟恐此孔為逋脫之竇耳。弟書生舌敝筆禿，惟須老父臺一責勵之，家書至捧讀道尊鼎函猶與太過則督責益深，實用皇皇湖頭鄉兵之來不須一路，苟有蟻徑可達，皆宜分進，使彼備不一門即手足亂矣。弟謹同各寨兵磨厲以須，臨稾主臣。

七月初十日銅鑼寨與本縣書

台纛至止，禮當趨謁轅門，況四位將臺，未遑束脩拜問地主之情，良用歉然。第劄營去賊數武，賊眾雖饑，而多人相機砍殺，不可須臾離伍。又以兵皆四散，會來未知，兵律一縱則逝矣。此中情節謹遣小价面述，猶如促膝也。父臺所令，爆宜靜聽調度，斷不敢避水火。至於湖中兵止令札大埔及封寨，先居安地，時出綴之，賊無現糧，指日飢死，度可戰即戰，不則安守數日，即渠亦斃。制之之術不須張皇也。聞郡中又載砲至，或使埔尾寨從西姑菴引大兵一股運銃據其崙脊，可以得志，而大埔、封寨守兵穿嶺腰而過，截斷內拯，必無不克。蓋渠既懼山底一股，決不敢傾堡營求，即使渠亡命致死，而爆以兵犄其後，進退維谷，行見其立盡耳。但約兵之期須得老父臺及將臺一密示之。昨道臺賜函，山中紙墨粗率，兼提調煩劇，未暇奏對，而鎮臺密諭又令條畫近日機事，俱未及裁報，一呈奉潰，內所言誅賞二件皆此刻軍情急務，乞為迅詳。切切。其末條所請尤是萬分關係，唯老父臺忍一人以振三軍，不勝發沖激切之至。臨楮惶悚。

呈稿

為塘報事。熺奉上臺疊文催進討賊，已於初四日進兵至銅鑼寨，即於賊營數武立壘。前初三日招順雪山、陳地二寨，及初五晚長基寨長陰來通欵，即撥百兵星夜據之。賊右左臂俱剪，仍於四處，凡樵徑牧路每夜設伏。昨初九巳刻自發本營一股直沖其巢，自巳至未，計銃殺賊領十五人。莊進現劄沙犁，聞敗震驚，抵晡燒壁，遁入飛鴉合夥，初到此地，一戰頗有可觀。尤可喜者，永春三都生員蕭起鰲轄下九寨昔皆窩賊，一旦聽其指揮，於初六日謀入下洋堡，擒得老賊鎮官林星、林巳、朱賤等，及賊徒賊眷甚多，而敝眷一家皆得完璧，明係各上臺及老父臺恩威福庇，死不敢負。第起鰲此生新立大功，合有特獎，勅其後效。或老父臺預就近脩箋譽之，後申上臺行獎，並召此路精鋭共奏底平。切觀老賊飛鴉、圓橋及坑內三寨人可八百，米無十石，僅恃蹲鴟作糧田中亦已掘盡，除豬牛盡殺，再度五日決當餒死。熺自奉命以來精竭力敝，百戰百克，計大小賊巢或破或招無慮二三十所。今賊窮在一隅，命如爐燈，正在一皷殲滅。伏乞轉申道鎮迅師會勦，熺踴躍領命以圖完績。

七月十三日銅鑼寨與本縣書

此時協力進勦，計坑内一彈丸地，垂手可破。而山兵分札各山，若將為搦搏之勢，渠之不敢離伍而捄明矣。昨復引三百丁分三道衝之，老賊掩關崖三時竝無出鬭，其伎倆概可知也。今不患其不敗，僅患其走；不患其不饑，僅患其接濟。接濟之路，上層則在衡陽，中層則在大埔、封寨，下層則在來蘇。一二不肖從白瀨長潭尾過河泝飛鴉口而上，此三處者唯老父臺設法制置之。飛鴉口一路只勅傅厝寨及埔尾寨嚴扼之可也。此中兵樂聞大兵一戰相為聲援，軍情不可預彰，幸秘示之。臨楮主臣。

又與余防將書

弟久徯台纛，兹幸至止，知膚公之奏，反掌可勒。弟已分札各山以疑其勢，計坑内一彈丸地，老台臺舉之如振槁耳。如有進攻確期，幸惠好音，弟當磨厲以須。臨楮主臣。

七月十四日夜銅鑼寨二皷與本縣書

此賊相持垂四月，交手輒敗。今巢毁壘盡，僅三寨鼎峙。苟偷視息耳，至於困獸必鬬，知其死在旦夕，而僨戾以倖一勝，理之自然無足怪者。弟屢陳破賊之法，惟四面絕其鹽米之道，不戰而屈之。第以弟書生言之，未免近孱，故未敢急以其說上之將臺。從來鄉兵多益為害，合數十寨即數十心，且其中膽智十無一二，一喝而散，勇者為怯者累，往往如是。早刻撤營前百名，遣主兵王偉省視將臺，稟其發縱從山腰來往。不謂賊窺吾兵未歸，徑以一股突嶺上來，鄉勇無遮，因以稍卻。日接家兄手函，知老父臺望弟之亟，本即夤夜馳赴，茲如此景未免駭動後山，當留此鎮之。計賊所震者，唯有歷來交持旗鼓，相識僅敝營一枝耳。弟去必挾伍與俱，背後虛空又虞有變，此自老恩臺所能亮也。若戰功之成，大勝之中必有小負，至於稍有損傷，雖孫吳不免，惟老父臺堅持之。可戰則戰，不可戰則四圍困之。恩臺只就湖中建牙，一面催徵，弟為後拒，只以半月為限，若不懸林、莊之頭，竿之藁街，莫大軍律弟請當之。王將臺既為地方，於老恩臺有主客焉。濟大事以相忍為主，但意見裁自胸中，人論紛紜，總以功成日自明。汪度千頃，聊為百姓弘之。弟亦急謁父臺，相機即出，不論蚤晚也。弟全眷在賊營時尚奮擊不顧，今托庇獲全，尚肯與賊俱生乎？一片心膽指天為證，湖中情形并乞詳教。臨楮主臣。十三日大兵及鄉兵札嶺頭時，弟時發兵前搏，自辰至昏殺其先鋒及銃手十餘人，而我鄉兵庸貴寨失有功銃手一名名蘇秋，又傷四人，俟事定開報。

十四夜銅鑼寨二鼓上王千總書

台纛賁臨渴一領誨，但壘在賊前，又路經圓橋賊寨，恐拔營一去，彼必乘虛邀擊，意欲平此巢而後發所以遲遲，大抵賊勢窮蹙，自永春蟠固數十根株皆已盡犂，何但此區區三壘相峙乎？此種斃在旦夕，破之之法不須張皇，只四面緝絕其鹽米，多則二十日活，少則十日自餒死耳。況將臺天威所加，何敵不摧，此可算為籠中鳥也。早刻緣未晤台臺情意不接，故特遣主兵王偉詣營受命，不謂回旆未歸，而狂豕奔突，鄉兵無遮，引步稍卻。熼無奈即率倦兵撓其後，更深始抽回。熼持賊頗久，極知此種伎倆不過鬨然一衝。若我兵不動，即渠悠然逝矣。願老將臺勿恤小衄，一進一卻兵家之常，敝父母最細心人，求俯商之。熸本為至親在難放膽為此，今船在中流，誓滅賊而後朝食，老將臺萬勿移於旁論。自熸破賊以來凡百三十日，在兵中未嘗一飽，惟將臺矜憐之，破賊成功自繫將臺威神。熸書生雪仇已足，至於功名所不敢齒也。臨楮倦切。

七月十五午刻銅鑼寨與本縣書

握勝在我，只緩須臾便可著效。鄉兵札嶺上及嶺中者何啻數千數十，賊驅之望風瓦解，若有十人持後何以致此，此非賊能殺我，不過自相蹈藉耳。弟前呈言兵不須多，正為鑒此弊也。勝敗常情，小嫌固不足道。老父臺建牙於外，擇本地之精鋭者剪拂之，外里之驍果者存給之，閒則分遮運道，急則分股搊戰，困之數日定當立斃，即談笑而折衝之矣。不知昨日半嶺所棄輜重多少，再加打算以賊口千人為度，亦反掌而易盡之事也。弟既守於此，兼值賊勢新狂，一動則眾心搖，願再假日安輯之，苟有微隙即星亱馳赴不敢後也。弟到此時已立身於毁譽禍福之外，惟冀旦夕報績，以無負老父臺及上臺委任之意而已。臨楮拳切。

七月十五午刻銅鑼寨上賀道韓總鎮

熸於初二自龍通移營，初四札兵銅鑼寨，近賊數武立壘。初七即承仁臺手教，且荷惓註。初九日出兵攻飛鴉，殺賊併傷計十餘人。十二日復出搊戰，老賊閉關竟日不出。十三日大兵攻坑内寨，另遣一股劄嶺頭。賊望大營即欲趨利，熸復出兵扼之，賊乃回戈。抵晚大戰，殺賊斃者十餘，傷者不計。

而我寨丁名蘇秋亦被銃殺。此人驍勇有功，甚可痛惜。十四日晡刻賊窺大營不戒，暗從坑底泝嶺上。鄉兵素無約勑，望風引潰，致坑內攻兵不知緣故，乘勢瓦解。燦無奈出兵拒其後，昏黑無戰，更深抽回。勝敗兵家常理，一挫未足介意。第此賊糧絕，只用四圍密札坐制有餘，既握勝在我，總以奏績為成局，竚看半月之外定有捷音。敝邑父母緣此事備極苦心，王將臺亦未免因事而懼。熼理兵於內，自其懸櫜來臨，未曾一望顏色。惟仁臺壯而鼓之，功如不成，熼與分罪不敢辭也。臨稟無任，悚慄之至。

七月廿三日飛鴉寨與本縣書

荷老父臺恩庇，所向輙克，廿二日午不勞而定飛鴉。雖彼暴而吾仁，有以勝之，而寨民反正無所疑惑，亦皆能自克者也。老父臺勸一以勵其餘，宜有以獎之。今日勝入坑內，與蘇耀相依為命，直可持馬箠驅之。□惟勑各里嚴截，制其外運，防其內逸，此治孤賊之要法，惟老恩臺留意行之。不任拳切。

呈稿

為塘報事。熼奉命督率鄉兵於本月初四自龍通移營銅鑼，至十五夜領本營一股到湖頭擊退賊兵，已經叠日具報外，二十一日由來蘇里抽回，廿二午甫到營，突有飛鴉寨長陳員、副林台詣營密報真心歸誠並裡外合應。熼即率銅鑼寨、東山寨、霞村寨、芹山寨、長基寨等鄉兵協同本營分二路□進飛鴉寨。眾窺熕旗幟出洋即於內喊殺，熕等衝攻四圍，斬獲甚多，伏於嶺上草間搜殺無算，約三十餘□，俟查定□級再報。切日勝所恃三堡鼎足，今圓橋既被我兵伏殺，自行焚燬，飛鴉又賴寨民反正，熕已同各鄉入據訖，唯坑內孤立，日勝游魂無依，非斃即走。合乞申詳上臺嚴諭還一、二里並興一、二里及感化、來蘇里分劄要路，賊出其處即罪其鄉，行可須臾奏效。激切呈。

七月廿四日飛鴉寨與本縣書

飛鴉既順，賊據坑內孤堡滅亡可待。老父臺只勅各鄉截禦，俾渠進退無路，則思過半矣。弟受各上臺重委，然實役召不動。得官數字，賢於弟致數函，且弟所能者，不過管自己一路晝戰夜伏耳。萬一出於他途，雖孫吳復生，不能揮不靈之臂以為用明矣。上臺用熕可也，責熕則不可，祈老恩臺此中短長曲庇之。昨塘報計已徹覽，頻承上臺牌示，奉之惶恐，然不敢不竭驅馳也。臨楮主臣。提臺及道臺前後二示俱領存。莊進以十七夜與廖孔等出哨崇信里，聞其大失利，復回衡陽、青洋，此二寨係與龍興源口鄉聯絡，可特牌切責之。

七月廿八早飛鴉寨與本縣書

貴役至即遣小价回爐，取舊券一宗，併科盤費。敝營距爐凡二日程，度其往反措置須五日足，今尚未至也。大要此事非某親行不可，餘人具具，正恐應對差違，反未便耳。賊舉在旦夕，非斃即遁，惟苦衡陽、青洋一道通其後門，屢諭不變。今賊眷彌滿於衡陽，公然與我兵抗，若不質其應事，現年則渠漫不知省，雖有百熢，奈之何哉！看早晚擒魁，便即躬見司差領，又聽解如猶未也，亦當召舍弟。某攝兵，即某自行，斷不敢遺憂恩臺，併以自悞也。賊級本三十餘，此間山僻，待呼匠覓灰已遲數日，其殺在林間者，皆爛敗不可裝，僅近堡內外取十三級，耑人致上，併令寨長、副到臺立結。某荷老父臺百般噓植，恩均怙恃，禮不齒君之路焉。□□□人，且吳庚與弟有中表親，就使漫有所作，亦須私啓恩臺，何敢徑爾若遽汙誣以塵上臺之聽，□惟□吾恩臺是白日而鬼魅自為也。且上臺何知有？鯫生緣老父母繾好，不倦聊一通札，豈有未謀面而遽及於地方政事乎？亦非某言事之時也。家兄某當日憤其毀成□□□□□□□言□□□□□□，亦為其傳者出於人言，未有確見，抵湖后無日不和氣相對，背增□□□□□□□□□□□□□□□□□而飛察者審吳庚必弔確證，若此言自某出，當有飛檄召（下缺）

八月初四日飛鴉寨與本縣書

尊示併鎮牌至，即傳諭之民情，習非已久。每奉官檄輙如故紙。弟營中日治三百五十人，食撫兵居其半。自弟四月始事以來無片壞不鬻，今斗筲俱竭矣，汰其羸者猶存三百，嗷嗷呼庚，勢不久持，庶幾得藉感德、常樂官派坐潤旦夕，而鄉人奉票不過展紙詆誚而已。察坑內升合無存其中，時有割髮來歸者，弟一切開大恩信接之，知賊非久決遁，已嚴會湖頭分伏，想插翅難飛。又聞莊進為龍涓闔里所圍，首尾定難相顧，舉之可不浹旬。第苦衡陽西溪為其出入關梹耳。使弟得一月饒給，則萬事濟矣。求老父臺立撥貴役四名，再出一催票星夜前來以拯弟饑。賊除之後，報覈之數弟，當開實奉報，不敢妄靡，此官物也，催票只言提臺即到，不必齒及弟名，渠輩不知大義，但以為私耳。懇望切切。

八月十五日飛鴉寨與本縣書

月圓令節擬得鹹憨獻捷為恩臺懽，而守此匝月未獲如願，致乖奉侍之期，有懷耿耿，兵聚糧乏，承尊檄屢催頑抗如故。至感德洪祐鄉如美仁寨長者，本縣之戶書也，慢罵不遜，謂弟串同父臺貓鼠科索，喃喃嘵嘵，唾差役而摑其首，狼狽以歸，致令感德環里無粒肯前。常樂初尚有至者，今聞聲視效，藐不遵解，以枵腹之卒待不前之炊，謀飽不暇，何能為雄？今姑忍饑再待五日無效，雖弟欲長居於此，得乎？弟固村井一書生耳，自始事至今齎裹自隨，今欲蒙虎乞澤，張之以威，似亦有礙，惟老恩臺裁所以行之。老賊既困聞蘇耀頗亦心軟。然弟雖百用其招，購新與作敵亦恐負氣不降吳庚于彼有契誼，從來相為庇覆，言入計聽，且其線索所可達者，渠具知之。若用為勸諭之，使就中縛魁請賞，轉禍為福，以此樹德於知交，即吳庚之計亦得也。父臺密作私見諭之，即促就道，或旦夕見功，舌戰尤優於力戰也。呈詞所載近狀並善後事，宜皆酌衆緊要權宜必舉之事求恩臺迅為轉詳，冬熟伊邇，故須預議之。弟無日不為地方籌策，言出至公，非有所覬而發也。伏惟留神呼應，臨楮拳切。

八月十九日坑內寨與本縣書眉

弟匪才心勞食殫，真無可奈何，至膺老父臺推食之恩，以民抗頑，竟如畫餅，而甚者乃毆辱尊役，貧苦之害，乃至貽累於貴差，罪歉益甚。今老賊計窮而遁，聞崇信之間據有小寨安身，山邊新稻正黃，而彼間不令之人與之為類，若浸淫既久，勢必復大。弟坐糧盡未能遠退，今日暫於賊營安搭，明晨當領半旅就恩臺面圖方畧也。即晤不多。

八月廿五日坑内寨與本縣書

弟兵枵腹在湖，揭貸維艱。自摳面老恩臺歸來，瘁苦益甚。昨所商維一呈，實出今日急務，今冬收在望，業債之家紜至，安定之謨似宜迅舉。老父臺存心民瘼，故弟敢以狂臆相效，非有私也。賊尚逗留進德鄉，四無壁壘，徒劄空屋，嚴檄彼地鄉兵即以官師掩之，必可得志。弟俟裹糧充然，當賫帶以勦後效，不敢弛也。弟兵若厝七日之食即可漸芟新稻，無憂饑餒。第數日真苦燃眉耳，適有遊魚、玉盤兩寨來託減草。遊魚念其有勳，而玉盤念其凋敝，各乞減四千斤。敝大寨弟現住處不無預相貸借，乞減二千五百斤，弟各受其半惠，聊以濟乏，即當恩臺椎牛之饗也。三寨手本乞即批付，首山之呼計在鑒存。臨楮拳切。

呈稿

為謹陳備賊安民之策，乞採芻言以圖善後事。十七夜老賊林日勝窮遁，十九日擒殺驍賊廖孔，已經呈報解送外，偵得日勝偕黨四百人欲入崇信倒橋寨，被鄉兵會距，逗留還一里進德鄉，就洋中分札四屋，割稻為糧，與倒橋首尾不顧。聞彼中鄉壯計會五十二寨，有富人陳特纘肯出財募士，可即署為總練特諭擊賊立功。又詹族原有不令之人先與勾引，其族中亦有富人如詹國衡、詹鏘身列黌序，亦可密授總劄，俾致家賊自贖。切日勝孤踞進德鄉既無巢穴，若得天兵一股呼吸芟蕩，還一、二夙稱強猛，坐觀數日，既不報官，亦不圍攻，理合切責爆現劄湖頭揭借兵糧，旅食艱難，未能遠追，稍俟新稻之登以為宿春之備，仰惟果腹，以待加鞭。至於永春一、二、三都及本縣感德、常樂、來蘇、感化杳無賊跡，道路太平，但一旦革面刁梗猶存，賊孽雖蹔衰歇，餘燼亦虞再燃，宜令會各鄉之近毗者設一練總，簡遊手之無藝者充為營丁，二十里建百人之營，亘百里成率然之勢。一賊入境，伐鼓相聞，大隊卒至，連鄉相捍，既不用驅農民兼制梃之煩，亦可令地棍消衣食之憂。盖饔飧有常餼，無蓄不飽，捄赴有遠近，無賚不行。籌兵易集，策糧為艱。竊思自賊熾以來，士大夫及遠近富民一切租粒盡賦子虛，今荷道鎮府各上臺及老父臺風行草偃，光天再霽，業者敢分耕者之息，徵者敢至逋者之家，雖如探寶於囊，取諸故有，實如拾珠於路，得非本望，敢借客租十分之三以為各里優兵之費，鄉設稽查之簿，費有銷支之條，苟賊孽即平於旦夕，即租額責完於翌，載在宦富，損此錙銖，即鄉里戴其寧一。此策不可久行，而目前權宜似宜出此。尤所患者各鄉歷歲租粟久為老賊據收，在業家以為積逋，在佃家實為瀰額，茲一旦反正凋窮可閔誠恐誅負之狎至必致損瘠之益甚化之，俾令無邪，宜安之使有常業。上臺與民更始，死者可生，宜效此意，敦諭各業戶凡上年欠掛一切赦免，責其新收勿得逋負，庶農民知昇平之樂，而業家亦不失倉箱之咏。爆任事六月備知民艱，謹陳愚見以供採菲，如芻言不謬，伏乞迅申道臺，發下告示遍行聯絡各鄉，竊不勝狂瞽。謹呈。

初五午上韓總鎮稟帖

爆自前月十八日由飛鴉移劄坑內，當時以兵多糧少，餉食未遑就湖頭揭借，不及遠追。然老賊情勢疊窮疊遁，昔有巢而今無棲，所至之鄉皆能遮擊，想立腳不牢，至崇信及還一二里，先是爆奉牌諭頻檄召致聯絡頑然不赴，徑背後有詬且誚者，其人情未可準信。爆即裹賚至其地，主客不調似難為功。爆有一呈，求敝邑父母代詳中所言，劄授詹陳兩家練總一事極為要着，盖二族實崇信一里之望，才力俱優，皆可鼓也，惟迅飭行之。至於鯫生微勞，實恃老仁臺生成所造，尚以魁首未馘為憾，何敢偃然覬王自侈成勳以邀後綏乎？尊諭廿七日發至，此月初五乃及，見之即當趨赴，第為出師離家七十餘日，蹔歸洗沐，又須拮据餽賫從容早晚乃得趨叩耳。熼傾產謀賊，賞格不次，且自被難以來日營三百人之糈，從去秋底今力已疲憊，弩末志羸，情誠可閔，所恃老恩臺指授而面教之，真不能須臾待也。帽頂所獲賊眷前已具呈，奉諭准換，今八命無失，皆感再生。熼非犬非馬，敢不啣報，今所存三人即須帶解，馬疋、旗幟及偽印一顆謹當隨身賫出。惟飛鴉寨先數日林日勝徙入坑內，賊眷陸續移出矣。蘇章、蘇耀等眷皆默徙，其祖里無有存者，所獲十餘婦非老即稚，有自南安介溪獲者，有自葉進士堡中獲者。當時其父母探跡來詢，即與領歸召之，具在此可問也。除飛鴉、坑內實得大銃六門既經解訖，餘竝無得，不敢虛飾，容叩臺日另其呈面陳，臨稟惶悚。

呈稿

為概陳破賊情形、甄別將士勞苦以鼓義勇、以彰勸勵事。原賊首林日勝寇亂十年，徒盈數萬，盤踞安、永地方。築帽頂山為巢，週圍十里許四面險峻，石壁如削，上有船頭寨，下有船尾巖，分撥賊將張吉等把守相為犄角。附近百寨置魁徙擁險，歷載夜郎自大，流刦所至漳平、大田、長泰、龍溪諸縣邊界無不攻砦砦毀，逢人人滅，連鄉並墟衢路無室，自謂擁兵十萬，指顧莫何。王師入閩擴覆載之仁，頒諭招撫，慢悖彌甚。熼因親眷被擒悁忿不勝，遂破家募兵，得猛士十二人，家丁百餘名。先遣郭賢三人密偵山後小路，於十三年四月初九夜誓眾出師，率將士王偉、李承、黃麟、陳勝、姜賜、劉綦等百餘猛冒雨馳至，攀藤縋險，平明克其老巢。時先登丁壯林元、陳助等三十八人，次登丁壯陳西、劉賢等三十五人，殺死林日勝姪男二人、賊先鋒李信、劉圭、李曇、許進、連先、教練蔡印、鎮將林鸞、父林大、並不識姓名將官四十餘名；生擒賊督糧一員，剃頭放回勸撫，今現投誠張玉；獲賊婦女十五口，幼男十名，偽印一顆，馬一匹，高照旗一面，賊將名旗二面，已經申報總鎮韓及本縣轉詳道府。外十九日又率林旋、郭賢等火攻船尾巖，炮殺賊鎮張吉、王巳營官蘇賢等四十餘人。是日未刻復破船頭山，殺賊二級，餘黨逃脱，遂焚其巢。酉刻又破其茂林寨，燬殺莫稽。廿五日遣黄忠率兵截途殺賊營將劉貴一級，登解永春劉防守驗賞。又遣林旋截殺賊營將一級，賊大旗手一級，賊兵八級。遣郭賢率鄉兵破姜庭賊巢，殺賊旗班一名，賊徒八級，其餘各寨截殺賊兵或日以數計，或生擒數人，另有冊報在縣。五月初三日以賊魁未獲請兵協勦，蒙總鎮韓統兵進勦，駐劄安溪縣感化里，馳諭燝剋期進兵，仍開一面招其來歸。燝即單騎親臨林日勝姪林興珠及翼將蘇試、盧顯營中諭以禍福，即同燝至鎮臺軍前投誠。其林日勝及副將蘇耀等復逗留不前，蒙總鎮韓將林興珠等撫將十三員、兵三百五十名帶回啓見王爺，仍將勦賊機宜委燝專理其事，匝月内平其岐兜、姜庭、險⿱山行、石門、金山等賊寨，日勝銜夜竄入飛鴉堡，依其賊將蘇章。六月初五日賊鎮莊進率黨四百餘人天明突至燝營，被燝設奇遮擊，殺賊二十餘人，追犇十餘里，望風散走，棄戈伏草。莊進身被重創。是役燝營丁不滿六十，僅以十四人衝突四百餘賊，殺其精鋭殆盡，奪其旗牌刀鎗無算，自此賊眾膽破，脅從魂落。蒙按院朱批『貢生李日燝斬獲全髮賊級具見義署，俟賊渠就縛一併優敘』，遵此。又奉提督馬、總鎮韓令牌督率鄉兵勦洗，於七月初四日自龍通移營銅鑼寨，至十五夜領本營一股同本縣韓縣主右營王遊府到感化里擊退賊兵，斬賊四級，大旗一面，鐵甲一副解道。廿二午抽回到營，突有飛鴉寨長陳員、林台詣營密報真心歸誠，裏外合應，燝即率各寨鄉兵分道而進，斬獲五十餘首。其殺在山林者皆爛敗不可裝匣，僅取首級十三顆。又同練總李開等攻破碧翠、坑内二賊寨，獲大銅銃六門，俱解縣，轉詳訖。辦賊三月破其巢穴十餘，撫其脅從呰百餘，而永春三都紫鄉九寨號為賊區，窩藏賊眷，燝即激勸生員蕭起鰲合為訂盟。起鰲慨然廓清自任，突以三百丁盡平餘孽，擄其翼將林星、林巳、朱賤三人，殺傷餘賊，羽翼盡剪。燝又開恩信招其手足，嚴米鹽絶其食啖，晝攻夜伏，不得安息，諸寨皆反邪歸正，賊眾遂宵遁晨逃。總鎮韓、興泉道賀隨具啓奏聞，九月廿二日奉欽命定遠大將軍世子帖，『諭貢生李日燝：據總兵官韓尚亮、興泉道賀運清啓稱，該生破帽頂寨所獲婦女二十五口，幼男十名，付本夫令歸者十二口。今解到婦女四名，竝馬一匹，偽印一顆。念該生禦賊破寨之績，所解婦女四名發給該生，其馬一匹留韓總兵營應用。然該生住近林日勝，乘日勝衰損之際，着用心擒剿，保護地方。若能擒林日勝，該生之功亦不渺矣。為此特諭。』奉此，再廣募將士，挑選驍卒，至十一月得猛將洪龍、李統、汪財等十餘員，精兵四百五十七名，逐寨聯絡，逐鄉清汰。日勝糧盡矛鈍，遠竄龍溪界上之湖墘寨，率師直廹賊巢，攻圍兩月，雖遊魂未燼而猛壯皆空，出哨則熑截其歸途，坐守則熑嚴其接濟，對敵則熑鍛其鋒鋭，呼援則熑散其羽翼，計窮力蹙，乘海澄公遣官招撫，懼斃來歸。切熑自去年四月始□至二月林日勝投誠外，計統兵十個月，蒙本縣韓手劄二十函、移咨四次，蒙兵廵道賀手劄四函、大牌二面、告示三張，蒙總鎮韓手劄六函、諭帖七封、令牌二面，蒙提督馬令牌一面，奉王爺帖諭一道，養將士五百名員，傾家財八千餘金，歷破賊營十四所，招撫聯絡百二十寨，斬獲賊首從二百餘人。其永春一、三都歷年逋糧數千，安溪供役僅在坊、光德六里。自來蘇以至崇信、龍涓十二里催科不前，差役裹足。熑削平之後，二邑里役於去年十月初一齊到參謁縣主，鼎革以來嘆為奇觀。茲地方又安，租稅向前，行旅無憂。在熑弱手書生，本為自拯家難，固無績可言。至於將士勞瘁之功，若不恩加獎賞，恐無以鼓義勇而彰勸勵者也。合無將勦賊始末披歷上陳，伏乞轉詳上憲裁奪施行。

孫鍾寧、鍾準謹輯

曾孫清奭、清文、清賓、清巽、清遠、繼暉、清名、大濬、榮義、清觀、清標

元孫玉鳴、復發仝校字

湖頭金石拓片

明通議大夫雲南按察司按察使懷藍李先生暨元配誥贈淑人勤肅趙氏合葬墓誌銘

明通議大夫雲南按察司按察使褎藍李先生暨元配誥贈淑人勤肅趙氏合葬墓志銘（銘額）

明通議大夫雲南按察司按察使懷藍李先生暨元配誥贈淑人勤肅趙氏合葬墓誌銘（銘題）

賜進士出身、資德大夫、禮部尚書兼翰林院學士、前詹事府掌府事、加俸一級、禮部左右侍郎、南京吏部左侍郎、管理誥勅、分直起居、充經筵講官、東宮侍班官、廷試讀卷官、知貢舉、纂脩實錄副總裁、教習館員、年家眷弟林欲楫頓首拜譔文

賜進士出身、嘉議大夫、詹事府詹事兼翰林院侍讀學士、署理府事、掌院事、教習館員、較閲誥勅譔文、經筵日講官、前纂脩實錄管理文官誥勅、編纂六曹章奏、持節冊封淮藩、典湖廣順天鄉試、直起居館、經筵展書、召對記註官、年家會眷姪黃景昉頓首拜篆額

賜進士第、奉政大夫、右春坊、右庶子兼翰林院侍讀、經筵講官、充東宮侍班、持節冊封益藩、前欽命應天典試、管理誥勅譔文、直起居館、編纂六曹章奏、召對記註、經筵展書、恭代禱告、奉旨典浙江試事、左右春坊贊善、論德兼翰林院侍講、年家眷晚生張維機頓首拜書丹

吾郡李有數家，皆著姓。其籍安溪感化里者，族最蕃，幾萬指，簪缨不絕，子弟青其衿以百數，仕宦者世居郡中，而莫盛于故雲南憲長懷藍先生一派。盖李之先在正統朝有諱森者，以節俠名海內，用助賑擒叛功蒙旌尚義，授廵司，兼署安、永二縣事。其第四子為慎齋公，慎齋生直齋公，直齋生贈參政月峯公，月峯生別駕、贈參政中藍公，實生公焉。中藍公初艱于嗣，及致別駕政，年六十餘而先生始誕，盖萬曆庚辰歲也。至庚子，先生以弱冠登賢書，別駕公猶在，神明不衰。又四載癸卯，而別駕公卒。先生喪葬盡禮，四方來觀，自號懷藍，志痛也。先生幼具至性，儀觀非凡，瞻矚有威。自成

童，師事族兄嘉興郡伯仍樸先生，至登賢書，成進士，無他師，仍命長公僉憲公率諸弟師焉，即此敦師重傅，古道炤人，使後生猶得見立雪之風者，士大夫中亦僅也。先生於書無所不窺，而尤深於《易》，所著《制義》及《趨對易說》，海內爭傳而誦之。余與先生同井閈，又同治《易》，余齒視先生差長。癸卯後，先生計偕。及癸丑，先生繼余成進士。余從事中秘而先生初授刑曹，多所平反，獄無冤滯。每無事輒與余談《易》，嘗慨然念刑之通於兵也。又時邊事已蠢動，丙辰有解餉山海之役，既馳驅塞外，益明習夷情向背強弱。著有《武書撮要》，與《易說》並行。於是當事知其才，會維揚□□□□□之。惟日繕堞濬濠，漕艘必達，鹽徒無譁，□□□□雖講武之中，不廢衡文，時髦鵲起，乃舊有□□□例。先生絕不開竇徑，儼然江南北長城矣。辛酉春，丁周太淑人艱，扶櫬歸里，其治喪一如喪別駕公時。既克襄葬事，長廬墓所，每攀枝執條，泫然涕泗，哀動旁人。因念趙淑人之先從王太淑人地下也，奈何久淹其魂魄，即自相地于雒江之北，營二壙，奉趙淑人厝其右，而虛其左以自待。嗚呼！先生爾時通籍方十載，年纔登強仕，雖典大郡，仍食先世所留貽，於田園無所拓，以嘗情度之，即不至蠅蠅營營為子孫計，亦何所感懷無忌諱，而為唐司空表聖之高乎？余竊窺先生曠達潔肅，蓋天性而又加學，殆如程伯子所稱司馬君實腳踏實地者也。憂居三載，每霜露悽愴，其精神夢寐纏綿於先隴新阡中，而以餘晷益發遺書，令諸子熟讀之。方起復調補潮陽，而長公已於甲乙聯第，諸子亦屢試冠軍，聲□□□意，以視世之求田問舍，不以水本木源為念，□□□□□□潮陽及高肇可七載所視向之治廣陵者，駕□□□□□□□以為揚所，慮東奴，虞漕運，咽喉為梗，此天下之勢也。若廣□□□與逋逃海島者相煽動，潮漳接壤，為患非一日，亦豈徒東粵之□□於是五里立一堡，堡置戍卒，再頒《武書撮要》行之，令詗事者廉，巨猾為盜主者，立置之法，賊聲息無援霄遁，閩廣獲安瀾焉。當事者至以文武全才薦晉大參，分鉞端州道，威望益暢。最為百世利者，有太平驛通濟橋之役，為文記之，廣士商誦德，比于蔡忠惠之雒陽碑矣。秩滿，遷總憲全滇，取道里門，督諸子學問益切，不許以竿牘溷當道，至於山海之利，錙銖無所染，以為吾如縱兒子問戶外事，剝削先世遺風，負不義名于桑梓。則向在維揚，如織造稅典舊例，取之無貪名，卻之無廉名，猶硜硜拒不問，今奈何默然就之乎？抵任，適值土酋普名聲之變，承委督餉，即奔馳諸郡，旦夕拮据，餉務賴以不缺。一日聞警，馳謁撫公計畫，痰疾陡發，卒，然而騎箕尾無一語及私。嗚呼！中朝士大夫表儀先生者，咸共悼痛，以為先生豐軀偉幹，目光炯炯，況才堪八面，年方及艾，當事方圖以節鉞畀之，豈天未欲靖封疆乎？何奪先生之速也！彝好不泯，日久愈盛，而崇祀巋然矣！史林子曰： 余自執筆為役，蓋亦嘗銘諸士大夫矣，及今銘李先生而有感也。士大夫束脩自好，歷中外，所至著績，尸祝不□，論定而崇其著述，祭于瞽宗，蓋不獨先生，而覺先生之於天道人事有以全之而無媿□□□□。先生從計偕時，贈公年已及□□□□□□□見之恨，又令先生即聯第授職之□□□□□足時無他子姓，不無不及訣之恨，惟贈公慈，惟先生孝，二恨不生而諸祥駢集。越三載而長公僉憲公生矣，又一載而文學諸君繩繩矣。贈公得先生遲而蚤其科名以報之，先生得諸郎蚤而復蚤其科第以報之，今士大夫譜牒中有四世衣冠相望，具萬石君篤行之稱，無穎川公慚卿卿慚長之目。如先生者乎？即有之，指亦不多屈，而況煌煌祀典，俎豆清溪，百祼猶生乎！故曰： 天道人事全也。今僉憲諸昆以日月有時，特走使都中，問誌于余。余素莫逆于先生，又曾以亡女許先生第五郎，而余姪觀曾亦曾以亡女許先生次郎文學縝甫君仲男，疊稱媚誼，壙中片石非余責其誰？謹按狀： 先生諱栻，字克儼，別號懷藍。生于萬曆庚辰年二月二十六日戌時，卒於崇禎辛未年十一月二十一日辰時，享年五十有二。丈夫子五： 日爗，乙丑進士，任廣西按察司僉事整飭右江兵備，娶原任戶部主事吳公天策女，封孺人，副室封孺人蔡氏出； 日熀，邑學生，娶原任都察院右副都御史、雲南巡撫蔡公侃女； 日煌，邑庠生，娶原任雲南按察司副使陳公應春女，繼娶癸丑榜眼、原任南京國子監司業、前翰林院編脩莊公奇顯弟奇曜君女，再聘原任江西按察司副使莊公恭孫郡庠生時昌君女，元配趙淑人出； 日煋，邑庠生，娶任太僕寺卿王公繼曾女，側汪氏出； 日焜，郡庠生，娶任吏部文選司郎中余姪胤昌女，繼配黃淑人出。女三： 一適原任都察院右僉都御史、廣西巡撫趙公世徵男邑庠生元聲，趙淑人出； 一適原任兩京工部左右侍郎、前巡撫陝西右僉都御史張公維樞男郡增廣生世燮，蔡孺人出；一適雲南曲靖府知府林公奇樑男邑庠生幼愚，側金氏出。孫男七：自日爗出者，光堅，聘任廣東布政司右參議、提督糧儲黄公日昌女；光奎，聘見任詹事府詹事、掌翰林院事黄公景昉女；自日熀出者，光垣，聘見任四川道監察御史、宣大巡按蔡公鵬霄女；光臺，聘□□□□眉州丹陵縣知縣張公獻琛男孝廉龍翼君女；光堂，聘原任江西按察司副使、贈禮部侍郎蔣公光彥長郎任浙江金華府通判德瓚公男孝廉鳴雷君女；自日煌出者，光壘，聘見任北京戶部郎中吳公載鰲男邑庠生方升君女；自日熤出者，光壂，未聘。孫女二：自日爗出者一，許見任湖廣荊州府知府王公觀光男時泓；自日熤出者一，未許。餘未艾。墓在惠安縣十八都嶼頭鄉鶴首山之原，負午揖子，位兼丁癸。趙淑人先厝于右，銘之者則余婣翁趙鈐老也，鈐老為淑人功兄，懿行嫻脩，業悉其詳，具載原銘。茲僉憲公諸昆敬以崇禎十五年四月二十二日午時奉先生合葬焉，是宜銘。銘曰：

湖山山高水深泚，湫洄盤舞入清紫。儒俠喬木樹□□，□衢棠蔭與桃李。□□名賢世綱□，□□□□猷震起。廣陵濤平金焦砥，粵嶺東西萑苻弭。經五書七廿一史，詮厥玄微公厥旨。正學庭呫奕世以，環階麟鳳共蘭芷。捧案玉皇列星比，千秋魂魄依江汜。冠裳車馬紛道圮，景佩素風生其恥，孝忠貽謀共視履。

不孝男日爗、日熀、日煌、日熤、日焜仝泣血稽顙

孫男光垣、光堅、光臺、光堂、光奎、光壘、光壂仝抆淚勒石

陳子瑞鐫字

按：現存惠安縣博物館。共三方，雙面石刻，黑色頁岩質，各長53.5厘米，寬31厘米，厚3厘米。

清故處士兄肖懷公墓誌銘

清故處士兄肖懷公墓誌銘（銘題）

兄諱仲茂，字舜甫，晚號肖懷。先叔懷次公第二子也。少壯與熼同塾，不以熼齒後，於彼素向嵇疑，解即輒退，恂恂肰似弟我者。先叔棄後，謝罷舊業，從先府君賈。淳儉謹朴，唯伯父意所指。先府君晚益器之，恣所出入，與諸子等。事伯兄恭恪，每得甘美，據檻並坐而分啗之。治其父母窆，負土勤渠，皆於敦匠。甫畢之後，令双壟巍狀，咸所夙營也。鼎革以來，攜裝就農，日與嫂氏治具，之壟上犒耕，累年荒亂，代耕夫策逃生地，眾大信之，因壘於己田上，榜曰田舍，堡賊嘗奄至，累戰而却之。循其制，置擘畫，居然長城也。嗣後托以相蔽者，宗中里中，負篋群集，兄俱不之謝，引入分置之。于是才兄、德兄者，交口無箅。其二子有幹理而孝，兄歿未幾，即謀所以窆兄者，如曩兄之窆叔父母也。來告葬期，並請銘。兄生於萬曆戊申年九月十五日午時，卒於順治辛丑年五月初六日午時，享年五十有四。男二，長光謙，娶王君啓陛女，繼娶吳君鳴章女；次光順，娶浙江按察司副使丘公應和子、庠生毓周君子、貢生如琬君女。女一，適鄭君克文子仕概。孫男二，長鍾展，次鍾毅，未聘；孫女一，未許。俱光謙出。餘未艾。茲以康熙元年二月初四日辰時，葬兄於碧翠巖之麓，負乾向巽。銘曰：

學儒不成，棄而之商。學商既成，倦而之農。徒謂其辨菽麥，不知田舍之間，孫穰讓庸。社而稷者企此封。

恩進士別駕、功服弟日熼稽首拜譔文

不孝男光謙、光順仝泣稽顙

期服孫鍾展、鍾毅仝稽首勒石

按 現存湖頭鎮溪後渡大厝。共一方，凝灰岩質，高25厘米，寬30厘米，厚1.5厘米。

皇清誥贈榮祿大夫宗敬陳公暨配一品太夫人鄭氏合葬墓誌銘

皇清誥贈榮祿大夫宗敬陳公暨配一品太夫人鄭氏合葬墓誌銘（銘額）

皇清誥贈榮祿大夫宗敬陳公暨配一品太夫人鄭氏合葬墓誌銘（銘題）

賜進士出身、通奉大夫、禮部右侍郎兼翰林院學士、前内閣學士兼禮部侍郎、内國史院翰林院侍讀學士、内國史院秘書院翰林院編修、翰林院庶吉士、己未、壬戌會試知貢舉、己未殿試讀卷、丙辰武殿試讀卷、太宗文皇帝實錄副總裁、日講官起居註、纂修世祖章皇帝實錄玉牒、丙午順天武闈主考、己亥會試同考、姻家弟富鴻基頓首拜撰

賜進士出身、文林郎、湖廣永州府道州寧遠縣知縣、年家眷姪龔錫瑗頓首拜篆額

賜進士出身、文林郎、内閣侍直掌誥敕、中書舍人、加一級、順天戊午同考試官、愚姪睿思頓首拜書丹

總戎鱗長陳公將卜葬其贈考榮祿大夫宗敬公暨配一品太夫人鄭氏，既擇吉，以狀赴余曰：『龍薄祐，甫總角，已不逮事二人，稍長有事四方，已戮力天朝削平東島之難，叨蒙召見。今覃恩浩蕩，始獲邀綸綍之榮，以顯吾親，且幸得一牛眠地，以妥吾親之魄也。維龍無以慰親于生前，冀以寵親于身後。公其錫之銘。』余作而嘆曰：『孝矣哉！鱗長之為子也。』夫古之人有萬鍾三釜之悲，以為樹欲止而風不靜，子欲養而親不留。此人子無所建白于時，徒以祿仕榮親者而論耳。所謂大孝固不在乎是。鱗長以英邁之年，建不世之勳，荷聖天子之寵畀，天下之人知有鱗長，則莫不推本所自出，以為非其親之賢，必不能有子如此也。古之所謂立身揚名以顯父母者，將於是乎在闡幽之銘。余其烏能已乎？

按狀，公諱士恭，號宗敬，世為漳龍溪之玉洲里人，代有隱德。父贈公始移居南靖之草坂。公幼而岐嶷，出就外傳，即能日誦千言。稍長，攻舉子業，每試錐穎立見，族人銓部祝皇公甚器重之。丁内外艱，躃踊哀號，粥水不入口。歲時祭奠，徘徊栝棬間悽愴不自勝。其至性篤悱盖出于天植云。越數稔，家道中落，乃謝呫嗶。就外家，税一廛為經營鹽引之業，貿遷有無，平易近人，人多匿就之，以故不數年遂成素封，論者謂為孝德之報。性慷慨，好施與。當戊子之歲，漳郡大飢，道殣相望，郭外綠林遍野，人皆菜色。公大開倉庾，賑濟之，諸鳩形鵠面賴以全活者無數。尤敦本支，篤友于，族中伯叔諸父人無間言，處諸弟姪間莊莊如也，油油如也。盖義與恩兩相浹云。余遡公行事，以之頡頏古人，其篤行似王偉元，其致用如越計然，其樂施類魯子敬，其方正似王彦方。至其植德完固，行誼純深，則公家太丘長庶幾近之，然太丘有子元方、季方，以清節盛德聞，而公有子鱗長，與長子君俊並以壯猷懋烈顯，豈時會之不同歟？抑才行之各有表見也。元配夫人鄭氏出自懿族，少嫺内則，有女士行。其未于歸也，母家之人稱之曰是賢女也，是能勤于家、孝于父母也。其既歸公也，夫家之人稱之曰是賢婦也，是能事尊章相于夫子也。内而妯娌，外而族戚，下而臧獲婢妾，莫不嘖嘖共稱之，曰是何莊而睦、儉而慈、貞靜而有禮也。大約公之所以克成為公者，夫人内助之力居多。謂宜享有遐福，乃以世故滄桑，值幼子被掠之痛，遂鬱抑以歿。嗚呼！孰知拂逆之遭，乃為彼蒼磨練英雄之地哉。公生于明萬曆丙午年十二月初一日午時，卒于皇清順治乙未年十二月二十二日子時，享年五十。夫人生于明萬曆戊午年十二月十九日酉時，卒于皇清順治庚子年七月十二日卯時，享年四十有三。值今覃恩，公得贈榮祿大夫、總兵官、左都督，太夫人贈一品夫人。男四：長陞，現授左都督兼一拖沙喇哈番，娶同安葉高士公女；次惠，三朗，俱蚤世；四龍，任福建金門總兵官、左都督兼一拜他喇布勒哈番，娶泉州隨征總兵官施諱廷宇公長女，繼娶小溪胡諱來龍公長女，並封一品夫人。女一，適石奇伯公長子純。男孫六：長汝錩，陞出，未聘；次汝欽，聘余第四子尤溪縣儒學教諭中璜第三女；三汝鉞，聘太子少保、靖海將軍、靖海侯世襲罔替兼管福建水師提督事務施諱琅公第四子候補主事諱世驥公長女，俱龍出；四汝帶，陞出；五汝鑑，龍出；六汝袍，陞出，俱未聘。孫女四：一許內閣學士兼禮部侍郎李諱光地公胞弟貢生諱光垤公次子鍾偉；一許浙江平陽總兵官左都督朱諱天貴公長子震；一未許，俱龍出；一未許，陞出。餘繩繩未艾。先是，鱗長駐師在外，未及襄葬事，權厝于南靖縣水頭之陽，今改卜佳兆，以丙寅年十月初八日合葬于漳州郡城西郊土名彌勒坑，墓坐甲向庚兼寅申。銘曰：

丹霞之陳，實生哲人。含真葆光，如醴斯醇。配以女士，雙閟其祉。不于其身，而于其子。元戎豐功，震及海東。褒爾考妣，榮生幽宮。丹霞之陌，森然松栢。緊公夫人，萬年斯宅。

襄事孤哀子陳陞、陳龍稽顙

期服孫汝錩、汝欽、汝鉞、汝帶、汝鑑、汝袍仝稽首勒石

按 現存漳州。共一方，黑色頁岩質，高83.5厘米，寬50厘米，厚1.5厘米。

皇清待贈增太學生考六十三翁萊菴李府君墓誌銘

皇清待贈增太學生考六十叁翁萊菴李府君墓誌銘（銘額）

皇清待贈增太學生考六十三翁萊菴李府君墓誌銘（銘題）

賜進士出身、文林郎、內閣侍直撰文、中書舍人、年姻家世、晚生黃志瑍頓首拜篆額

鄉進士、奉直大夫、刑部山東司員外、紀錄十次、前刑部廣西清吏司主事、奉旨纂脩律例、內閣中書舍人、功加二十級、年會姻家、弟黃之騄頓首拜書丹

賜進士出身、通議大夫、特簡提督順天等處學政、兵部右侍郎、辛未會試副主考官、通政使司通

政使、經筵日講官、起居註、翰林院掌院學士兼禮部侍郎、教習庶吉士、戊辰會試武進士正考官、殿試讀卷官、內閣學士兼禮部侍郎、方略館副總裁、翰林院侍讀學士、翰林院編脩、癸丑會試同考試官、翰林院庶吉士、弟制光地稽顙拜撰文

歲二月，吾母疾且殆，洪氏嫂侍母，進之曰：『吾病急矣，惟伯與姪多拯我危，吾念終不忘。吾苟生也，幸而報德，吾獲歿也，且不忘。』既數月，伯以書來，曰：『兄卜葬有期，以幽文畀子。』地持而哭曰：嗚呼！棘人勞心，尚能薦道善美、操筆而為文哉！抑伯與兄非尋常可比，況本吾母生死之心。今日之誌，九原可作，將徵信於斯焉，又安忍以無言也？乃誌之曰：兄諱光斗，字樞卿，號萊菴，為仲父冢子，於吾祖贈公諸孫次最居長，服事獨勞。常為余言，祖性嚴，昔山海多盜，每有指遣，不問安虞，使必達，且徵期以待，吾經營報當，瀕危至屢，若等今者逸矣。事仲父母，自傷無他兄弟，多致故人，召聲樂，窮日夜為歡，恐父母之憐其單也。時為嬰戲，以娛於前，欲父母之忘其老也。所謂孝子巧變者，兄可謂盡道。乙未、丙申，吾叔、季二家陷賊，賴仲父救免。憶母語余云：『而兄在行間，操兵器，履菲屨，脅下疱起，負痛不入私室者四十餘日，而善念之。』吾祖父久殯，兄不累諸父，不均諸弟，用金數百致吉土而厝之。先君垂歿，吾既趨朝，諸弟又侍疾，周身周棺，非兄幾不能誠信。嗚呼！逝者如斯，而莫能反始也。以父母之孝，猶衰於妻子，而況自義率祖，等而上之，自仁率親，旁而殺之。故世俗之薄，遇死喪之威，則永歎不如良朋，值妣祖之歿，則乾餱較其錙銖。使吾讀《詩》，空慕棠棣急難之風；讀《禮》，徒懷期功異室同財之義，以為古道今不爾也。若兄之變而不顧其身、公而不私其財者，其於古道，吾何後先焉！此吾母生死之心所以不忍有忘於此也。性剛斷有謀。舊所置治在邑之下里，里遠於州縣，民多逋負，兄告以食毛衣租，奉法者樂誘其黠，而佐其不能者，於其所至，其輸如歸，官有司賴之。戊午歲，閩亂再作，兄與吾聚卒以保路，又親率團兵破劇賊朱寅，道王師於漳交，以解泉圍。居恒施給匱乏，不立標準。惟其所求多寡無不遂心而去。嗚呼！兄亦可以不沒矣！上治祖禰，旁治親族，以委巷書生，而鄉國以為輕重。生脩之，歿乃

益有名。自親及疏，見有好義者，則必曰『似某』；見郁縮公事不即前者，則必曰『惜某不在也』。耆老之年，獲正其終，子孫賢而且多。親朋追思，無復怨望。有彼此言者，雖嬴博先歸，要之慎行其身，以遺父母令名。《禮》所稱為以禮終者，即父母亦可以無憾也。兄幼慧，長通詩書，為文多奇氣。二十一歲充邑庠生，四十七歲以增生例入太學。生於明崇禎辛未年二月十四日申時，卒於大清康熙癸酉年四月二十九日戌時，春秋六十有三。娶明己酉舉人、雲南按察司副使洪諱啓孕公胞弟廪生啓琅公女，賢有婦道，吾母所與握手訣者也。子三，嫡長男鍾寧，丙寅恩拔貢生，娶句容縣知縣何諱歷颺公女；次男鍾準，邑庠生，庶母歐氏出，娶謝君諱孕岳公女；三男鍾佑，庶母柯氏出，聘黄君諱璞公女。女二，長適明戊辰進士、太僕寺卿蔡諱鵬霄公男廣東推官諱琨孕公男廣升，娉氏出；一適明丙戌進士、湖廣左參政陳諱鳴華公玄孫源洙公男繩祖，柯氏出。孫七，自鍾寧出者六：清奭，聘丁卯舉人黄諱金榜公女；清亞，聘甲戌進士林諱可煋姪太學生諱嵩齡君女；清台，未聘；清賓，聘太學生郭君諱繼楨男太學生諱經天君女；清巽，聘太學生郭君諱鳳文男庠生諱正春君女；清菊，聘乙未進士、江南提學孫諱孕驥公男歲貢生諱襄君女。自鍾準出者一：清麥，未聘。女孫五，自鍾寧出者四：一適丁酉舉人、刑部員外黄諱之騄公男太學生諱經國男庠生家相；一許乙未進士、江南提學孫孕驥公男歲貢生諱襄男庠生文琚；餘未許。自鍾準出者一，未許。餘未艾。以康熙甲戌年八月初一日丑時葬本里翁後鄉五閬山之麓，坐庚向甲。銘曰：

生人之行，有原有裔。患去冠冕，飾其罄悦。維兄本委，得意川祭。羣美焯焯，由内至外。翳魄之丘，匪高匪鋭。彼宰伊突，如綴如繪。人事既得，陰陽又會。庢祥爾後，更千萬歲。

襄事不孝孤子鍾寧、鍾準、鍾佑泣血稽顙

期服孫清奭、清亞、清台、清賓、清巽、清菊、清麥仝稽首勒石

傳古堂鎸

按　現存湖頭鎮問房大厝管委會。共一方，黑色頁岩質，高76厘米，寬50.6厘米，厚5厘米。

傳臨濟正宗三十四世八十五齡鋭鋒和尚塔銘

傳臨濟正宗三十四世八十五齡鋭鋒和尚塔銘（銘額）

傳臨濟正宗三十四世八十五齡鋭鋒和尚塔銘（銘題）

賜進士出身、直隸廵撫部院、前翰林院内閣學士兼禮部侍郎、法弟李光地頓首拜篆額

前廣西河池州知州、法弟黃志璋頓首拜書丹

湖廣永州府總鎮、左都督、法弟李日焜頓首拜撰文

師諱德林，字鋭鋒，晉江楊氏子，名族也。生而超卓不群，幼攻書，開卷如見故物，輒能誦，講塾師奇之。既而覺世相無常，捨書而投桃源若海耆德為師。薙染後即稟戒於黃檗，遂依堂頭慧門和尚座下。朝參暮叩，至忘飲食。庚子冬，安西堂。辛丑解制，慧和尚付以衣法。師仍歸舊隱，不露圭角，果熟香飄。癸亥重興泰山禪寺，檀護敦請出世開堂，座下圍繞數百指，人皆榮之。師蓋淡如，似不得已。其所作詩文，概不許傳錄。至於上堂示衆法語，檀護捐資累請梓行，尤加鉗閟。蓋慨今時法道之混濫，欲持古風以挽頽靡也。

余髫年追隨父兄游於吳山寺中，僧固衆，吾父與兄所交談者惟師。師經禪之暇，能詩能弈，亦復論文論事，為遊戲三昧。穉子志在山花野鳥，不問其為浪僊也。其時山海未靖，四郊多壘。師不羈，於綠林豪客，略不疑忌。乙未夏，季氏及姪陷於賊。先大夫心如焚，及病且逝，惟與師言：『先大夫未嘗刻意内典者，賊有所憚，家傾貲，故不能贖。』仲方與師弈，師素劣於仲，乃彈子有聲，曰：『無進取，難為守。』仲心動，與計事決策，竟護季氏與姪而歸，實嚆矢於彈子一語也。至道鏡中，微

言意表，辟邪匡正。其法宏，其功偉哉！同眾生速壞之身，具諸佛長存之性。師生於萬曆丙辰年正月十七日巳時，示寂於庚辰年九月十七日申時，世壽八十有五，僧臘六十六。以康熙庚辰年十二月初二日巳時，塔於桃源望僊巖之大鵬山，坐辛揖乙。志而銘之曰：

何生何滅，且壑且舟。欲綱不牽，愛河不流。甘露凝石，智泉入丘。駕仙槎而直上，跨大鵬以遠遊。

嗣法門人：心悆、弘辨、智周仝稽顙

徒孫：滿輪、滿性、滿程、滿惠

心開、心華、心泰、心安

心諭、心正、心持、心專

心孚、弘道、弘悟、弘空

弘位、弘音、弘賢、弘願

弘遠、弘定、弘觀、弘祐

傳燈、傳熖、傳光、傳賦、正悟　仝稽首勒石

按　現存安溪縣桃舟鄉吳山寺。共一方，黑色頁岩質，高 36 厘米、寬 47.5 厘米、厚 2.5 厘米。

皇清待贈九十二齡故妣勤慎許孺人墓誌銘

皇清待贈九十貳齡故妣勤慎許孺人墓志銘（銘額）

皇清待贈九十二齡故妣勤慎許孺人墓誌銘（銘題）

榮祿大夫、前湖廣永州總兵官、左都督仍帶餘功紀錄、夫功弟日煋頓首撰文

從嫂出虞都許氏，望族也，年十七歸吾兄舜甫。幽閒婉娩，有儀娣姒，辛勤麻枲絲繭，塩醯醢醬，脫粟簸糠，婦功有就。嫁日不逮，事舅姑居常，含酸茹恨，入門愾然，撫几瞿然。有思登丘展墳，春露秋霜，採蘋芼藻，薦熟奉漿有敬。四壁蕭蕭，育恐育鞠，夫妻恬然，琴瑟在御有禮。早歲從夫子依吾嚴親山居者數年，嫂事吾母猶母，克盡猶子婦之誼有恪。吾嬰赤時，嫂愛撫之，乳我哺我扶我，其於我也，有懃有恩。兄為人拓落而愿，甲乙之間，海氛播虐，兄率眾建堡捍衛，田叟村姑以吾兄嫂素推誠與人，咸樂萬間之庇，其於人也有誠。吾兄沒時，嫂披髮絕漿，哀毀踰度。比及買兆卜期，負土營壙，虛其右，曰：『以待我油壁轔轔，黃泉相見也』。其事夫子也有終。昔馬伏波每見其嫂，必正冠改容；而韓退之為嫂服期，作文以祭之，云『劬勞閔閔，隕涕熏心』。今日煋敢援先賢之義而為吾嫂徵其可銘之實，以景休光曰： 四世而緦，服之窮也； 五世袒免，殺同姓也，故折三為五。自仁率親，等而上之，至於皇高，折五為九； 自義率尊，順而下之，至於元曾，恩與義合，故服斯斬，此先王之制也。人生五十曰艾，六十曰耆，七十曰老，八十九十曰耄，百年曰期頤，此天命之目也。五福一曰壽，二曰富，三曰康寧，四曰攸好德，五曰考終命。此弗祿之徵也。今吾嫂身享大齡，春秋九十有二，鶴髮朱顏，賓筵笑語，望之若仙，累累孫礽，有携有嬰，扶床坐膝，嬉戲讙爭。五世覿面，詩書德仁，以一女子而能盡先王之制，極天命之目，備五福之徵，豈非蒼旻獨厚人世希有？異日採風者，得吾文而讀之，將必拜手稱揚，比於令妻壽母雅頌之後云爾。嫂生於前朝萬曆四十三年乙卯二月十三日寅時，卒於今康熙四十五年丙戌六月十三日未時，春秋九十有二。子二： 長光謙，先娶王氏仰止公女，繼娶吳氏爵公女； 次光順，娶丘氏貢生如琬公女。女一，適乙酉科舉人、中衡公功兄士槩公。孫五： 鍾展，先娶鄭氏士槩公女，繼娶黃氏復新公女； 鍾毅，娶洪氏士珂公女； 鍾奮，娶王氏錫宗公女，自光謙出。 鍾旋，娶許氏鍾嘉公女； 鍾賢，娶朱氏章美公女，自光順出。曾孫十八： 雲飛，稟膳生，先娶黃氏鳳來公女，繼娶宋氏庚戌科進士祖墀公男、太學生鑄公

女；國禎，太學生，娶林氏汝霖公女；元復，娶朱氏丙午科舉人虎公男開陽公女，元復卒，以雲飛次子、國禎三子為後，自鍾展出。清美，娶林氏太學生棟公女，自鍾毅出。元洙，娶謝氏權公女；元沛，娶謝氏才握公女；元星，聘王氏高竹公女；元澤、元湖、元海、元汪，俱未聘，自鍾奮出。元穎，娶蔡氏廣升公女；元基，聘鄭氏庠生騰鯨公女；元怡、元壯，俱未聘，自鍾旋出。清楫，娶王氏秉恭公女；元滋，聘鄧氏庠生熾公女；元彩，聘黃氏甲公女，自鍾賢出。曾孫女五：一未許，自鍾展出；一適貢生、現任臺灣諸羅縣學教諭孫襄公男、太學生文煋君；一許鄉賓王興琳公男錫祜，鍾旋出。一未許，鍾奮出；一未許，鍾賢出。元孫十：碩英，未聘；礦英，聘黃氏山東布政使司元驥公胞弟、候補都司元驊公女，嗣元復；碘英，未聘，自雲飛出。泰英、彬英、藹英，俱未聘，自清美出。砇英，聘洪氏太學生士高公女；碱英、礪英，俱未聘，自國禎出。礪英亦嗣元復。周英，未聘，自元洙出。元女孫六：一未許，雲飛出；一未許，清美出；一未許，國禎出；一未許，元潁出；一未許，元洙出；一未許，元沛出。餘未艾。以康熙戊子年十二月十五日未時葬於感化里後屏鄉，負乾揖巽兼亥巳。銘曰：

百年朝暮，五世一堂。數盈歸休，泉下相從。松雲栢煙，為護斯銘。墓門可表，以待後人。

襄事承重孫李鍾展、不孝孤哀子光順仝泣血稽顙

期服孫鍾旋、鍾奮、鍾賢，齊衰五月曾孫雲飛、清美、國禎、元潁、元洙、元沛、清楫、元滋、元星、元基、元彩、元澤、元湖、元怡、元海、元壯、元汪，齊衰緦服元孫碩英、礦英、泰英、彬英、砇英、碘英、藹英、碱英、礪英、周英仝稽首勒石

庠生晚生莊養浩頓首拜鐫

按 現存湖頭鎮溪后渡大厝。共一方，黑色頁岩質，高69.5厘米，寬57厘米，厚2厘米。

皇清待贈先室孝淑蔣氏孺人墓誌銘

皇清待贈先室孝淑蔣氏孺人墓誌銘（銘額）

皇清待贈先室孝淑蔣氏孺人墓誌銘（銘題）

歲進士、夫兄光坡頓首拜撰文

鄉進士、文林郎、現任河南歸德府鹿邑縣知縣、期服夫姪鍾冲稽首拜篆額

鄉進士、文林郎、候選知縣、功服夫姪鍾僑頓首拜書丹

孺人蔣氏孝淑，廩生諱熿公女，前武英殿大學士諱德璟公之孫女也。年十六歲歸弟光讓，值叔父嬸母七袠雙壽，孺人晨昏定省，未嘗頃刻離。以故叔父曾與予言：『吾得若婦，差強吾意也。』伯父漁仲公時來叔父家，叔父之視伯父也，雖兄猶父，而孺人之視伯父也，如同所生。凡所進膳，必躬必親。伯父深愛而且重之，曰：『良家子，信不偶也。』既而來未數年，以兒子之故，頓傷其心，幽憂積慮，肢體不勝，竟以產難而逝。伯父時在座中，陡聞，若息曰：『之人也，胡為而死乎？吾弗之信也！』令僕從周走者數至，聞實息，乃嗚咽垂淚曰：『天乎何為無定若斯也？』叔父嬸母哀之而慟，雖耄耋，每憶及之，未嘗不涕泗交頤也，惜其脩短。弟再娶林氏，亦望族也。孺人事舅姑，有婦道，娣姒之間怡怡然，無逆德事。夫子黽勉，有無以佐交友勸學故，弟善文章，輒效於試，沉靜而寬。勤女事，夏縷冬紡，日夜無少息。跡其生平，無違于親，無過于室，能敬而致謹，以勤儉終其身，相夫以義，而克有成，名可銘也已。孺人生康熙己酉年十月初九日辰時，卒康熙壬申年九月初十日午時。男三：長鍾儁，娶原任陝西靖遠衛總兵官黃諱昱公女，蔣氏出。次鍾俁，聘太學生蔣諱祖謙公女；三鍾美，未聘，林氏出。女四：一適柯諱繼聖公男欣生君，蔣氏出；一許太學生林諱錫第公男舜君；三、四未許，俱林氏出。男孫清燕，未聘，鍾儁出，餘繩繩未艾。本山坐在感化里產洋保土名

虎巷内西畔尾崙，坐西向卯兼庚甲，以康熙庚寅年九月二十八日辰時安厝焉。銘曰：

静而柔順，惟坤之儀。孺人含美，内行實彛。丘封四尺，翳魄以之。佳氣旁覇，將福來宜。

不杖期夫李光讓稽首拜

不孝哀子鍾儁、鍾俁、鍾美仝泣血稽顙

期服孫清燕稽首勒石

按 現存湖頭鎮閬湖博物館。共一方，黑色頁岩質，高54厘米，寬36厘米，厚1.5厘米。

皇清待贈七十一翁溪隱李府君墓誌銘

皇清待贈七十一翁溪隱李府君墓誌銘（銘額）

皇清待贈七十一翁溪隱李府君墓誌銘（銘題）

賜進士第、光禄大夫、文淵閣大學士兼吏部尚書、功兄光地拜譔

弟諱光順，字貞卿，溪隱其别號也。吾宗自旌義府君以布衣起家，名聞于朝，褒錫榮寵，郡國嘖嘖，詩書世澤，遂為吾泉衣冠之最。或仕或隱，代有偉人。七傳而及從伯肖懷公，公有丈夫子二，其伯為從兄惟肖，其仲為弟。吾先世厚積宏蓄而大發於吾，吾之從昆季不下數十人，皆卓卓有聲，而弟尤特出者。盖其孝友根于性生，施濟篤于親故，聰穎迥異時輩，歌詠追蹤前賢。雖幼遭滄桑，棄擲舉業，然其精勤敏妙，著作充盈，即日事呫嗶號稱儒宗者，媿不逮也。吾贈府君在日，每器重之，而白軒六叔父致政歸里，居常與處，委任以事，於猶子中尤加待焉。弟之德性行誼，見推於宗族鄉閭，交

口譽者咸謂有古仁人長者之風。若其延塾師，教養中材，諄諄示以孝弟忠信，始終不懈，盖身體力行，以為模範，所由與世俗之教子弟遠矣。今其孫枝蕃衍，恬淡惇篤，沈酣經籍，肆力文藝，行將大顯於時，其又胡可量哉！弟生於崇禎癸未年十月初十日辰時，卒今康熙癸巳年三月十一日卯時，享年七十有一。配丘氏，父子卿憲，孫歲進士諱如琬公女。生男二：長鍾旋，娶許諱鍾嘉公女；次鍾賢，娶朱諱震孕公女。孫男七：自鍾旋出者四，清穎，娶廣東推官蔡諱琨孕公男廣升君女；清基，娶庠生鄭諱騰鯨君女；清怡，聘王諱高安君女；清壯，聘傅諱純標君女。自鍾賢出者三，清楫，娶王諱秉恭君女；清滋，娶庠生鄧諱熾君女；清彩，娶黃諱甲君女。孫女二：一適諸羅教諭孫諱襄公男太學生文琳，鍾旋出；一許浦城教諭陳諱鳴球公男庠生萬貴君男旭世，鍾賢出。曾孫男三：高英、韡英未聘，自清楫出。曾孫女三：一清穎出，一清基出，一清彩出，俱未許。餘未艾。以康熙甲午年十月十五日申時奉弟柩葬於五閬山下後埔鄉崎圳子，坐庚向甲兼申寅，立二壙虛其右，以待原配焉。銘曰：

增修在己，降瑞自天。厥德既壽，錫以牛眠。封樹孔固，佳氣鬱芊。寢昌寢熾，億世綿綿。

襄事承重孫李清穎泣血稽顙

期服孫清楫、清滋、清基、清彩、清怡、清壯，齊衰五月曾孫高英、琳英、韡英仝稽首勒石

晉水興殖堂刻

按 現存湖頭鎮溪后渡萬金庭。共一方，黑色頁岩質，高 62.3 厘米，寬 43.8 厘米，厚 1.5 厘米。

皇清誥授榮祿大夫鎮守貴州安籠等處地方總兵官左都督世職拜他喇布勒哈番仍記餘功二次軍功紀錄二次致仕七十二翁鳳山林公墓誌銘

皇清榮祿大夫鎮守貴州安籠等處地方總兵官左都督世職拜他喇布勒哈番致仕七十二翁鳳山林公墓誌銘（銘額）

皇清誥授榮祿大夫鎮守貴州安籠等處地方總兵官左都督世職拜他喇布勒哈番仍記餘功二次軍功紀錄二次致仕七十二翁鳳山林公墓誌銘（銘題）

賜進士第、榮祿大夫、鎮守雲南楚姚蒙景等處地方總兵官、都督同知、加三級、姻姪駱儼頓首拜譔

鄉進士、文林郎、知湖廣房縣事、姻弟王璋頓首拜書並篆額

公諱孺，字世德，一字孝若，世居安溪來蘇里。公生里之鳳山，故以為號。曾祖諱守約，祖諱興派，父諱長，皆以公貴，累贈榮祿大夫，如其官。曾祖妣楊氏，祖妣陳氏，妣吳氏，並累贈一品夫人。公少失怙恃，服屬亦盡，遭亂，崎嶇山海間。康熙三年始入仕，七年移楚，十三年隨師討吳逆有功，領水軍前鋒入洞庭湖，血戰十七次，岳州平。以海氛未靖，自楚調閩，復海壇、金厦等島。二十三年，克澎湖三十六嶼。招撫臺灣，功在首先。前後敘功，累授至左都督，予敕傳襲世職，拜他喇布勒哈番，仍記餘功二次，軍功記錄二次，遷臺灣鎮遊擊。當事者時時交章論薦。上亦稔知其將帥材也，例任臺灣者三年，即擢內地。公秩滿，上以重地，再留三年。陞粵督標參將，奉召引見，蒙優獎。旋奉特簡，補湖廣寶慶副將，着馳驛速赴任。不數月，陞授貴州安籠鎮總兵官。四十年冬召見，

賜鞍馬，諭薦舉賢能，皆擢用。四十四年冬，以老病乞休。既拜疏，有旨調福建海壇鎮總兵官。疏入，上以情詞懇切，予原官致仕。家居五載，以疾終來蘇里第正寢，春秋七十二。遺疏至，上震悼，命議恤典，仍以承襲世職，男天育宿衛殿廷。

公形貌魁梧，仁而好禮，寬大莊和，表裏澄徹。屢立戰功，其在洞庭、澎湖尤著。澎湖已平，將軍施公籌臺灣之策未定，公適入，施公曰：『臺灣之事試為我畫之。』公曰：『敵大創之後，眾心惶惑，盡歸其傷殘俘馘，使知聖天子之命將軍也無必殺之仁，因而撫焉，可成事矣。』施公從之。臺灣旋就撫，每疑難，施公一以付公。為善後計，留公於臺，後師一年乃歸。所至去後，人皆思之。鎮黔十載，任使以誠，常消患于未萌，苗猓懷服。公去黔歲餘，安籠境內洞苗相攻，當事失策，至陷没，將士黔人于是益思公也。公之欲乞休也，知舊勸止，公皆謝之。夫孰能於品望方隆之時，而有泉石之思？公真可以風當時而師後世者矣！公生崇禎己卯五月初四日辰時，卒今康熙庚寅十一月十四日申時。乙未十二月廿二日申時，葬來蘇里侯山之陽鋪坪原，坐子向午兼壬丙。配洪氏，封一品夫人。子男六，天錫、成琮、天育、天麟、天慶、天懿。女一，適庠生陳邦彥。孫男五，源、潯、潤、澄、滉，繩繩未艾；女六。天錫等以狀請余誌，而請顚伯王君書。王君女許配天懿，余壻天慶也。余又嘗與公同事閩海、黔中，誼不可辭。銘曰：

維公懋績，在楚與閩。秉鉞黔右，鴻庇我人。進退有節，伊古純臣。侯山之陽，妥公之里。大爾昭明，肄于孫子。

襄事孤子天錫、成琮、天育、天麟、天慶、天懿仝泣血稽顙

期服孫源、潯、潤、澄、滉仝稽首勒石

晉水興殖堂刻

按 現存湖頭鎮竹山村林氏大宗祠。共一方，黑色頁岩質，高 87 厘米，寬 59 厘米，厚 2 厘米。

清李門側室謹慧卜氏孺人墓誌銘

皇清李門側室謹慧卜氏孺人墓誌銘（銘額）

清李門側室謹慧卜氏孺人墓誌銘（銘題）

卜氏，生於康熙戊午年九月十九日酉時，卒於丁亥年七月初七日申時。年十四，母夫人命侍吾京師。始至，答尊卑安語，有序次，因嘉以特餕，從吾官於外內凡十五年，有無一致，恭謹益茂，竟得疾以歿，無出，商所祀。《禮》曰：妾祔於妾祖姑，今祔禮不行於俗，則承其女君如生時，亦情所安已。為擇吉於本里石仞鄉大坵山麓，坐甲向庚兼卯酉，庚寅分金。以康熙丙申年六月十四日辰時遷柩而窆焉。銘曰：

豐土深脈，面有台階。左右鬱紆，皆入吾懷。魂兮安之，佳氣無厓。

厚菴書

按 現存湖頭鎮新衙管委會。共一方，黑色頁岩質，高 50 厘米，寬 41.5 厘米，厚 1.5 厘米。

皇清待贈處士簡齋李府君墓誌銘

皇清待贈處士簡齋李府君墓志銘（銘額）

皇清待贈處士簡齋李府君墓誌銘（銘題）

姻辱表鄧熾頓首拜撰

君諱鍾賢，字世能，別號簡齋，系自清溪李氏，世居藍水南岸。父溪隱，王父肖懷，大王父懷次，為熾外王父贈光祿大夫之仲，五服近親，抑年少而執官者眾矣。君故俶儻，學居奇，且哺且教，有子秀而文，每逢課藝，知交多最焉。惜未食報而君即世，年僅四十有七。嗚呼！君與熾重講為兄弟，生且同庚，里則相比。丙子、丁丑兩歲曾適之館，而授予粲，見其人，果忠信人也。喜怒欣戚，表裏如一。有所宣口，未嘗不披心，有所披心，又未嘗不盡者，殆所謂天之君子歟。卜葬有日，其子清楠向熾索銘，熾辭曰：『匪德匪位，烏足以紀尊君耶？』則曰：『知夫子熟識先人者，同甲邇居，蘄出一言，將以為實，非以為華也。是亦不可以誌乎？』熾曰：『諾。』君生康熙乙巳年三月初七日亥時，卒於康熙辛卯年七月十五日申時。有萱堂老矣，及窆且臨其穴。元配朱氏，克襄君志，相厥子以營宅兆，得母道甚。子三：伯清楠，讀書國學中，婦鄉賓王君秉恭女也，育男孫高英、韡英、磐英等；仲清滋，即熾壻，甫出女孫一；季清彩，娶黃諱甲君女實，生男孫岱英。餘未艾。女子一人，許浦城教諭陳諱鳴球男庠生萬貴君男旭世。以康熙五十七年六月初七日辰時厝君於感化里碧翠山，土名虞弼墘，負乾揖巽兼亥巳。銘曰：

誰之不如，而不黃耇。質厚祿儉，必光厥後。嘉域金湯，集祥祛侮。

襄事不孝孤子李清楠、清滋、清彩，期服孫高英、韡英、磐英、岱英仝稽首勒石

按 現存湖頭鎮溪后渡萬金庭。共一方，黑色頁岩質，高51厘米，寬39厘米，厚1.5厘米。

皇清欽點內閣纂修吏部截選知縣鄉進士四十六翁艮湖李先生墓誌銘

皇清欽點內閣纂修吏部截選知縣鄉進士四十六翁艮湖李先生墓誌銘（銘額）

皇清欽點內閣纂修吏部截選知縣鄉進士四十六翁艮湖李先生墓誌銘（銘題）

賜進士出身、內閣學士兼禮部侍郎、教習庶吉士、武英殿供奉、桐城方苞頓首拜譔文

弟鍾伍篆額

姪清藻書

雍正七年秋閏七月二十一日，余暮歸，聞安溪李世蕡過余。越日往視之，則故疾作，不能聲。再往視之，則憮以衾，將襲矣，乃啓其面，執其手而三號焉。始余見君於相國文貞公所，李氏子弟在側者多，不知其誰何。其後與君二昆友善，乃辨君之名字。丁未春，君復至京師，就春官試。時仲兄世邠視學江西，君與伯兄世來居無何詔選翰林，教諸王子，世來與焉。君獨居曲巷，入其室，圖書秩然，所手錄儒先語及周、秦以來古文凡數百帙，叩之，應如響。余欲別擇唐、宋雜家古文屬，君先焉。所去取，同余者十九。見余周官之說，篤信之。然有辨正，必當於余心。其自為說，去離舊解，而於經義有所開通者以十數。余病且衰，生平執友凋喪殆盡，得君，恨相知晚，常悔曩者交臂而失之，而君用此益傾心於予，旬日中必一再見。君之年長矣，家世貴盛，有子五人。其長者已露頭角，而每接予，貌肅而言恭，如見其所嚴事者。他日，世邠曰：『吾弟性高簡，於時聞人，相視恒漠如。』然後知君於余蓋有不知其所以然而然者。君以仲春遘末疾，甚劇。及夏，世邠至自江西，始能強步循階除，不出門庭者數月矣。前卒之三日，疾若蘇，駕而詣余，詰旦，氣動語閉，遂不起。其喪之歸也，余欲為誌銘，以付其孤。每執筆，則心惘然如有所失而止。既踰歲，乃克舉其辭。君諱鍾旺，字世蕡，號艮湖，生於康熙甲子年九月六日巳時，卒於雍正己酉年閏七月二十四日亥時，享年四十有六。以康熙戊子舉乙科。所著《周官說》五卷，《大學・立政・禮運・樂記雜解》共二卷，詩賦古文駢語共二十餘卷，《憶訓錄》、《丙申錄》、《重申錄》共七卷，藏於家。曾祖諱先春，不仕，以好施能急人聞鄉里。祖諱兆慶，歲貢生，遭亂，曾入賊壘，以口辨活千人，並以文貞公贈光祿大夫。考諱鼎徵，康熙庚申舉人，戶部主事，博學，居官有聲。妣莊氏，贈宜人。妻陳氏，康熙丁未進士、戶部雲

南司主事諱睿思公女。子五：長濟泰，雍正丙午舉人，候選知縣，娶康熙己丑進士、南樂縣知縣吳諱茂華公女；次道濟，雍正己酉舉人，候選知縣，娶太學生郭諱端長公女；三朝搴，太學生，聘太學生富諱允讓公女；四清翎，五清詡，俱未聘。女一，適康熙癸巳進士、曲靖府知府潘諱晉晟公長男、太學生士琰。孫二人：本堿，濟泰出；本珦，道濟出，俱未聘。女孫三人，俱濟泰出，長未許，次許太學生陳諱梃芳公次男章世，三未許。以雍正十二年十月二十有五日巳時葬于本里沙堤鄉九町洋上貟龜山，穴坐巽向乾兼辰戌。銘曰：

進之躓而學乃遂，志之弘而業不終。嗟所命之自天，匪於君而獨然。

褰事不孝孤子李濟泰、道濟、朝搴、清翎、清詡仝泣血稽顙

期服孫本堿、本珦仝稽首勒石

傳古堂刻

按 現存湖頭鎮閬湖博物館。共一方，雙面石刻，黑色頁岩質，長 58.3 厘米，寬 35 厘米，厚1.3厘米。

皇清待贈五十一齡冢婦孝勤林孺人墓誌銘

皇清待贈五十一齡冢婦孝勤林孺人墓誌銘（銘額）

皇清待贈五十一齡冢婦孝勤林孺人墓誌銘（銘題）

賜進士第出身、欽點禮部祠祭司主事、充禮館纂修官、功服夫姪李玉鳴頓首拜撰文

賜進士出身、候選知縣、功服夫姪李復發頓首拜篆額書丹

叔母孝勤林孺人，系出丹霞青浦望族，祖父林諱宗公為山東總戎，第五郎諱天爵公娶鳴祖姑，叔母乃祖姑所出之長媛也。少失恃，稍長，便勤敏能紀家，事繼母盡孝，撫幼弟極愛，于歸為家冢婦，有少叔、四叔母愛護，曲當其情，長而畢婚，妯娌之間，式好雍如，大得舅姑歡。叔祖父前娶慎惠謝孺人，早歿，歲時伏臘，叔母躬庀具，必豐必潔，其孝於先也如此。家非素封，酒漿醯醢，靡不悉具，以待叔不時之需。外復資及旁求，其勤於內政、惠以分人也如此。母太安人與叔母情好最密，朝夕歡聚，鳴自幼而壯，得諸母氏稱道為備詳。己未冬，鳴以給假歸省，見叔母氣體衰弱，冀以參苓得效，不謂壬戌三春溘爾長逝。悲夫！今冬卜葬有期，叔父郵命為誌。伏思永訣之時，鳴雖得哭於家而假滿就職，歸藏之日，弗獲親臨窀穸。嗚呼痛哉！

叔母生於康熙壬申年十二月十一日辰時，卒今乾隆壬戌年三月念三日戌時，享年五十有一。生男三：長樹丕，娶歲進士永年縣知縣郭諱□□□太學生諱天擎公女，繼娶佘諱作聖公女；次樹亮，娶□諱啓璵公女，繼娶進士太安州知州顏諱儀鳳公男太學生諱僎公女；三樹庚，娶進士候選知縣吳諱增芳公男太學生諱繩模公女。女子一，適林諱廷荷公男良晃。男孫四：自樹丕出者二，鰲英、昞英；自樹庚出者二，石英、雙英。俱未聘。女孫自樹丕出者二，俱未許。餘未艾。茲以乾隆八年十月初六日未時葬于本里碧翠山麓土名埔尾洋中，飛鴉落洋形穴，坐亥向巳兼壬丙。顧鳴微言不足以揚叔母懿行乎世，然分不敢辭，謹述大概以示於幽銘，曰：

音容波逝，壼範垂式。不遠牛眠，遺珠在側。越陌度阡，睽彼佳城。永閟靈神，鍾毓英特。

襄事功服舅李鍾準稽首

不杖期夫繼暉稽首

不孝哀子樹丕、樹亮、樹庚仝泣血稽顙

期服孫鰲英、石英、雙英、昞英等仝稽首勒石米，厚1.5厘米。

按 現存湖頭鎮問房大厝管委會。共一方，雙面石刻，黑色頁岩質，長39.5厘米，寬30.5厘

皇清通奉大夫禮部侍郎紀錄三次充內閣三禮館副總裁武英殿總裁兼辦經史館事務穆亭李公墓誌銘

皇清通奉大夫禮部侍郎紀錄叁次充內閣叁禮館副總裁武英殿總裁兼辦經史館事務穆亭李公墓誌銘

（銘額）

皇清通奉大夫禮部侍郎紀錄三次充內閣三禮館副總裁武英殿總裁兼辦經史館事務穆亭李公墓誌銘

（銘題）

賜進士第、中憲大夫、分巡江南淮徐道按察司副使、年通家世弟莊亨陽撰文

賜進士第、奉直大夫、左春坊左諭德、年家世侍生雷鋐篆額

賜進士及第、承德郎、日講起居註官、左春坊左中允兼翰林院修撰、提督山東學政、受業于敏中書丹

吾師故相國文貞李公之孫，禮部侍郎穆亭能志祖之志，學祖之學，行祖之行，年五十有五。上方嚮用，不幸以疾殂於京邸。亨陽時守南徐，閱邸抄，得公遺疏，悲不自勝，為位而哭。閱月，得公行狀，遺命屬亨陽銘幽。公諱清植，字立侯，一字穆亭，閩之安溪人。世有聞人，至文貞公以理學大儒相聖祖仁皇帝十三年，贊元保泰，顯著功宗。其說經多所發明，補程朱之缺。公父贈公允亨以殫思泰西曆算，歐血，遂不起，歿時公生二歲。母吳太夫人幽憂病瘵，後十年亦歿。文貞公時巡撫直隸，公大母林太夫人攜公兄清機暨公之官署就塾，誦諸經畢，公輒私取《通鑑》繙閱，不釋手。康熙丙戌，

文貞公入相，攜公行。世父萊園君病，留保定邸，公往訊，騎馳日踔三百里，傷跗不自覺。世父既歿，諸從皆幼，獨公日侍文貞公左右，每事先意以承，文貞公戚為少殺。公姿敏且鋭，從宿遷徐翰林用錫壇長學。文貞公退食之暇，諸賢請業滿座，大叩大鳴，小叩小鳴，公悉從旁默而識之，下至音律、曆算、字學，無所遺。文貞公手註《周易》及四子書，獨高第江陰楊文定公得聞之，公時入耳會心，亦足以發，於是公與文定公皆心喜。丁酉，公舉於鄉。戊戌，文貞公薨。雍正甲辰，成進士。己酉，以編修典江南鄉試事。庚戌，以侍講提督淛江學政，乃取居喪時所手録文貞公未刻書及蒐輯門弟子所記者，次第梓而行之。有《榕村文集》、《語録》、《周易通論》、《詩所》、《樂經》、《尚書七篇》、《禮纂》、《詩選》凡若干卷，廣布于學宫，淛東西士用丕變。癸丑，世宗憲皇帝特建賢良祠於京師，咸秩元祀，文貞公與焉。復命有司論祭於其鄉，公時鐫級未補，遂假歸襄祭禮，又即榕村講學故址為文貞公祠，寢廟翼翼，歲事以時。乙卯冬，世宗皇帝大行，今皇帝召公為翰林院侍讀，復充日講起居註官，出典淛江鄉試，入纂修三禮。自文貞公歿後，及門諸賢後先散去。天子初元，選用遺老，召楊文定公於滇南，復起徐用錫於家，皆會於文貞公賜邸。公追念舊遊，悲喜交集。未及一年，而文定公薨。踰年，壇長亦以老病去。公自是悒悒不樂而疾作矣，乞歸，居數年，少愈。辛酉秋，長男宗文舉於鄉，因俶裝就道，壬戌二月至京，修《儀禮》。癸亥三月，補原官；四月，進《經義》，召見，陞右庶子，晦日御試一等，擢詹事府少詹事；四月輪對，授三禮館副總裁；八月，陞内閣學士兼禮部侍郎；十一月，充武英殿總裁兼辦經史館事。甲子三月十二日，奉旨陞禮部侍郎，時公已病甚，具摺辭，不允，及革，口授遺疏，十八日終於正寢。公為學洞見大原，穿穴諸經，少年好《易》，晚尤喜譚《禮》。嘗問業於季祖父臯軒先生，復從故相國高安朱公、桐城方望溪先生考訂往復。及專修《儀禮》，覃精凝思，按文索義，因以窺見先聖之用心，一有所獲，喜不自禁。常強以聒其座人，然性服善，論有當，輒舍己從之。故所訂諸篇平正通達，鄂、張二相國皆許以必傳于後。惜乎未及告成，而公殂也。公天性篤摯，憫俗憂事，見義敢為。閩山寇竊發，官軍既俘其魁，而有司羅織善良，械繫百十，纍纍于道。公遇見憐之，至都為訴文貞公，請於朝，特旨肆赦，人莫之知。在漸時，軺車所過，吏奸民瘼必以告當事，漸人陰蒙其福。自幼從文貞公，耳濡目染，國家事皆得其竅要。通籍後益留心經濟，足跡所及，孜孜詢訪，籍而記之。所在水利、河防、錢鹽、軍政之類源流利弊，莫不犂然。晚年持論，益平實切近。自詹事至少宗伯，疏陳常平倉穀事宜，次陳保舉宜露封，又陳海船免稅宜計船之大小，咸切事理，可施行。其臨歿遺疏曰：『惟願我皇上益崇惇大之治，彌廑如傷之懷，法令已極周詳，毋以細碎科條啓繁苛之漸。臣下但取忠實，毋以承順趨走開緣飾之風。閭閻之民力日瘁，飭外吏惟重撫循而毋滋騷擾；草野之利源漸竭，戒計臣宜重大體而毋盡錙銖。』語皆切要，言不及私，其忠愛之心惓惓然。欲吾君為堯舜舉，身後斯民而樂利之，與文貞公如一轍。嗚呼！是可不謂賢乎！漳浦蔡文勤公選《古文雅正》，需公論次而成；佐高安公修《名臣循吏名儒傳》，行于世。公生平志在經濟，未嘗多自著書，間為詩文，雅健清深，其言藹如。著有《文貞公年譜》、《漸嘐存愚》、《擬宋史稿》及詩古文，藏於家。公形癯神充，理棼治繁，心氣閑定，素與蔡文勤公友善，其好賢愛士亦如之。一年之間，自下大夫洊拔卿貳，朝野士大夫莫不慶聖天子得人，公亦感激涕零，力疾圖報稱而卒以無祿，何歟？古稱才難，孔子歎之，非徒生難，用之實難，用之而得展其用尤難。自前世而皆然，於公又何詫焉？公生於康熙庚午年十月二十日卯時，歿於乾隆甲子年三月十八日辰時，享年五十有五。元配夫人黃氏，太學生諱士芳公女。子三人：長宗文，辛酉科舉人，娶曾氏，現任翰林院庶吉士諱豐公胞兄太學生則任君女，黃夫人出；次宗鳳，邑庠生，娶黃氏，東明縣知縣諱志弼公男、候選縣丞錫慈君女；次榮惠，太學生，聘官氏，現任提督廣西學政、翰林院編修諱獻瑤公女，側室曾氏出。女三人：一適丙午科舉人萬希韓君男庠生天降，一適丙午科副榜貢生富世標君男庠生嘉會，黃夫人出；一許贈禮部尚書、原禮部侍郎文勤蔡公男長汭，曾氏出。孫五人：秬英、壯英、祐英，宗文出；攀英、探英，宗鳳出，俱未聘。女孫二人。文貞公弟子獨亨陽最為後進，自乙未與公交，至今閱三十載，中間離合不常，而相信日益篤。公為內閣學士，具疏自陳，亨陽以代，病革以行狀屬公姻官君瑜卿，而屬亭陽為墓銘。竊自幸果不為賢者之所棄也。然而感時撫事，悲痛固有難言者矣。公子宗文扶公柩歸，將以乙丑十月十七日卯時葬于安溪縣來蘇里土名石額前，坐癸向丁兼子午。於六月十五日道出徐州屬邑，斗酒隻雞，迎舟慟哭，按公行狀而銘之。銘曰：

騏驥奔馳，一日千里。伯樂御之，長駕遠略跡伊始，胡為乎捻轡扶桀，日方中而遽止。魄安寧，魂不死，納銘幽宮介繁祉。

不孝孤子李宗文、宗鳳、榮惠仝泣血稽顙

期服孫秬英、壯英、祐英、攀英、探英仝稽首勒石

按 現存湖頭鎮新衙管委會。共四方，雙面石刻，黑色頁岩質，长 56.5 厘米，宽 34 厘米，厚 1.5 厘米。原銘文磨損處係據莊亭陽《秋水堂遺集》卷五《禮部侍郎李公穆亭墓誌銘》補錄。

皇清勅授文林郎署臺灣學教諭事候補知縣鄉進士宣三李公暨原配勅封孺人仁孝富太君合葬墓誌銘

（銘額）

皇清勅授文林郎署臺灣學教諭事候補知縣鄉進士宣三李公暨原配勅封孺人仁孝富太君合葬墓誌銘

（銘題）

皇清勅授文林郎署臺灣學教諭事候補知縣鄉進士宣三李公暨原配勅封孺人仁孝富太君合葬墓誌銘

賜進士出身、通議大夫、通政使司通政使、年家眷世侍生雷鋐頓首拜撰文

誥授中憲大夫、直隸廣平府知府、前大名府知府、盛京戶部郎中、加三級紀錄三次、功姪清馥頓

首拜篆額

賜進士出身、吏部截選知縣、受業門人張斯泉頓首拜書丹

先生諱鍾德，字世淳，號宣三，考贈大夫茂夫公舉丈夫子五人，先生其叔也。先生少敦孝友，尚行誼，持重簡默，然諾不苟，有經緯材用，無紈袴之習，為贈大夫茂夫公所嘉悅。茂夫公通經學古，著述如林。先生仰受庭訓，于載籍手不停披，年二十入郡泮。越四歲，舉戊子鄉闈。計偕北上，未第留京，朝夕請業於文貞公，學益進，為文章孤詣直上，華實並茂，尤覃精於詩賦，力探奥窔，幾躪唐人之堂而入于其室。文貞公於猶子中獨先生最嘉異焉。壬寅冬，改署僊遊廣文。旋丁外艱，繼丁內艱，守禮六年，哀毀中節。起復補連城，壬戌調臺灣學，不服水土，踰年以疾終於官舍。方其教僊遊也，百日有奇耳。遇物以和，自閑以禮，艱歸，士有餘慕。及在連城，飭几筵，謹香燈，旦夕虔恭，春秋齋祭，豫庀簠簋，習演雅樂，牲牢無不腆之嘗，豆登獲有椒之美。又自出薪俸，邀令長紳士重輯文廟崇聖祠。遇課期，杯酒盤飧，相悅以道，革從前之陋規，資寒生以膏火，雅追往哲，歷歷可紀，連士丕然一變。歲戊午，吾閩巡撫漢亭盧公、學使力堂周公以先生學行會本薦達天聽，後限於資格，遂滯遷擢。時會上纂修三禮，命督撫學政採訪山林著述以進。茂夫公舊有《三禮述註》，先生揚美念切，日夜繕抄校孜，未及一月即呈送。今現藏之天府焉。辛酉巡撫盧公復舉先生才守出眾，調臺灣學，雖僻處外洋，俗尚浮□□。先生一以敦本崇實訓督士子，數月之間，文教振興，頓啓□習。蓋先生生平克承文貞公、茂夫公德範，自家庭□□達官，有源有委，勤修其業，昭前之光明。嗚呼！可不謂賢乎哉！娶富氏，禮部侍郎諱鴻業公孫女、遼陽州知州諱中琰公女，勅封孺人。按狀，孺人自幼隨父官滇南，善服侍，父母鍾愛。□年二十一適先生，理家勤儉，無珠玉之飾；持己嚴肅，不尚華麗。事舅姑克盡婦道，相先生靜好無乖，於諸子誨督不懈，待族姻皆有恩意。尤好賙予，養窮孤，賑饑寒，行之不倦。僊遊、連城偕先生之任，琴瑟相莊，士多霑中饋之瀝，咸欽其有德曜之風云。今將偕先生卜葬有日，令弟秘園先生自晉拜書入都，質鉉為銘。鉉憶昔從學漳浦蔡文勤公，文勤公受業於文

貞公者也，與先生相知最悉，經史之暇，每盛稱先生德業學問，為諸生勸。鉉聆而志之，及丙辰元載，獲謁先生於連城學署，豐度端重，虛衷若谷，寧心淡慮，藹然可親。盖鉉於先生實聞所聞而見所見云。噫！若先生者，是真不可沒也夫，鉉敢不禮而銘諸？先生生於康熙乙丑年十月二十八日辰時，卒於乾隆癸亥年十一月二十三日酉時，春秋五十有九。孺人生於康熙乙丑年四月十五日辰時，卒於乾隆癸亥年十二月初一日巳時，春秋五十有九。今以乾隆丁卯年十二月十六日巳時，合窆于本鄉來蘇里赤塗崙山，坐癸向丁兼丑未。銘曰：

養餘厥位，學裕于施。曾小試乎庠黌，而豈謂莫知。尚有俟於後嗣，更張而大之，以攄先生操持。厥配淑懿，偕葬有期。既獲地利，宜享天時。

不孝孤哀子清涵、清宸、清揆仝泣血稽顙勒石

傳古堂鐫字

按　現存湖頭鎮湖二村四衙大厝。共一方，雙面石刻，黑色頁岩質，長63厘米，寬32.5厘米，厚1.5厘米。

皇清待贈孺人六十四齡先室慈勤黃氏墓誌

皇清待贈孺人六十四齡先室慈勤黃氏墓誌（銘額）

皇清待贈孺人六十四齡先室慈勤黃氏墓誌（銘題）

誥授中憲大夫、直隸廣平府知府、前大名府知府、盛京戶部郎中、加三級紀錄三次、緦服夫姪清馥頓首拜撰

從叔父媿仲公卜日為叔母營葬事，命作誌而授以傳。夫葬者，藏也。藏宜有誌，示信於幽。馥觀叔父之所以傳叔母者，末由致一辭，惟是述以當作焉。誌與傳其胡擇？傳曰：『孺人謚慈勤，系出晉江文山黃氏大宗伯榜眼及第諱鳳翔公元孫女。父季濟公早逝，母蔡氏教之女紅，誨以婦道。庚辰秋，元配謝氏歿，遺有肩差男女子四。先嫡母洪太君希年多病，速余續絃，辛巳禮聘孺人，十月于歸。甫二旬而嫡母辭世。時余家計蕭條，孺人痛事姑之弗逮，思鞠子之維艱，克儉克勤，銖積累年，始得稍備。所遺男女先為婚嫁，所出三子亦隨娶畢，今則俱抱孫矣。緬孺人與余倡隨四十七載，當其處約也，儉以紀家而豐於祀事，慎以宅躬而凜其無逸，迨乎少完也。義在當為，一無所吝嗇，處置得宜，不偏愛所生。至夫臨終也，囑以和睦讀書，紹至誼之家聲；戒以安分謹言，遠恥辱之外侮。於戲！孺人在世，週甲又四，兒孫四代滿堂，其於生人之事亦倖矣。中間勞績懿行，眾謂孺人難，孺人未足為難，惟孺人之無難，眾不覺其難，是則孺人所以為難者也。』其傳如此，噫，盡之矣！是不可以無銘。清馥曰：文有異體，而強合之者，非惰也，從傳以為誌，毋事勤為也。銘斯不敢辭矣。叔母生於康熙甲子正月初三日寅時，卒今乾隆丁卯六月二十九日辰時，享年六十有四。子五：長繼暉，太學生，娶山東登萊鎮總兵官林諱宗公男諱天爵君女；次清名，太學生，娶庠生謝諱士俟君女，繼娶陳諱士奎君女，謝孺人出；三大濬，庠生，娶己卯舉人、廣東高州府知府黃諱志美公男諱之嶷君女，繼娶戊辰進士、任浙江溫州右營游府孫諱士瀾公女；四榮義，貢生，娶太學生鄭諱□簡君女；五清觀，太學生，娶戊子舉人、順昌縣學教諭蔡諱學乾公女，黃孺人出。孫二十四人：自繼暉出者三，長丕，娶永年縣知縣郭諱濤公男明章君女，繼娶佘諱作聖君女；次亮，娶康諱元腆君女，繼娶乙未進士、晉州知州顏諱儀鳳公男諱僎君女；三庚，娶庚戌進士吳諱曾芳公男太學生諱繩謨君女；自清名出者五，長嗣，聘庠生林諱大謨君女；次璐，聘太學生吳諱大鍾君女；琥、鉀、顯，俱未聘；自大濬出者七，長南雄，庠生，娶太學生洪諱佑生君女；次習，娶太學生鄭諱廷猷君女；三泗，聘庠生池諱良弼君女；稷、袞、補、養，俱未聘；自榮義出者三，長登，娶甲辰進士、現任浙江太湖謍游府黄諱國英公女；次驫，娶癸酉副貢生、任閩清學教諭陳諱石鐘公女；三誥，聘戊辰進士孫諱士瀾公男諱枸君女；自清觀出者五，長東，娶太學生鄭諱廷珪君女；次顏，聘己酉舉人、大興縣知縣王諱定聘公孫貢生諱重光君女；三迎，聘太學生吳諱伯起君女；四宋，聘廩生鄧諱狻猊君女；五參，未聘。曾孫九人：自丕出者三，長鰲，未聘；次丙，聘太學生張諱錫新君女；三綱，未聘；自庚出者二，長石，聘王諱顏鈞君女；次雙，未聘；自南雄出者一，統，未聘；習出者一，綵，未聘；自登出者一，題，未聘；驫出者一，綬，未聘。女二，長適庠生鄧諱際拔君男太學生學洙；次適鄉賓王諱興林君男貢生錫陞，謝孺人出。女孫十一人：一適林諱廷荷君男晃，一未許，繼暉出；一適洪諱世貴君男郡，一許太學生陳諱德嗣君男昂，一未許，清名出；一適庠生孫諱夢龍君男元樅，二、三未許，大濬出；一適太學生朱諱元友君男庠生科進，榮義出；清觀女二，未許。曾孫女十人：丕、亮、庚出者六，俱未許；南雄出者一，未許；登出者一，未許；東出者二，一許庠生鄭諱師忠君男翰，一未許。餘未艾。以乾隆戊辰年又七月二十五日巳時奉厝本里五閬山中峰之麓，土名翁厚鄉福壇邊園内，坐西向卯兼辛乙。銘曰：

欝欝芊芊，淑母之封。閬山間氣，如城如墉。陟翁厚而北望兮，舅在斯，姑在斯，譬一家而分室兮，非遠非比。幽趨侍母，晦曦相乃夫子，康莊耆頤。藍玉在田，厥美熙熙。

杖期夫李鍾準稽首

不孝哀子繼暉、清名、大濬、榮義、清觀仝泣血稽顙

期服孫丕、亮、庚、登、東、南雄、驫、誥、習、泗、嗣、顏、璐、稷、迎、琥、宋、袞、補、鉀、參、顯、養、蘼、齊衰五月曾孫鰲、石、雙、昞、題、統、綬、綱、綵等仝稽首勒石

文節公六世孫夫姪濬發書篆並鐫字

按 現存湖頭鎮問房大厝管委會。共三方，其中兩方單面石刻，一方雙面石刻。黑色頁岩質，長

55．5厘米，寬31．5厘米，厚1．2厘米。

皇清待贈歲進士選授儒學訓導先考媿仲府君墓誌銘

皇清待贈歲進士選授儒學訓導先考媿仲府君墓誌銘（銘額）

皇清待贈歲進士選授儒學訓導先考媿仲府君墓誌銘（銘題）

仲父諱鍾準，字世則，號媿仲，先王父萊菴公次子，先君懷亭公次弟也。享年壽考，嘉行彰聞，以去歲乾隆丁丑年二月初八日終于正寢。越歲戊寅四月，將合葬於先叔母塋兆，卜有日矣。諸從弟繼暉等携所為行狀囑遇時誌石。竊思仲父生平懿行諸從弟能知之，皆遇時之所素知也；諸從弟能言之，皆遇時之所無異言也，因取其狀之大概而述之。仲父之生也，形貌魁偉，庶祖母歐氏舉之甫九日，而庶祖母遽逝。王母洪孺人盡心鞠養，最鍾愛焉。少倜儻，與先君為兄弟，友愛無間。弱冠，隨先君奉侍曾王父母、王父母之側，以盡孝養。及壯，從先君經理曾王父母、王父母喪葬之事，以終孝職。幼從師請業，日有進益。至十九歲應童子試，邑侯拔以冠軍，而學使者徐公取列弟子員，在黌序中。勤於舉子業，雖家務叢雜，而與叔姪兄弟訂期會文不輟。嘗自選秦漢以下古文名家制義，手録而丹黃之，連編累牘，口誦心惟。其篤於學，有非人所及知者。甲午貢於鄉，雖秋闈屢試不得志於有司，而遺書在焉，弟姪輩多能讀而張大之。其所以報未發之藴，可拭目俟也。曾王父漁仲公文章節義，備見於《傭言集》。及乙未、丙申上諸當道報單，王父在時將以付梓，適值病革，遺命先君及仲父曰：『阿祖之文集，吾不及剞劂而傳之，兒等能成其事，即孝也。』議刊文集，而先君辭世。仲父與遇時兄弟校刻《盤嶼傭言》、《至誼堂寔記》，以終王父志事。康熙癸未歲，從祖文貞公以曾王父急難破賊事奏聞仁廟，賜御書『在原至誼』，公恭跋其後，又為文欲鐫諸碑阴，以示後人。仲父欣逢盛事，相与飭材鳩工，建巨牓于家，立石碑于曾祖墓前道左，俾遠近傳觀，孝友之風，庶幾不替。六世祖樸菴公蒙仁廟賜『急公尚義』匾額，宗長老議建坊於郡東嶽祠前，推仲父董工。仲父不辭難，往來周視，必誠必慎，以終厥事。是皆尊祖敬宗之念使然，非欲博諸諳事之名也。又吾邑先師廟歲久未修，邑侯赴公集紳士謀之，仲父義形於色，願獨肩其事，役財不出于官，無鳩於眾，營之二載，而廟貌煥然一新。趙公申報列憲，書『克紹前徽』匾額以褒嘉焉。是皆重義輕財之念使然，非欲邀有司之譽也。凡此皆其行義之大者。至於修本宗前世仕宦之墳，謀鄉井儉歲乏食之策，排難解紛，周於桑梓；調劑訴誶，洽於宗支；無事而處己，酌豐儉之得宜；有事而籌公，出經畫之寔用，凡諸種種，美不勝書。遇時所取於狀中而述者，有不詳之處，無溢美之詞，是殆足以質諸幽明而無媿矣乎。仲父生於康熙甲寅年十月初五日戌時，卒於乾隆丁丑年二月初八日戌時，享年八十有四。元配叔母謝氏，邑庠生翥公女。繼叔母黃氏，贈少司寇冲初公孫季濟公女。以今乾隆戊寅年四月十八日午時葬於本里五閬山中峰之麓土名豐厚鄉福壇邊園內，坐西向卯兼辛乙。與叔母黃氏同兆。子男五人，女二人，孫男二十六人，女十三人，曾孫男二十一人，女二十人，娶嫁皆名族，餘繩繩未艾。銘曰：

閬峰委麓，鍾氣豐厚，相土得吉。叔母先受，封之若堂，闢之數畝。今此同歸，佳城共守。軒豁壯麗，異彼培塿。隱隱隆隆，用昌厥後。

誥封朝議大夫、禮部祠祭司員外郎、乙卯科舉人、現選知縣、胞姪遇時拜撰文

不孝孤哀子繼暉、大濬、榮義、清觀仝泣血稽顙

期服孫樹丕、樹亮、樹庚、玉章、樹東、南雄、玉騏、經世、樹泗、樹嗣、樹顏、樹璐、樹稷、樹迎、樹琥、樹宋、樹衮、樹補、樹鉀、樹參、樹顯、樹養、樹蕙、樹騶、樹御，齊衰五月曾孫石、雙、昞、題、統、綬、綱、綵、及、馗、緤、學、相如、蘭、聰、銂、湜、叶瑞、睿、緯等仝稽首

勒石

壁園鐫字

按 現存湖頭鎮問房大厝管委會。共兩方，雙面石刻，黑色頁岩質，長 56 厘米，寬 32 厘米，厚 1.5 厘米。

皇清顯考七十六齡繼善李府君暨六十五齡顯妣慎慈陳孺人合葬墓誌銘

皇清顯考繼善李府君暨妣慎慈陳孺人墓誌銘（誌盖）

皇清顯考七十六齡繼善李府君暨六十五齡顯妣慎慈陳孺人合葬墓誌銘（銘題）

父諱光新，字日卿，號盛德，別號繼善，七世祖義官剛善公世孫，睿哲公之長子也。生平孝友自居，定省之儀，克盡其誠；天顯之節，克盡其愛。至仝胞二、四弟早喪，公撫諸幼姪猶如己子。其處世也，敦宗睦鄰，且懷好生之德。即如藝紹岐黃，雖嚴冬炎暑，未嘗較貧富，少靳其求。此仁愛之心，公之素志也。又嘗承先志，每念六、七世祖考神無所栖。時通卿伯扳公倡議建祠，公邀諸叔兄弟姪捐助停租，鳩工庇材，經始於忠義保湖市之北。逮乙亥冬，祠宇告成，奉先入祠。公雖音容云杳，而其時同先世祖考進主袝，入功德，亦公之幸也。公生於康熙庚申年九月廿五日丑時，卒乾隆乙亥年五月廿五日午時，享年七十有六。母生於康熙癸酉年四月廿二日申時，卒乾隆丁丑年三月初一日酉時，享年六十有五。男一女二，孫三人，餘繩繩未艾。今以乾隆癸未年八月廿一日午時卜葬於感化里黃杜土名霞谷坑溪尾嶺，背丁面癸兼未丑。

襄事孤哀子天生泣血稽顙

期服孫苞、滋、葵仝稽首勒石

按 現存湖頭鎮埔美村李雙喜宅。共一方，單面石刻，紅色土磚質，高 32 厘米，寬 32 厘米，厚

1厘米。

皇清誥授朝議大夫刑部陝西清吏司郎中加一級紀録三十二次鄉進士秘園李先生暨元配誥封恭人孝淑洪氏合葬墓誌銘

皇清朝議大夫刑部郎中秘園李公暨配孝淑洪恭人合葬墓誌銘（銘額）

皇清誥授朝議大夫刑部陝西清吏司郎中加一級紀録三十二次鄉進士秘園李先生暨元配誥封恭人孝淑洪氏合葬墓誌銘（銘題）

賜進士出身、誥授奉政大夫、工科給事中、加三級、年家眷世姪吳垣頓首拜譔文

御試博學宏詞、欽點翰林院檢討、加二級紀録一次、年眷姪洪世澤頓首拜篆額

鄉進士、例授文林郎、揀選知縣、堂姪孫本璿頓首拜書丹

秘園先生初卜葬於原籍雲美山之麓，先君子為之誌，蓋撫軍江右時，清瑑持狀來請而作也。既而因閩俗疑於山家陰陽畏忌之説，遲而未果。今夏五月，清柱等復以書示垣，曰：『先大夫其猶未葬也，先慈恭人嗣逝，合葬有期矣。』屬垣為誌。垣檢先君子遺笥，謹依舊稿遵此意而誌先生，復按狀兼誌恭人焉。先生諱鍾份，字世質，號秘園，為安溪李氏名族。祖諱兆慶，歲進士，以子文貞公貴，誥贈大學士。考諱光坡，號茂夫，歲進士，以先生貴，誥贈朝議大夫。茂夫公與文貞公為同懷兄弟，文貞公以名德居碩輔。茂夫公家居，日以畬經為事，專精三禮，蒙聖祖仁皇帝賜御書『道通月窟天根裡，人在清泉白石間』對聯，舉先生兄弟五人，伯仲叔兄皆以鄉薦列仕籍，先生其季也。幼從茂夫公學，爛熟經書子史，旁及醫卜星算，靡不淹通。髫齡能為文，弱冠舉於鄉。越年會試，薦而不售，授中書職銜以歸。朝夕侍親側，視於無形，聽於無聲，内外無間言。念父年老，讀書精神消耗多，購參

苓以資補養。五年繼丁內外艱，哀毀踰節，即於讀禮中梓父□□《皋軒文編》，凡十卷。服闋，又躓南宮，改職知縣，學習工部營繕司。時五弟仝寓都門，忽染痢症，先生維持調護，飲食未嘗下咽，衣襟未嘗解帶。聞伯兄在范署病劇，即給假出京，冒雨單騎，兼程至范，而兄逝矣。入哭後即查檢倉庫，將俟接任官交代，已被胥役侵隱，虧欠甚多，趣五弟回，變家產填補。旋京籤掣山東濟陽令，將之官，桐城方望溪先生贈句云『仁政知從孝友達，經書應向魯齊傳』。至則先取養廉，撥填未清帑項，乃得挈兄子來署，撫養教誨之。居數年，遣幹僕扶櫬歸里。後更為兄葬墳，為姪娶室，以畢其事。其治濟陽也，興學校，葺聞韶臺，建商家橋。代前五邑令羈栖宦所者，賠填數百金，資以回籍。值旱荒，恩旨六分以下收成，糟米每石折徵銀八錢；七分以上收成，徵穀二石。先生親到各鄉確查，只得六分，據寔申報，屢奉駁飭，力爭之，果得如詳。俸滿行取，入京引見，授刑部江蘇司，與先君子同部，遂成知己，有所論說，多講明綱常，名教大理。先生明於律法，又能援據經術以通律意，纂修律例，其條款如『出繼之子，降服不降親』及『官犯問徒只於官所，不於原籍』、『竊殺牛隻，發往充軍』等數條呈堂改補，同列交推許之。少宰楊公鞠獄山西，少司農阿公鞠獄湖南，俱請同往。先生細心研勘，兩省紳士民人咸服平允。乙丑春，奉旨查辦，分別減等，凡軍流在途徒犯至配所及羈禁囹圄者，邀恩悉予釋放。各直省援例免減者十餘萬人。昔漢張釋之為廷尉，天下無冤民；于定國為廷尉，民自以不冤。先生其後先同揆者歟！由主事而員外郎中，駸駸大用。忽因事奉特恩發晉效力，大學士來公執其手曰：『行矣，山西人之福也。』攝篆孝義、長子、壺關、鳳臺、平順、興縣，或以數月，或以半年，悉有治行可徵。吏績之最多者，則在靜樂。靜處萬山中，地瘠民貧，先生計戶編甲，遞年承管。又使寄居之流丁，得自封投櫃，民於是無差役之擾也。巡按衙門傾圮，詳請改建。義學月吉，躬親課業。所給諸生膏火，皆自捐俸置租，可垂永久。邑內文風丕振。修砌兩嶺山，徒行負戴驅車乘馬，如履坦途，民呼曰『李公嶺』。其猶有甘棠之遺愛乎！最後治汾陽，遇河水漲決，自縣東關至狄家社十三村，先生親自督治。隄成，乘涸播種，民忘其災，歌頌先生之德不衰。先生念煩劇關心，懼治理不周，遂以年老告歸。嗚呼！先生之才，世［所稀有，而不過試於一司一邑之中，使得居高位，以抒所能，其表見又當何如也？里居六年，喜述祖先遺訓，講說經义，以擴後生見聞。逢祭祀掃墳，必先生濬歸，曰：『几筵松楸，此而不敬，何事更大耶？』。為父建坊，擴充祀田。茂夫公所著三禮書，朝廷開館纂辑禮經時，已繕本進，備採擇，至是復乎校閱，先擇《周禮述註》，其《儀禮》、《禮記》未及授梓，而竟賫志以逝。越明年，郡守懷公方修府誌，取先生之狀反復閱勘，特為立傳，編入《孝友》，而其施為之大概，亦具著於篇。夫盡其力所能，為於骨肉之間；隨其分所得，為於服官之際。志浩行芳，學成名著，先生真無媿於賢人君子者矣。先生生卒之十有八，十六年恭人亦以疾逝。恭人為南安洪氏女，初封孺人，晉封今職。八九歲時能通曉班女訓，織纴组訓之業少而習之，長而成之。年十六歸先生。事舅姑，供具脂膏，脩瀡未當，敢一日自暇乎？先生患血疾，恭人視親治湯藥，晨昏維謹，不數月而疾瘳。迨任濟陽，迎恭人於官嗣。是恭人以家計紛繁，回家董理。應賓則備其旨酒嘉肴，奉祭則潔其蘋蘩筐筥。男女婚嫁，以及歲時伏臘之事，無一不衷諸禮，龠合分寸，斟酌適宜，屢示諸婢曰：『度量之出入最不可以苟且，人心之漓皆原於是。』其明於事理如此。先生遠宦在外，恒以父未祔廟，胞派或有未婚為念，恭人承厥意而經紀之。教督子孫不為姑息之愛，而時其飲食，伺其寒燠，以盡顧復之道。处妯娌以和，御婢僕以寬。恭人壼範，不式可風哉？先生有子十二人：清柱、鶴齡、清通、清蘭、清穀、清淦、松齡、清洙、清韶、清姜、清漠、清瑑。恭人出者九，庶氏出者三。清通、清姜先先生卒，鶴齡、松齡先恭人卒。女子三人，孫三十五人，曾孫三十五人。先生生於康熙壬申年七月初四日寅時，卒於乾隆壬午年九月廿四日巳時，享年七十有一。恭人生於康熙甲戌年五月十五日酉時，卒於乾隆己亥年十二月廿六日寅時，享年八十有六。今於乾隆辛丑年十二月二十六日辰時合葬於本邑常樂里長基鄉北山林掛燈崙穴，坐丑向未兼艮坤，辛丑分金。銘曰：

泉山崧降，翠於閬湖。兄為名相，弟為鴻儒。一堂齊美，探窟蹋根。有政與學，公匯其源。宰邑刑部，慈惠風存。□禮庭封，星聚日暄。釐爾女士，道義共敦。歸藏魂魄之氣，吐吞龍蟠

（下闕）

按 現存湖頭鎮宗城社區宗興堂。全應兩方，現存一方，雙面石刻，黑色頁岩質，長 75 厘米，寬 22 厘米，厚 1.2 厘米。銘文後半部分係據李砥柱、蘇新勇抄件補錄。

皇清鄉進士例授文林郎截選知縣韞齋李公暨元配例封孺人例疊封太孺人慈孝王太君合葬墓誌銘

皇清鄉進士例授文林郎截選知縣韞齋李公暨元配例封孺人例疊封太孺人慈孝王太君合葬墓誌銘

（銘額）

皇清鄉進士例授文林郎截選知縣韞齋李公暨元配例封孺人例疊封太孺人慈孝王太君合葬墓誌銘

（銘題）

賜進士出身、中憲大夫、分巡興泉永兵備道、監放兵餉、管轄海政、加三級、年愚姪倪琇頓首拜撰文

賜進士出身、奉直大夫、刑部員外郎陝西司兼雲南司行走、加一級、年愚姪丁桐頓首拜篆額

例授脩職郎、候選儒學教諭、選拔進士、姪維迪頓首拜書丹

惟安溪李氏代有達人，其綴科名而膺仕籍者，類皆卓然有所建樹。而其脩之於家，敦孝睦，重禮法，用訓厥族，式穀厥子若孫者，亦往往而有，如吾年伯韞齋公，其一也。余與公次子平舟君為同年友，平舟登第後回閩，越年尋卒。庚辰，余奉命觀察厦島，平舟長子增輅謁余於官舍，敘世講焉。今秋以韞齋公行狀丐余為納壙之文，誼不可以辭。按狀，公諱本璿，字延玉，號韞齋，大中丞惠圃公少

子也。兄弟二人，公少其兄九歲，以嗣息之艱，故父母及祖母尤愛憐之。中丞公以翰林出守嘉興，再守兖州，公均未隨侍。丁丑，陞山東運河道，公始與兄奉母萬夫人至濟。其時甫成童，即知以學問行業自刻勵。因隨宦在外，遂援例入成均，居濟八載。中丞公仰體聖天子澹災錫福之仁，凡河渠大小，吞納之形，與夫治之先後緩急，靡不經畫盡善，上契宸衷。而公趨庭日久，飫聞緒論，亦多所諳曉。甲申，中丞公調江南淮徐道。乙酉，特擢河東揔河。于時本生母黄太夫人春秋高，中丞公啣命給假歸省。公兄亦於上年趨侍祖母，惟公奉母於公寓。是年七月萬夫人遘疾，九月即世。公躬親湯藥，以至在視含殮，致誠盡哀，無違禮。公兄聞訃奔喪，臘月哭於喪次，越明年三月繼沒。公悲痛彌甚，遂染驚悸之疾。然恐中丞公之益傷厥心也，含酸忍泣，内外事咸佐理之，具有條緒。丁亥七月，中丞公移撫山東，丙戌正月，薨於位。中丞公公忠清慎，宦槖蕭然，長途旅櫬，惟公傍惶措置，僅乃得返。到家之明年，為兄營葬，又明年，為父母宅幽，心力由是瘁焉。當公之歸，太夫人猶健也。問安視膳，備得歡心。庚寅，恭逢聖駕東廵，太夫人命公詣泰安接駕，蒙天恩存問，太夫人年力康健，賜一品貂幣，又賜公貂幣荷包，盖異數也。壬辰，太夫人卒，公與諸孫曾襄庀喪事，身任其勞，至經理窀穸，尤獨冒艱險，乃得奉體魄以安平居，以繼起先業為志。歲庚子舉於鄉，出大主考東皐竇公之門。辛丑，與計偕，未獲售。比歸，循長老之請，為鄉祭酒。當日老成凋謝，族中子弟良楛不一，公起而整飭之，喻之以理，導之以情，無不憚服。謹松楸，飭几筵，率先盡誠。理事十年，潔清勤慎，宗之人稱之，同一辭也。丁未、戊申間，歲收荒歉，公出淹積，止越販，隨事設法以救貧苦。故郡邑洊饑，惟本鄉糧食稍平，流徙而至者，相繼於路，甚至道殣相望，亦多方區處，無所驚擾，鄉人以為德焉。或鄉中遇有齮齕叩門請釋，無不指譬曲直，各得其平以去。至於義所當為，力所得為，雖費貲不惜，而操行廉潔，又纖毫無取於人。其處家庭，有恩禮。庶母陳氏，僅養二女，公承先命，以弟四子景衡為之後。嫂楊氏矢志栢舟，則敬禮有加，閫内事常諮而行。胞姪景岱、景同愛之比於所生，幼而鞠養之，長而教誨之，俾克有成。有妹適粘氏者，家中落，公迎歸其妹與妹夫到家聚處。迨妹夫與妹相繼沒，則為營其喪葬，而撫其女子。同祖兄弟、本生同祖兄弟分甘讓夷，視之如一。其在同曾祖以下有志者，使之就業家塾，次亦隨材造就，給以脯資。若夫有婚嫁，則資贈之；有喪葬，則賻賵之。有無緩急，多方以應，又不獨於親者為然也。性儉約，不華衣豐食，中丞公嘗亟稱之。東歸後，食指漸多，公經營不辭勞瘁，用度豐約必均，門以內咸雍雍然。平居樂觀史冊，評騭古人得失，有所見輒札記之。教子弟以嚴，朝夕課督，不少假。或遇子姪文會，夜分猶刻燭以俟，比歸，判其可否，而後就寢。以故其子若姪先後入泮，舉甲乙科，皆公之教也。公辛丑後再上公車。戊申，長子景東獲雋，挈與北上。己酉留京應闈，比庚戌南旋，而公捐館矣。嗚呼！以公之飭於躬，型於家，著於鄉，其卓卓如是，而扼以無年，不使有所設施於世，是足惜也。然而子弟式之，宗黨稱之，遺風餘愛，今猶在人，公亦可以不沒矣。配孺人王氏，有賢行，事舅姑孝，處妯娌和，撫孤姪以恩，與寡嫂共操家政無違言。後公沒三十年，鞠子育孫，備極殷勤，而康彊壽考。其子孫登賢書、成進士，食餼居庠，一堂四代，鄉人艷之，以為福德之母云。公曾祖鄉進士、戶部主事、誥贈中大夫、晉贈資政大夫、例贈榮祿大夫訒菴公諱鼎徵；曾祖妣誥贈正二品夫人、例贈一品夫人莊氏；祖賜進士、翰林院編修、陝西主考鑑塘公諱天寵；祖妣□□□人、例贈□□夫人黃氏；本生祖□□□□□□□學政（中闕）誥贈中大夫、晉贈資政大夫、例贈榮祿大夫抑亭公諱鍾僑；本生祖妣誥封正二品夫人、例封一品夫人、欽賜御書匾額黃氏；考賜進士、翰林院編修、誥授中憲大夫、例授榮祿大夫、巡撫山東兼提督銜惠圃公諱清時；妣誥封恭人、例封一品夫人萬氏；娶王氏，知直隸東鹿縣事□峰公諱天慶公女。公生於乾隆甲子年十月十一日亥時，卒於乾隆庚戌年七月初五日子時，享年四十有七。孺人生於乾隆丙寅年正月初八日子時，卒於嘉慶戊寅年四月初七日辰時，享年七十有三。子七，長景東，戊□□□人，截選知縣，娶業儒烈臣林公女，繼娶太學生源高陳公□□□□江太學生宇世粘公女；次景嵩，乙卯舉人，辛酉科進士，□□□□□甲戌進士、建寧府學教授宗達陳公女孫邑庠生國□□□□□□娶永春太學生華生蕭公女；次景衡，邑廩生，娶業儒□□□□□□；次景皐，娶晉邑業儒世甫萬公女；次景柱，娶舉人、長樂□□□□□□公女；次景紫，娶晉邑舉人搢圭王君女。女二，長適南邑□□□□洪君子簡世；次□□生□□陳君子太學生耀。孫男二十人，自景東出者增□□□□□□□□丙子舉人增摶；自景嵩出者增輅□□□□□□□□□□增固、增敞；自景衡出者增昌、邑□□□□□□□□□□□□□增彥，景柱以景嵩三子增輯為後□□□□□□□□□□□孫女十六人。曾孫三，自增藩出者良□□□□□□；自增軾出者良鼐。曾孫女三，婚嫁皆名族。今以道光元年十□□□□辰時葬公及孺人於崇善里湯林鄉，穴坐未向丑兼坤艮，辛未□□分金。銘曰：

道脩於身，積之也厚。□聲遠聞，而施未究。生有令望，侃侃其儀。昭示来者，如面之眉。神眷其□，翳以佳宅。先人兆域，不遠咫尺。淑氣磅礴，山川鬱紆。祖其右之，犖□□區。以妥嘉魄，以綏後裔。有篤斯祜，更千萬世。

不孝孤哀子李景東泣血稽顙

期服孫增謙、增昌、增摶、增輅、增鑾、增冕、增固、增輯、增誥、增軸、增敞、增彥、增訓、增詠、增甲、增誠、增科，齊衰五月曾孫良圖、良章、良鼐仝稽首勒石

泉郡敬文堂刻

按 現存湖頭鎮湖三村頂總衙大厝。共兩方，雙面石刻，黑色頁岩質，長50厘米，寬28.5厘米，厚1.5厘米。

晉江許公墓誌

晉江許公墓志（誌蓋）
晉江許公墓志（銘題）
永泰黃展雲譔文
安溪李愛黃書丹
閩縣方聲濤篆蓋

許公卓然，別名寄生，晉江人。父培材，邑名諸生，以彊直見重鄉里，有『鐵紳』譽。公生而任俠好義，九歲時曾偕兒童遊龍山寺，見一嫗將雉經，公惻然，悉所有以畀。及歸，家人因其曩貲謦責之，公父廉得實，喜曰：『孺子可教。』公時述以語人曰：『余捨身救人之志皆決於吾父一言獎之也。』歲丙午，同盟會成立，公來省加盟，回鄉設西隅學校及體育會，以集合同志。辛亥光復，泉、廈克復，公之功為多。討袁之役，公在省運動，為李厚基偵躡，以意度從容獲脫。護法之役，公在閩南舉靖國軍，屢挫李逆隊伍，阻李軍入潮，功績甚偉。十一年，偕張幹之同志還閩組自治軍，為討賊軍內應，克復安、南、晉各縣。迨討賊軍返旆，許汝為軍長改編自治軍為討賊弟八軍，留守後方。孫傳芳南侵，公聯臧師與抗。我軍雖覆而孫軍精銳挫折，不敢再進，粵境因免逆軍之擾。公失利後陷身賊窟者三閱月，卒以至誠之感脫於難。未幾奉委為中央直轄弟五軍軍長，秘聯民軍遏張毅助𠻳之師。𠻳逆死灰難燃，黨軍得以籌備完整，則公與有力焉。自是以後，離軍事工作，致力於黨務。弟一、二次全國代表大會公均為福建省代表，對『赤黨』陰謀多所摘發。北伐軍入閩，何敬之軍長辟公任財政，公知閩政尚無可為，不就。然北伐軍出發，經費之籌劃，公實任其勞。最近三年來，力以調和派別意見、改進地方秩序為己任，卒為蓄野心而好搗亂之徒所賊害，以十九年五月廿八日致命於廈門大史巷。痛哉！公犧牲精神出於天性，任勞將事不計功利，急人之私不計己私。死之日，全厦震動，撫尸而哭者數千人。嗚虖！公生於民國紀元前廿七年乙酉十月十四日，卒於民國十九年五月廿九日，享年四十有六。夫人葉氏筱梅，遺孤三，男祖英、祖毅，女雪卿。閩中同志以公之始終盡瘁黨國也，為擇地於嵩嶼大觀山之麓，將以公逝世第二周年紀念日公葬。展雲謹揭其要，並為銘，納諸幽宮，以垂無窮。銘曰：

閉功利，貞艱辛。矢犧牲，作新民。古之任，今之仁。垂遺型，永不湮。

孤子許祖英、祖毅，孤女雪卿仝勒石。

福州蔣紹荃刻石

按 現存晉江市博物館。共四方，黑色頁岩質，各長59厘米，寬37厘米，厚1.5厘米。

李愛黃先生墓誌銘

李愛黃先生墓誌銘（銘額）

中國國民黨中央執行委員前兼福建省執行委員會主任委員陳肇英篆額（印）

中國國民黨福建省執行委員會主任委員李雄書丹（印）

福建省臨時參議會議長鄭祖蔭撰文（印）

君諱愛黃，字翼天，姓李氏，福建安溪人。其先文貞公以理學起家，勛名烜顯，穆亭公、郁齋公而下能世其業，簪纓相望。考敦復公舉孝廉方正，為邑人所欽式。君生三歲，識字三千，六歲能文，十三畢群經，不屑事科舉。時清政日壞，君慨然有革新志，首剏鄉校曰『閬湖』，宣揚民族思想。武漢舉義，君奔走泉廈，糾同志、組會社，旋加入國民黨，充黨代表及參議會初選代表，並任各報社撰述，為君致身黨務之始。

辛亥以後，軍閥專政，李氏禍閩，君奉總理命圖再舉。顧黨禁綦嚴，同志多被逮，君名在捕籍中，倖得免，遂潛赴晉、南、永、德各地，聯合民軍，以作基本。君任靖國軍司令部高等顧問、第一路軍參謀長兼遊擊隊司令，分防晉、南，籌運諸軍餉糈，措施裕如，旋調任第三旅駐汕主任。已而民軍內鬩，粵靖交惡，君謁總理於滬上，即赴菲聯絡華僑，復遄程歸，見民軍諸將領，曰：『今閩督李厚基附軍閥，縱爪牙，為吾民害。吾奉總理命來討逆，願君等亟消鬩牆之禍，共立討賊之功。孰與猜嫌相嫉，反為賊乘乎？』眾皆感悟，歡好如初。遂樹自治軍旗幟，進攻李統將張清汝，於泉廈拔之，卒驅李逆。以君任陸軍警備司令兼東路軍泉州衛戍司令部秘書處長。

然君以為欲濬民智，端賴教育；欲揚民氣，尤在宣傳。爰斥資剏設敦復中學，從事於青年幹部之訓練，得士數百人，分組民團。君曰：『此吾之子弟兵也。』舉凡地方上警衛、經濟、交通、實業、救濟諸事業，皆利賴之，儼然自治村模楷。先後奉派指導安溪、晉江黨務。未幾而有陳國輝叛變，時『赤匪』倡獗，連陷西鄙，各地蠢動，陳逆乘竊踞泉永，暴戾恣睢。君遂往來京滬各處，聲罪致討。旋歸，策動駐軍圍剿，陳僇匪平。君為興泉永黨務指導員。民國廿四年改任福建省黨務設計委員兼民訓科主任。旋兼任福建省振濟委員會常務委員，當選國民大會福建省第四區代表。

抗戰軍興，君改任福建省党部執行委員，視察閩南十一縣黨務抗敵工作。值金廈陷，君扶亡救傷，振濟難胞，不遺餘力。廿八年兼第四區黨務督導專員，並被選為省臨參會參議員，推展黨務進行，激發抗敵情緒。他如政治、經濟、教育、建設，靡不有所貢獻，而撤銷公沽，增修鹽坎，安溪還治，扶植縣學，尤為抗建中要政。嗚乎！非心厚於仁而利溥於物者乎？

前歲閩海陷敵，局勢險惡。君力疾率屬進駐泉州，召開四區防務會議，謀捍禦撫循策。士氣大振，民為之歌曰：『李公未來，一夕數驚；公既來止，勝十萬兵。』乃以積勞致疾，迨閩海重光，乞假養疴。中央溫慰，賞賚有加。去夏被選連任省臨參會參議員，而病已劇，六月廿八日卒，年五十有五。

子三：長彰明，現任福建省黨部幹事；次大展，現任社會科長；三大夏，肄業敦復小學。女二：大中，肄業集美中學；大和，肄業敦復小學。孫男式穀、孫女麗莎，俱幼。

君少負氣節，以廉悍稱。其於才識，海含地負，浩蕩縱横。其為詩文，劌目怵心，金石堅鏘。其盡瘁黨國也，值危疑震撼之際，處讙呶叫號之境，而君莫不履險如夷，行所無事。夫非有得於《易》所謂『履虎尾，不咥人，亨』者歟？邦人士以君功在黨國，經蒙國民政府明令褒揚，方議公葬，而徵銘於余，以飾其幽。銘曰：

爔爔李君，斗南鉅子。踏實踔華，浸經積史。用秉斧鉞，群醜是磔。用作喉舌，正義是揭。棫樸青青，英才樂育。視聽以寄，發揚民族。今君長逝，褒揚有典。鬱鬱佳城，厥後丕顯。

妻林志得、男彰明、大展、大夏、女大中、大和、孫男式穀、孫女麗莎仝勒石

中華民國三十三年六月　日

按 現存安溪縣博物館。共兩方，白瓷質，高38.7厘米，寬25.7厘米，厚1厘米。

竹山村鄭氏文書

一、崇禎十年二月紀時哲等產山合同（一六三七）

仝立合同人紀時哲、時際、時立、鄭君茂、君輝等，父在日天啓貳年兩家合銀明買得蔡而忠、而聚等產山壹所，坐在田蒲林內，土名登載原契明白，配民米叁升。經今收產二次，其山未及分管。今因眾心不齊，難以種植，公議將此山肥瘦分而為貳，立鬮均分。首截自石厝前幞頭石下橫路直入至馬鞍隔外崙脊分水為界，上至塗頂城牆為界，外至石厝為界。以及下截田蒲林內圳溝下直入至新立山溝為界，下至坑，外至田蒲林內崙脊分水為界。貳截幞頭石路下直入以至馬鞍隔外崙脊分水為界，外至崩山崙脊分水為界，下至圳溝直入至角新立山溝□下至坑為界。內亦至坑內抽出石厝一片，外至崙脊分水為界，下至橫路。又抽出塗頂城牆一圈，以為貳姓建景之所。此係兩家公議均分，無□相虧，各收合同為照。其蔡家原契鄭家收執。其苗米收入鄭家□□應津貼米銀再照。

計開

紀姓得首截，自石厝門前幞頭石下橫路直入至馬鞍隔外崙脊為界，並及下截田蒲林內圳溝下直入至新立山溝為界，下至坑外至田蒲林內崙脊分水為界照。

鄭姓得貳截，自幞頭石路下直入至馬鞍隔外崙脊分水為界，外至崩山崙脊分水為界，下至圳溝直入至角新立山溝□下至坑為界照。

公抽出石厝壹片，外至崙脊分水為界，下至橫路。又抽出塗頂城牆壹圈，以為貳姓建景之所照。

知見人魏明軒（押）、林萃宇（押）

崇禎拾年貳月　日仝立合同人書人紀時哲（押）、紀時際（押）、紀時立（押）、鄭君茂（押）、鄭君輝（押）

此項□契面銀捌兩。鄭乙分，父次宇與伯聲宇公貳人共出銀肆兩。紀乙分，□峰、時哲、時際叁人共出銀肆兩。合銀捌兩。後被蔡家經縣□爺許爺臺下告□□次並無出文斷貼。繼又托親儕䜣處，兩家私貼他有多少，一時思憶不出，不敢妄書。

二、乾隆七年一月鄭隆于等租佃祀田合約（一七四二）

仝立合約兄隆于、隆近、姪東興、弟隆雅等，因玉彩公有租佃祀田壹段，土名福清墓後，受子貳斗。茲以隆雅擇在此田內起厝，撥出自己租佃田壹段（土名宫前，大小□坵，受子貳斗）對換。又連分有田壹坵，受子壹斗，載租貳栳，其佃係文興姪管掌。今隆雅撥出土名宫前莿樹租佃田對換，其租係當隨莿樹田輸納取討，既換之後祀田听隆雅起盖，隆雅之田听眾兄弟姪耕種收粟。此田對換均匀，其米亦自均匀，照旧納粮，不用轉撥。此係公議妥當明白，仝立合約貳紙，各收執為炤。

祀田土名墓後，又有田壹坵在李晏娘新厝後。因他求此田去湊錦風水，他撥出田乙坵，係在隆雅新厝右畔小厝地，雅因再撥出田貫在宫前上分横路下第貳坵西畔尖角乙少半坵，立石新築岸為記對換再照。

乾隆七年正月　日仝立合約兄隆于（押）、隆近（押）、弟隆雅（押）、姪東興（押）

代書人林公宰（押）

三一、乾隆三十六年十月鄭永偶等厠池及厝盖賣契（一七七一）

仝立賣契人姪永偶、永緝等，有鬮分厠池一口及門扇厝盖在内，貫本鄉土名□□□欠銀費用，托中送就与亶伯公，賣出員銀壹兩伍錢正。銀即日收訖。厠池及厝盖聽銀主□□□保此厠池及（厝盖）係鬮分物業，与叔姪無干，亦無不明為碍。如有不明，賣主抵当，不干銀主之事（缺）。

乾隆叁拾陸年拾月　日仝立賣契人姪永偶、永緝

中見人弟□□

三-二、乾隆三十六年十一月鄭永偶等厠池及厝盖貼盡絕契（一七七一）

仝立貼盡絕契人姪永偶、永緝等，有鬮分厠池一口及門扇厝盖在內，貫本鄉土名□□□前因公事欠艮費用，已賣与亶伯公上。今又公事再就与原主上，貼出員銀伍錢正。厠池及厝盖依舊聽銀主管掌，永為己業。日後不敢言貼，亦不敢言贖生端等情。今欲有憑，仝立貼盡絕契為炤。

乾隆叁拾陸年拾壹月　日仝立貼盡絕契人姪永偶、永緝

中見人弟永□

四-一、乾隆三十九年八月鄭志雍等祖厝貼盡契（一七七四）

仝立貼盡契人兄志雍、志方、姪永偶、永位、永源等，有承祖公厝一間，貫在本鄉土名下厝東畔大房後塘，上及瓦桷，下及地基，四至明白。前已賣与家輿上。今思價值未敷，托中再就与原主上，貼盡出艮壹兩正。艮收明，價已敷足。其厝听艮主管掌居住，永為己業。日後不敢言貼，亦不敢言贖等情。此係二比甘願，各無反悔。恐口無憑，仝立貼盡契為炤。

乾隆叁拾玖年八月　日仝立貼盡契人兄志雍（押）、志方（押）、姪永偶（押）、永位（押）、永源（押）

中見人姪望其（押）

四-二、道光二十七年十一月鄭廷七祖厝賣契（一八四七）

立賣契人伯廷七，有承祖父鬮分厝壹座，貫在本鄉土名自下厝東畔大房後肆間，上及瓦桷，下連地基，楼枋門枋戶扇齊全，前後左友［右］四至明白。今因欠錢費用，送就与姪井孫上，賣出銅錢二仟文。錢即日收明。其厝搬空，听錢主搬入居住〔管掌〕為業，不敢阻當。保此厝係是承祖父物業，與房親叔兄弟姪無干，亦無不明。賣主抵当，不干錢主之事。其米艮在公戶。其厝限伍年〔外〕冬至前契面錢壹齊取贖，不得刁难。今欲有憑，立賣契為炤。

道光二十七年十一月　日立賣契人伯廷七（押）

代書人伯廷□（押）

知見人士□（押）

親不用中

五-一、乾隆五十一年十一月鄭永訓祖厝典契（一七八六）

立典契人姪永訓，有承父下祖厝西畔過水厝乙間，上及瓦桷，下及地基。今因欠錢應用，送就与叔齊叔上，典出銅錢叁仟文。錢即收明。厝听叔居住，不敢阻当。保此厝係自己物業，与他人無干，亦無重典不明為碍。如有不明，典主抵当，不干錢主之事。今欲有憑，立典契為炤。

乾隆五十一年十一月　日立典契人姪永訓（押）

知見男廷諒（押）

五-二、道光鄭廷召等祖厝賣契

立貼契人孫廷召、士租、士看、仕雄、仕晏，有承祖鬮分下厝西畔過水厝□間，上及瓦桷，下及地基。□□價值未敷，托中再就与原主□□上，貼出銅錢叁仟文。錢即日收明。其厝依旧听錢主管掌為業，不敢阻当。保此厝係是承祖物業，与房親叔兄弟姪無干，亦無重典他人不明為碍。如有不明，貼主抵当，不干錢主之事。其厝限至五年外取贖，不得刀［刁］難。恐口無憑，立貼契為炤。

道光□年十二月　　日立貼契人孫廷召（押）、士租（押）、士看（押）、仕雄（押）、仕晏（押）

知見人（缺）

代書人（缺）

五-三、道光八年十一月林應匠租佃田賣契（一八二八）

立賣契人菴頭內姪林應匠，有承父租佃田乙段，貫在本里土名彌力墓邊垵內，受子乙升，大乙坵，年載租佃壹栳半。今因欠銀家用，托中送就与侯山姑丈鄭泱官上，賣出佛番銀陸大員。銀即日收明。田听艮主起耕召佃收租管掌為業，不敢阻当。保此田係是承父物業，与他人無干，亦無不明為碍。如有不明，賣主抵当，不干艮主之事。配民米伍□。其米艮歷年依例津貼。其田限至三年外冬至前取贖，不得刁難。今欲有憑，立賣契人為炤。

道光捌年拾壹月　　日立賣契人內姪林應匠（押）

代書人弟應類（押）

知見中族叔林國乞（押）

六-一、嘉慶元年三月鄭廷旭厝間借字（一七九六）

立借字人姪廷旭，有承父厝一間，貫在本鄉土名新厝東畔大房一間，上及瓦桷，下及地基。今因欠錢費用，托中送就与叔決叔上為胎，借出銅錢七千二百五十文。其利言約每月加利伍文。限至冬下備母利錢一齊送還，不敢少欠。如有少欠，將厝听錢主搬入居住，不敢阻当。保此厝係是承父物業，與他人無干，亦無不明為碍。如有不明，借主抵当，不干錢主之事。今欲有憑，立借字為炤。

嘉慶元年三月廿四日立借字人姪廷旭

代書人廷旭（押）

知見人□白（押）

六-二、咸豐八年一月鄭士侍厝間貼盡契（一八五八）

立貼盡契人堂弟士侍，有承祖胞〔七〕叔厝乙座，貫在本鄉土名下厝東畔大房後塘一間。上及瓦桷，下連地基，門枋戶扇全齊，及樓枋齊全。前後左右四至明白。今思〔價〕值未敷，托親再就与原主堂兄井管上，賣貼盡出銅錢肆仟文。錢即日收明。其厝依舊听錢主居住管掌為業，不敢阻当。保此厝係是承祖胞叔鬮分物業，与別人叔兄弟姪無干，亦無重典他人不明為礙。如有不明，貼盡主抵当，不干錢主之事。其米在公戶。日後不敢言貼，亦不敢言贖生端等情。此係二比甘願，各無反悔。立貼盡契為炤。

內註『七』、『價』二字再炤。

並繳上手契二紙再炤。

咸豐捌年正月　日立貼盡契人弟士侍（押）
知見人兄士乞（押）
代書人叔廷冬（押）

七一、嘉慶八年三月鄭廷郁祖厝借字（一八〇三）

立借字人鄭廷郁，有承祖厝屋壹座，貫來蘇里侯山鄉土名新厝，內抽出左畔大房一間。今因欠錢費用，托中將此大房付就托中与玉山衙李府概官上為胎，借出錢叁千文。錢即收訖。面約每月行利四分，其母錢限至來年三月季備齊清還。倘無力可還，將厝搬空，听錢主管掌為業，不得阻当。其厝係承祖物業，与房親叔兄弟姪無干，亦無重典他人不明為碍。如有不明，賣主抵当，不干錢主之事。其厝契面清還□契領回，不得刁難。恐口無憑，立借字為炤。

嘉慶捌年三月立借字人鄭廷郁（押）
代書中陳記濟（押）

七二、道光二十四年七月李榮世厝間繳賣契（一八四四）

立繳賣契人李府榮舍，有承父買得鄭廷郁厝壹座，貫來蘇里侯山鄉土名新厝，內抽出左畔大房壹間，上及瓦桷，下及地基，門枋戶扇齊全。今父分算之日，拈鬮為定，是榮鬮分。因欠錢費用，托中送就与林類觀，賣出銅錢叁千文。錢即日收訖。其厝搬空，听錢主鎖鑰居住收管為業，不敢阻当。係是承父鬮分物業，与房親叔兄弟姪無干，亦無重（典）他人不明為碍。如有不明，賣主抵当，不干錢主之事。其厝不限年月听原主對貼對贖，不得刁難。今欲有憑，立繳賣契為炤。

並繳上手契乙紙再炤。

道光廿四年柒月　日立繳賣契並書人李府榮世（押）
知見中人鄭廷贖（押）

八-一、嘉慶十一年四月鄭廷汀厝間賣契（一八〇六）

立賣契人姪廷汀，有承父鬮〔分〕厝，土名新厝〔東畔〕護厝頭第四間一間，上及瓦桷，下及地基。今因欠錢要用，托中送執与叔決叔上，賣出銅錢貳仟肆佰文。其厝不限年取贖，不得刁難。其厝听叔收拾居住，管掌為業，不敢阻当。立賣契為炤。

內註三字再炤。

嘉慶拾壹年四月日立賣契人姪廷汀（押）
代書人士眾（押）
知見人廷埸（押）

八-二、嘉慶十七年九月鄭廷汀厝間貼契（一八一二）

立貼字人姪廷汀，有承父鬮分厝一間，貫在本里侯山鄉土名新厝東畔護厝頭第四間一間，配民米一合。前已賣與叔決叔上。今思價姪〔值〕未足，再就愿主貼出銅錢陸佰文正。錢即日收明。其厝依旧听与愿主居住管掌為業，不敢阻当。其厝限四年外取贖，不得刁難。今欲有憑，立貼契為炤。

嘉慶十七年九月日立貼契人姪廷汀（押）
中見人弟姪廷埸（押）
代書人孫士眾（押）

九一、嘉慶十一年十一月鄭廷旭等租佃田賣契（一八〇六）

仝立賣契人姪廷旭、廷調、廷汀、廷丕、廷［士］眾，有承祖租佃田乙段，貫在本里本鄉土名七斗尾，大小二坵，受子乙斗，年載正租二梚半，配民米二升伍合，並佃在內。今因欠錢公用，托中送就与叔決叔上，賣起佛頭銀叁拾捌員正。銀即日收訖。將此租佃田听銀主起耕召佃收租管掌為業，不敢阻当生端等情。保此田係是承祖物業，与房親叔兄弟姪無干，亦無重典他人為碍。如有不明，賣主抵当，不干銀主之事。田限至伍年外冬至前取贖，不得刁難。米銀每年依例津貼。恐口無憑，仝立賣契為炤。

嘉慶十一年十一月　日立賣契人姪廷旭、廷調（押）、廷汀（押）、廷丕（押）、士眾（押）

代書人姪廷旭（押）

九二、嘉慶十七年十二月鄭廷旭等租佃田貼契（一八一二）

仝立貼契人姪廷旭、廷調、廷汀、仕眾、廷猜，有承祖租佃田乙段，貫在本里侯山鄉土名七斗尾，受子一斗，大二坵。今因欠錢應用，再就与原主决叔上，貼出銅錢三仟肆佰文。錢即收明。其田听錢主依舊管掌為業，不敢阻当。保此田係是孫五分物業，与別房他人無干，亦無不明為碍。如有不明，賣主抵当，不干錢主之事。其田限至三年外冬至前取贖，不得刁難。今欲有憑，仝立貼契為炤。

嘉慶拾柒年拾貳月　日仝立貼契人孫廷旭（押）、廷調（押）、廷汀（押）、仕眾（押）、廷猜（押）

十一、嘉慶十四年十一月紀允戴等租佃田賣契（一八〇九）

立賣契人紀允戴、允熾、允臧、姪中英、中釗，有承父租佃田乙段，貫在本鄉土名厝邊橫路下，受子三升，年載正租乙栳三斗，配民米乙升三勺。今因欠錢應用，托中送就與鄭泱官上，賣出銅錢拾貳千文。錢即收明。其田聽錢主起耕召佃管掌為業，不敢阻当。保此田係是承父阄分物業，与叔兄弟姪無干，亦無不明為碍。如有不明，賣主抵當，不干錢主之事。其田限至三年外冬至前取贖，不得刁難。米艮歷年依例津貼。今欲有憑，立賣契為炤。

嘉慶十四年十一月　日立賣契人紀允戴（押）、允熾（押）、臧（押）、姪中英（押）、中釗（押）

中見人中夆（押）

代書人允戴（押）

親不用中

十二、同治十一年十一月紀志營公田约字（一八七二）

立約字人東墘鄉紀志營，有公田一段，本里侯山鄉土名下厝西伴［畔］橫路下，田大壹坵，前年父叔□在日，与賣侯山鄭泱官。今日孫鄭井官賣与聖王公盟。營自時因欠糧銀被戶□革扒。營自今思托中保人与井官合盟內鄭王官、連官、檜官、遠官，雖官議論，借出錢壹仟文付完糧錢項。營自收入錢，日後不敢言推扒。若有後日要推扒，其所約借之錢營自當出，錢項听原主召回收起。日後不敢異言。此係二比甘願，各無反悔。恐口無憑，立約字為炤。

同治拾壹年拾壹月　日立約字人紀志營（押）
知見男賞（押）
中保人劉本火（押）
代書人傅詒文（押）

十一、嘉慶十四年十二月鄭永寧廁池厝賣盡契（一八〇九）

立賣尽契人房兄永寧，有承父鬮分廁池厝一間，上及瓦桷，下及地基，貫在下厝西畔第五間。今因欠銀應用，送就与弟适弟邊，賣出員銀伍大元，另錢五百文。銀及錢即日收訖。其廁池厝一小間听弟管掌，永為己業。價已敷足，日後不敢言貼，亦不敢言贖生端等情。保此厝係自己承父物業，與兄弟〔叔姪〕無干，亦無不明為碍。如有不明，賣主抵当，不干銀主之事。今欲有憑，立賣尽契為炤。

嘉慶拾肆年十二月　日立賣尽契人房兄永寧（押）
代書見廷不（押）

十二、嘉慶十五年八月鄭永兹等厝賣契（一八一〇）

仝立賣契人永兹、永吟、廷燕，有承父鬮分厝壹間，貫在本鄉土名下厝西畔小厝尾壹間。今因欠艮要用，送就与弟決叔上，賣出艮拾大員。艮即收訖。其厝听艮主搬入居住管掌為業，不敢阻当。保此厝係是承父物業，与別房叔兄弟姪無干，亦無不明為碍。如有不明，賣主抵当，不干艮主之事。其厝限至七年外取贖，不得刁難。今欲有憑，仝立賣契為炤。

艮每員七百乙十五再炤。

嘉慶十五年八月　日仝立賣契人兄永茲（押）、永吟（押）、廷燕（押）
代書人孫廷不（押）
中見人刘草叔（押）

十二、嘉慶十八年七月鄭永茲等祖厝貼盡絕契（一八一三）

立貼盡〔絕〕契人兄永茲、永吟、姪孫士榮等，有承祖得厝一間，坐在本鄉土名下厝西畔護厝第七間，前年已典在決弟上，價銀登載原契。今因欠銀費用，再就与決弟上，斷出價銀拾壹員。銀即收訖。其厝間上及瓦，下地基，永遠付弟前去居住管掌為業，不敢阻當。保此厝係是承祖物業，並無不明等情，亦無先典他人為碍。如有，兄自抵當，不干弟事。日後不敢言添，亦不敢言贖。恐口無憑，立貼盡絕契為炤。

嘉慶十八年七月　日立貼盡絕契人兄永茲（押）、永吟（押）、姪孫士榮（押）
中見人李府渡舍（押）

十三、嘉慶十六年八月黄氏厝間賣契（一八一一）

立賣契人兄嫂黄氏，有承夫自己置厝一間，坐貫本里侯山鄉土名下厝東畔護厝第五間一間，上及瓦桷，下及地基，四至明白。今因欠銀要用，托中送就与夫叔決叔上，賣出佛銀壹拾大員。艮每價錢捌佰文正。艮即日收明。其厝听銀主搬入居住，管掌為業，不敢阻当。保此厝係是承夫自己置物業，与叔兄弟姪無干，亦無重典他人為碍。如有不明，賣主抵当，不干艮主之事。其厝限至四年外取贖，不得刁難。今欲有憑，立賣契為炤。

嘉慶拾陸年捌月日立賣契人兄嫂黃氏（押）
代書人叔永魯（押）
知見人男廷順（押）、廷旺（押）、廷刘（押）

十三-二、嘉慶十七年四月黃氏厝間貼盡契（一八一二）

立貼尽契人兄嫂黃氏，有承夫自己置厝一間，坐貫本里侯山鄉土名下厝東畔護厝第五間一間，前先賣与夫叔決叔上。今思價直未敷，再就与愿主上貼盡出佛銀柒大員正。艮即日收明。其厝依旧居住管掌為業，不敢阻当。与叔兄弟姪無干。日後不敢言貼，亦不敢言贖生端等情。此係兩愿，各無反悔。今欲有憑，立貼盡契為炤。

嘉慶拾柒年四月日立貼尽契人兄嫂黃氏（押）
知見人男廷順（押）、廷旺（押）、廷刘（押）
代書人叔永魯（押）

十四-一、嘉慶十七年李志澤民田賣契（一八一二）

立賣契人李志澤，有承父鬮分民田壹段，貫在來蘇里候［侯］山鄉，土名彌力墘，抽出正租六栳，受仔壹斗四升，坵數不等，年載正租六栳，配民米六升。今因欠銀別置，奉母命將租托中送就与鄭決官上，賣出佛面銀貳拾壹大員（印）。銀即收訖。其租佃田听銀主起耕召佃收租管掌為業，不敢阻当。保此田係是承父鬮分物業，与房親叔兄弟姪無干，亦無重典不明為碍。如有不明，賣主抵当，不干艮主之事。其租佃田限至叁年外冬至前取贖，不得刁難。其米歷年依例津貼。今欲有憑，立賣契為炤。

嘉慶拾柒年　　日立賣契人李志澤（押）

母黄氏（押）

中見人李湖使（押）

十四-二、嘉慶十八年九月李志澤民田貼盡絶並推批（一八一三）

立貼尽絶並推批人李志泽，有承父阄分民田壹段，貫在來蘇里候［侯］山鄉，土名彌力墘，受子貳斗，年載正租六栳。其租声、米声、銀声登載原契明白。今思價值未敷，將正租六栳奉母命托中再送就歸与原佃人鄭決管，貼尽絶並推批價銀拾貳大員。銀即收訖，價已敷足。其正租依旧听艮主管掌永為己業。日後永無貼贖之理。其米載感化里又一甲李源和戶內，推出民米六升，過來蘇里又十甲收入鄭裕戶內，收入當差納粮，亦不得有收無推，不得有推無收。此係甘原［願］，各無反悔。今欲有憑，立貼尽絶並批為炤。

其上手古契与別分連契不得轉繳混折，日後取出無用再炤。

嘉慶拾捌年玖月　　日立貼尽絶推批人李志泽（押）

母黄氏（押）

中見人李湖使（押）

十四-三、嘉慶二十年十月感化里一甲李源和推米冊（一八一五）

感化里（印）又一甲李源和推米冊

一戶李源和
一推民米陸升（印），過來里又十甲鄭裕
嘉慶貳拾年拾月日戶造（印）

十四-四、嘉慶二十年十月來蘇里十甲鄭裕新收額征米冊（一八一五）

來蘇里又十甲鄭裕新收額征米冊（印）
一戶鄭裕
舊管：官米叁升正（印），民米肆升肆合玖勺伍抄（印）。
新收：一收感化里又一甲李源和民米陸升。
開除：無。
實在：官米叁升正（印），民米壹斗零肆合玖勺伍抄（印）。征銀貳錢零叁厘（印）。
嘉慶貳拾年拾月日戶造冊

十四-五、嘉慶二十年十一月李志澤民田貼盡契並推批（一八一五）

立貼盡契並推批人李志澤，有承父鬮分民田壹段，貫在來蘇里候［侯］山鄉，土名彌力墘，受子壹斗四升，年載正租六栳上。其租声、米声、銀声、坵声登載正契、貼契明白。今思價值未敷，奉母命托中再就与原主上，貼盡出佛面銀陸大員（印）。銀即收訖。其田依舊听銀主管掌永為己業。價已敷足，日後不敢言貼，亦不敢言贖等情。此二比甘願，各無反悔。日後亦無異言生端。其米在感化里又一甲李源和戶內推出民米六升，過來蘇里收入又十甲鄭裕戶內當差納粮，不得有收無推，亦不得有推無收等情。恐口無憑，立貼盡契並推批為炤。

嘉慶貳拾年十一月　日立貼盡契人李志澤（押）

母黄氏（押）

中見人李湖使（押）

其上手契与別相連契不得分繳，日後取出無用再炤。

十五-一、嘉慶二十五年二月李序茅等租佃田賣契（一八二〇）

仝立賣契人李序茅、序堅、朝瑞，有承父鬮分租佃田壹段，貫在來蘇里土名候［侯］山鄉井兜墓邊西畔，受子壹斗半，坵少不等，年載租佃拾栳，配民米四升五合。又壹段，土名新墓腳，受子二斗，年載租佃十二栳，配民米五升五合。今因欠銀費用，托中送就与鄭泱官上，賣出佛銀捌拾大員。銀即日收明。其租佃田貳段听銀主起耕召佃收租管掌為業，不敢阻當。保此田係是交輪公業，与別房無干，亦無重典他人不明為碍。如有不明，不干銀主之事，賣主抵當。其米𡰱歷年依例津貼。田限至三年外冬至前取贖，不得刁難。今欲有憑，仝立賣契人為炤。

嘉慶貳拾伍年二月　日仝立賣契人李序茅（押）、序堅（押）、朝瑞（押）

知見中人弟源秘（押）

內抽出井兜墓邊佃鄭家自種再炤。

十五-二、道光三年七月李浹符租佃田貼契（一八二三）

立貼契人李浹符，有承祖阄分租佃田二段，貫在本鄉土名蜈蚣蚜井兜墓邊，其種声、米声、坵声正契登載明白。今因欠銀家用，托中送就与原主鄭活官上，貼出艮拾大員。艮即日收明。田依舊听原主起耕召佃收租管掌為業，不敢阻當。田再限三年外十一月取贖，不得刁難。今欲有憑，立貼契為炤。

『當』壹字再照。

道光叁年七月日立貼契人李浹符（押）
知見中人李序付（押）

十五-三、道光五年十一月李浹符租佃田再貼契（一八二五）

立再貼契人李浹符，有承父租佃田二段，貫在本鄉土名蜈蚣蚜及井兜墓邊，受子二斗，坵數不等。前已賣与鄭活官上。其種声、坵声、艮声、租声登載正契明白。今思價值未敷，再就与原主再貼出銀伍大員。銀即日收明，價已敷足，日後不敢言貼。田再限三年外取贖，不得刁難。田依旧听艮主管掌為業，不敢阻当。今欲有憑，立貼契為炤。

道光伍年十一月日立貼契人李浹符（押）
知見中叔原秘（押）

十五-四、道光六年三月李浹符租佃田貼盡絕契（一八二六）

立貼尽絕契人李浹符，有承祖阄分租佃田二段，貫在本鄉土名井兜墓邊西畔。又一段，土名新墓腳。今思價數未敷，再就与原主鄭活官上，貼出尽絕銀貳拾大員。艮即收明。其米声、坵声、栳声、租声、艮声各登載正契明白。其田永遠為業。日後不敢言貼，亦不敢言贖。保此田係是自己阄分物業，與叔兄弟姪無干，亦無重典他人不明。今欲有憑，立貼尽絕契為炤。

道光陸年三月日立貼尽絕契人李浹符（押）

中見人董出侯（押）

十六-一、嘉慶二十五年四月林于敬等栢木什葉山苼賣盡斷契（一八二〇）

立賣尽断契人林于敬偕子林道專等，有認得夔府衙五相公上董後山一所，栽插栢木共三十分，敬得一分。今因欠錢費用，托中將此一分栢木什葉山苼尽賣断与鄭決叔邊，銅錢貳仟貳佰文。錢即收訖。其一分栢木及什葉山苼長大之時听其管掌砍伐，不敢阻当生端等情，並無重典賣他人不明為碍。如有不明，賣主抵當，不干錢主之事。今欲有憑，立賣尽断契為炤。

嘉慶廿五年四月　日立賣尽断契人林于敬（押）、男道專（押）

代書萬先生（押）

中見鄭廷長（押）

十六-二、嘉慶二十五年八月林于敬栢木賣盡絕契（一八二〇）

立賣盡絕契人林于敬，前与李眾奇共栽栢木壹所，土名新岩，上下四至界□明白，拾肆分應得壹分。今因欠錢家用，將此壹分栢木送就与鄭決官，賣盡絕契面錢□仟伍百文。錢即收訖。其栢木首尾及山苼听錢主管掌刈判，或存留，或砍伐，俱付管業，永為己得。敬不敢異言生端等情。今欲有憑，立賣盡絕契為炤。

嘉慶貳拾伍年捌月　日立賣盡絕契人林于敬
代書人林重志（押）

十六-三、道光九年十一月洪門王氏租田賣契（一八二九）

立賣契洪門王氏，有己置租田乙坵，坐貫來蘇里侯山鄉土名〔下〔井兜厝後，田大乙坵，載正租貳栳，抽出壹栳，配米壹合。今因欠艮費用，托中送就與候山公眾子〔孫〕鄭永決、永等、永演，〔賣〕出佛艮叁員半。艮價每員的錢玖佰文。艮〔即〕日仝中收明。其正租乙栳听艮主前去管掌為業，不敢阻当。保此租係是自己置物業，與房親叔兄弟姪無干，亦無不明等情。如有不明，賣主抵当，不干艮主之事。其租限至三年外〔冬至前偹契艮一齊〕听其取贖，不得刁難。恐口無憑，立賣契為炤。

道光九年十一月　立賣契洪門王氏
代書中洪
知見男洪

十六-四、道光九年洪門王氏租田賣契（一八二九）

立賣契洪門王氏，有己置租田乙坵，坐貫來蘇里侯山鄉土名下井兜厝後，田大乙坵，載正租貳栳，抽出壹栳，配米壹升。今因欠銀費用，托中送就与原主候山公眾子孫鄭志等、永決、永演，賣出佛艮叁員半。艮價每員的價錢玖佰文。艮即日仝中收明。其正租壹栳听艮主管掌為業，不敢阻当。保此租係是自己物業，与房親叔兄弟姪無干，亦無不明等情。如有不明，賣主抵当，不干艮主之事。其租限至叁年外冬至前偹契面艮乙齊听其取贖，不得刁難。恐口無憑，立賣契為炤。

道光九年　　日立賣契洪門王氏（押）
代書中洪美式（押）
知見男洪章勇（押）

十六-五、道光十二年一月鄭廷泡產山貼盡山契（一八三二）

立貼尽山契人廷泡，有承祖父阄分產山二所，貫在本鄉土名產山，内應得三分得一，上至山頭，下至山腳，東西南北上下四至明白。托中送就与本房頭長、三房上，貼尽銅錢貳仟文正。錢即收明。其山場杉木栽插守顧管掌為業，不敢阻（當），其米艮公戶内納。今欲有憑，立貼尽契為炤。

道光拾貳年正月　日立貼尽山契人廷泡（押）
中見人志等（押）
代書人董儀□（押）

十六-六、民國六年五月鄭尔蚶等祖父田借為胎字（一九一七）

仝立借為胎字人來蘇里侯山鄉鄭尔蚶、舉牆、春溪、春水，有承祖父田貳段，貫在侯山鄉土名下厝後，大小伍坵，年載租佃捌栳。又乙段，土名下厝門口水路，大壹坵，受子半斗，年載租佃肆栳。今因欠銀公用，送就与湖市店尾李府翰林房住舍上為胎，借出母銀伍佰角。銀即日收明。銀出門每年每月行利叁分。限至冬至前偹母利銀一齊清還，不敢〈敢〉短欠。若無清還，將田古［估］價銀尾相補，〔不敢〕異言生端等情。恐口無憑，仝立为胎字为炤。

内註『不敢』二字再炤。
民國陸年伍月初三日仝立借为胎字人侯山鄭尔蚶（押）、舉牆（押）、春溪（押）、春水並書（押）
中保人鄭鍾朓（押）
〔侯山子孫内民國甲子年贖回此田。〕

十七-一、道光元年十二月鄭永獅等交輪田賣契（一八二一）

仝立賣契人叔永獅、弟廷炮，有承祖玉彩公交輪田一段，土名灵仙宫前，受子二斗半，大小四坵。另土名長坵，佃田一坵。又土名内厝坋，佃田二坵，受子二斗。又土名後深溝尾，佃田一斗，大小二坵，另又正租七栳半。又有承祖次宇公交輪租佃田一段，土名下厝門口及後面，合共受子二斗半。又有承祖彬山公交輪租佃田一段，土名東寮，受子一斗，坵數不等。又一段，土名店子路，田三坵。又土名埔坪園，一坵，另又有炉内正租三栳半。又有承祖土地公交輪田一段，土名林家祖厝邊，受子一斗，另又早叔正租一栳。其此田段四坋得一坋。今因欠錢祭祀，托中送就与以棨公衆子孫等上，借出銅錢一千文。甘願言約每千每百加利四分，明約着年吉利毋算，至交輪到鬮次之時，賣出銅錢柒千陸百柒拾文。錢即收明。其交輪田听錢主管掌為業，不敢阻当。獅、炮交輪係自己應得鬮次，与别房無干，並無不明。如有不明，賣主抵当，不干錢主之事。其田有能之日贖回契之時，將錢行利清明白，不敢異言。恐口無憑，立賣契為炤。

道光元年十二月初十日立賣契人永獅（押）、廷炮（押）
知見人頂叔（押）永珍（押）
代書人紀子礼（押）

十七-二、道光十一年十月鄭永珍等交輪租佃田盡契（一八三一）

仝立盡契人叔永珍、姪廷炮等，有交輪租佃田貫在本里本鄉一段租佃田，土名井墘，受子貳斗半，大小叁坵。又一段租佃田，土名總兵墓邊。又一段租佃田，土名靈仙宫，受子貳斗，大小四坵。又一段佃田，土名長坵。又一段佃田，土名內厝坋，受子貳斗，大小四坵。又一段租佃田，土名林家祖厝邊，受子貳升，大乙坵。又租佃田壹段，土名下厝後溝，受子一斗，大小五坵。又一段佃田，土名下厝門口，大小二坵，及炉內租叁栳半。又租佃田一段，土名東寮，受子□斗，坵數不等。又租佃田一段，土名店子路，大小叁坵，及姑平園租佃田大壹坵。前年賣在深中洋祖祠福德宫眾等四分得三分，以榮公眾等四分應得一分。今思價值未敷，托中再就与原主上，尽出銅錢貳仟文。錢即日收訖。其田到珍、炮等輪分鬮次听其起耕召佃、收租管掌，永為己業。其祖上租項已及他姓租項亦听錢主收管。價已敷足，業已尽絕。日後不敢言貼，亦不敢言贖生端等情。此係二比甘願，各無反悔，恐口無憑，仝立盡契為炤。

道光拾壹年拾月　日仝立盡契叔永珍（押）、姪廷炮（押）

代書中許世榮（押）

十七-三、道光十五年二月鄭士昶等交輪田及租佃田卖契（一八三五）

仝立賣契人姪士昶、士仲、士利、士家，有承祖父交輪租佃田一段，土名店仔路，田大小叁坵。

又一段，土名東寮，田坵數不等。又一段，土名高平園，田大乙坵。又一段，土名爐內，正租三梿半。又次宇公交輪租佃田乙段，土名下祖厝門口及後面，租佃田十八梿，又載李府正租四十三斤。又玉彩公交輪租佃田一段，灵仙宮前，田大小四坵。又一段，土名長坵横路下，田一坵，年載東山李宅租一梿。又一段，土名大溝尾，田大小二坵。又一段，土名內厝分，田大小二坵，收入正租共七梿半，又載李府正租乙百八十八斤。又土地公租佃田一段，土名林家祖厝邊，田大乙坵，其祭祀以及錢糧戴田直当。今因欠錢，失辦祭祀完粮，送就与拔侯公、以榮公上，賣出銅錢陸仟叁佰文。錢即收明。其交輪田以及租佃田賣与拔侯公三分得二，以榮公三分得一。其母錢每年每月行利四分。倘母利錢一齊送還。如是無錢可入，將交輪田以及租佃田听錢主管掌收租為業，不敢阻当。保此交輪田以及租佃田係是承祖父物業，与房親叔兄弟姪無干。內中孫抽出無分。如有不明，賣主抵当，不干錢主之事。今欲有憑，仝立賣契為炤。

道光拾伍年貳月　日仝立賣契人士昶（押）、士仲（押）、士利（押）、士家（押）

代書人張元琛（押）

另歷年祭祀听士昶兄弟等永遠有食再炤。

士仲五分得一，內抽出玉彩公交輪一分，再炤。

十八-一、道光三年十一月許建操租佃田賣契（一八二三）

立賣契人許建操，有承父鬮分租佃田二段，貫本里侯山鄉。一段土名新墓，受子壹斗，大小拾壹坵。一段土名七斗尾，大壹坵，受子貳升。合共年載租佃拾梿，配民米四升。今因欠艮費用，奉家母命托中送就与鄭泱官上，賣出佛銀四拾大員。銀即收訖。其田听銀主起耕召佃收租管掌為業，不敢阻当。保此田係是承父物業，與別無干，亦無典掛他人不明。如有不明，賣主抵当，不干銀主之事。其田限至叁年外冬至前取贖，不得刁難。米銀歷年依例津貼。今欲有憑，立賣契為炤。

道光叁年拾壹月　日立賣契人許建操（押）
代書叔世萬（押）
中人鄭廷夏、廷流

十八-二、道光十年十一月許門蘇氏租佃田貼契（一八三〇）

立貼契人許門蘇氏，有承夫鬮分租佃田二段，貫在來蘇里侯山鄉，土名新墓邊及七斗尾。其坵声、斗聲、租声、栳声、米声、銀声登載原賣契明白。今思價值未敷，托中再就与原主鄭泱官上，貼出佛銀肆大元。銀即收明。田依旧听銀主收租管掌為業，不敢阻当。田再限至三年外冬至前取贖，不得刁難。今欲有憑，立貼契為炤。

道光十年十一月　日立貼契人許門蘇氏
知見兄許建操（押）
代書中洋世志（押）

十九-一、道光三年十一月鄭仕苟等民租佃田賣契（一八二三）

仝立賣契人姪仕苟、仕命，有承祖父民租佃田叁段，貫在本鄉土名新墓東畔、西畔，大小拾壹坵，受子壹斗，配民米叁升。又乙段，土名新墓西畔，受子叁斗，配民米貳升伍合。又一段，墓口，受子壹升五合，配民米壹升伍合。合共配民米柒升。今因欠銀費用，托中送就与訣叔上，賣出銀拾柒兩正。（印）銀即日收訖，田听銀主起耕召佃收租管掌為業，不敢阻當。保此田係是承祖父己置物業，与別房親叔兄弟姪無干，亦無重典他人不明為碍。如有不明，賣主抵当，不干銀主之事。其田限至叁年外冬至前取贖，不得刁難。今欲有憑，立賣契為炤。

道光叁年拾壹月　日仝立賣契人姪仕苟（押）、仕命（押）

代書人廷恪（押）

十九-二、光緒十九年三月鄭仕命等民租佃田貼盡斷契（一八九三）

仝立貼尽斷契尾人兄仕命、姪舉巷，有承祖父民租佃田叁段（印），貫在本鄉土名新墓，其租声、坵声、米声、錢声各登載前契明白。先年已賣與福深壻後賣与訣叔上，今思價值未敷，二比相議，再就與貓弟上，貼尽出銀四兩正（印）。銀即日收訖。其田依旧听銀主管掌永為己業，日後不敢言貼，亦不敢言贖等情。其米柒升，在來蘇里又十甲鄭富戸內推出，听其本甲鄭裕收入戸內完納，不得有收無推，亦不得有推無收。此係二比甘願，永無反悔。恐口無憑，立貼尽斷契為炤。

光緒拾九年三月　日仝立貼尽斷契人　兄仕命（押）、姪舉巷（押）

姪舉瀨並書（押）

知見姪舉活（押）

十九-三、光緒二十年五月鄭裕契尾（一八九四）

福建等處承宣布政使司為遵旨議奏事：乾隆十五年正月二十四日奉准戸部河南司案呈所有本部議覆河南布政使富明條奏『民間買賣田產，將契尾粘連，用印存貯，申送府藩司查驗等因』一摺，于本年十二月十二日奏，本日奉旨：『依議。欽此。』相應抄錄原奏，并頒發格式，行文福建巡撫欽遵辦理可也。』計粘單一紙，格式一張，内開：『該臣等查得，該布政使富明奏稱部議多頒契尾以後，巧取病民，給業戶契尾，例不與照根，同申上司查驗不肖有司與給民契尾，則按數登填，而于存官照根，或將價銀删改，請嗣後州縣于業戶納税時將契尾粘連，用印存貯。每遇十號申送知府、直隸州查對，如姓名、銀數相符，即將應給業戶之契尾并州縣備案之照根，于騎縫處截發，分別給存。其應申藩司照根，于季報時府、州彙送至知府、直隸州，經收税契照州縣申送府州之例徑送藩司』等語。查雜税與正賦，均由州縣造報該管府州核轉完納，正賦填寫聯三串票，從未議將花戶收執。串票與申繳上司底串并送府州查驗，誠以花戶照票一繳府州，則給頒無時，弊端易起。今税契雜項契尾與照根并送查發，是雜項更嚴于正賦，殊與政體未協。況契尾一項，經一衙門即多一衙門之停擱，由一吏胥即多一吏胥之索求。甚至夤緣為奸，藉勒查驗，以致業戶經年累月求一執照，寧家而不可得，勢必多方打點，需索之費數倍于前，將來視投税為畏途，觀望延挨，寧匿白契而不辭，于國課轉無裨益。應將該布政使奏請州縣經收税銀，將契尾粘連存貯，十號申送府州查發，并知府、直隸州照州縣例經送藩司之處，均毋庸議。至于貪吏以大報小，奸民爭執訐訟，實緣法久弊生，不可不量為變通。臣等酌議，請嗣後布政司頒發給民契尾格式編列號，及前半幅照常細書業戶等姓名、買賣田房數目、價銀、税銀若干，後半幅于空白處預鈐司印，以備投税時將契價、税銀數目大字填寫鈐印之處，合業戶看明，當面騎字截開，前幅給業戶收執，後幅同年冊彙送布政司查核。此係一行筆跡平分為二，大小數目委難改換。其從前州縣布政司備查各契尾應行停止，以省繁文，庶契尾無停擱之虞，而契價無參差之弊，于民無累，于税無虧，侵蝕可杜，而爭訟可息矣。如蒙俞允，俟命下之日，臣部頒發格式通行直省督撫一體預遵辦理可也。等因，咨院行司。奉此

計開業戶鄭裕，買鄭富，受子一斗一升五合，配民米柒升，坐落新墓等處，用價銀貳拾壹兩正（印），納税銀陸錢叁分正（印）。

布字柒千壹百肆拾貳號右給安溪縣業戶鄭裕，准此

光緒貳拾年伍月　日（印）

二十一、道光八年十二月鄭永訣等佃田約字（一八二八）

仝立約字人。來蘇里侯山鄉土名下厝門口有佃田壹段，坵數不等，受子共拾肆升，年載李府五房正租拾貳栳，折租秤伍佰伍拾貳斤，計開佃田配李府五房正租照管均分。若有上年均分不明，或有上手數簿契〔立約〕尋出，茲親友叔兄弟姪相勸不用。從今以後將佃田配李府五房正租，各人拈定均分明白，免得子孫日後爭長較短。若無照約者，小則聞眾公誅，大則聞官治罪。眾子孫甘願，各無反悔。恐口無憑，仝立約字一樣四紙，各執一紙永為存炤。

次宇公應得佃田下厝門口第二坵，受子二升，大一坵，年載李府正租四十五〔叁〕斤。

永翰應得佃田土名井兜墓後頭，受子六升，大一坵，年載李府五房正租粟壹佰四十四斤。

志齊應得佃田土名井兜厝後，受子二升，大小二坵，先年賣尽与井兜劉宅，眾載李府五房正租捌拾肆斤，与賣主無干。

永決應得佃田土名井兜厝後第四坵，受子一斗，大一坵，年載李府五房正租粟壹佰肆拾叁斤。

士石應得佃田土名井兜厝後第三坵，大一坵；又井兜墓後第二坵，大小三坵，年載李府五房正租粟壹佰三十八斤。

廷平應得佃田土名井兜墓後第二坵西畔，賣与貞叔、章叔，配李府五房正租肆拾陸斤，士石開來。

士帝、士顯應得佃田土名井兜墓後第二坵中坵，送就賣与廷七，配李府五房正租肆拾陸斤，士石開來，再炤。

內加註『立約』二字，圖『五』字一字，註『三』字一字，共四字再炤。

改『四』字一字再炤。

道光捌年十二月　日仝立約字人鄭長房永決（押）、永翰（押）、廷旭（押）、叁房永路（押）、廷勞（押）、廷紋（押）、廷杏（押）、廷品（押）、士石（押）

中見人廷里（押）

知見人林雍舍（押）

代書菴頭林應類（押）

二十二、道光八年十二月鄭永路等佃田約字（一八二八）

仝立約字人。來蘇里侯山鄉土名下厝門口有佃田壹段，坵數不等，受子共拾肆升，年載李〔府五〕房正租拾貳栳，折租秤伍佰伍拾貳斤，計開佃田配李府五房正租照管均分。若有上年均分不明，或有上手數簿契〔立約〕尋出，茲親友叔兄弟姪相劝不用。從今以後將佃田配李府五房正租，各人拈定均分明白，免得子孫日後爭長較短。免得若無照約者，小則聞眾公誅，大則聞官治罪。眾子孫甘願，各無反悔。恐口無憑，仝立約字一樣四紙，各執一紙永為存炤。

次宇公應得佃田下厝門口第二坵，受子二升，大一坵，年載李府正租四十五〔叁〕斤。

永翰應得佃田土名井兜墓後頭，受子六升，大一坵，年載李府五房正租粟壹佰四十四斤。

志齊應得佃田土名井兜厝後，受子二升，大小二坵，先年賣尽与井兜劉宅，眾載李府五房正租捌拾肆斤，與賣主無干。

永決應得佃田土名井兜厝後第四坵，受子一斗，大一坵，年載李府五房正租粟壹佰肆拾叁斤。

士石應得佃田土名井兜厝後第三坵，大一坵；又井兜墓後第二坵，大小三坵，年載李府五房正租粟壹佰三十八斤。

廷平應得佃田土名井兜墓後第二坵西畔，賣与貞叔、章叔，配李府五房正租肆拾陸斤，士石開來。

内註『府五』二字，圖『免得』二字，共四字再炤。

又加『立約』二字，圖『五』字一字，註『三』字，共四字再炤。改『四』字一字再炤。

士帝、士顯應得佃田土名井兜墓後第二坵中坵，送就賣与廷七，配李府五房正租肆拾陸斤，士石開來，再炤。

道光捌年十二月　日仝立約字人鄭長房永決（押）、永翰（押）、廷旭（押）、叁房永路（押）、廷勞（押）、廷絞（押）、廷杏（押）、廷品（押）、士石（押）

中見人廷里（押）

知見人林雍舍（押）

代書菴頭林應類（押）

二十三、光緒二十一年十一月鄭士整等厝田約字（一八九五）

仝立約字人士整、士貓、尔交、尔奚等，因先代貢叔有遺下厝壹間，在本宅西畔外護第貳間。今叔姪相議捏阄為定，將外護第貳間付尔交兄弟移入居住，永遠為業。尔交將〔佃〕田一段在本鄉土名林家〔普使〕墓頭，田大一坵，銀拾陸大元，各七錢三。春秋兩季納租壹佰叁拾四斤，到季偹齊，將票交納，不敢短欠，以為祭祀之費。言約此田係是尔交祖父實業，日後不敢言及貼贖。此係公議妥当，不得異言生端等情。今欲有憑，仝立約字付執存炤。

光緒貳拾壹年十一月日仝立約字人士整（押）、士貓（押）、尔交（押）、尔奚（押）

知見人劉火官（押）、姪孫春溪（押）

代書人姪孫春舒（押）

二十一-一、道光九年九月林廷武等租佃田賣契（一八二九）

仝立賣契人菴頭林廷武、廷淨，有承父鬮分租佃田乙段，貫在本鄉土名新墓腳深田仔，受子二升，大小四坵，年載租佃貳栳，配民米伍合。今因欠銀別置，托中送就与侯山鄉鄭泱官上，賣出佛番銀陸大員，另錢肆佰文。每員折錢玖佰文。銀即日收明。田听銀主起耕召佃收租管掌為業，不敢阻当。保此田係是承父物業，与房親叔兄弟姪無干，亦無重典他人不明為碍。如有不明，賣主抵当，不干銀主之事。其米銀歷年依例津貼。其田限至三年外冬至前取贖，不得刁難。今欲有憑，立賣契人為炤。

加配民米伍合，內配民米伍合，共一升再炤。

道光玖年玖月　日立賣契人林廷武（押）、廷淨（押）

知見中林廷夢（押）

代書人林應類（押）

二十一-二、咸豐九年十二月林存体等租佃田貼契（一八五九）

立貼契人林存体、存蜂，有承祖父阄分租佃田壹段，貫在本里本鄉土名深田仔。父在日賣与鄭适官，其租声、栳声、坵声、米声、錢声登再［載］正契明白。今思價值未敷，再就与願主鄭适官孫旦官、井官上，貼出銅錢叁佰文。錢即日仝中收明。田依旧听錢主收租管掌為業，不敢阻当。保此田係是承祖父阄分物業，与房親叔兄弟姪無干，亦無重典他人不明為碍。如有不明，貼主抵当，不干錢主之事。其田再限四年外冬至前備契面錢乙齊取贖，不得刁難。米銀歷年依例津貼。今欲有憑，立貼契人為炤。
內改『听』字為炤。
咸豐玖年拾貳月　日立貼契人林存体（押）、存蜂（押）
代書中人李經舍（押）
知見母柯氏（押）

二十一、道光十一年二月李序堅租佃田賣契（一八三一）

立賣契人李序堅，有阄分租佃田乙段，貫來蘇里土名井兜厝後，受子乙斗，坵數不等。年載〔正〕租壹百伍拾陸斤零肆兩，配民米叁升乙合貳勺半，並佃在內。今因欠錢別置，托中送就与鄭泱官上，賣出佛銀貳拾肆大員。銀即日收迄〔訖〕。田听銀主起耕召佃收租管掌為業，不敢阻当。保此田係是自己阄分物業，与他人無干，亦無不明為碍。如有不明，賣主抵当，不干銀主之事。限至叁年外佃〔正〕月取贖。其米銀歷年依例津貼。今欲有憑，立賣契為炤。
銀依湖市換價，每員玖佰伍拾文。
道光拾壹年貳月　日立賣契人李序堅（押）
內註『正』、塗去『佃』貳字再炤。
中見人李流官（押）
代書人李妥符（押）

二十二-二、光緒十九年十一月李俊佑租佃田貼契（一八九三）

立貼契人東埔山李俊佑，有承祖伯叔父阄分租佃田乙段，貫在本里猴山鄉土名井兜厝後。先前年已賣，其坵声、米声、銀声各登載正契明白。今思價值未敷，托中再就与原主鄭井官上，貼出銅錢叁仟文。錢即日收訖，田依舊听原主收租管掌為業，不敢阻当。田限至肆年外〔冬至前〕備正貼契壹齊取贖，不得刁難。今欲有憑，立貼契為炤。

內註三字再炤。

光緒拾玖年拾壹月　日立貼契人李俊佑（押）

中見人李雲芳（押）

二十二-三、光緒二十六年十一月李俊佑租佃田貼契（一九〇〇）

立貼契人東埔山李俊佑，有承祖父阄分租佃田壹段，貫在本里侯山鄉土名井兜厝後。其租声、坵声、栳声、錢声、米声各登載正契明白。今思價值未敷，托中再就与原主鄭海官兄弟上，貼出佛銀叁大元零伍角。各元柒錢叁分。其銀即日收訖。田听銀主收租管掌為業，不敢阻当。田限至肆年外冬至前備正貼契壹齊取贖。米銀依例津貼。今欲有憑，立貼契為炤。

光緒貳拾陸年拾壹月　日立貼契人李俊佑（押）

二十二-四、光緒三十三年十一月李庇象租佃田貼契（一九〇七）

立貼契人東埔山李庇象，有承祖父阄分租佃田壹段，貫在本里土名猴山鄉井兜厝後。其租声、坵声、栳声、錢声、米声各登載正契明白。今思價值未敷，托中再就与原主鄭海官兄弟上，貼出佛銀貳大圓零貳角，各圓柒錢叁分。銀即日收明。其田依舊听原主收租管掌為業，不敢阻当。田再限至叁年外冬至前取贖，不得刁難。今欲有憑，立貼契為炤。

光緒叁拾叁年拾壹月　日立貼契人李庇象並書（押）

二十二-五、民國二年十一月李俊旦等租佃田貼契（一九一三）

仝立貼契人東埔山鄉李俊旦、德新、德哲，有承祖父租佃田乙段，貫在本里猴山鄉土名井兜厝後。先年祖父賣与猴山鄉鄭府蚶官祖父处上，其坵声、租声、栳声、米声、錢声各登載正契明白。今思價值未敷，再就与鄭府海官、蚶官兄弟上，貼出英銀陸大元，每元各柒錢貳分五正。銀即日收明。將租佃田听銀主依旧管掌為業，不敢異言生端等情，亦無不明為碍。如有不明，貼主抵当，不干銀主之事。其田再限至叁年外冬至前偹契面銀乙齊取贖，不得刁難。米銀歷年依例津貼。恐口無憑，仝立貼契為炤。

民國貳年十一月　日仝立貼契人李俊旦（押）、德新（押）、德哲（押）

代書人李義初（押）

二十二-六、民國十六年十一月李德哲等租佃田盡絕契尾字（一九二七）

仝立盡絕契尾字人東埔山李德哲、德愷等，有承祖父阄分租佃田一段，貫在來蘇里侯山鄉土名井兜厝後，其坵声、米声、栳声、銀声各登載正契明白。今思價未敷足，今因欠銀别置，親送就与侯山鄉鄭府舉楮、舉堉、舉鉤、舉筆兄弟，姪锺堅、锺選等，盡絕契尾銀完足。銀即日收明。其田依旧听原主管掌永為己業。保此田係是承祖父阄分物業，与別房叔兄弟姪無干，亦無重典他人為碍。如有不明，盡主抵当，不干銀主之事。其米東埔山常樂里三甲李火星戶内推出，听來蘇里侯山鄉又拾甲鄭裕戶内收入。其米不得有收無推，亦不得有推無收。此係二比甘願，各無反悔。恐口無憑，盡絕契尾字為炤。

民國拾陸年拾乙月　日立同盡絕契尾字人東埔山李德哲並書（押）、德愷（押）

二十三-一、道光十一年十月鄭廷泡產山借字（一八三一）

立借字人鄭廷泡，有承祖父阄分產山一所，貫在本里侯山鄉土名虎空山，内應得三分得一分。上至頂□，下至崎石坑為界，北至馬鞍隔，南至新林頭為界。上下南北四至明白。今因欠錢應用，托中送就与菴頭壩林蠷官上為胎，借出銅錢叁仟柒佰伍拾文。錢即日收訖。出門行利四分，言約明年貳月倫母利錢一齊清還，不敢少欠。如是少欠，將山場听錢主〔栽〕插杉木守顧管掌為業，不敢阻当。今欲有憑，立借字為炤。

內註『栽』字再照。

道光拾壹年拾月　日立借字人侯山鄭廷泡（押）

代书人張昌山（押）

知見中鄭永路（押）

二十三-一、道光十二年一月鄭廷泡產山賣契（一八三二）

立賣契人廷泡，有承祖父阄分產山乙所，貫在本里侯山鄉土名虎空山，內應得三分得一分。上至頂□，下至崎石坑為界，北至馬鞍隔，南至新林頭為界。上下四至明白。今因欠錢應用，托中送就与長、三房大公內，賣出銅錢叁仟柒佰伍拾文正。錢即收訖。其山傷［場］杉木栽插，不敢阻（当）。與他人無干，亦無重典他人不明為碍。如有不明，賣主底［抵］当，不干錢主之事∧之∨。其米銀歷公戶完納。今欲有憑，立賣契為炤。

道光拾貳年正月　日立賣契人廷泡（押）

代书人董儀□（押）

中見人志等（押）

二十四-一、道光十六年六月鄭決租佃田賣契（一八三六）

立賣契人叔決叔，有己置租佃田乙段，貫在本里本鄉土名七斗尾，受子乙斗，大小貳坵，年載租佃陸栳，配民米叁升。今因欠錢家用，托中送就与姪冉孫上，賣出銅錢叁拾仟文。錢即日收明。其田听錢主起耕召佃收租管掌為業，不敢阻当。保此田係是己置物業，与別房他人無干，亦無重典他人不明為碍。如有不明，賣主抵当，不干錢主之事。其田限至四年冬至取贖，不得刁難。米銀歷年衣[依]例津貼。今欲有憑，立賣契為炤。

另寫：　銀每員湖市入價取贖之時。

道光拾陸年六月　日立賣契人叔決叔（押）

中見人廷招（押）

代書人廷志（押）

知見人廷正（押）

此契同治叁年十一月士井自己〔出去錢〕對命、奇取贖回契壹紙。

二十四-二、同治三年十二月鄭士旦等租佃田賣貼契（一八六四）

仝立賣貼契人堂兄弟士旦、士潭、尔蚵，有承祖租佃田一段，貫在本鄉土名七斗尾，田大小貳坵，受子一斗，年載租佃陸栳，配民米三升，四分應得三分。今因欠錢公用，送就与士井上，賣出銅錢合共叁萬叁仟文。錢即日收訖。田听錢主起耕召佃收租管掌為業，不敢阻当。保此田係是承祖物業，與別人無干，亦無不明為碍。如是不明，賣主抵当，不干錢主之事。米銀歷年依例津貼。田限至肆年外冬至前備契面錢取贖，不得刁難。今欲有憑，仝立賣貼契人為炤。

同治叁年拾貳月　日仝立賣貼契人士旦（押）、士潭（押）、尔蚵（押）

代書人叔廷冬（押）

親不用中

二十五-一、道光二十五年八月鄭李氏夫厝賣契（一八四五）

立賣契人嬸鄭門李氏，有承夫厝壹座，貫在本鄉土名下厝西畔過水厝壹間，上及瓦桷，下連地基，門枋戶扇齊全，及前後左右四至明白。今因欠錢家用，送就与姪井孫上，賣出銅錢叁仟伍佰文正。錢即日收明。其厝搬空，听錢主搬入居住管掌為業，不敢阻当。保此厝係是承夫物業，与房親叔兄弟姪無干，亦無重典他人不明為碍。如有不明，賣主抵当，不干錢主之事。其米銀歷年貼納四文。其厝限至五年外冬至前倫契面錢一齊取贖。其上手人要取贖，听從其便，不得刁難。恐口無憑，立賣契為炤。

其厝有破損者，修理錢若干登記，贖回之時再照。

道光貳拾伍年捌月　日賣契人嬸鄭門李氏（押）

代書人叔廷冬（押）

知見人男廷招（押）

二十五-二、咸豐八年十一月鄭士乞承祖父厝貼契（一八五八）

立貼契人同弟士乞，有承祖父厝一座，貫在本里本鄉土名下厝西畔過水厝一間，上及瓦桷，下連地基、門枋戶扇，上下左右四至明白。今思〔價值〕未敷，托親再就与同兄井、奇上，貼出銅錢壹仟伍佰文。錢即日收明。其厝依舊听錢主管掌為業，不敢阻当。保此厝係是承祖父物業，与叔兄弟姪無干，亦無重典他人不明為碍。弟自抵当，不干同兄之事。其米銀歷年配四文。恐口無憑，立貼契為炤。

內註『價值』二字再炤。
同弟日後〔永遠言贖〕不敢貼再炤。
並繳上手契貳紙再炤。內註『永遠言贖』四字再炤。

咸豐捌年拾壹月　日立貼契人同弟士乞（押）
代書人叔廷冬（押）
親不用中

二十五-三、咸豐八年十一月鄭士乞祖厝貼契（一八五八）

立貼契人同弟士乞，有承祖父厝一座，貫在本鄉土名下厝西畔過水厝一間，上及瓦桷，下連地基、門枋戶扇，上下左右四至明白。間聲、錢聲登載正契明白。今思價值未敷，再就与原主井、奇上，貼出銅錢壹仟伍佰文。錢即日收訖。其厝依舊听錢主管掌為業，不敢阻当。保此厝係是承祖父物業，与叔兄弟姪無干，亦無重典他人不明為碍。如有不明，貼主抵当，不干錢主之事。米銀在公戶。上手對取贖，听從其便。同弟〔日後永遠〕不敢言及貼贖。恐口無憑，立貼契為炤。並繳上手契〔貳紙〕再炤。
內註『日後永遠』、『貳紙』陸字再炤。

咸豐捌年拾壹月　日立貼契人同弟士乞（押）
知見人同弟士侍
代書人叔廷冬（押）

二十五-四、民國十七年二月鄭舉堉承父厝賣契（一九二八）

立賣契人堂弟舉堉，有承父自新厝右畔過水厝一間，上至瓦桷，下至門枋戶扇齊全。今因欠銀應用，托中送就与堂兄楮兄上，賣出大龍銀伍拾貳大員，每員重各柒錢三分正。銀即日仝中收明。其厝搬空，听銀主移入居住管掌為業，〔不〕敢阻当。保此厝係〔是〕承父物業，与別房無干，亦無重〔典〕他人不明為碍。如有不明，賣主抵当，不干銀主之事。其厝不限年月至到冬節前備契面銀一齊取贖，不得刁難。米銀歷年依例津貼。今欲有憑，立賣契為炤。

內註『不』字、『是』字、『典』字三字再炤。

民國拾柒年花月　日立賣契人堂弟舉堉

代書人姪鍾汀

中見人堂姪鍾湖

二十六-一、道光二十七年四月鄭廷叟租佃田賣契（一八四七）

立賣契人堂叔廷叟，有承祖父鬮分租佃田一段，貫在本里本鄉土名七斗尾。田大小貳坵，租佃田陸栳，受子一斗，配民米三升。今因欠錢費用，親送就与堂姪士井上，賣出契面錢貳拾肆仟文。錢即日收明。其田听錢主起耕召佃收租管掌為業，不敢阻当。保此田係是承祖父鬮分物業，與叔兄弟姪無干，亦無重典他人不明為碍。如有不明，賣主抵当，不干錢主之事。其田限至三年外冬至前備契面錢一齊取贖，不得刁難。米銀歷年依例津貼。今欲有憑，立賣契為炤。

道光貳拾七年四月　日立賣契人堂叔廷叟並書（押）
知見兄廷總（押）

二十六-二、咸豐五年八月李笑娘租佃田貼盡絕契尾字（一八五五）

立貼尽絕契人鄭門李氏笑娘，有承夫兄租佃田乙段，貫在本里本鄉土名七斗尾。前年已賣，其坵声、栳声、米声各登載正契明白。今思價值未敷，再就与原主井姪处上，貼尽出契面錢完足。錢即日收明。其田听錢主管掌永為己業，亦不敢言貼，亦不敢言贖生端等情。價以［已］敷足。此係二比甘愿，各無反悔。米銀歷年配在本戶鄭裕戶内完納。恐口無憑，立貼尽絕契尾字為炤。

咸豐伍年八月　日立尽絕契尾字人堂婶鄭門李氏笑娘（押）
代書人

二十七-一、道光二十七年八月鄭林氏承夫租佃田賣契（一八四七）

立賣契人鄭門林氏，有承夫租佃田壹段，貫在本里土名彌力墘，受子五合，大壹坵，年載租佃田壹栳，配民米伍合。今因欠錢費用，托中送就与林府令官上，賣出銅錢肆仟康。錢即仝中收訖。其田听錢主起耕召佃收租管掌為業，不敢阻当。保此田係是承夫物業，与別無干，亦無重典他人不明為碍。如有不明，賣主抵当，不干錢主之事。田限至四年外冬至前偹契面錢一齊取贖，不得刁難。米銀歷年依例津貼。今欲有憑，立賣契為炤。

道光貳拾柒年捌月　日立賣契人鄭門林氏（押）
知見並書人四男廷志（押）
知見孫士旦（押）、士井（押）、士潭（押）
中見人林道錦（押）
中見人許儲緒（押）

二十七-二、道光二十七年八月鄭林氏租佃田賣契（一八四七）

立賣契人鄭門林氏，有承夫租佃田壹段，貫在本里土名彌力墘，受子三斗，〔大小捌坵〕，年載租佃貳拾栳，配民〔米〕拾壹升伍合。今因欠錢費用，托中送就与林府令官上，賣出銅錢伍拾仟康。錢即仝中收訖。其田听錢主起耕召佃收租管掌為業，不敢阻当。保此田係是承夫物業，与別無干，亦無重典他人不明為碍。如有不明，賣主抵当，不干錢主之事。田限至四年外冬至前備契面錢一齊取贖，不得刁難。米銀歷年依例津貼。今欲有憑，立賣契為炤。

內註『米』字一字再炤。

道光貳拾柒年八月　日立賣契人鄭門林氏（押）
知見並書人四男廷志（押）
知見孫士旦（押）、士井（押）、士潭（押）
中見人林道錦（押）
中見人許儲緒（押）

內註『大小捌坵』四字再照。

二十七-三、同治三年十一月鄭士旦等租佃田貼契（一八六四）

仝立貼契人鄭士旦、士井、士潭，有承祖租佃田一段，貫在本里土名彌力崁邊，先年已賣与林令官上。其坧声、種声、租声、栳声、米声、錢声登載正契明白。今思價值未敷，再就与原主上，貼出錢玖仟文。錢即日收明。田依旧听原主起耕召佃收租管掌為業，不得異言。田再限至三年外冬至前取贖，不得刁難。恐口無憑，立貼契為炤。

同治叁年十一月　日仝立貼契人鄭士旦（押）、士井（押）、士潭（押）

代書人鄭吉程（押）

二十七-四、光緒七年十一月鄭士旦等租佃田再貼契（一八八一）

立再貼契人鄭士旦、士井、士貓、尔蚵有田壹段，貫在本里侯山鄉土名彌力崁。前年賣与林府令官上，其租声、栳声、坧声、錢声、米声各登載正契明白。今思價值未敷，再就与原主愛官上，貼出銅錢捌仟文。錢即日收明。其田依旧听錢主耕管為業，不敢異言。田再限至肆年外備正貼契面錢壹齊取贖，不得刁難。立貼契為炤。

如有上手契〔人〕要取贖，各栳錢分听從其便，不得刁難，再炤。

光緒柒年拾壹月　日立貼契人鄭士旦（押）、士貓（押）、士井（押）、尔蚵（押）

並書人士井（押）

內註『人』壹字再炤。

二十八-一、咸豐二年七月鄭士富產山風水穴給字（一八五二）

立給字族姪士富，承祖遺下產山乙所，貫在本里土名塞仔內嶺穴頭。今因志叔等要求風水乙穴，坐西向東，特收起酒礼錢完足。其風水即听剪做砂水完成安葬，伊親不敢阻当。其左右上下若有旧墳先在，既無穿心步內，亦不得藉□相阻。歷年配米銀錢拾文。此係兩願，各無反悔。今欲有憑，立給字為炤。〔如有葬下未妥，亦听改做偏左右再炤。〕

咸豐貳年七月　日立給字族姪士富（押）

知見男尔茹（押）

中保人洪宗發（押）

內註『如有葬下未妥亦听改做偏左右』十五〔三〕字再炤。

二十八-二、咸豐二年九月鄭士井租佃田賣契（一八五二）

立賣契人弟士井，有承祖鬮分租佃田乙段，貫在本里土名七斗尾，受子二升大小貳坵，載租佃□□梯，配民米□升叁合。今因欠錢費用，托中送就与命哥上，賣出銅錢壹萬肆仟文。錢即日收明。其田听錢主起耕召佃收租管掌為業，不敢阻当。保此田係是承祖鬮分物業，与叔兄弟姪無干，亦無重典他人不明為碍。如有不明，賣主抵当，不干錢主之事。其米銀歷年依例津貼。田限至叁年外冬至前取贖，不得刁難。今欲有憑，立賣契為炤。

咸豐二年九月　日立賣契人弟士井（押）

代書知見人叔廷志（押）

二十八-三、咸豐九年十一月鄭士井租佃田賣契（一八五九）

立賣契人鄭士井，有承祖父鬮分物業租佃田壹段，貫在本鄉土名七斗尾，受仔二升五合，田大小貳坵，租佃四栳，配民〔米〕貳升叁合。今因欠錢費用，托中送就与巷口林宜〔官〕上，賣出銅錢壹萬陸仟肆百文。錢即日收明。其田听錢主起耕召佃收租管掌為業，不敢阻当。保此田係是承祖父鬮分物業，与房親叔兄弟姪無干，亦無重典他人不明為礙。如有不明，賣主抵當，不干錢主之事。其米銀歷年依例津貼。其田限至肆年外冬至前取贖，不得刁難。今欲有憑，立賣契為炤。

咸豐玖年十一月　日立賣契人鄭士井（押）

知見中人兄士旦（押）

知見人弟士潭（押）

内註『米』、『官』二字再炤。

内改『租』、『听』二字再炤。

二十八-四、同治四年十月鄭士井租佃田貼契（一八六五）

立貼契人鄭士井，有承祖父鬮分租佃田一段，貫在本鄉土名寮子後七斗尾，田坵声、種声、米声、租声、錢声各登載正契明白。今思價值未敷，托中再就与原主林宜官上，貼出銅錢叁仟陸佰文。錢即日收明。其田依旧听錢主起耕召佃收租管掌為業，不敢阻当。保此田係是承祖父物業，与叔兄弟姪無干，亦無重典他人不明為碍。如有不明，貼主抵当，不干錢主之事。其田再限至四年外冬至前備正貼契面錢一齊取贖。米銀歷年依例津貼。今欲有憑，立貼契人為炤。

同治四年十月　日立貼契人鄭士井（押）
代書中人叔廷冬（押）

二十九-一、咸豐八年十一月傅清與等佃田賣契（一八五八）

仝立賣契人傅清與、清登、清釩、吉禹、鄭士水、士應等，有仝管觀音媽盟佃田壹段，貫在本鄉土名下厝門口横路下第壹坵，大壹坵，受子貳升，租佃叁栳半，年載鄭家正租柒拾伍斤。今因欠錢别置，將佃田托中送就与侯山鄭井官上，賣出銅錢伍仟伍佰文。錢即日收訖。其田聽錢主起耕召佃收租管掌為業，不敢阻當。保此田係是盟内已置物業，与房親叔兄弟姪無干，亦無重〔典〕他人為碍。如有不明，賣主抵當，不干錢主之事。田限至肆年外冬至〔前〕備契面錢一齊取贖，不得刁難。今欲有憑，仝立賣契為炤。

内註『典』字、『前』字貳字再炤。

咸豐捌年拾壹月　日仝立賣契人傅清與（押）、清登（押）、清釩（押）、吉禹（押）、鄭士水（押）、士應（押）

中見人傅清沃（押）、清悟（押）

代書人傅飛若（押）（印）

二十九-二、光緒十二年十二月傅清剌佃田貼契（一八八六）

立貼契人傅清剌，有承觀音媽盟佃田壹段，貫在侯〔山〕鄉土名下厝東畔横路下，田大壹坵，受子壹升伍合。先年盟内叔兄姪已賣与侯山鄭井官上。其坵声、栳声、錢声各登正契明白。今思價直

［值］未敷，托中再就与原主再貼出銅錢壹仟文。錢即日收明。田依旧听原主收租管掌為業，不敢阻当。保此田係是承盟内，（与）叔兄姪無干。如有不明，貼主抵當，不干錢主之事。田再限至四年外冬至前俻正契、貼契田錢壹齊取贖，不得刁難。今欲有憑，立貼契為炤。

光緒十二年十二月　日立貼契人傅清剌（押）

代書中人傅清剌（押）

二十九-三、同治二年十一月傅清與等佃田貼契（一八六三）

仝立貼契人傅清與、清熾、吉禹、吉趨，有承祖父佃田一段，貫本里侯山鄉土名下厝門口，田大壹坵。前年已賣与鄭井官上，其種声、坵声、租声、米声登載正契明白。今思價值未敷，托中再就与原主上，貼出銅錢壹仟伍百文正。錢即日收訖。其田依旧听錢主管掌耕種為業，不敢阻当，亦無不明為碍。如有不明，貼主抵当，不干錢主之事。其田限至四年外冬至前及正契一齊取贖，不得刁難。今欲有憑，仝立〔貼〕契為炤。

同治貳年拾壹月　日仝立〔貼〕契人傅清與（押）、清熾（押）、吉禹（押）、吉趨（押）

代書人吉簡（押）

内改註『貼』二字再炤。

二十九-四、光緒八年十一月傅清與等佃田貼契（一八八二）

仝立貼契人傅清與、吉涼有承祖父佃田一段，貫在侯山鄉土名下厝門口路腳，年載玉彩公正租壹栳半。先年已賣与侯山鄉鄭井官上，其種声、坵声、栳声登載正契明白。今思價值未敷，托中再就与原主鄭井官貼出錢壹仟文。錢即日收明。其田依旧听原主耕種管掌為業，不敢異言生端等情。其田再限出四年外冬至前偹正貼契面錢一齊取贖，不得刁難。今欲有憑，立貼契為炤。

光緒捌年拾壹月　日仝立貼契人傅清與（押）、吉涼（押）

代書中人陳翌端（押）

二十九-五、民國十四年一月鄭鍾朓租佃田貼盡絕契（一九二五）

立貼尽絕契人族姪鍾朓，有承祖父租佃田壹段，貫在本里本鄉土名七斗尾溝仔邊。前年已賣下厝海叔兄弟姪等，其坧声、栳声、銀声、米声各登載正契明白。今因海叔兄弟要田盖屋，再就与原主上，貼尽契尾銀叁拾五大員，各柒錢三分。銀即日收明。其田听銀主起盖永遠為業，不敢阻当。保此田係是承祖父物業，与別人無干，亦無不明為碍。如有不明，尽主抵当，不干銀主之事。日後不敢言及貼，亦不敢贖生端等情。其米在來蘇里又十甲鄭富戶內推出，本甲鄭裕收入戶內完納。不得有推無收，亦不得有收無推。此係二比甘願，各無反悔。今欲有憑，立貼尽絕契為炤。

民國拾四年正月　日貼尽絕契人族姪鍾朓

代書男奇居

知見人鍾水

三十、咸豐九年十一月鄭士命交關憑字（一八五九）

立憑字人兄士命，因前年道光至咸豐若有交關數項租項及借字壹時查尋不見，今□以憑字為炤。弟士且、士井、士潭若有交關數項租項借字，收去酒礼錢完足，日後查尋取出無用。今欲有憑，立憑字為炤。

咸豐玖年拾壹月　日立憑字為照士命

並書知人男尔伴（押）

三十一、光緒二年十一月鄭士井租佃田賣契（一八七六）

立賣契人侯山鄭士井，有承祖父鬮分租佃田壹段，貫在本里侯山鄉土名心墓𨁈。田大小叁坵，租佃伍栳，受子叁升，配民米貳升伍合。今因欠錢應用，托中送就与菴頭林惹官上，賣出銅錢貳拾叁仟文。錢即日收明。田听錢主起耕召佃收租管掌為業，不敢阻當。保此田係是承祖父鬮分物業，与房親叔兄弟姪無干，亦無重典他人不明為碍。如有不明，賣主抵當，不干錢主之事。田限至肆年外冬節前備契面錢壹齊取贖，不得刁難。今欲有憑，立賣契為炤。

米銀歷年依例津貼再炤。

光緒貳年拾壹月　日立賣契人並書鄭士井（押）

中見知人堂弟鄭士潭（押）

三十二、光緒十二年八月林有晛租佃田賣契（一八八六）

立賣契人菴頭鄉林有晛，有承祖父阄分租佃田乙段，貫在來蘇侯山鄉土名心墓𨁈。大小叁坵，年再［載］租佃田五栳，配民米貳升伍合。今因欠錢費用，托中送就与李府掌舍上，賣出銅錢拾柒仟文。錢即日收明。其田听錢主起耕召佃收租管掌為業，不敢阻当。保此田係是承祖父物業，与叔兄弟姪無干，亦無重典他人不明為碍。如有不明，賣主祇［抵］当，不干錢主之事。其田限至三年外冬至前取贖，不得刁難。其米歷年依例津貼。今欲有憑，立賣契人為炤。並寄上手契一紙。
光緒拾貳年八月　日立賣契人菴頭林有睍（押）
代書人林有葵（押）
中見人林守義（押）

三十一-三、光緒十六年十一月林有葵租佃田貼契（一八九〇）

立貼契人菴頭鄉林有葵，有承祖父租佃田乙段，貫在來蘇里侯山鄉土名心墓腳。其原契前年承買睍官上。其坵声、柸声、租声、米声、錢声登載正契明白。今因欠錢應用，托中送就与李府掌舍上，貼出銅錢陸仟文。錢即日收明。其田听錢主起耕召佃收租管掌為業，不敢阻当。保此田係是承祖父物業，与別人無干，亦無重貼他人不明為碍。如有不明，貼主抵当，不〔干〕錢主之事。其田限至叁年外冬至前取贖，不得刁難。今欲有憑，立貼契為炤。
光緒拾陸年十一月　日立貼契人菴頭鄉林有葵並書（押）
知見中弟有睍（押）
內註『干』一字再炤。

三十二-一、光緒四年十二月鄭尔送租佃田賣契（一八七八）

立賣契人侯山鄉尔送，有承父租佃田乙段，貫在本里侯山鄉土名墓仔頭，田大壹坵，受子二升，年載租佃貳柸，配民米壹升。今因欠錢應用，托中送就与許府六舍上，賣出銅錢玖仟文。錢即日收明，其田听錢主起耕召佃收租管掌為業，不敢阻当。保此田係是承父物業，與別房叔兄弟姪無干，亦無重典他人不明為碍。如有不明，賣主抵当，不干錢主之事。其田限至四年外冬至前脩契面錢一齊取贖，不得刁難。米銀歷年依例津貼。今欲有憑，立賣契為炤。

上手人要取贖之日，听上其便。

光緒肆年十二月　日立賣契人侯山鄭尔送（押）

代書人紀元長（押）

知見中人鄭尔默（押）

三十二、光緒十六年十一月鄭士命租佃田賣契（一八九〇）

立賣契人兄士命，前年胞兄弟爺弟有承買泱叔田乙段，價錢壹萬貳仟文。其田貫在本鄉土名七斗尾。田大一坵，受子乙升，租佃田貳栳半，配民米一升三合。至今井弟堂兄弟取贖之日，泱叔賣契未知何處。今日做賣，再就与井弟堂兄弟上，賣出銅錢壹萬貳仟文。錢即日命自收明。其田依旧听錢主起耕召佃收租管掌為業，不敢阻当。其日後外他人内庚孫宋孫多言生端，命自抵当，不干井堂兄弟之事。今欲有憑，立賣契為炤。

其日後泱叔賣正契查出，契面錢多小相坐存炤。

光緒拾陸年拾壹月　日立賣契人兄士命（押）

並書人孫舉瀨（押）

内改『立』字一字再炤。

並繳宋孫贖回契一紙存炤。

三十二-三、光緒二十一年十二月鄭士命廁池及餘地賣盡斷契（一八九五）

立賣尽断契人兄士命，有己置廁池壹口及餘地，四至明白，貫在本里本鄉土名寮仔後。今因欠錢應用，送就与整弟處，賣尽出銅錢貳仟貳佰伍拾文。即日收起錢完足。其廁池及餘地听錢主重新剪做，永為管掌為業，不敢阻当。廁池餘地係是己置实業，與房親叔兄弟姪無干，亦無重典他人不明為碍。如有不明，尽主抵当，不干錢主之事。日後不敢言及貼贖生端等情。其米在公戶，亦不敢推出收入。此係兩願，各無反悔。今欲有憑，立賣尽断為炤。

親不用中存炤。

光緒貳拾壹年拾貳月　日立賣尽断契人兄士命（押）

知見人孫擧瀨並書（押）

三十三、光緒八年三月鄭士旦等廁池賣契（一八八二）

立賣契人叔士旦、士井、士貓、尔蚵，有承祖廁池壹口，貫在〔土名〕頂祖厝門口溝下中个一口，地基灰土齊全，年配米銀貳文。今因欠錢應用，身送就与姪遠孫邊，出銅錢壹仟肆佰文。錢即日收〔明〕。其廁池聽錢主耕管為業，不敢阻当。保此廁池係是承祖物業，与房親叔兄弟姪無干，亦無重典他人不明為碍。如有不明，賣主抵當，不干錢主之〔事〕。其廁池限至伍年外冬節前取贖，不得刁難。米銀歷年依例津貼。今欲有憑，立賣契為炤。

內註『土名』、『明』、『事』四字再炤。

光緒捌年三月　日立賣契人叔士旦（押）、士井（押）並書、士貓（押）、尔蚵（押）

三十四、光緒十三年九月鄭士旦厝地賣盡契（一八八七）

立賣尽契人堂兄士旦，有承祖鬮分厝地壹間，貫在本鄉土名下祖厝東畔護厝頭第一間壹間。今因欠錢應用，托中送就与堂弟整弟上，賣尽出銅錢壹萬叁仟文。錢即日收明。其厝地听錢主起盖重新、搬入居住，永為己業，不得異言。保此厝係是承祖鬮分物業，与房親無干，亦無不明為碍。如有不明，賣主抵当，不干錢主之事。業已尽绝，價已敷足，日後不敢言及貼，亦不敢言及贖。此係二比甘願，各無反悔。其米配在公戶。今欲有憑，立賣尽契為炤。

光緒拾叁年九月　日立賣尽契人堂兄士旦（押）

代書人姪孫春舒（押）

中見人姪孫夆伏（押）

知見男尔炎（押）、尔蝦（押）、尔蚵（押）、尔河（押）

三十五-一、光緒十九年一月來蘇里十甲鄭裕一戶收米冊（一八九三）

來蘇里（印）又十甲鄭裕一戶四柱寔額收米冊（印）

一戶（印）鄭裕

舊管：官米叁升（印），民米壹斗陸升六合九勺伍抄（印）

新收（印）：

一收本里本甲鄭富民米柒升（印），田土名新墓。
開除：
寔在：官米叁升（印），民米貳斗叁升陸合九勺伍抄（印）。征銀肆錢肆分柒厘（印）。
光緒拾玖年正月　日立户造收米冊（印）

三十五-二、民國四年一月常樂里七甲一戶李月恒推關米冊（一九一五）

常樂里（印）七甲一戶李月恒推關米冊（印）
一戶（印）李月恒
開除（印）：
一推出民米拾升（印），过來蘇里又十甲鄭裕收入。
田土名新墓腳，又段七斗尾。
民國四年元月　日戶書造推關冊（印）

三十五-三、民國四年一月來蘇里十甲一戶鄭裕收米冊（一九一五）

來蘇里（印）又十甲一戶鄭裕四柱收米冊（印）
一戶（印）鄭裕
舊管：民米貳斗（印）叁升（印）陸合（印）玖勺伍抄（印）

新收（印）：

一收常樂里七甲李月恒民米拾升（印），田土名乙段新墓腳，又段七斗尾。

開除（印）：無，田在侯鄉土名新墓腳、七斗尾，共拾升。即銀壹錢捌分伍厘。

〔海自己的一升，蚶兄弟一升二合伍勺，福的米一升二合伍勺，炎的米一升二合伍勺，蚵嬸的米伍升二合伍勺。〕

寔在：民米叁斗叁升陸合玖勺伍抄（印），征銀陸錢叁分式厘（印）。

民國肆年元月　日立户書造收米冊（印）

三十五-四、宣統元年十一月李德鐃租佃田賣盡斷契尾字（一九〇九）

立賣尽断契尾字並推關人東山李德鐃，有承祖父租佃田貳段，貫在來蘇里侯山鄉土名新墓脚，又段七斗尾，受子共叁斗半，配民米壹拾升。今因欠銀費用，托中送就与侯山鄉鄭蚵官、海官、炎官、福官等上，賣出銀壹佰大元正。銀即日仝中收明。其田听銀主起耕召佃收租管掌，永遠為業，日後不敢言及貼贖生端等情。其米在常樂里七甲李月恒戶内推出，過來蘇里又十〔甲〕鄭裕收入戶内，當官完納。此係二比甘愿，永無反悔。恐口無憑，立賣尽斷契為炤。

宣統元年拾乙月　日立賣尽断契尾人東山李德鐃（押）

代書人劉財元（押）

中人李德超（押）

三十五-五、民國鄭尔蚵等契單

福建財政廳為給發契單事：　案查接管國稅廳籌備處卷內奉財政部飭開契稅條例，『「於一月十一日經大總統公佈，並由本部按照本條例第十一條之規定，訂定契稅條例施行細則，於一月二十九日以部令公佈在案。」查契稅條例第一條第二項「前項契約用紙由財政部定式頒行」等語。除契稅條例第二條所規定之特別印花由部製備另行頒發外，隨飭發去契稅條例暨契稅條例施行細則，並契紙及各種收據、清冊格式應即照式先行製備。仰該處長遵照辦理可也』等因。奉此，查契稅條例施行細則第二十條『本條例公佈後各徵稅官署未奉到部頒契紙特別印花出示曉諭，以前所有田房稅契應仍照向章辦理』等語。今據　縣業戶於　年　月　日受，坐落　縣　地方，東至　，南至　，西至　，北至　。坐向　。横　丈　尺，直　丈　尺。邀同中證，議定價銀一百元（印），依限投稅，應納稅銀三元（印），業已如數收訖。合填契單，粘連原契印給收執管業，須至契單者

右給業戶鄭蚵等，准此。

中華民國　年　月（印）日給

稅字第　號

三六-一、光緒二十一年十二月尔奚等祖伯叔厝賣契（一八九五）

立賣契人姪尔奚、尔蚵、尔毫，有承祖伯叔厝一座，貫在本宅西畔護厝頭第壹間，上有瓦桷，下及地基，門枋戶扇齊全，存巷頭，四至明白。今因欠銀公用，托中送就與叔整叔上，賣出銀叁拾大

員。銀每員各柒錢叁分，銀即日收明。其厝搬空聽銀主移入居住，管掌為業，不敢阻当。保此厝係是承祖伯叔物業，與別人無干，亦無重典他人不明為礙。如有不明，賣主抵当，不干銀主之事。其厝限至捌年外。其厝日後風雨吹壞破損修理錢項登記在數，取贖之日照數清完，冬節前倫契面銀一齊取贖，不得刁難。米銀歷年配落公戶。今欲有憑，立賣契為炤。

代書中見人　姪春溪（押）

光緒貳拾壹年拾貳月　日　立賣契人　姪尔毫（押）、尔奚（押）、尔蚵（押）

知見人　兄尔炎（押）

三十六-二、光緒二十二年九月鄭尔奚等祖伯叔厝貼盡斷契尾（一八九六）

立貼尽斷契尾人弟尔奚、尔蚵、尔河，有承祖伯叔厝一間，在本宅西畔護厝頭第乙間，各登載正契明白。今思價值未敷足，先年已賣堂叔井叔，不幸身故，托中再就與原主堂兄尔海上，貼出尽斷契尾銀完足。其厝聽銀主管掌永為己業居住，不敢阻當，日後不敢言及貼贖生端等情。其米配在公戶。此係兩願，各無反悔。今欲有憑，立貼尽斷契尾為炤。

光緒貳拾貳年九月　日立貼尽斷契尾人　弟尔河（押）、尔蚵（押）、尔奚（押）

代書中見人　姪春溪（押）

三十七-一、光緒二十四年三月董旺娘祖厝賣盡契（一八九八）

立賣尽契人姪婦董氏旺娘，有承祖舊厝地一所叁間，貫在本鄉土名下厝角西畔水窟頭。今因欠銀費用，托中送就与夫叔海叔上，賣尽契面銀完足。銀即日收明。其舊厝地听銀主重新翻盖成屋，移入居住，永為己業，不敢阻当。保此舊厝地係是承祖物業，与房親叔兄弟姪無干，亦無重典他人不明為礙。如有不明，賣主抵当，不干銀主之事。其舊地日後不敢言及貼贖，面約歷年配地基錢六拾文。此係兩願，各無反悔。今欲有憑，立賣尽契為炤。

光緒貳拾肆年叁月　日立賣尽契人姪婦董氏旺娘（押）

中見人舉元

知見男鍾敬（押）、伯尔默（押）

知見人春舒（押）、春水（押）

代書人春溪（押）

三十七-二、光緒二十四年三月鄭尔髻等祖厝賣盡契（一八九八）

立賣尽契人兄尔髻、姪舉甲等，有承祖舊厝地壹小間，貫在本鄉土名下厝角西畔水窟頭。今因欠銀應用，托中送就与海弟兄弟處，賣尽契面銀完足。銀即收明。舊厝地聽銀主重新翻盖成屋，移入居住，永為己業，不敢阻当。保此舊厝地係是承祖物業，与房親無干，亦無不明為碍。如有不明，賣主抵当，不干銀主之事。其舊厝地日後不敢言及貼贖，面約歷年配地基錢拾文。此係兩愿，各無反悔。今欲有憑，立賣尽契為炤。

光緒貳拾肆年叁月　日立賣尽契人兄尔髻（押）、姪舉甲（押）

代書中人春舒（押）

三十七-三、光緒二十五年八月鄭尔猴等祖厝賣盡契（一八九九）

立賣尽契人兄尔猴、尔托、姪舉元，有承祖厝地壹間，貫在本鄉土名下厝角西畔水窟頭壹間。今因欠銀公用，托中送就与族弟尔海賢弟處，賣尽契面銀完足。銀即日收明。其厝地听銀主重新翻盖成屋，移入居住，不敢阻当。保此厝地係是承祖物業，与別人無干，亦無重典他人不明為碍。如有不明，尽主抵當，不干銀主之事。其厝地日後不敢言及貼贖。其米銀在公戶納。此係二比甘願，各無反悔。恐口無憑，立賣尽契人為炤。

光緒貳拾伍年捌月　日立賣尽契人兄尔猴（押）、尔托（押）、姪舉元（押）

知見嫂董氏缘娘（押）

代書人姪舉活（押）

中見人姪舉活（押）

另再約配地基錢拾伍文再炤。

三十八-一、光緒二十六年十月李昭勳租佃田賣契（一九〇〇）

立賣契人感化里湖市新門房李昭勳，有承祖父阄分租佃田一段，貫在來蘇里侯山鄉土名店仔路，田大一坵，年載租捌栳半，配民米四升五合。又一段，土名高坪園，田大一坵，年載租陸栳，配民米叁升。又一段，土名高坪園，田大四坵，年載租拾栳，配民米五升。共貳拾肆栳半，共配民米壹拾貳升五合。今因欠銀別置，托中送就与來蘇里侯山鄉鄭海官兄弟上，賣出龍銀壹佰壹拾大員。每元重柒錢叁分。銀即日收明。其田听銀主起耕召佃收租管掌為業，不敢阻当。保此田係是承祖父阄分物業，与別無干，亦無重典他人不明為碍。如有不明，賣主抵当，不干銀主之事。其田限至四年外冬至前俻契面銀一齊取贖，不得刁難。其米銀歷年依例津貼。今欲有憑，立賣契為炤。

光緒貳拾陸年十月　日立賣契人湖李昭勳並筆（押）

知見母曾氏（押）、胞弟玉盞（押）、燦然（押）

中見人宗城李喜記（押）

三十八-二、光緒三十年十一月李昭勳租佃田貼契（一九〇四）

立貼契人湖李新門房昭勳，有承祖父租佃田三段，貫在來蘇里侯山鄉土名高坪園及店仔路，其租声、椛声、坵声、銀声登載正契明白。今思價值未敷，托中再就与原主侯山鄉鄭海官兄弟上，貼出佛銀壹拾大元，重各柒錢叁分正。銀即日仝中收明，其田依舊听銀主起召管掌為業，不敢阻当。保此田係是承祖父物業，与別無干，亦無重典他人不明為碍。如有不明，貼主抵当，不干銀主之事。其田再限三年外冬至前俻正貼契面銀一齊取贖，不得刁難。今欲有憑，立貼契為炤。

光緒叁拾年十一月　日立貼契湖李昭勳（押）

中見堂弟錫奢（押）

三十九、光緒二十九年十一月鄭尔六佃租田賣契（一九〇三）

立賣契人堂弟尔六，有承父〔佃〕租田壹段，貫在本鄉本里土名下厝門口大路頂，年載李府正租壹椛。田大壹坵，佃租田叁椛。今因欠銀應用，親送就与堂兄蚶兄上，賣出銀拾柒大員。各員柒錢叁分。銀即日收明。其田听銀主收租管掌為業，不敢阻当。保此田係是承父物業，与別人無干，亦無重典他人不明為碍。如有不明，賣主抵当，不干銀主之事。其田限至冬至前备契面銀一齊取贖，不得刁難。今欲有憑，立賣契為炤。

光緒貳拾玖年十乙月　日立賣契堂弟尔六（押）

代書人姪春水（押）

四十一、光緒三十年十二月傅孫坉租佃田賣契（一九〇四）

立賣契人傅孫坉，有承父租佃田壹段，貫在本里溝邊鄉（印），土名行山墓邊，田大小貳坵，受子貳升，年載租佃田貳栳，配民米壹升。今因欠銀應用，托中送就與侯山鄭府海官兄弟上，賣出英銀玖大員，每員重柒錢三分。銀即日收明。田听銀主起耕召佃收租管掌為業，不敢阻當。保此田係是承父物業，与叔兄弟姪無干，亦無重典他人不明為碍。如有不明，賣主抵當，不干銀主之事。米銀歷年依例津貼。其田限至三年外冬至前備契面銀一齊取贖，不得刁難。今欲有憑，立賣契為炤。

光緒叁拾年拾貳月　日立賣契人傅孫坉（押）

代書人傅孫㽞（押）

中見人傅維歡（押）

四十二、民國四年九月鄭尔海契單（一九一五）

福建財政廳為給發契單事：案查接管國稅廳籌備處卷内奉財政部飭開契稅條例，『「於一月十一日經大總統公佈，並由本部按照本條例第十一條之規定，訂定契稅條例施行細則，於一月二十九日以部令公佈在案。」查契稅條例第一條第二項「前項契約用紙由財政部定式頒行」等語。除契稅條例第二條所規定之特別印花由部製備另行頒發外，隨飭發去契稅條例暨契稅條例施行細則，並契紙及各種收據、清冊格式應即照式先行製備。仰該處長遵照辦理可也』等因。奉此，查契稅條例施行細則第二十條『本條例公佈後各徵稅官署未奉到部頒契紙特別印花出示曉諭，以前所有田房稅契應仍照向章辦理』等語。今據縣業戶於　年　月　日受，坐落　縣　地方，東至　，南至　，西至　，北至　。坐　向　，横　丈　尺，直　丈　尺。邀同中證，議定價銀九元，依限投稅，應納稅銀貳元。業已如數收訖。合填契單，粘連原契印給收執管業，須至契單者

右給業戶鄭海，准此。

中華民國四年九月　日給（印）

稅字第　號

四十一、光緒三十一年二月鄭舉甲租佃田賣契（一九〇五）

立賣契人姪舉甲，有承祖父租佃田壹段，貫在本鄉土名紀家墓邊，大小叁坵，年載租佃肆栳，抽出貳栳配民米壹升。今因欠銀應用，托中送就與家印海叔、蚶叔上，賣出銀拾大員零陸角，每員重柒錢叁分。銀即日收明，田聽銀主起耕召佃收租管掌為業，不敢阻当。保此田係是承祖父物業，與別人無干，亦無重典他人不明為礙。如有不明，賣主抵当，不干銀主之事。田限至三年外冬至前備契面銀壹齊取贖，不得刁難。今欲有憑，立賣契為炤。

光緒叁拾壹年貳月　日立賣契人　姪舉甲（押）

代書中人　春舒（押）（印）

四十二、光緒三十一年六月鄭尔田厝間借字（一九〇五）

立借字人堂弟尔田，有承父自下厝外面護厝頭右畔壹間，上有瓦桷，（下）及地基。今因欠銀應用，將此厝寫就与堂兄海兄上為胎，借銀叁大員，各員柒錢叁分。銀即日收明。言約每年每月行利叁分。若要無清还，將此厝估價煥［換］契就与原主管掌為業，不敢異言生端等情。今欲有憑，立借字為炤。

光緒叁拾壹年六月初六日立借字人堂弟尔田（押）

代書人姪春水（押）

四十三、光緒三十三年十一月鄭尔概承父鬮分厝賣契（一九〇七）

立賣契人堂弟尔概，有承父鬮分自下厝右畔大房後半間，上有瓦桷，下及地基，門枋戶扇齊全。今因欠銀應用，托中送就与堂兄海兄兄弟上，賣出英銀拾捌大員，每員重柒錢三分正。銀即日仝中收明，其厝听銀主移入居住，不敢阻当。保此厝係是承父物業，与人無干，亦無重典他人不明為碍。如有不明，賣主抵当，不干銀主之事。其厝限至伍年外冬至前備契面銀一齊取贖，不得刁難。其米再落公戶完納。今欲有憑，立賣契為炤。

代書人姪春水（押）

中見人春水（押）

光緒叁拾叁年葭月　日立賣契人堂弟尔概（押）

四十四、宣統二年四月李滿娘園地賣契（一九一〇）

立賣契人鄭門李氏滿娘，有承夫園地壹小坵，土名寮仔後。今因欠銀應用，親送就與堂兄蚶兄上，賣出英銀壹大零伍角。各員柒錢三分，銀即日收明，其園地聽銀主管掌為業，不敢阻當。保此園地承夫物業，與別人無干，亦無重典他人不明為礙。如有不明，賣主抵當，不干銀主之事。其園地限至貳拾年冬至前偹契面銀一齊取贖，不得刁難。米銀在公戶完。另座廁池，銀項登記在數相座。今欲有憑，立契賣為炤。

宣統貳年梅月　日立賣契人　鄭門李氏滿娘（押）

代書人姪春水（押）

四十五、宣統三年二月鄭舉泰等佃田賣契（一九一一）

立賣契人舉泰、舉墙、舉日、舉甲，有承父土地公盟内佃田乙段，貫在本鄉土名下厝邊東畔，田大小叁坵，年載李府□頭正租壹佰貳拾斤。今因欠銀應用，親送就与族□蚶叔上，賣出英銀壹拾玖大員，每員各柒錢叁分。銀即日收明。其田听銀主起耕召佃收租管掌為業，不敢阻当。保此田係是承土地公盟内物業，与別人無干，亦無重典他人不明為礙。如有不明，賣主抵当，不干銀主之事。其田限至肆年外冬至前偹契面銀一齊取贖，不得刁難。米銀歷年依例津貼。今欲有憑，立賣契為炤。

宣統叁年二月　日立賣契人舉泰（押）、舉墙（押）、舉日（押）、舉甲（押）

代書人鍾彩（押）

中見人

四十六-一、民國元年八月許岳懷租佃田賣契（一九一二）

立賣契人新厝許岳懷，有承父祖佃田乙段（印），貫在本里侯山鄉南清祖厝邊東畔，田大小柒坵，年載租佃拾捌栳。內抽出拾貳栳，受子貳斗半，配民米陸升。今因欠銀應用，托中送就與鄭府蚶官、海官，賣出佛銀玖拾伍大員，每員各柒錢三分正。銀即仝中收明，田听銀主起耕召佃收租管掌為業，不敢阻当。保此田係是承父業，与別無干，亦無不明為碍。如有不明，賣主抵当，不干銀主之事。田限至三年外冬節前偹契面銀乙齊取贖，不得刁難。米銀歷年依例津貼。恐口無憑，立賣契為炤。

民國元年捌月　日立賣契人新厝許岳懷（押）並書

中見人許御房（押）

四十六-二、民國鄭尔蚶等契單

福建財政廳為給發契單事：案查接管國稅廳籌備處卷內奉財政部飭開契稅條例，『「於一月十一日經大總統公佈，並由本部按照本條例第十一條之規定，訂定契稅條例施行細則，於一月二十九日以部令公佈在案。」查契稅條例第一條第二項「前項契約用紙由財政部定式頒行」等語。除契稅條例第二條所規定之特別印花由部製備另行頒發外，隨飭發去契稅條例暨契稅條例施行細則，並契紙及各種收據、清冊格式應即照式先行製備。仰該處長遵照辦理可也』等因。奉此，查契稅條例施行細則第二十條『本條例公佈後各徵稅官署未奉到部頒契紙特別印花出示曉諭，以前所有田房稅契應仍照向章辦理』等語。今據　縣業戶　於　年　月　日受　，坐落　縣　地方東至　，南至　，西至　，北至　。坐　向　。横　丈　尺，直　丈　尺。邀同中證，議定價銀九十五須至契單者。

元（印），依限投稅，應納稅銀貳元捌角五分（印）。業已如數收訖。合填契單粘連原契印給收執管業

右給業戶鄭蚶等（印）准此

中華民國　年　月（印）日給

稅字第　號

四十六-三、民國二年五月許御炎租佃田賣契（一九一三）

立賣契人新厝許御炎，有己置租佃田乙段（印），貫在本里侯山鄉南清前李家祖厝邊東畔，大小柒坵，年載租佃壹拾捌栳。內抽出陸栳，配民米叁升。今因欠銀應用，托中送就与鄭府蚶官、海官仝上，賣出銀叁拾玖大員，每員各柒錢三分正。銀即仝中收明。其田听銀主起耕召佃收租管掌為業，不敢阻当。保此田係是己置物業，与人無干，亦無重典他人不明為碍。如有不明，賣主抵当，不干銀主之事。其田限至叁年外冬至前备契面銀一齊取贖，不得刁難。米銀歷年依例津貼。今欲有憑，立賣契為炤。

中華民國貳年伍月　日立賣契人許御炎（押）

代書人陳章裕（押）

中見人許御房（押）

四十六-四、民國四年二月鄭尔海等契單（一九一五）

福建財政廳為給發契單事：案查接管國稅廳籌備處卷內奉財政部飭開契稅條例，『「於一月十一

日經大總統公佈，並由本部按照本條例第十一條之規定，訂定契稅條例施行細則，於一月二十九日以部令公佈在案。」查契稅條例第一條第二項「前項契約用紙由財政部定式頒行」等語。除契稅條例第二條所規定之特別印花由部製備另行頒發外，隨飭發去契稅條例暨契稅條例施行細則，並契紙及各種收據、清冊格式應即照式先行製備。仰該處長遵照辦理可也』等因。奉此，查契稅條例施行細則第二十條『本條例公佈後各徵稅官署未奉到部頒契紙特別印花出示曉諭，以前所有田房稅契應仍照向章辦理』等語。今據縣業戶　於　年　月　日受　，坐落　縣　地方東至　，南至　，西至　，北至　。坐　向　。橫　丈　尺，直　丈　尺。邀同中證　，議定價銀三十九元（印），依限投稅，應納稅銀一元五角（印）。業已如數收訖。合填契單粘連原契印給收執管業須至契單者。

右給業戶鄭海等　准此

中華民國四年二月（印）　日給

稅字第　號

四十七、民國二年十二月鄭尔陸祖厝賣契（一九一三）

立賣契人堂弟尔陸，有承祖父鬮分厝一所，貫在本鄉土名下厝西畔庭護厝第伍間一間，上及瓦桷、門枋、戶扇，下及連地基齊全，所庭門路聽其出入。今因欠銀應用，托中送就与堂兄海兄上，賣出英銀壹拾伍大員，每員重各柒錢叁分。銀即日收明，將厝搬空，听銀主移入居住，不敢阻当。保此厝係是承祖父物業，与房親叔姪無干，亦無重典他人不明為碍。如有不明，賣主抵当，不干銀主之事。其米銀在公戶完納。其厝限至伍年外冬節前僐契面銀一齊取贖，不得刁難。其厝日後若破損修理銀項，登記在數，取贖之時清還。今欲有憑，立賣契人為炤。

代书人堂姪雲聲（押）

中華民國弍年拾弍月　日立賣契人堂弟尔陸（押）

四十八、民國十一年六月鄭尔蚶租佃田繳契（一九二二）

立繳契人夫尔尔蚶，有己置租佃田乙段，貫在本里土名大路溝，大小伍坵，年載租佃柒秏，配民米三升五合。今因欠銀應用，親送就与妻滿娘上，繳出契面銀伍拾大員，各柒錢三分，銀即日收明。其田听妻滿娘起耕召佃收租管掌為業，不敢阻当。保此田係是己置物業，與別人無干，亦無重典他人不明為碍。如有不明，繳主抵当，不（干）滿妻之事。今欲有憑，立繳契為炤。

民國拾壹年六月日立繳契人夫尔蚶（押）

代書族姪春水（押）

知見男舉鉤（押）、舉楮（押）、舉楚（押）

四十九、民國十五年二月鄭舉相厝宅賣契（一九二六）

立賣契人堂弟舉相，有承祖父阄分厝宅座貫本里本鄉土名自下厝右畔頂亭仔外，長乙長，上至瓦桷，下及地基齊全。今因欠銀應用，親送就与堂兄楮兄上，賣出小銀陸員。每員小銀　即日收明。其厝搬空，听銀主移入居住，管掌為業，不敢阻当。保此厝係是承祖父物業，與別人無干，亦無重典他人不明為碍。如有不明，賣主抵当，不干銀主之事。其厝限至伍年外冬至前備契面小銀乙齊取贖，不得刁難。歷年配民米拾貳文，依例津貼。今欲有憑，立賣契為炤。

民國拾伍年花月　日立賣契人堂弟舉相（押）

代書人傅孫開（押）

五十、民國十六年九月鄭舉堉等租佃田賣契（一九二七）

仝立賣契人堂弟舉堉、堂姪鍾堅、鍾其、鍾選等，有承祖父租佃田貳段，貫在本里本鄉。壹段土名總兵墓後，田大小貳坵，年載租佃肆栳，配民米貳升。又壹段土名横山墓後，大小貳坵，年載租田貳栳，配民米壹升。共貳段，年載租佃陸栳。今因欠錢買七斗尾的地基之用，托中送就與堂兄舉鉤兄弟上，賣出契面銀柒拾小員。銀即日仝中收訖。其田聽銀主起耕召佃收租管掌為業，不敢阻当。保此田係是承祖父物業，與別人無干，亦無重典他人不明為碍。如有不明，賣主抵当，不干銀主之事。其田不限年冬至前備契面銀乙齊取贖，不得刁難。米银歷年依例津貼。今欲有憑，立賣（契）為炤。

民國拾陸年歲次丁卯菊月　日仝立賣契人堂弟舉堉、堂姪鍾堅（押）、鍾其（押）、鍾選（押）

代書人鍾平（押）

中公親人鍾坵（押）、春龍（押）、鍾敬（押）

五十一、民國十八年四月鄭春良租佃田賣契字（一九二九）

立賣契字人侯山鄭春良，有己置阄分物業租佃田壹段，貫在來蘇里土名侯山厝角劉厝後，田大小四坵，年載租佃粟貳佰觔，糶重乾，配民米叁升。今因欠銀費用，託中送就与問房李法甄上，賣出小洋銀柒拾元，每元各拾角，重各柒分二釐五毫正。銀即日仝中收明。其田認回自耕，年無豊荒作春秋兩季到衙交納，不敢少欠。如是短欠，將田耕佃別召，付銀主管掌，不敢阻当。保此田係是己置物業，与別房叔兄弟姪無干，亦無典掛他人不明為碍。如有不明，賣主抵当，不干銀主之事。其田限至叁年外冬節前備契面銀乙齊取贖，不得刁難。其上手人如要取贖，听從其便。米銀歷年依例津貼。今欲有憑，立賣契字為炤。

民國拾捌年己巳肆月　日立賣契字人侯山鄭春良（押）
中見人鄭爾福（押）
代書人林祖榮（押）

五十二、崇禎十三年八月清溪來蘇絲山鄭氏鬮書（一六四〇）

清溪來蘇絲山鄭氏鬮書

鬮書者，書兄弟分居本家業，以敦友愛之誼。自古及今比比然矣。世之兄弟，有如壎如篪如戈如矛者，豈出鬮書之有無與？夫家□□□明耳□親次宇公，母傅氏生我兄弟二人。我居長，諱華瑛，字君輝，號玉含，娶黃氏。弟諱華璿，字君麗，號玉彩，娶林氏。□癸酉之□□故事，我兄弟二人各欽其遺訓，與□□□產業七八年間並無間言。迨庚辰秋，母以年稱惟願安逸閑身而不欲統理煩心，悉將□□為券，且囑曰：『爾等確守父行，勤儉是事，產業日拓，此乃父母願也。』今吾之兄弟名雖分居，情屬手足，為善相勸，過失相規。角弓之詩為戒，脊令何難哉！謹將祖考創置家業開列于左，□□奕世厥昌云。

計開

一祖屋陸間，瑛得大房過水小厝一間，共叁間。弟璿得露扉小廳小厝一間，共叁間。
一祖屋後園二所，菓樹及松栢，與伯□□□□子孫□□。
一祖池塘壹口，兄弟與伯父聲宇公子孫合管。
一祭祖祀田坐貫□厝前後及路梯內□□□□□□。
一伯公及□親與紀家合□□□□□□管，有合同在。吾之兄弟子孫與伯公子孫合管。

一祖屋門前小厝□□□地□□兄弟（缺）。
一新厝瑛得大房前房尾□□□□下畔小厝三間，廳仔壹間，廁壹口。弟瓚得□□□□過水共貳間，仍上畔小厝貳間、廳仔壹間（缺）。
一書房及園仔內菓樹兄弟俱合管。
一池塘一口，兄弟俱合管。
一新厝後頭菓樹，兄弟俱合管。
一各處山蕩，兄弟俱合管。山土名田蒲林松栢崙（缺）。
一彌勒墘田租柒栳佃租栳抽為祀田，付子孫輪流祭祀。陳明高耕。
一曾坑田租拾伍栳抽為祀田，付子孫輪流祭祀。堂弟君植耕。
一深中洋田租壹拾伍栳抽為祀田，付子孫輪流祭祀。姪弘摶耕。
一犁頭礤蛇脰內共租壹百斤。一埔坪坑邊田貳坵，載租三斗，抽（缺）。
一後深田壹斗，大小陸坵，抽為祀田，付子孫輪流祭祀。
一厝桶內田壹斗，水町田壹斗，共貳斗，抽為祀田，付子孫輪流祭祀。
一崎路尾蜈蚣牙田貳段，受子陸斗，抽為祀田，付子孫輪流祭祀。
一打皷嶺礤兜佃田肆斗，佃穀貳佰壹拾斤，抽為祀田，付子孫輪流祭祀。
一相公分及井仔崎路邊產田叁段，受子叁斗□□□居長。
一爐內大坂頭田租叁栳叁斗，抽為祀田，付子孫輪流祭祀。
一天啓元年歲次辛酉，父親重脩本鄉上帝廟□□□落成，又再新構西堂以崇奉廟中歷代諸有功尊神，因而捐田壹斗，貫在〔打皷嶺横路下〕相公分，載租叁栳，並糞□銀拾兩（缺）歲中元□祭之時，請吾子孫二人致祭。吾兄弟敬欽父親遺命立囑□紙，付廟祝為炤。廟祝陳友舜立有認批一紙在本宅為憑，年貼納本宅稻米叁升。其日後子孫能再充拓入□□。

一官民二米，兄弟俱對半輪納。
一龍仙宮前田三坵，兄弟輪流耕種。
一龍仙宮前田叁斗，瓚得上分叁坵內壹坵，瑛得底分□坵內壹坵。
一上後深產田肆斗，瓚得上分肆坵，瑛得下分肆坵。
一後深產田叁斗，瓚得上分大小拾貳坵，瑛得下分大小拾□坵。
一後深溝邊產田肆斗，瓚得上分叁坵，瑛得下分貳坵，仍中。
一宮前大溝產田肆斗，瓚得上分大小□坵，瑛得下分大小□坵，對井兜一段田分。
一井墘溝邊產田肆斗，兄弟對半均分。
一井兜產田肆斗，瓚得下貳坵，瑛得上壹坵。（缺）對宮前大溝田分。
一埔坪深中洋產田肆斗，瓚得東畔貳坵，瑛得西畔貳坵。
一崎嶗尾產田壹坵，瓚得西畔壹半，瑛得東畔壹半。
一七斗分產田伍坵，瑛得貳坵半，瓚得貳坵半。
一緱山前產田叁斗，大小伍坵，瓚得西畔，瑛得東畔，仍中壹坵仔兄弟輪流耕種。
一大溝佃田壹段肆斗，瓚得上分　坵，瑛得下分叁坵。
一陳友舜借銀伍兩，寫南□□□□□□納利谷貳佰伍拾斤，付子孫輪流祭祀。□□年□□□回。
一買堂兄君薦、君（缺）
崑崗□說瑛、瓚皆美玉，玉出崑崗，故號曰玉含、玉彩。是以鬮書分崑、崗二字也。
崗字號瓚執照。
崇禎十三年歲次庚辰捌月　　日立鬮書母親傅氏
書鬮書長男華瑛、次男華瓚
知見均分姪華秀

五十三、光緒二十七年一月鄭尔海等分業鬮書（一九〇一）

鬮書

立分業兄尔海、尔蚶、姪舉銀、弟尔探等，窃慕往古同居之風，豈宜一旦分折而處苐，生齒日煩，田宅見窄，奉家母命兄弟妥議，邀請尊長親戚將祖父遺傳田厝及兄弟創置物業配搭均分，拈鬮為定。諸事開載明白，俱係至公無私，各宜安分照鬮守管自營，以兆裕後熾昌之慶。至於祭祀完粮，依次輪流直當，毋得推諉。口恐無憑，立鬮書四卷壹樣，各執壹卷，永為存炤。

計開抽起父祭田條段開列於後：

一土名橫路下連大坵長六椬

一感化里埔尾寨鄉水尾坑租佃七椬

一土名石馬級冬租四椬

抽起母養膳田段：

一土名許家祖厝後深田四椬

一土名七斗尾租佃柒椬

一土名寮仔後溝墘租佃貳椬

一土名井兜厝後租佃六椬

一土名新墓脚租佃壹椬

尔海分下：

一得土名新墓脚田貳坵四椬

一得土名南清祖厝邊租佃七椬

一得土名店仔路租佃九栳
一得土名店仔路租六栳
一得本厝東畔大房壹間
一得本厝西畔護厝頭壹間
一得新間橋仔頭壹間
一本厝護厝邊頂個廁池壹口
一得尔概厝銀壹拾大元

尔蚶分下：
一得土名劉家門口租佃六栳
一得土名劉家厝邊壹半租佃六栳
一得土名總兵墓壹坵租佃叁栳
一得土名井兜門口壹半租佃四栳半
一得土名店仔路租貳栳半
一得本厝西畔過水壹間
一得本厝西畔護厝尾春脚第壹間壹間
一得新間西畔大房壹間
一本厝護厝邊下個廁池壹口

舉銀分下：
一得土名大路下貳坵租佃五栳半
一得土名總兵墓頂壹坵租佃七栳半
一得土名店仔路租九栳

一得本厝東畔護厝頭第貳間壹間
一得本厝西畔護厝尾春脚第貳間壹間
一得新間東畔大房壹間
一土名寨仔後廁池壹口
尔探分下：
一得土名路下第三坵租佃四栳半
一得土名劉家厝邊壹半租佃六栳
一得土名總兵墓叁坵租佃七栳
一得土名井兜門口壹半租佃四栳半
一得本厝東畔護厝頭壹間
一得新厝東畔大房壹間
一得新間東畔過水壹間
一土名新厝邊廁池壹口
光緒貳拾柒年正月吉日立鬮書人兄尔海（押）、尔蚶（押）、姪擧銀（押）、弟尔探（押）
知見母黃氏
代書人春舒（押）

五十四、光緒三十年侯山鄭氏歷代交輪祭祀簿（一九〇四）

侯山鄭氏歷代交輪祭祀序

從來物本乎天，人本乎祖。欲竭追遠之志，宜誠致祭之忱。我祖緱山公來自龍興，宅本里儒林鄉新門亭，至三世祖進立公遷居侯山，於今十有六世矣。觀其族中長幼尊卑，親其親、長其長者，皆我祖之□□□□水源木本，追維春露秋霜□無□□□産業付值祭輪耕，謹脩牲儀財帛虔誠祭告始祖暨歷代考妣忌辰、墳塋，一以報祖宗之德，一以盡孫子之心。兼之和鄉睦族，喜則相賀，戚則相憐，而仁人孝子之良心當若是矣。敏願族親前既知恩有自、尊祖敬宗，後當念本毋忘、繼志述事，庶相承勿替，馨香俎豆於千秋也已。是為序。

十六世孫監生克敏敬誌（印）

裔孫爾苑、爾海、舉瀨、舉活仝立（印）

一世絲山公暨媽吳氏十一月十五日祭，銀仔一千。

墓在崇善里芸尾鄉土名牛角山角形尾兩石中，坐寅向申兼甲庚，訂十一月吉日祭，眾裔孫齊到墓致祭有饗。凡我族中若有出新丁者，出雞一隻敬獻。（印）

值祭應辦物件：雞肆斤，魚陸斤，肉拾貳斤，羨陸斤，米粉，麵干，薯粉，大麵，米糕，米粿，燈料一座，盆金一百，連炮二串，大順朱，竹紙錢，銀仔一千。（印）

鬮次：舉瀨一鬮，明盛公派二鬮，爾主三鬮，爾髻四鬮，爾交五鬮，舉活陸鬮，舉鐵七鬮，詳盛公派八鬮，宣園公派九鬮，爾河、重先十鬮。

祀田：（印）田一段，貫在本鄉土名墓仔口橫路下，大小伍坵，租佃拾陸秅，年載李府大宗租壹佰捌拾斤。又一段，承買紀繼勇、繼謀佃田一坵，貫在本里土名埔坪園大路下右畔，受子四升，年載本宅正租壹秅叁斗。正契及盡契貳紙。

後承買劉士買田壹坵，貫在本里土名總兵墓邊埔坪園大路下右畔。正契及貼契壹萬零捌佰文，並繳上手契貳紙。與前段買來歸一。

下厝池塘頭田壹坵，歷年該納租錢肆佰文。

二世道巖公、三世進立公清明節祭，銀仔一千，有饗。（印）

值祭應辦物件：雞壹斤半，魚壹斤半，肉叁斤，海參，豬肝，豬肺，肉羹，肉卵，枣肉，米糕，米粉，大麵，薯粉，目魚，米粿。

四世仰然公、媽劉氏忌辰十月廿六日，銀仔一仟。（印）墓在彌勒墘。

五世遺榮公媽陳氏忌辰七月十三日，銀仔一千。是日並祭墓，有饗。墓在庭柯後嶺仔頭，坐癸向丁。（印）

六世彬山公忌辰十月十六日，銀仔五百，墓在彌勒墘，八月十五日祭。

媽陳氏忌辰六月廿七日，銀仔五百。

七世次宇公忌辰三月初七日，銀仔五百。有饗。

媽傅氏忌辰八月廿七日，銀仔五百。有饗。

次宇公暨媽傅氏墓在崎路尾蜈蚣牙土名新墓，坐子向午，八月十五日祭。（印）

祀田：一段貫在本鄉土名下厝後，大小伍坵，租佃捌栳。又一段在下厝門口，大壹坵，租佃捌栳。又一段在下厝門口水路，大壹坵，年載李府頂五房正租伍拾貳斤。又一段在新墓邊東寮，坵數不等，租佃肆栳。

值祭耕種祭祀及祥左厝點香燭祭過年月半，銀仔二次壹萬肆。（印）

八世玉彩公忌辰二月十五日，銀仔伍百，有饗。

墓在本山寨仔內長崙，坐亥向巳。訂八月十五日祭，有饗。

八世媽林氏忌辰四月十九日，銀仔五百。有饗。

墓在感化里石碍鄉宮仔崙，坐子向午兼壬丙。訂十一月吉日祭，有饗。（印）

祀田：一段，在本鄉土名深中洋祖厝門口，大小貳坵，年載李府大宗租壹佰柒拾斤。

又一段，土名後深溝過溝，大小貳坵，租佃陸栳。

又一段，土名山尾壠下，長坵，大小肆坵，租佃拾陸栳。巷口林吝官該租半栳，本厝六份盟該租

半栳，下厝京觀該租壹栳半。（印）
粮鄭盛叁錢叁分玖厘
鄭得陸分三厘
本鄉後頭園壹大坵及井兜墓邊左畔壹□□年輪耕，到鬮次應當下厝排供夯椅棹□香□牲儀及完糧策應飯頓等項。
糧鄭春貳錢，允敬公、拔侯公二派下並當。（印）
戶房開新礼壹角，里差壹角。

光緒癸卯年蒙代天廵狩侯降示，七月廿二日鄉中新設普施。
甲辰年六月十五日鄉中新建字紙亭，號曰敬培亭
克敏再志誌（印）

五十五、乾隆四十六年至道光八年置產簿

乾隆四十六年七月承買貼尽剖哥、杍哥下祖厝西畔護厝一間及廁池乙口，錢四仟貳佰文，歷年貼納錢粮六文。契二紙。
乾隆四十八年承買代弟下厝西畔護厝第六間壹間，錢貳仟貳佰零六十文。契二紙。
乾隆四十九年承買。
嘉慶元年承買魯叔佃田土名彌力墘，大小四坵，年載李府正租叁栳，價錢貳拾仟文。尽契五紙。
嘉慶拾捌年承買李志澤正租六栳，土名彌力墓，價銀叁拾陸大員。

嘉慶二年承買立哥井兜墓邊佃田大小貳坵，價錢拾柒仟文，載東埔山租二栳。賣貼尽契四紙。
嘉慶七年承買紀兄官佃田土名彌力嵌，大小五坵，載李府正租叁栳，價銀叁拾大員。尽契二紙，繳上手。
嘉慶十三年八月紀皆官、兄官二人再尽錢肆仟文。
嘉慶十三年十月皆官再貼尽錢貳仟伍佰文。契一紙。
嘉慶三年九月承買璉嫂順孫東畔護厝第四間落扉一間，價銀貳拾四大員，另錢貳仟文。契一紙。
嘉慶八年柒月貼去銀貳拾五大員。貼一紙。
嘉慶貳拾肆年四月尽去銀□大員。尽契一紙。共三紙。
嘉慶六年承買眾孫厝土名下厝西畔外護厝貳間，價錢捌仟貳佰文。尽契二紙。
嘉慶八年承買眾孫厝土名下厝東畔護厝一間，錢肆仟伍佰文。尽契三紙。
嘉慶七年承買訓哥租佃田土名寮仔后，錢拾貳仟文，配民米一升。契一紙。
嘉慶廿五年六月貼去錢貳仟文。貼契一紙。
嘉慶十一年承買汀孫厝土名新厝東畔護厝一間，價錢貳仟四佰文。契一紙。
嘉慶十七年九月貼去錢陸佰文，配民米五合。貼契一紙。
嘉慶十一年承買旭哥交輪田五分田土名七斗尾，價銀叁拾捌完［元］，配民米二升五合。
嘉慶拾柒年十二月貼去錢叁仟四佰文。貼契一紙。賣契一紙。

嘉慶四年承買路弟廁池乙口，土名下厝東畔，錢叁仟柒佰文。買尽契二紙。繳上手契一紙。

嘉慶六年承買林圭官屯田一坵，配屯米一升，價錢四仟玖佰文。尽契三紙。

嘉慶七年承買林函官屯田土名大路溝邊，受子乙斗半，配屯米一斗八升四合二勺半，價錢貳拾柒仟伍百文。賣尽契二紙。

嘉慶八年承買中姆寮仔後廁池一口，價錢貳仟四佰五十文。又廁池一口，價錢壹仟柒佰文。尽契、賣契二紙。

嘉慶十三年承買進姆田土名新墓，受子乙斗，配民米二升五合，價錢貳拾伍仟文。

嘉慶貳拾伍年十二月貼去銅錢貳仟柒佰陸拾文。

道光貳年四月柔嫂貼去銅錢捌佰文。共賣、貼契三紙。

嘉慶十三年承買路叔田壹段土名新墓，受子半斗，配民米一升伍合□□□□拾壹大員，契一紙。

嘉慶十四年十一月承買紀帶官土名厝邊路下，受子三升，價錢拾貳仟文，配民米一升三勺。契一紙。

嘉慶十四年十二月承買寗伯公廁池一間西畔第五間，價銀六完［元］。上手契。

嘉慶拾伍年諸伯公下厝護厝西畔尾間乙間，價銀賣尽貳拾壹大員。契二紙。

嘉慶拾伍年十一月承買根叔下厝東畔下亭仔乙間，價銀伍大員。契乙紙。貼尽去銀叁大員。契乙紙。

嘉慶十六年承買吟伯公土名紀厝墓田乙段，配民米五合，價錢叁仟乙佰文。
嘉慶拾陸年承買兄嫂黃氏東畔護厝第五間乙間，價銀拾大員。契乙紙。
嘉慶拾柒年四月貼尽去銀柒大員。尽契乙紙。
嘉慶拾捌年四月承買順哥後頭廁池乙口，價銀四大員。契乙紙。
嘉慶貳拾年拾壹月承買廷旺廁池乙口，價錢叁仟陸佰文。
嘉慶九年八月十五日立借字人孫廷猜借出錢乙仟文，利息四分，寫出廁池一口為胎。至道光三年十二月二十日守管廁池。
嘉慶廿五年二月承買東埔山挾官租佃田二段，乙段土名井兜墓邊，受子乙斗半，坵數不等，年載租佃十栳，配民米四升五合。一段土名新墓腳，受子貳斗，年載租佃十二栳，配民米伍升伍合。價銀八十大員。契乙紙。
道光叁年七月貼去佛面銀壹拾大員。貼契乙紙。
挾官共去銀伍員。租佃田二段土名井兜墓邊及蜈蚣牙。
道光五年十一月
道光六年二月貼尽契銀貳拾大元。租佃田二段。契乙紙。
道光貳年十一月承買東埔山琛官租佃田一段，土名二段貫在店仔路，受子四升，大小十一坵，年載租佃五栳半，配民米貳升七合。又店仔路受子壹斗貳升，大小伍坵。年載租佃七栳，配民米叁升五合。契一紙。價銀伍拾貳元。

道光七年十一月琛官貼去佛面銀捌大員，貼契一紙。

道光八年十一月琛官尽去佛面銀捌大員，尽契一紙。共契三紙。

道光叁年拾壹月承買東埔山許操官租佃田二段。一段土名新墓，受子乙斗，大小十坵。一段土名七斗尾，受子貳升，大乙坵，年載租佃十栳，配民米四升。價銀四十大員。契一紙。

道光七年三月承買愿嫂佃田乙段，土名旧厝坋，受子三升，大乙坵，年載李府正租貳栳，價銀拾貳大員。契乙紙。